林剑文集
唯物主义历史观研究卷

林剑 著

人民出版社

出版说明

　　林剑先生是华中师范大学马克思主义学院二级教授、博士生导师。2020 年 10 月 16 日，林剑先生因病，医治无效不幸逝世。根据先生生前意愿，整理出版 3 卷本《林剑文集》。

　　林剑先生，1957 年 5 月 1 日生，湖北浠水人。1972 年 12 月参军入伍，服役于中国人民解放军 252 团 3 营 9 连；1976 年加入中国共产党。1978 年 6 月退伍后，在浠水县汤铺公社汤铺大队小学任民办教师。1979 年 9 月—1983 年 6 月，就读于华中师范大学政治系；1983 年 9 月—1986 年 7 月，就读于华中工学院（现华中科技大学），获硕士学位。1986 年 9 月—1991 年 9 月，任教于华中师范大学政治系。1991 年 9 月—1994 年 7 月，就读于中国人民大学哲学系，获马克思主义哲学博士学位。博士毕业后，继续任教于华中师范大学政法学院（2012 年更名为马克思主义学院）。1994 年 12 月，由讲师破格晋升为教授；2007 年 11 月聘为二级教授。

　　林剑先生在华中师范大学任教期间，1995 年 12 月—1996 年 12 月任华中师范大学法商学院副院长；1996 年 12 月—2010 年 6 月任华中师范大学政法学院院长。学术兼职有：中国历史唯物主义学会副会长，中国价值哲学研究会副会长，湖北省哲学学会副会长。曾获评湖北省有突出贡献中青年专家，享受国务院政府特殊津贴。

　　林剑先生是马克思主义哲学界的英才，深得学界同侪敬重。他在治学和科研上严谨求真，追求创新，既拥有对理论真理坚定执着的信念，又拥有深厚的学术底蕴与寻本溯源的探索精神，他将马克思主义真理融入血脉人生，化为生活方式，身体力行地展现了一位"真学、真懂、真信、真用马克思主义"的中国当代哲学学者风范，彰显出独特而又令人敬往的人格魅力。

林剑先生始终重视人才培养，教学中循循善诱，谆谆教诲，既精心授业解惑，又倾力传道育人，桃李满天下。培养的硕士研究生百余人，博士研究生六十余人，其中很多已成为高校马克思主义理论和哲学的学科带头人或学术带头人。

林剑先生在生活和工作上为人率直，善良热情，乐于扶危济困，待人接物真诚直接，大度豁达，行事全凭一片赤心。在任院长期间，他关心青年教师成长，努力改善老师们的生活条件，深得全院师生的爱戴和拥护。

林剑先生还为华中师范大学马克思主义学科建设做出了巨大贡献。任院长期间，2003年获批马克思主义哲学二级学科博士学位授权点；2006年获批马克思主义理论一级学科博士学位授权点；2008年获批马克思主义基本原理被评为国家级重点学科。此后，在他的大力支持下，2018年获批哲学一级学科博士学位授权点。

林剑先生主要研究方向为马克思主义哲学与马克思主义基本原理，重点关注的领域有唯物主义历史观、马克思主义正义观以及马克思主义文化观。先后在《哲学研究》《马克思主义研究》《马克思主义与现实》《哲学动态》《教学与研究》《人民日报》《光明日报》等重要报刊上发表学术论文百余篇，其中在《哲学研究》上发表论文17篇；被《新华文摘》《中国社会科学文摘》《红旗文摘》《高等学校文科学术文摘》等知名转载刊物全文转载文章20余篇，其中《新华文摘》全文转载6篇，《中国社会学科文摘》全文转载9篇，被人大复印资料《哲学原理》等全文转载近40篇。曾获国家教学成果奖二等奖1项，省部级社会科学优秀成果奖二等奖4项、三等奖5项，获湖北省教学成果奖一等奖1项。入选中国人民大学复印资料中心公布的2016年度哲学与马克思主义理论2个学科的影响力学者。

《林剑文集》凝结了林剑先生30多年的心血，由他生前发表的130多篇学术论文组成，3卷本分别为唯物主义历史观研究、人学和政治哲学研究、文化与文明问题研究，共100余万字。感谢人民出版社对《林剑文集》的出版作出的精心安排，给予的大力支持和责任编辑付出的辛勤劳动。

华中师范大学马克思主义学院
2022 年 2 月

目　录

论哲学的批判与批判精神 *

一

谈到哲学的特点，人们很容易从各个不同的角度概括出若干个。而且不同的哲学学派都具有自己的鲜明特色或特点。但哲学根本性特点是：必须渗透或贯彻着一种批判意识与批判精神，这应是所有哲学都应具有的一个共同性特点。正如一个缺乏批判意识与批判精神的人不可能成为真正的哲学家一样，一种缺乏批判意识与批判精神的哲学也不可能具有真正的哲学品格。哲学无论被看成是一只黄昏时起飞的猫头鹰（黑格尔语），还是被看成"时代精神的精华"（马克思语），都蕴涵着对哲学批判品格的肯认。把哲学作为一只黄昏时起飞的猫头鹰时，它意味着哲学以反思的方式对过去的历史进行反观与总结，并从中寻求对历史规律的解读，而对历史的反思即蕴涵着对历史的批判。而哲学作为"时代精神的精华"并不是时代精神的总汇与罗列，它意味着扬弃，意味着升华，扬弃与升华的前提与基础即是批判。其实，不仅

---

* 本文原发表于《学海》2001 年第 4 期。

哲学需要一种批判意识与批判精神，人类所有的理论活动与实践活动都需要一种批判意识与批判精神。所不同的是，哲学对批判精神的贯彻要求更强烈。

二

然而，何谓批判？对于某些人来说，这也许是多余的话题，在他们看来，这不过是一个常识性的问题。但对于时下大多数中国人来说，提出这个话题，解读它的本质底蕴，不仅决非多余，而且还显得有些沉重和困难。这种沉重与困难，既源于民族传统文化中批判意识的缺乏，更由于一种特殊的原因导致人们对批判概念的误读或曲解。

从历史文化传统上看，在五千年中华民族的文明发展史上，自春秋以来，文化的延续与发展在其基本格局上，虽然存在着儒、法、墨、道、释之间的相互竞争与并存，但占主导地位的却是儒家文化。而儒家文化的基本特点是：政治上的"法先王"；道德上的求"中庸"；行为上的遵"古训"；治学上的重"诠释"。我们大体上可做这样的判断：在以儒家文化为主导的文化氛围中生存与延续的中华民族，原本并不富有批判意识与批判精神。一部《论语》成为"齐家治国平天下"的千古圣经；"孔孟之道"独领风骚两千多年绵延不绝；"六经注我"与"述而不作"的治学遗风不衰，便可做上述判断的例证与注释。诚然，在中华民族历史上，也产生过像《红楼梦》那样的充满批判精神的现实主义的伟大杰作，出现过像鲁迅那样的富有批判精神的勇猛斗士，但在数千年的文明发展的历史长河中，这毕竟属于鲜见的特例。儒家文化在两千多年的历史跨度中，虽然也存在着发展与演进，但这种发展与演进，并不具有批判与涅槃的性质，而是表现为考据与"诠释"，具有百流同源的性质，即这种发展与演进不是以批判的方式实现的，而是以继承与扩展的方式实现的。

三

其实批评与批判，无论是在汉语中，还是在英语中，二者的含义基本相同，并没有本质性的区别。在汉语中，批评与批判都含有否定、分析之意。在英语中，批评与批判属于同一个词，即 Criticize，其基本含义也是分析和否定。任何批判虽然都蕴涵着一种否定，但这种否定是以分析与考察为前提与基础的。在哲学中，批判的本真含义即是分析与考察。例如，康德在哲学史上被公认是一位批判哲学家，他的哲学通常被人们称作是批判哲学。他终其一生写下了三大批判著作：《纯粹理性批判》《实践理性批判》《判断力批判》。康德的《纯粹理性批判》是对纯粹思辨理性的一种考察，其目的是弄清人类知识的来源、范围与界限。《实践理性批判》实际上考察的是那些规定道德行为目的"意志"的本质以及它们遵循的原则。康德的批判哲学，无论是对"纯粹理性"的批判也好，还是对"实践理性"的批判也好，批判的基本底蕴是考察分析。这种考察分析无疑包含着否定，但这种否定决非是打倒或残酷打击的同义语，而是一种辩证的扬弃。

四

任何学科的批判，都大致包含着两个方面：一是以实践的方式对人们所直面的现实世界进行批判；一是以理论的方式对人类过去的认识进行批判。但不同的学科由于具有自己独特的学科特点，由于各自的研究对象的指向不同，各自价值取向的坐标不同，以及其批判向度与观察视角的不同，因而各有特点，哲学因其自身的学科特点，决定了它的批判向度与观照视角相对于其他学科的批判来说，具有自身的个性特色。

哲学批判的特色首先体现在它的观照视角上。任何学科都必须直面人与世界的关系，但无论是自然科学学科，还是社会科学与人文科学学科，它们所关注的都是外部世界或人的世界的某一领域或某一方面，是从某一特定的视角去观照、把握人与世界的关系。然而，哲学作为一门研究世界观的学问，它所直面的则是人们面对的整个感性世界，它是从总体上去观照与把握人与世界的关系。哲学的批判即是一种以扬弃的方式去审视与把握人与世界的关系。哲学既以批判的方式审视着外部感性世界的发展，也以批判的方式审视着自身世界的发展。

哲学的这种总体性的批判视角，内在地决定着哲学批判向度的多维性。哲学之外的其他学科，或以"求真"为目的，或以"向善"为目的，或以"致美"为目的。一般说来，哲学之外的其他学科因其对人与世界相互关系的观照视角的单一性，批判的向度也相对单一。即使是某些被人们视作具有综合与交叉性质的学科，对人与世界关系的观照，也同样不具有总体的性质。哲学则不同，它作为一种世界观与方法论，是以探寻人的存在的合理方式为出发点去观照与审视人与世界的总体性关系的，而人与世界的总体性关系既包括认知关系，也包括价值关系，同时还包括审美关系。因为人与世界的关系不是一种简单的服从与适应的关系，而是一种以实践与劳动为中介的受动与能动相统一的关系。而人的劳动不同于动物的活动。"动物只是按照它所属的那个尺度和需要来建设，而人都懂得按照任何一个种的尺度来进行生产，并且懂得怎样处处都把内在的尺度运用到对象上去；因此，人也按照美的规律来建造。"哲学追求真、善、美的统一。"求真""向善""致美"是哲学追求的最高境界。因此，哲学在对人与世界的关系进行总体把握时，要以真、善、美等不同的维度为参考坐标来进行批判与审视。

哲学批判这种视角与维度的独特性，也内在地决定了哲学批判的深刻性，哲学虽然以人与世界的关系作为自己的研究对象，但它真正关心的是人自身，它是以人为轴心，以人的存在方式为基本聚焦点。因此，哲学是从存在与发展的深层次上去把握与思考人与世界的关系的。哲学的批判从归根结底的意义上看，是对人的存在方式的一种批判。这种批判在广度上或全面性上，尤其在深度上，是其他任何批判所不能比拟的。因为哲学的批判指向的是人的存在与发展，即指向的是人安身立命的根本性问题。

哲学批判深刻性的特点，决定了哲学批判的智慧性。哲学从它最初的意蕴上看，就是"爱智慧"，自古以来，真正的哲人通常被看作是智慧的化身。无论哲学怎样发展与演进，智慧都是其不可或缺的要求，在一定的意义上讲，哲学发展的历史，即是人类智慧发展的历史。这当然不是说其他科学的发展不需要智慧，任何科学的发展都需要智慧。所不同的是，哲学的智慧相对于科学的智慧来说是一种更为高远的智慧。一方面，哲学作为一种探寻客观世界与思维发展的最一般规律的科学，它不能停留在对世界的个别方面与表面现象的认识上，也不能单纯地依赖于经验事实，它必须透过现象看本质，既不能脱离经验事实，又要超越于经验事实；而要避免现象的迷惑与防止掉入经验的陷阱，这需要智慧的帮助。另一方面，哲学因其关心的焦点是人自身的生存与发展，它的一个不变的使命是要使人的生存方式趋向进步与超越，因此它需要不断地对人们业已存在的物质生活与精神生活进行反思、拷问与批判。哲学不排除对人们已有的行为方式与思维方式、生活态度与固有观念进行辩护，但这不是它的主要旨趣，它更为重要的特点在于，对人们生活态度及其前提进行诘问与怀疑，并不断对人们业已习惯或适应的生存方式进行扬弃与超越。然而要实现这种扬弃与超越，并不是一件轻松容易的事，它既需要勇气，更需要智慧。

五

批判性是哲学应具有的品格，它更是马克思主义哲学所具有的品格。马克思主义哲学是一种"实践的唯物主义"哲学，这种"实践的唯物主义"同时也是一种"共产主义的唯物主义"。这种"实践的唯物主义"或"共产主义的唯物主义"不仅内在地蕴涵着批判性，而且相对于以往的旧哲学来说，它的批判性也是革命性的。

谈到马克思主义哲学的批判性时，人们通常引证马克思如下一种思想来加以理解：辩证法在对现存事物的肯定理解中包含否定的理解，即是对现存事物的必然灭亡的理解；辩证法对每一种既成的形式都是在不断的运动中，因而也是从它暂时性方面去理解，辩证法不崇拜任何东西，按其本性来说，它是批判的和革命的，从辩证法的视角去理解马克思主义哲学的革命性与批判性，应该说是有一定道理的，但还不足以揭示出马克思主义哲学批判的实质。深刻的原因在于，马克思主义哲学的革命主要不是体现在它对黑格尔辩证法的改造上，而是表现在它的实践观上。

马克思主义哲学作为一种"实践的唯物主义"哲学，相对于先前的旧唯物主义与旧唯心主义哲学来说，一个根本性的区别在于，它不满足于对现存世界的理解与解释，它的主要使命是要"改造世界"，即要使现存世界不断地革命化。如果说先前的旧哲学家们的主要使命是力图给世界描绘出一个清晰的图景，当他们在从事这一使命时，也需要对业已存在的思想及其前提进行反思与扬弃，从而也渗透着批判的话，那么，这种批判充其量只是一种停留在纯思维领域的纯思维的批判，而不是一种诉诸现实的、感性的批判。当马克思主义的"实践的唯物主义"哲学将其使命主要指向"改造世界"时，它不仅要正确地理解世界，因而需要对人们过去形成的有关"世界"的思想观念进行反思与批判，更重要的是要诉诸人的现实力量对世界进行实践的批判，并通过这种实践的批判使现存世界发生革命性的改变，改变得相对于人的存在和发展来说具有越来越好的价值与意义。需要强调的是，在马克思主义哲学"改造世界"的话语中，既指向自然界，更指向社会历史。因为在马克思的哲学思路中，"实践的唯物主义"与"共产主义的唯物主义"具有相同的意蕴。

总之，马克思主义哲学既是一种实践的唯物主义哲学，同时也是一种批判的唯物主义哲学，而马克思主义哲学的批判性是奠定在它的实践性基础上的。实践即是理解马克思主义哲学革命的基础，同时也是区分马克思主义哲学批判与其他哲学批判的关键所在。

六

　　哲学的批判不是无的放矢，不是任何哲学的批判都能获得无条件的辩护。实际上，哲学的批判不仅有一个深刻不深刻的疑问，更有一个合理不合理的问题。哲学的批判要具有深刻性与合理性，必须以一定的批判精神作支撑。哲学批判精神是贯彻于哲学批判之中的灵魂，它像一种普照的光，指示着哲学批判的路标。

　　哲学的批判首先必须以一定的科学精神作支撑。科学精神是哲学批判活动中应主要依据的参考坐标之一，因而它必然地构成哲学批判精神的内在规定之一。哲学的批判之所以需要贯彻一种科学精神，这是由哲学与科学的关系决定的。关于哲学与科学的关系，我赞成这样的说法：哲学不等同于科学。但对哲学与科学的关系作以上基本肯认的同时，我还要补正一句：哲学首先是科学。深刻的原因在于既然哲学研究的是人与世界的关系这一观点已得到了越来越多的人的认同，那么，研究人与世界的关系的前提，无疑首先要对人和世界作出正确的理解与解释，然后才有可能对人与世界的真实关系进行探讨。哲学虽然有别于具体的实证科学，但哲学的发展必须以实证科学的发展为基础，而不能背离实证科学。马克思主义经典作家曾一再向人们强调应建立哲学与科学的联盟；并一再提醒人们，随着科学的发展，唯物主义也应随着改变自己的形态。笔者以为，不能将哲学不等同于科学的话语，变成为哲学不是科学的命题。哲学如果不首先理解世界，它何以能"改造世界"。哲学如果不具有科学性，换句话说，哲学的结论如果与实证科学的结论相矛盾，它何以具有彻底性并说服人？这样的哲学又何以有理由存在，又何以能够存在？科学与科学精神构成一定时代的人类精神的重要内容，哲学作为"人类精神的精华"，无疑内在地蕴涵着科学与科学精神。因此，当哲学以批判的态度对人与世界的关系进行探讨时，无疑应将科学精神贯彻其中。哲学的批判是不是贯彻着科学精神，这是哲学批判是否具有科学性与合理性的基础。

　　哲学是科学，但不等于科学，这是说哲学中还有科学所不能涵盖的内容，哲学的功能与使命并不能由科学去单独体现与完成。因为科学的使命是求真，即认识世界与理解世界，它所解决的是世界是如何的问题，而不能解决应如何的问题，它充其量只能为解决后一个问题提供某些前提。哲学对人与世界关系的探究，并不意味着哲学对人与世界的必然性关系的一种肯认与接受，它通常还要对人们先前形成的人与世界的关系的理解发出合理与不合理、应当与不应当的追问，并在这种追问的基础上，对人与世界的关系的理解进行重建与定位。哲学的批判与思考既要求真，更图向善，并且求真的目的是向善。正因如此，哲学的批判一方面需要科学精神作支撑，另一方面也需要人文精神作支撑。事实上，哲学家们在对人与世界的关系进行新的批判性的重建与定位时，总是在根据自己对时代精神理解的基础上作出选择。其中，既渗透着民族文化与历史传统的作用，更渗透着哲学家们的个人情感与价值理想的表述与追求。正如科学精神是构成人类的时代精神的一个不可或缺的内容一样，人文精神同样是构成人类时代精神的一个不可分割的要素。在哲学的批判中，人文精神由于贯彻着人们的理想追求与价值取向，因而在一定的意义上说，它决定着哲学批判的立场。

　　综上所述，似可作出如下的结论：哲学的批判首先应遵循科学精神，哲学不能与科学相悖逆，对科学的任何悖逆都会使哲学走向荒谬。缺乏理性的哲学批判是不能说服人的。但哲学的批判也应反映一定时代的人们变革现状的要求，哲学的批判不是纯逻辑的理性论证与演绎，哲学批判需要价值理想的牵引，一个没有价值理想引导的哲学批判是不能感染人的。哲学批判如果不能以它所蕴涵的批判精神去说服人与感染人，批判便会流于一种没有实际意义的情感宣泄。哲学的批判是需要情感的，但无理性的情感宣泄决不等于哲学的批判。

关于哲学的疑、辩、思三题[*]

<h2 style="text-align:center">一</h2>

　　"什么是哲学"或"哲学是什么"？这或许是
每一个哲学人首先需要面对与回答的问题。正因
为如此，在哲学史上，几乎所有讲哲学的人，尤
其是那些被称之为哲学家的人们，在讲述自己的
哲学时通常都会对"哲学是什么"的问题给出一
个自己的界定或答案。不可否认，在哲学史上
人们曾给出了一个又一个的"哲学是什么"的回
答，但从来没有哪一个获得过普遍性认同。推翻
旧的界定，给出新的界定，新的界定又会被更新
的界定所取代，这似乎是哲学的历史所表现出的
普遍性的现象，也几乎是那些想创立新的哲学学
派，想被别人尊称为哲学家的人们的惯常做法。
那么，是否能从在哲学史上不存在一个"哲学是
什么"的共识性界定与回答这一客观性事实中，
推论出"哲学是什么"是不可言说与回答的结论，
进而否定哲学家们对"哲学是什么"进行追问与
回答的合理性与合法性呢？在海德格尔的哲学观
看来，结论确实应当如此。海德格尔认为：人们

＊　本文原发表于《江海学刊》2018 年第 5 期。

无法想当然地确定哲学的任务是什么以及该从哲学要求什么。"人可以说的，只有哲学不是什么，哲学不能是什么。"因为"哲学发展的每一个阶段，每一个开端都有自己的法则"①。有人曾以海德格尔的这种看法为根据写过这样的一篇文章，题目叫作《哲学不是什么?》，并在该题目的下面加了一个副标题，冠之以"一种哲学观"②。该文的一个明确而核心的观点是，"哲学是什么"的问题是一个无法回答的问题。人们可以说的只有"哲学不是什么"。"哲学是什么"何以是一个无法回答的问题呢?作者给出的一个理由是，"因为哲学是一门个性化的学问，没有超越时代、超越民族和超越哲学家个人的一般哲学"。即是说每一个时代，每一个民族，每一个哲学家个人都对哲学有不同的理解与认知，不可能存在一个普遍性一致同意的"一般哲学"的界定。然而，在笔者看来，这种以"哲学是一门个性化的学问"为根据而否认"哲学是什么"回答的必要性与可能性的所谓另类哲学观是大有疑问的。

认为"哲学是什么"的问题是不可言说与回答的，可言说与可回答的只能是"哲学不是什么"，这样的一种观点在辩证思维的逻辑中是难以成立与获得认同的。在辩证思维的认知逻辑中，说"哲学是什么"与说"哲学不是什么"，在性质上都是对哲学的一种言说与回答，所不同的只是在于二者在回答的方式上有所不同罢了。如果说"哲学是什么"可以视作是以肯定性的方式对哲学的一种言说与断定，说"哲学不是什么"则可视作是以否定性方式对哲学的一种言说与断定。然而，在辩证思维的认知逻辑中，肯定与否定间的关系并不是一种非此即彼的绝对相斥的关系，而是一种相互依存、各以对方的存在作为自己存在的前提与条件的对立统一的关系。肯定中包含着否定，否定中也包含着肯定，没有肯定不可能有否定，同样没有否定也不可能存在肯定。因为，任何形式的否定性命题的存在与成立，都需以与它相对应的肯定性的命题的存

---

① [德]海德格尔:《形而上学导论》，商务印书馆 1996 年版，第 121 页。
② 参见刘福森:《哲学不是什么?》，《理论探讨》2009 年第 5 期。

在与成立作为前提。尽管人们给予"哲学是什么"的肯定性的言说与断定只能有一个，并且这种言说与断定必须是明确无疑的，而对"哲学不是什么"的回答可以有多个，乃至有无限个，但有一点应是确定的，当人们断定"哲学不是什么"的时候，他必须首先明白与确定"哲学是什么"，只有当人们知道"哲学是什么"的情况下，才有可能知道并有理由做出"哲学不是什么"的推论。应该说，人们有关"哲学不是什么"的任何断定，只有在以"哲学是什么"作为参照物或参考坐标的情况下才有可能是合乎逻辑规则的，正如人们如果不知道什么是白天的情况下，就不能作出黑夜不是白天的判断，不说清哲学的"是"，也就说不清哲学的"不是"，只有在说清楚哲学的"是"的前提下，才有可能说清楚哲学的"不是"。实际上，哲学作为一个学科，不仅必须有自己的独立的研究对象，而且哲学作为一个学科的存在还需有其系统严密的逻辑体系，然而一个学科的逻辑体系的建构与成立，显然不能单纯地由一系列的否定性命题构成。如果一个自称为哲学的理论体系，只是单纯地给出了一系列"哲学不是什么"的否定性命题，而缺乏肯定性命题的话，那么，不管这种否定性命题列出的有多少，我们凭什么确认它讲的是哲学，以及它讲的是一种什么样的哲学呢？

那么，哲学作为一个独立性的学科究竟是什么？且应该是什么？尽管哲学作为语词概念在语义上具有历史的性质，一个显而易见的事实是：今天人们所谈的哲学，与哲学的最初含义已有很大的不同。在哲学发展的漫长的历史进程中，哲学思考的重心与主题是不断发生改变与转换的，哲学的领地与边界也在不断地发生着变更。但有一点却是可以确认的，"全部哲学，特别是近代哲学的重大的基本问题，是思维和存在的关系问题"①。即是说，历史上的绝大多数哲学家及其哲学，不论有着怎样的独特外观或表现形态，也不论有着怎样的声称与标榜，它们所关注与聚焦的基本问题是确定与相同的，不同的只是在于对这个基本问题

---

① 《马克思恩格斯文集》第 4 卷，人民出版社 2009 年版，第 277 页。

的不同解读与不同回答。"全部哲学，特别是近代哲学"何以会将"思维与存在"的关系问题视作是哲学的基本问题，并将关注的焦点指向于它呢？可能与合理性的诠释不仅在于人们对哲学作为一个学科的研究对象的定位是有共识的，而且还在于哲学家们对于他们所要解决的问题与所要言说的内容是清楚的。哲学家们为什么都将思维与存在的关系问题视作是哲学的"重大的基本问题"，而不是将其他的什么问题视作哲学的"重大的基本问题"，深刻的原因在于，真正的哲学始终是作为一种世界观的学问而存在的。一切哲学都是一种世界观，其根本性的任务或使命都是为了解释世界，更确切些说，都是关于我们面对的"对象、现实、感性"或属人的感性世界的本质的一种解释与说明，对思维与存在关系问题的不同解决与回答，在实质上表达的是对感性世界所具有的本质的不同理解与诠释。哲学是一种世界观，至少对于马克思的"新唯物主义"哲学来说是不存在争议的，因为，将"新唯物主义"哲学视之为一种新的世界观，这在马克思主义经典作家的著作中是有据可凭的。

　　站在马克思主义哲学立场上，这种认为不能说"哲学是什么"，而只能说"哲学不是什么"的所谓哲学观，是不能被认同与接受的，原因与道理清楚且简单，认同与接受了它，我们就得放弃对马克思主义哲学世界观的坚持。既然"哲学是什么"是一个不可与不能言说的话题，马克思的"新唯物主义"哲学凭什么宣称自己是一种新的世界观，且是一种科学与正确的世界观？马克思主义哲学如果没有充足的理由去确认它是一种科学与正确的新世界观，人们凭什么去接受与坚持它，乃至接受它的指导呢？这其中暗含的意蕴或话外音难道还不清楚明白吗？

二

　　在哲学研究的领域内，另一个需要人们分辨与澄清的问题是科学与哲学的关系问题。近年来，在国内哲学界，否定哲学是科学与科学性的声音与观点日渐多了起来，近乎演变成了一种其势日盛的哲学思潮，甚至是一种时髦。其中，"哲学是什么"是不可回答的与"哲学无定论"是两种最有代表性的声音与观点。尤其是"哲学无定论"的观点，几乎被一些人视为经典性的名言而进行不遗余力地强调与引用。

"哲学是什么"为何是不可言说与回答的？哲学的命题与理论为何是无定论的？持上述观点的人们的一个主要论据是，哲学不是科学。科学是以客观世界的规律为研究对象的，它试图向人们提供的是确定性的知识。哲学则是"关于思想和信念的学说"，思想和信念问题是属于价值观领域的问题。而价值观是受人们的立场决定和支配的，或者说"'哲学立场'就是作为理解和解释的出发点的价值观"，不同的人们之间由于其生活条件、认识能力与水平存在着差异的缘故，必然会形成不同的价值观。不同的哲学立场或哲学价值观必然会有不同的思想观念与信念，因而不仅在"哲学是什么"的问题上难达共识，而且所有的哲学理论究竟是正确的还是错误的，是难有定论或不可能有定论的。那么，哲学与科学究竟是一种什么样的关系？哲学与科学是否完全属于不同的研究领域，彼此间绝对相斥呢？所有的哲学命题与结论都是或应是无定论的，抑或说哲学领域完全是一个公说公有理，婆说婆有理，没有是与非、对与错、应该与不应该的相对主义领域？笔者同意哲学不等于科学，不能简单地在哲学与科学之间用一个类似于数学的等式连接起来的观点或说法，却不能同意哲学不是科学的说法。科学在语义上是有多重意蕴的，从人们通常言说科学的常见指义上看，科学一词至少有三种指义：其一，学科意义上的科学。一般来说，纯粹以客观对象的规律作为研究对象，以获得客观规律为目的的学科通常称之为科学，以自然现象与规律作为研究对象的称之为自然科学，以社会历史现象与规律作为研究对象的称之为社会科学与历史科学。其二，科学性意义上的科学。科学性意义上的科学通常与真理性同义。科学性意义上的科学不同于学科意义上的科学，在学科的意义上，一切以客观事物中存在的规律为研究对象和研究目的的学科都可称之为科学，但在科学性的意义上，既不意味着所有以客观规律为研究对象的学科都能称之为科学，也不意味着那些并不纯粹以客观规律作为研究对象的学科不是科学。在科学性的意义上，衡量一种学说、一种理论是科学的还是非科学的，其参照坐标或判别标准应是它是否具有真理性。一切非真理性的学科，其理论、观点不论属于什么样的学科，都不具有科学性，反之，一切属于真理性的学说，其理论、观点不论属于什么样的学科，都应视之为是一种具有科学性的科学。其三，逻辑意义上的科学。逻辑属于思维科学的范畴，思维的逻辑即是思维的规则或规范，逻辑的规则反映与表达的是思维的基本规律。人们在从事认识与思维运思的过程中，必须遵循普遍有效的逻辑规则，逻辑规则是人们从事科学性研究与思考的必不可少的思维工具，在这一点上，人们可能是没有什么分歧的。这也可能是人们通常所认定的、一个具有科学性的理论或观点，除了要接受人们的历史性的实践结果的检验之外，还需接受逻辑规则的验证或证明的原因。科学性的理论与观点必须以科学性的逻辑规则的运用为其基础与前提，违反逻辑规则的任何推理及其结论必然是错误的。人们在分析与反驳一种学说、一种理论、一种观点时，之所以极为重视对其所持的逻辑前提、根据、进行推理时逻辑规则的运用以及所作结论与其逻辑前提之间的联系，深刻的原因在于，任何思维活动都必须遵循思维活动的规律。虽然在马克思主义哲学视野中，哲学作为一种世界观，它也有自己确定的研究对象，它的研究对象不是所谓的"观念和信念"，而是"对象、现实、感性"①，即人们所面对的感性世界的本质；但哲学作为一种世界观，不能视之为是人站在世界之外来观世界，人所面对的感性世界是一种属人的世界，这种属人的世界与人构成一种现实性关系，因而人是以一种人与世界有着现实性关系的维度审视世界的。说哲学不同于科学，是因为科学所追求的目的是唯一的，寻求的是对世界某一领域或某一方面规律性的理解，所要解决的是世界是什么的问题，而哲学不仅要解决是什么的问

———————————

① 《马克思恩格斯文集》第 1 卷，人民出版社 2009 年版，第 499 页。

题，同时也要寻求人们面对的世界相对于人来说的意义与价值问题。如果说，科学的目的是求真，哲学的目的既要求真，也要求善与致美。对于马克思主义的"新唯物主义"哲学来说，哲学的目的不仅在于用科学的方式解释世界，更重要的还在于要"改变世界"，使世界变得对于人类来说越来越好。正因为一切哲学都承担着解释世界的功能与使命，因此，没有哪一种哲学愿意声称自己是拒斥真理的，相反，都愿意将自己的哲学说成是真理性的。诚然，哲学家们在"解释世界"时因其解释的方式的不同，对世界的看法与解释通常存在着仁者见仁、智者见智，彼此对立与竞争的情况，但这种情况并不意味着无需与无法达到真理，或者说无需与无法具有科学性。不能以不存在普遍同意或普遍共识的哲学理论与观点为根据，割断哲学与科学之间的联系，继而否定哲学的科学性品格。一个不争的理由是，科学性的问题或真理性的问题，并不由人们的普遍同意或普遍共识所决定。属于普遍性共识的理论与观点未必具有真理性或科学性，具有争议性的理论与观点未必不具有真理性与科学性。从哲学方面看，一种哲学是否具有科学性在于它是否科学与正确地把握与解释了世界的本质，而不在于它对世界本质的解释是否能获得人们的普遍同意。哲学在学科的性质上虽然不属于科学的范畴，但哲学必须追求科学性，既应追求真理意义上的科学性，也应追求逻辑意义上的科学性。完全不具有科学性，不包含有任何真理性因素，是不可能在哲学史上得到真正存活的。虽然不是所有的哲学都具有科学性的品格，但哲学的领域也决不是一个任意胡说的领域，哲学家们有权表达自己的观点，但哲学家们也必须接受历史的裁判，正因为如此，并不是所有的哲学都有幸保存在哲学史的记录中，只有那些真正正确地反映了自己时代的时代精神，包含着真理性或部分真理的哲学与哲学观点才能在哲学发展的史册中保存下来。哲学是无定论的还是有定论的，或者说哲学是否应该追求确定与正确的观点，实质上关涉的是哲学是否应该追求科学性，以及哲学领域中是否存在着是与非、对与错的界限区分的问题。

　　"哲学无定论"的观点对于马克思主义哲学的研究者来说是不可接

受的。马克思的"新唯物主义"哲学作为一种新的哲学世界观，之所以对于马克思主义者们具有巨大的吸引力，其原因并不仅仅在于它是一种新的哲学学说，更为深刻的原因在于它是一种具有科学性的世界观与方法论。马克思既是一位革命家，也是一位科学家；马克思主义既是一种革命的理论，也是一种科学的理论。革命性与科学性的内在结合既是马克思"新唯物主义"哲学世界观本身所具有的鲜明特点，也是我们完整正确地把握马克思"新唯物主义"哲学实质的两个不可或缺的维度。马克思的"新唯物主义"哲学，具有无可争辩的科学性，它的科学性不仅体现在它对人们所面对的感性世界的本质以及人与世界之间的全面性关系的理解与解释上，而且突出地体现在它对社会历史规律的揭示以及它对研究把握社会历史问题的方法论思路上。面对"哲学无定论"的观点，我们不妨进行如下的追问，当马克思的历史观确认："人们首先必须吃、喝、住、穿，然后才能从事政治、科学、艺术、宗教等等；所以，直接的物质的生活资料的生产，从而一个民族或一个时代的一定的经济发展阶段，便构成基础，人们的国家设施、法的观点、艺术以至宗教观念，就是从这个基础上发展起来的，因而，也必须由这个基础来解释……"①这个曾被恩格斯称之为马克思的第一个伟大发现，它是否是属于一个哲学性质的观点，如果是的话，它是否应被马克思主义者们视作是一个具有科学性的结论或定论？倘若连马克思的这个伟大发现也不能算是科学性的定论，我们凭什么与何以会建立起对马克思主义的理想和信念呢？

当然，哲学的理论与观点，即使是属于科学性的哲学的理论与观点，其真理性也都具有相对性的性质。但需强调的是，一切真理都具有相对性，相对性并不仅仅是哲学真理独有的特性，其他学科所揭示的真理，甚至是自然科学的真理难道不具有相对性吗？真理是发展的，因而一切真理都有相对的性质。但问题是，承认真理的相对性并不等于可以认同真理问题上的相对主义。在哲学领域中也一样，一种具有科学性的

① 《马克思恩格斯文集》第3卷，人民出版社2009年版，第601页。

正确的世界观，其基本的理论与观点应被视作为一种科学的定论，因为，具有相对性的真理也是真理。

三

在当前的哲学研究领域中，第三个需要引起人们注意并予以澄清的问题是，哲学的认识或理论是否具有进化论的性质？更明确些说，哲学的演变是否能表现为一个不断进化或进步的过程？有人以"哲学不是科学""哲学不是知识""哲学无定论"等作为逻辑上的前提性判断，推论出另一个判断"哲学的演变不是进化论的"，换句话说，进步的概念是不适用于哲学的观点和理论的评价的。①

为何"哲学的历史演变不是进化论的"？持此论者的理由是："进化和发展概念是具有价值含义的概念，是一个包含着某种'价值预设'的概念。进化、发展就是这种确定价值的积累向这种终极价值目标的接近的变化过程。这个过程是一个'进步'的过程。'后来的总是好于过去的'就是发展和进化概念的最一般的表述。科学史是进化论的。科学的发展意味着一个知识积累的直线式的发展过程。在认识的广度、深度和精确性等方面，后来的认识总是高于先前的认识，因而也比先前的认识具有更高的真理性价值。因此，科学认识的过程是一个发展、进化和进步的过程。但是，哲学演变历史却没有价值预设，因而没有一个评价哲学好坏的一般价值标准。"② 在推论的逻辑上，从"哲学不是科学""哲学不是知识"抑或是"哲学无定论"的前提出发，推论出哲学无好坏之分，继而断定"哲学的历史演变不是进化论的"，似乎是无缝对接的，并无逻辑上的不妥或漏洞。然而，正如本文前面的分析表明，否定哲学

---

① 参见刘福森：《哲学不是什么?》，《理论探讨》2009 年第 5 期。
② 参见刘福森：《哲学不是什么?》，《理论探讨》2009 年第 5 期。

对科学性与真理性的诉求，将哲学与科学对立起来的认知本身就是错误的，至少是令人存疑的。因而，从一个武断的但却是错误与存疑的前提出发所作的逻辑演绎，自然也是难以令人信服或难免存疑的。其一，说哲学没有好坏之分，没有进步与否之别，对于哲学家们，至少是对历史上的大多数哲学家们来说是难以同意的。无论是唯物主义哲学家，还是唯心主义哲学家，他们各自顽强地坚持一种唯物主义或唯心主义的哲学信念，彼此争论、斗争了两千多年，我们姑且不论他们各自坚持的哲学理论本身的对与错、好与坏、是与非，仅就他们本身坚持的信念而言，有一点应该是确定无疑的，他们大都认定自己的哲学观是正确的、好的，与之相对立的哲学观是错误的、坏的。不然的话，哲学家们在讲述自己的哲学时为何通常要批评与反驳与之相对的哲学呢？倘若哲学家们都认定哲学并无好坏之分，那哲学领域中可能存在的只是哲学家们自言自语式的独白，而不可能存在彼此不让的激烈讼争。哲学家们将自己的哲学思想著述成书，其劳神费力的目的不可能仅仅是出于自我欣赏与自我独白，书写出来是让别人看的，不可能有哪一个哲学家愿意将一种连自己也不能确认为好的思想去让别人接受吧？哲学的历史不能仅仅视作是没有内在逻辑联系，没有批判、扬弃、超越的演变史，而应视作是包含着反思、批判、扬弃与超越的发展史，熟悉黑格尔哲学的人们应该很清楚，这一思想在黑格尔哲学里表达得很明白。在黑格尔哲学的视野里，一切哲学都是对时代精神的反映与表达，不同的哲学是以不同的方式对时代精神的不同把握与表达，随着时代精神的不断进步，反映与表达时代精神的哲学也实现着自己的发展与超越。黑格尔曾将哲学发展的历史形象地比作螺旋式上升的一连串圆圈，每一个时代的哲学家的哲学都是这个螺旋式上升的圆圈上的一个环节。其二，认为哲学不是"进化论的"，发展的概念或进步的概念不适合哲学的认知，既不符合认识发展的规律，也有悖于哲学发展的历史事实。如果将哲学视作一种世界观的话，那么，人们对世界的把握与认识，无疑会随着人类的实践活动在广度与深度上的拓展，认识能力的不断提高，相应地不断深化与深刻。人类的一切认识或意识都是以人类的实践活动为基础的，并且都遵循着由浅入深、由低级到高级的演进规律，难道哲学认识可以例外吗？认为哲学的历史是非"进化论的"观点也是不符合哲学演进的历史事实的。实际上，哲学的历史的发展是随着人类实践的发展，尤其是科学的发展在不断地改变着自己的表现形式，不仅唯物主义哲学随着科学的发展在不断地改变着自己的表现形式，唯心主义哲学同样也随着科学的发展在不断地改变着自己的表现形式。哲学表现形式的不断改变，既是人们对世界及其本质认识深化的必然，也是人们认识不断深化在哲学上的理论表现。仅以唯物主义哲学的演进为例，近代以原子作为世界始基的原子论的唯物主义相对于以具体的物质形态作为世界始基的古代朴素的唯物主义，马克思的对"对象、现实、感性"诉诸人的感性实践活动理解的"新唯物主义"，相对于对"对象、现实、感性"诉诸纯客体性的直观的理解的旧唯物主义来说，其发展或进化、超越或进步的性质难道还需要争论与申述吗？

哲学的演变如果不是被理解为发展或进化、超越或进步的演变，所谓哲学革命的说法便会在逻辑上失去存在的根据，因为革命意味的不仅仅是一种改变或变化，更包含着发展与进步。哲学的理论与观点如果不能进行好与坏、优与劣、先进与落后的评价，马克思的"新唯物主义"哲学世界观与方法论如果不是好的、科学与正确的、先进的，人们凭什么要相信它与坚持它？又凭什么以它作为认识世界与改变世界的思想武器呢？尽管一切能被称之为哲学的哲学都是对世界及其本质的一种认识与把握，但人们对世界及其本质的认识与把握存在着好与坏、正确与错误之分，其判断标准或尺度在于它的科学性与真理性，而不在于是否有人接受它与喜欢它，而确认一种哲学是否具有科学性与真理性，归根到底，就在于它能否经受人们的社会历史实践的检验。如果我们确认社会历史在基本趋势上是发展与进步的，并且确认哲学是对时代精神的表达与反映，那么，在理论的逻辑上，就不能不确认哲学演变的历史同时也表现为哲学不断发展与进化的历史。当然，这是就哲学演变的基本趋势而言的，并不意味着运用于任何一种新产生的哲学。

哲学不应是思辨的[*]

一

　　哲学作为一门学科，相对于其他的人文社会学科的表现形态而言，它最显著的表现是什么？假若以此为题提问，相信许多人不假思索便会给予肯定而不疑的回答：哲学的表现形态的最显著特征在于它的思辨性。这样的判断并不是建立在无根据的假设上，在我们的哲学课堂上，教师们都是这样告诉学生的，在我们的哲学论坛上，学者们向读者灌输与表达的也是这种观念。对于许多人来说，哲学具有思辨性，这既是哲学的显著特点，也是哲学的独特优点，这样的看法已深深地植根于人们对哲学的认知中，并几乎变成了不可动摇与不容有疑的教条式的信念。正是基于这种近乎于教条式的认知与信念，不仅使不少的职业哲学人赋予思辨性以正面与褒义性的理解与诠释，也导致不少普通人对哲学产生神秘感。在许多人的认知中，思辨性近乎于富有哲理的同义语，是否具有思辨性成了人们衡量一个人的哲学素养高低的判断标尺。然而，人们对哲学的

---

　　* 本文原发表于《福建论坛》2015 年第 1 期。

思辨性的这种认知与评价，既是错误的，更是有害的；既有害于哲学的科学性的发展，也阻碍着哲学在大众中的传播。长期以来，在我们的哲学领域中，一些职业的哲学人之所以以咬文嚼字式的概念游戏为时尚，以迂腐晦涩与追逐思辨的表达方式而自傲与自豪，哲学之所以离人们的现实生活愈来愈远，与人民群众的疏离感愈来愈大，从而使哲学变成了少数专家学者的游戏，而受到现实生活和普通大众的冷遇，与人们对哲学思辨性的错误认知不能说没有直接或间接的关系。

从哲学发展史的维度看，赋予哲学以思辨性的特点与性质，并赋予思辨性以正面性的肯定与褒义性的评价和诠释，不仅是人们对哲学学科特点与性质的误读与误释，也是人们对哲学发展史的误读与误释。诚然，在西方哲学史上，哲学的发展的确受过古希腊论辩术的影响，尤其是就哲学中的辩证方法而言，最初的源头可追溯到古希腊的概念的论辩术。一个不能否认的事实是，受古希腊论辩术的影响，在哲学发展史上，确有一些哲学家，其中还有一些为千秋仰视的大哲学家的哲学具有浓厚的思辨色彩。但一个同样不可否认的事实是，并不是所有的哲学都具有思辨性，更不是所有的哲学表现形态都能冠以"思辨哲学"的称谓。尤其在马克思主义经典作家的著作中，在论及"思辨哲学"的概念时，通常是与黑格尔的哲学联系在一起的，并明确地指向黑格尔哲学，而不是泛指一切哲学。马克思"新唯物主义"哲学不仅没有将旧唯物主义哲学视定为是"思辨哲学"，也没有将"思辨哲学"的桂冠戴在黑格尔之外的其他唯心主义哲学家的头上。从西方哲学发展史的客观事实看，思辨性只是黑格尔的"思辨哲学"的显著特性，而不是所有哲学表现形态所具有的普遍性特征。将思辨性这一黑格尔"思辨哲学"所具有的特性推及至一切形式的哲学表现形态，无异于是一种只见树木、不见森林的表现。

在马克思"新唯物主义"哲学的视野里，作为自己哲学重要思想来源的黑格尔的"思辨哲学"，无疑有其伟大与深刻的一面。熟悉马克思主义经典作家对黑格尔哲学评价的人们都清楚，对黑格尔"思辨哲学"的许多天才闪光与"伟大之处"，他们都曾给予过充分的肯定。在马克思主义经典作家的笔下，黑格尔既是一位可尊可敬的辩证法的奠基人与集大成者，也是一位有着"巨大历史感"的深刻思想家。然而，马克思的"新唯物主义"哲学对黑格尔的"思辨哲学"所诉诸的并不完全是正面性的肯定与无条件的褒奖，也给予过负面性的评价与否定性的批判。在马克思主义经典作家的著作中，在论及黑格尔的"思辨哲学"的思辨性时，呈现给人们的基本意向通常不是肯定，不是褒扬，更多的是否定与批判。在马克思"新唯物主义"哲学的视野里，黑格尔的哲学是一种思辨哲学，而黑格尔思辨哲学的"伟大之处"在于他的否定性辩证法，"但是，因为黑格尔根据否定的否定所包含的肯定方面把否定的否定看成真正的和唯一的肯定的东西，而根据它所包含的否定方面把它看成一切存在的唯一真正的活动和自我实现的活动，所以他只是为历史的运动找到抽象的、逻辑的、思辨的表达，这种历史还不是作为既定的主体的人的现实历史，而只是人的产生的活动、人的形成的历史"①。即是说，黑格尔的否定性辩证法不是一种客观的、现实的自然与现实历史的辩证法，而是一种纯粹思维与逻辑的辩证法，这种纯粹思维与逻辑的辩证法具有极其明显的抽象性与浓厚的思辨性。在黑格尔的唯心主义哲学中，"抽象的""逻辑的""思辨的"具有同一的意义或相同的意蕴，并可互换与互译的话语，因为黑格尔的逻辑学不仅"以纯粹的思辨的思想开始"，更为重要的是"逻辑学是精神的货币，是人和自然界的思辨的、思想的价值——人和自然界的同一切现实的规定性毫不相干地生成的因而是非现实的本质，一是外化的因而是从自然界和现实的人抽象出来的思维，即抽象思维"②。对于黑格尔哲学的这种"抽象的、逻辑的、思辨的"否定性辩证法，马克思的"新唯物主义"哲学虽然反对像费尔巴哈哲学那样将女婴儿与洗澡水一起倒掉的做法，反对对黑格尔哲学采取全盘否定或弃之不理的态度，但对其所具有的抽象性与思辨性的批

---

① 《马克思恩格斯文集》第 1 卷，人民出版社 2009 年版，第 201 页。
② 《马克思恩格斯文集》第 1 卷，人民出版社 2009 年版，第 202 页。

判与拒斥的立场确是鲜明与不争的。在马克思"新唯物主义"哲学的视野里，黑格尔哲学所固有的"抽象性"与"思辨性"既是它们具有的优势，也是黑格尔诱导人们进入他的唯心主义哲学迷宫的引绳。一方面，黑格尔凭借他的抽象与思辨，可以远离历史的羁绊，不顾经验事实的纠缠，"可以任凭自己的思辨之马自由奔驰"，从而"把一切唯物主义的因素从历史上消除了"①。另一方面，他也是凭借他的抽象与思辨，任意地编造出他的唯心主义哲学的神秘体系。黑格尔"思辨哲学"所玩的戏法是把占统治地位的思想同进行统治的个人分割开来，主要是同生产方式的一定阶段所产生的各种关系分割开来，并由此得出结论说，历史上始终是思想占统治地位，这样一来，就很容易从这些不同的思想中抽象出思想、观念等，并把它们当作历史上占统治地位的东西，从而把所有这些个别的思想和概念说成是历史上发展着的概念的"自我规定"。在这种情况下，从人的概念、想象中的人、人的本质、人中能引申出人们的一切关系，也就很自然了。②即是说黑格尔"证明精神在历史上的最高统治"③，是通过玩弄思辨性的戏法而得以实现的。在马克思"新唯物主义"哲学的视野里，黑格尔哲学中尽管蕴藏着许多珍宝，但由于他"所考察的仅仅是概念的前进运动"④，并把人类社会的历史解释为精神的外化史，以为"全部外化历史和外化的全部消除，不过是抽象的、绝对的思维的生产史，即逻辑的思辨的思维的生产史"⑤。而正是这种抽象性与思辨性的缘故，黑格尔哲学，尤其是他的《历史哲学》不仅充满着臆测与虚构的色彩，也充满着"真正的神正论"（马克思语）色彩。要扬弃黑格尔哲学的"真正的神正论"性质，就必须扬弃"思辨哲学"的思辨性，只有扬弃了"思辨哲学"的思辨性，历史学才能回归其科学的性质，

---

① 《马克思恩格斯文集》第 1 卷，人民出版社 2009 年版，第 554 页。
② 《马克思恩格斯文集》第 1 卷，人民出版社 2009 年版，第 553 页。
③ 《马克思恩格斯文集》第 1 卷，人民出版社 2009 年版，第 553 页。
④ 《马克思恩格斯文集》第 1 卷，人民出版社 2009 年版，第 553 页。
⑤ 《马克思恩格斯文集》第 1 卷，人民出版社 2009 年版，第 203 页。

因为只有"在思辨终止的地方，在现实生活面前，正是描述人们实践活动和实际发展过程的真正的实证科学开始的地方。关于意识的空话将终止，它们一定会被真正的知识所代替"①。

二

根据前面对马克思"新唯物主义"哲学有关黑格尔唯心主义的"思辨哲学"的抽象性与思辨性所持的批判态度的分析与阐释，完全有理由得出如下的结论：哲学作为一种世界观的理论，它不应是思辨的。思辨性只是黑格尔"思辨哲学"所具有的特点，不是哲学所固有的特点，更不是马克思"新唯物主义"哲学的特点。马克思"新唯物主义"哲学作为一种科学的世界观与方法论，崇尚与追求的是具有实证科学性质的科学性，而不是脱离现实的任意抽象与自由奔驰的逻辑思辨。

马克思的"新唯物主义"哲学为何对黑格尔"思辨哲学"的抽象性与思辨性诉诸否定与批判的态度？为何拒绝将自己的哲学涂上思辨性的色彩，并坚定地主张哲学应是一种"真正的实证科学"？深刻的原因在于：在马克思"新唯物主义"哲学的理论逻辑中，哲学作为一种世界观的理论，它既不应是一种玩弄概念的游戏，也不仅是获取与表现智慧的技巧，哲学世界观所要解决与回答的根本性问题是世界的本质是什么与为什么是。任何哲学都是一种世界观的表达，在这一点上，没有哪一种哲学形态能够表现出例外，所不同的充其量也只是有的哲学形态表现得旗帜鲜明，有的哲学形态则表现得羞羞答答。哲学是一种关于世界的本质是什么与为什么是的理论，但哲学所关注的世界不是在人之前与在人之外的世界，因为哲学表达的本质上是人的世界观，而人对世界进行把握时，并不是将世界视作是一种外在的与分离的存在，人对世界的把握

---

① 《马克思恩格斯文集》第 1 卷，人民出版社 2009 年版，第 526 页。

始终是从自身出发的把握，或者说人是从人与世界之间所构成的内在关系的维度上去把握世界的，哲学世界观决不是人站在世界之外看世界。正因为哲学作为世界观是从人与世界间的内在关系出发对世界进行的一种把握，因而，哲学所关注的不是与人分离的，与人处于完全外在性关系与状态的世界，而是与人的存在构成对象性内在关系的世界。这样的世界马克思在《关于费尔巴哈的提纲》第一条中称之为"对象、现实、感性"，在有些经典著作中，经典作家们有时也冠以"人的世界""感性世界"的称谓。哲学在历史上的存在形态尽管是各不相同的，但不同的哲学形态所关注与解答的首要问题则是相同的，即"对象、现实、感性"或属人的世界，人的感性世界的本质是什么？不能将人之外存在的全部世界视作是哲学的世界观视野中的世界，那种在人之前与在人之外存在的世界或一切与人分离的，并不与人的现实存在的对象性有着内在关系的世界，不是人的现实的"对象、现实、感性"，不是人的感性世界与属人的世界，它们虽存在着，但对"现实的人"并不发生现实性的关系，更不发生现实性的作用与影响，因而对于"现实的人"的存在来说不过是"无"。正因为如此，在哲学发展史上，不同哲学路线间的分歧与争论的焦点不是发生在对与人分离的世界的看法上，而是发生在与人的存在构成对象性现实关系的世界的看法上。哲学们从来没有，也决不可能有关于人产生之前地球是否存在的分歧与争论。没有哪一个哲学家，即便是彻底的唯心主义哲学家也不会认为地球是人类思维或思想的产物，否则，唯心主义哲学也不会长久性的存在。事实上，马克思主义哲学诞生前的旧唯物主义哲学也好，唯心主义哲学也好，还是马克思的"新唯物主义"哲学也好，他们的哲学世界观的分歧并不在于各自所研究的对象上，他们研究的对象都指向的是"对象、现实、感性"，他们的分歧在于对"对象、现实、感性"的本质诉诸着不同的理解与阐释。在旧唯物主义的视野里，"对象、现实、感性"与自然天成的自然物并没有什么本质的不同，它们都不过是一种纯客体性的存在；在唯心主义哲学的视野里，"对象、现实、感性"与自然天成的自然物有着本质的不同，它们是人的创造物，是精神的对象化、外化与异化，因而是人的精神的产物。而马克思的"新唯物主义"哲学则对"对象、现实、感性"既不像旧唯物主义哲学那样，诉诸一种直观的纯客体的理解，将"对象、现实、感性"视作是纯粹的自然产物，也不是像唯心主义哲学那样，诉诸一种纯主体或主观的理解，将"对象、现实、感性"视作是人的主观的或客观的精神的产物，而是诉诸一种人的感性活动即实践的理解，将"对象、现实、感性"视作人的感性实践活动的产物。哲学所关注的世界是与人的存在构成对象性关系的世界，即属人的世界或感性世界，而属人的世界或感性世界不是自然天成的世界，而是在人的感性实践活动的基础上生成的历史性的世界，这种历史性的生成的世界，既指向历史性生成的自然界，也包括历史性生成的社会历史世界。当然，不同的哲学世界观在人的感性世界是如何生成与发展问题上的分歧，不可避免地会导致对人的感性世界的本质及其发展的不同理解。而在其不同的理解中，则存在着科学性与非科学性的分野。

在马克思"新唯物主义"哲学的视野里，虽然黑格尔的"思辨哲学"也强调自己哲学的科学性，并将自己的"现象学"称之为"科学"，然而黑格尔的"思辨哲学"作为一种"从天国降到人间"，作为一种头足倒置的哲学是不具有科学性的。在黑格尔"思辨哲学"的逻辑中，无论是感性的自然界，还是感性的社会历史，都不过是那种带有神秘性质的绝对观念的对象化、外化与异化。在黑格尔的"思辨哲学"中，逻辑与历史虽然是统一的，但二者统一的基础不是历史，而是逻辑，而黑格尔的逻辑不是来自于自然界、来自于历史，反而是它成为构造现实的自然界与现实的历史的模具。黑格尔的逻辑学既是抽象的，也是思辨的，一方面，它依靠这种抽象性与思辨性向人们"提供可以适用于各个历史时代的药方或公式"①，并用这些"药方或公式"去为自己自由地编造与臆测历史提供一种外在性尺度。另一方面，他也是依靠这种抽象性与思辨

---

① 《马克思恩格斯文集》第 1 卷，人民出版社 2009 年版，第 526 页。

性，编造一些"意识的空话"与胡乱的"呓语"，制造神秘与高深的戏法。在马克思"新唯物主义"哲学的视野里，黑格尔哲学是思辨的，因而是神秘的，黑格尔哲学是神秘的，因为它是思辨的，思辨性是构成黑格尔哲学神秘性的底色，神秘性是思辨性的必然产物。对于马克思的"新唯物主义"哲学即"实践的唯物主义"哲学来说，思辨是不必要的，也是不可能的，因为马克思的"新唯物主义"哲学作为一种"从人间升到天国"的哲学，坚持的是按照世界的本来面貌去解释世界，世界是怎样生成的，就应当怎样进行把握的原则。在马克思"新唯物主义"哲学的理论逻辑中，人的感性世界是在人的感性实践活动基础上生成与发展的世界，因此，在对人的感性世界的把握时，始终坚持"我们不是从人们所说的、所设想的、所想象的东西出发，也不是从口头说的、思考出来的、设想出来的、想象出来的人出发，去理解有血有肉的人。我们的出发点是从事实际活动的人，而且从他们的现实生活过程中还可以描绘出这一生活过程在意识形态上的反射和反响的发展"①。

马克思"新唯物主义"哲学向人们提供的不是治疗社会的"药方"，不是用来裁剪与编排历史的现成"公式"，作为一种世界观与方法论，提供的只是人们把握人的感性世界，尤其是人的社会历史的一种方法与观察的思路。这种方法与思路是科学的与经验的，因为他的前提与出发点是"现实的个人"，"是他们的活动和他们的物质生活条件，包括他们已有的和由他们自己的活动创造出来的物质生活条件"。②而这些现实的个人的活动与物质生活条件是"可以用纯粹经验的方法来确认"的。③正因为马克思"新唯物主义"哲学对人的感性世界的把握与阐释具有科学与经验的性质，因而它不应是思辨的，也不可能是思辨的。因为，在马克思"新唯物主义"哲学的理论逻辑中，"以一定的方式进行生产活动的一定的个人，发生一定的社会关系和政治关系。经验的观察在任何

---

① 《马克思恩格斯文集》第 1 卷，人民出版社 2009 年版，第 525 页。
② 《马克思恩格斯文集》第 1 卷，人民出版社 2009 年版，第 519 页。
③ 《马克思恩格斯文集》第 1 卷，人民出版社 2009 年版，第 519 页。

情况下都应当根据经验来揭示社会结构和政治结构同生产的联系，而不应当带有任何神秘和思辨的色彩"①。

<h1 style="text-align:center">三</h1>

马克思"新唯物主义"哲学拒绝一切形式的思辨，对思辨性的哲学诉诸否定与批判的态度，不仅是由马克思"新唯物主义"哲学所要求与所具有的科学性质决定的，也是由它所承担的哲学使命决定的。在马克思"新唯物主义"的视野里，哲学的任务与使命不仅要正确地认识世界与解释世界，更为重要的任务与使命"在于改变世界"。"实际上，而且对实践的唯物主义者即共产主义者来说，全部问题都在于使现存世界革命化，实际地反对并改变现存的事物。"② 应该说，在马克思"新唯物主义"哲学对哲学的功能与使命的定位上，哲学不仅应是认识世界与解释世界的世界观与方法论，更应是"改变世界"或"使现存世界革命化，实际地反对并改变现存的事物"的世界观与方法论。其深刻的原因在于，在马克思"新唯物主义"哲学的视野里，认识世界与解释世界只是"改变世界"的基础与前提，它并不是哲学所要达到的最终目的，正确地认识世界与解释世界的目的应是"改变世界"。

正如马克思既是思想家，也是革命家，而且"首先是一个革命家"一样，马克思的"新唯物主义"哲学既是一种科学的世界观与方法论，也是一种革命的世界观与方法论，而且首先是一种革命的世界观与方法论。科学性与革命性是马克思主义科学思想体系所具有的两个不可分离的特点，也是马克思的"新唯物主义"哲学世界观与方法论所具有的两个不可分离的特点。马克思的"新唯物主义"哲学是科学的，因为他是

---

① 《马克思恩格斯文集》第 1 卷，人民出版社 2009 年版，第 523、524 页。
② 《马克思恩格斯文集》第 1 卷，人民出版社 2009 年版，第 527 页。

革命的；"新唯物主义"哲学是革命的，因为他是科学的。这不能视之为一种循环性论证与说明，因为在马克思的"新唯物主义"哲学的理论逻辑中，科学性与革命性是互为前提与因果，并相互支撑的。而马克思的"新唯物主义"哲学作为一种革命性质的世界观与方法论，决定着这种哲学必然是一种与人民群众密切联系并且有大众性特点的哲学，深刻的原因在于，革命是人民群众的事业，要"改变世界"，使现存世界革命化，实际地反对并改变现存的事物都依赖于人民群众的历史性的实践活动。尤其是在资本主义社会，要推翻资产阶级的现实统治，反对并改变资本主义现存生产关系，必须诉诸于依靠资本主义社会中最具革命性的工业无产阶级的力量。正是由于马克思主义创始人首先是革命家，他们的理论首先是一种革命的理论，所以不仅他们的"毕生的真正使命，就是以这种或那种方式参加推翻资本主义社会及其所建立的国家设施的事业，参加现代无产阶级的解放事业，正是他第一次使现代无产阶级意识到自身的地位和需要，意识到自身解放的条件"①。马克思的"新唯物主义"哲学作为一种革命性的哲学，它的理论使命的实现都诉诸的是现代无产阶级，因而它始终重视哲学与无产阶级的结合，不仅强调哲学应把"无产阶级当作自己的物质武器"，同样也强调无产阶级也应把"哲学当作自己的精神武器"。② 因为对于无产阶级的解放事业来说这个解放的头脑是哲学，它的心脏是无产阶级。"哲学不消灭无产阶级，就不能成为现实；无产阶级不把哲学变成现实，就不可能消灭自身。"③ 即是说，在马克思的"新唯物主义"哲学的视野里，作为一种以"改变世界""使现存世界革命化，实际地反对并改变现存的事物"的具有革命性的哲学来说，它与人民群众和无产阶级之间的关系是一种相互需要的关系，哲学需要人民大众与无产阶级，人民大众与无产阶级也需要哲学。

① 《马克思恩格斯文集》第 3 卷，人民出版社 2009 年版，第 602 页。
② 《马克思恩格斯文集》第 1 卷，人民出版社 2009 年版，第 17 页。
③ 《马克思恩格斯文集》第 1 卷，人民出版社 2009 年版，第 18 页。

哲学如何才能成为人民大众和无产阶级的"精神武器"，成为无产阶级解放事业的"头脑"？在马克思的"新唯物主义"哲学的视野中，哲学要成为无产阶级所掌握的"精神武器"，成为无产阶级解放事业的"头脑"，不仅需要改变思辨哲学的那种"从天国降到人间"的，从而表现为头足倒置的状态，实现从地上升到理论的天国，从而让哲学的双足始终站立在人民的世俗的现实生活的大地上的革命，而且也需要改革哲学的表现与表达方式。黑格尔的"思辨哲学"以一种晦涩的语言，玩弄的所谓"理性的狡计"的游戏，它或许适合满足学院式的讲坛上的精神贵族们卖弄自己的需要，但它绝对不适合人民大众与无产阶级"改变世界"的需要。对于为改变自身处于不利状况的人民大众与无产阶级来说，他们不需要咬文嚼字的概念分析，也不需要玩弄"理性的狡计"的游戏，因为他们从来没有受到概念或"理性的狡计"的统治，也无需从那些概念与"理性的狡计"中解放出来，他们需要的是用来指导改变自身现状的理论武器。这种作为战斗武器的哲学理论不仅要反映与表达他们的现实世俗性的生活，要满足他们改变现存状况的需要，而且还要让他们听得懂与看得懂。一种使人民大众既听不懂，也看不懂，类似于天书的哲学既不会为人民大众所把握与接受，更谈不上去掌握群众。哲学应为人民大众所接受，变成群众手中的武器，并掌握群众，引领群众的实践活动，哲学不仅在内容上应具有科学性，同时也不应忽视在表达上符合大众性的语言习惯。一种好的哲学应是为大多数群众能把握并能掌握大多数群众的哲学，一种既不能为群众所把握，更不能掌握群众的哲学，充其量也只是一朵不结果实的花，即使华贵艳丽，吸人眼球，但不会长久留香。要使哲学从哲学家的课堂中解放出来，使哲学变成人们改变世界的"武器"与"头脑"，哲学不应是思辨的，而应是通俗的；不应具有贵族的气质，而应具有大众的气质。

当然，强调马克思"新唯物主义"哲学的非思辨性与抽象性、通俗性与大众性，决不意味着哲学拒绝一切抽象与严密的逻辑，更不意味着哲学可以是人们在哲学的讲坛上与论坛上通常见到的那种原理加例子的庸俗化的表达方式。马克思的"新唯物主义"哲学所拒绝的只是那脱离现实的单纯抽象与纯粹概念的思辨，反对的是那种经院哲学式的、黑格尔式的思辨、晦涩的表达方式。哲学要掌握群众，哲学是需要说理的，哲学要具有说理的力量，就需要依靠逻辑的力量，一切单纯的举例虽然能帮助人们理解哲学的某些原理，但不能证明哲学理论的科学性。哲学应是通俗的与大众的，但不能是庸俗的，决不能将通俗性、大众性与哲学的庸俗性混为一谈。

关于哲学与哲学的使命之思 *

一

哲学是什么？自哲学诞生之日起，这样的追问便绵延不断，从未停止。哲学思想发展史上的每一个新的哲学形态或哲学流派的诞生，都是始于对"哲学是什么"的追问，并且是作为这种追问的结果而存活于哲学思想发展史之中的。对"哲学是什么"的不断追问对于哲学的历史性的发展来说，其作用与意义应是不争的，假如没有人们对"哲学是什么"的不断追问，哲学或许还停留在它的原始形态。人们对"哲学是什么"执着不厌的追问，不但使人们保持着对哲学的兴趣与魅力，也使人们对"哲学是什么"与"应是什么"的认识不断深化。然而，也正是由于人们对"哲学是什么"的不断追问，并且由于对"哲学是什么"的解答或诠释的百花争艳与相互不让，没有任何一种哲学对哲学的诠释广获认同，从而形成对"哲学是什么"与"应是什么"的统一性定义。这样一种客观事实与状况，使不少人面对"哲学是什么"

---

* 本文原发表于《理论建设》2016 年第 1 期。

时感到茫然与困惑，以至于不少人认为，哲学是什么？

有人以不同的哲学观对哲学的看法与言说各有不同，人们对"哲学是什么"的言说与界定层出不穷，没有任何一种哲学定义能包容所有的哲学，并获得普遍性的认同为由，认为"哲学是什么"的追问是一个不可能回答的问题，人们只能说"哲学不是什么"，而不能说"哲学是什么"。有人更进一步，不仅认为"哲学是什么"是无法言说的，而且认为哲学的命题，观点的对与错也是无定论的。近年来，"哲学无定论"的说法似乎受到了不少人的认同，并被一些人视之为经典性名言予以引用与传播。哲学是否只能说它"不是什么"，而不能说它"是什么"，"哲学是什么"是否一个无法言说与回答的问题？如果是的话，人们就会在如下的追问面前陷入困境：其一，如果我们不能确认"哲学是什么"？我们又如何能确认"哲学不是什么"？不是是相对于是而言的，不是以是为参照性坐标而做出的否定性判断，当人们不能确认"哲学是什么"的时候，也就意味着人们无法与无权确认哲学"不是什么"。其二，如果我们不能确认"哲学是什么"，哲学作为一个独立的学科何以能够存在？按照通行的学科分类与学科确认的规则，判断一个学科的首要标准是看它有没有独立的研究对象，如果哲学有自己独立的研究对象，"哲学是什么"就应该是能够言说与确认的，如果认为"哲学是什么"是不可言说与确认的，那无异于否定了哲学的研究对象的存在。任何一个学科，不论是属于自然领域的，还是属于社会历史领域的，如果不能确认其自己的研究对象，或者说不能说出自己是关于什么的学问时，其学科存在的权利便是可疑的，哲学也一样。在人们不知道"哲学是什么"的情况下，人们关于什么是哲学与什么不是哲学的任何讨论与争论便会变得毫无意义。哲学是否是"无定论的"？哲学的命题、观点是否存在对与错、真理与谬误的区分？不同的哲学观之间是否只是不同的哲学智慧之间的竞争，而不存在着正确与错误的比较与竞争呢？不可否认，哲学是历史的，任何哲学都不可能穷尽与终结真理，马克思主义哲学也只是在不断地开辟着通向真理的道路，而不是真理的终结。但哲学不会终结真理不等于说哲学中没有真理，马克思主义哲学没有也不可能终结真理，不等于说马克思主义哲学不是真理。如果哲学的命题、观点正确地反映了客观世界的本质及其规律，其真理的属性是否应该得到确认？如果马克思主义哲学的一些基本命题、基本原理、基本观点是否是真理，是一个无法确定或未确定的问题，我们凭什么要去相信马克思主义哲学，我们又凭什么将马克思主义哲学确立为我们的指导思想，并倡导人们去学习马克思主义哲学？不同的哲学有不同的哲学观，但在不同的哲学观之间存在着真理与否的区分，否认了这一点，我们就会陷入哲学虚无主义与哲学相对主义的泥坑。

二

　　哲学是什么呢？要说清这个问题，无疑首先要弄清哲学的研究对象是什么。任何一个学科是什么，是由它的独特的研究对象决定的，从一般的意义上说，一切学科都是关于它的研究对象的本质与规律的学说，哲学也一样。那么，哲学研究的对象是什么？尽管从哲学史上看，哲学研究的外延或范围不断地发生历史性的变化，哲学家们对哲学的看法也不尽相同，但从哲学家们共同关注的焦点与争论和分歧的焦点看，变中也存在着不变的一面。马克思在《关于费尔巴哈的提纲》中曾经指出："从前的一切唯物主义（包括费尔巴哈的唯物主义）的主要缺点是：对对象、现实、感性，只是从客体的或者直观的形式去理解，而不是把它们当做感性的人的活动，当做实践去理解，不是从主体方面去理解。因此，和唯物主义相反，唯心主义却把能动的方面抽象地发展了，当然，唯心主义是不知道现实的、感性的活动本身的。"①上面的这段话虽然是马克思对先前的旧唯物主义哲学与形形色色的唯心主义哲学的主要缺点

---

① 《马克思恩格斯文集》第 1 卷，人民出版社 2009 年版，第 499 页。

的批评，但透过这段批评的文字，人们却不难得出这样一个结论，即无论是旧唯物主义哲学也好，唯心主义哲学也好，它们所关注与思考的对象都是相同的，即都是将关注的目光首要地聚焦在"对象、现实、感性"上，即属人的感性世界上。在马克思"新唯物主义"哲学的视野里，"对象、现实、感性"即属人的"感性世界"，既是一切哲学关注的焦点，也是唯物主义哲学与唯心主义哲学之间产生分歧与对立的焦点。在马克思的"新唯物主义"哲学看来，先前的旧唯物主义哲学与形形色色的唯心主义哲学尽管各自有着许多不同的缺点，但它们的主要缺点则主要表现在对"对象、现实、感性"即感性世界的本质的把握方式与阐释上。旧唯物主义的主要缺点是对"对象、现实、感性"诉诸的"只是从客体的或者直观的形式去理解"，因而，旧唯物主义也即是一种"直观的唯物主义"，所谓"直观的唯物主义，即不是把感性理解为实践活动的唯物主义"①。在旧唯物主义者即直观的唯物主义者的视野里，"对象、现实、感性"即属人的"感性世界"的本质与那种在人之前与人之外的宇宙世界的本质并没有什么不同，都是一种物质性的存在。和旧唯物主义相反，所有的唯心主义对"对象、现实、感性"即感性世界诉诸思想、观念、精神等的理解与解释，他们要么认为"对象、现实、感性"是人的精神的产物，要么认为是客观精神的对象化与外化或异化，它们虽然发展了能动的方面，但却只是抽象地发展了能动的方面。马克思的"新唯物主义"则认为，与人构成对象性、现实性、感性关系的"对象、现实、感性"既不能像旧唯物主义那样"只是从客体的或者直观的形式去理解"，也不能像唯心主义那样只是从纯主体的与抽象的方面去理解，"对象、现实、感性"是在人的感性实践活动基础上生成的，因而对它的本质应诉诸感性实践活动的理解。而人的感性实践活动是一种主体与客体相统一的活动，因此，对"对象、现实、感性"在做客体性理解的同时，还应从主体方面去理解，在从主体方面理解的同时，还应从客体

---

① 《马克思恩格斯文集》第 1 卷，人民出版社 2009 年版，第 502 页。

方面去理解，即应从主体与客体、主观与客观、受动与能动相统一的方面去理解。

"对象、现实、感性"即感性世界是所有哲学关注的共同对象，对"对象、现实、感性"的不同的理解方式及其不同的看法是不同的哲学之间产生分歧与对立的根本原因这一点表明，哲学即是关于"对象、现实、感性"或感性世界本质看法的学问，也即是人们常说的哲学是关于世界的本质的学问或观点。哲学是世界观，旧唯物主义哲学也好，"新唯物主义"哲学也好，各种形式的唯心主义也好，它们之间的区别根本不在于它们属于不同的智慧，而在于它们属于不同的哲学世界观。马克思的"新唯物主义"哲学是一种新的哲学世界观，这是无需争论的，至少对于马克思主义者来说是无需争论的，因为恩格斯曾以明确无误的语言确认过。恩格斯在 1888 年写的《路德维希·费尔巴哈和德国古典哲学的终结》的序言中，就曾将马克思的关于《关于费尔巴哈的提纲》称之为是"包含着新世界观的天才萌芽的第一个文献"①。马克思"新唯物主义"之新，新就新在它是一种新的世界观，对马克思主义在哲学史上所实现的革命性变革我们只能视之是世界观意义上的变革，而不能在其他的意义上予以诠释，任何其他意义上的诠释，都有可能导致对马克思主义哲学所实现的革命性变革的意义及马克思主义哲学性质的误读与曲解。

需要指出与强调的是，作为世界观的哲学所指向与关注的"世界"，不是宇宙论意义上的世界，不能将哲学的世界观误读为宇宙观。哲学世界观所指向的世界是人的感性世界，即与人构成对象性、现实性、感性关系的世界，也即是马克思所说的"对象、现实、感性"。这个感性世界有着丰富的内容，包含着属人的自然、属人的社会，也包含着人自身的世界。这是一个在人的感性实践活动中生成的"世界"，也是一个随着人的实践活动发展而发展的"世界"，这个世界及其发展的本质与人

① 《马克思恩格斯文集》第 4 卷，人民出版社 2009 年版，第 801 页。

自身的发展有着内在的一致性。这个世界的本质具有历史的性质，不同时代的人们所面对的"对象、现实、感性"具有不一样的本质，这个不一样的本质也表现着人与"对象、现实、感性"之间关系不一样的历史关系。当马克思的"新唯物主义"世界观对"对象、现实、感性"诉诸人的感性实践活动的理解时，他开辟了一条通向科学性地把握"世界"的本质及其发展的正确或真理性的道路，但由于人的实践在深度和广度上是不断深化与发展的，人所面对的"对象、现实、感性"是历史的、变化的、发展的，因而哲学也永远不会与不能终结对"对象、现实、感性"的认识而终结真理。

三

哲学作为一种世界观，其功能与使命是什么？这也是人们在哲学的认知上并未彻底解决的问题。所谓哲学的功能与使命，具体地说即是指哲学有什么用。一个学科能否存在首先无疑取决于它是有自己独立的研究对象，同时也取决于它所具有的作用、价值和意义，没有任何作用、价值和意义的理论，不论它看起来多么诱人，在历史中都是不可能存活的，至少是不可能长久地存活。然而一个学科存在的作用、价值和意义通常是与它的研究对象紧密相联的，对"哲学是什么"的理解通常决定着人们对哲学功能与使命的理解与诠释。不同的世界观不仅对世界的理解是不同的，而且对哲学的功能与使命的理解也不同。

哲学的功能与使命是什么呢？哲学作为世界观的理论，它所承担的第一个任务无疑是要对它的研究对象进行解释。一切形式的哲学，不论其表现形式如何，也不论其各自的理论兴奋点与关注的主题和重点是什么，只要它能名不副实地配称为哲学，它就必须对它的研究对象即它所面对的"对象、现实、感性"做出自己的理解与解释，否则它就不能配称为世界观。如前所述，旧唯物主义哲学、各种形式的唯心主义哲学，以及马克思的"新唯物主义"哲学作为一种哲学世界观其实都是以不同的方式对世界做出的一种解释。一般来说，哲学作为一种世界观的理论，它对世界的理解与解释，至少应包括以下三个方面的内容：其一，对世界的本质是什么的解释。哲学对世界的解释，不能仅仅局限于满足对世界的现象性描述，而是应透过世界呈现出来的现象，去追寻现象之后的本质的理解与解释。从有形的存在中去洞察无形的本质，这是哲学之所以被称之"形而上学"的特点，也是哲学较之于其他学科的优点。当然，不是任何一种哲学都能达到对世界本质的科学理解与解释，只有运用正确的解释方式才能达到对世界的本质的认知与解释。任何哲学世界观都是对世界本质的一种解释，不同的地方在于，它们的解释存在着科学与非科学之分、正确与错误之别。其二，对世界的生成与发展的解释。作为世界观的哲学不仅要对人们所面对的世界的本质进行解释，同时也要对这个世界的生成与发展做出自己的解释。哲学作为一种世界观所指向的世界，虽然是与人构成对象性、现实性与感性关系的世界，即"对象、现实、感性"方式存在的世界，但它同样是一个历史性生成、运动、发展的世界。以"对象、现实、感性"的方式存在的世界是如何生成的？又是如何发展的？具体地说，"对象、现实、感性"生成的基础是什么？它是如何运动与发展的？推动它运动与发展的动力是什么？它的运动与发展有没有规律性可寻？以及它的运动与发展的规律较之于纯粹的宇宙世界的规律有何相似点与不同点？诸如此类的问题，作为世界观存在的哲学是不能也不可能弃之不问与不思的。因为，不解释"对象、现实、感性"的生成与发展，实际上是不可能使"对象、现实、感性"的本质得到合理性解释的。其三，对世界的生成与发展相对于人的存在与发展的意义和价值进行解释。作为世界观存在的哲学不仅要解释世界的本质，世界的生存与发展及其规律，但又不能仅限于或止于上述的方面，它还应揭示"对象、现实、感性"的生成与发展对人的存在与发展的价值与意义。深刻的原因在于，"对象、现实、感性"是一种与人之间构成对象性、现实性、感性关系的存在，因此，哲学对世界的理解与解释不仅是而且通常是从人与世界的关系出发去进行理解与解释的，它不仅要揭示对象的本质及其发展的规律，也要揭示与解释对象的存在与发展究竟对人的存在与发展的作用与影响、价值与意义，因为，人与世界之间存在着多种性的关系，既存在着一种认识与被认识的关系，也蕴含着一种价值与意义的关系，同时还存在着一种审美的关系。

作为世界观存在的哲学首先承担着解释世界的功能与使命，这是无可争辩的，否则哲学便不能称之为是关于世界观的理论。但对于马克思"新唯物主义"哲学世界观来说，它赋予哲学功能与使命的理解并不仅仅局限于对世界的解释。哲学不仅应解释世界，更重要的还在于改变世界。"对实践的唯物主义者即共产主义者来说，全部问题都在于使现存世界革命化，实际地反对并改变现存的事物。"①"改变世界""使现存世界革命化，实际地反对并改变现存的事物"，这是马克思的"新唯物主义"哲学世界观赋予自己的哲学不同于其他哲学世界观的最为重要的功能与使命。那么，在所有的哲学世界观中，"哲学家们只是用不同的方式解释世界"，唯有马克思的"新唯物主义"哲学世界观不仅赋予哲学解释世界的使命，而且更为着重哲学的"改变世界"的使命。合理性的解释在于，"改变世界""使现存世界革命化"的观点是源于马克思的新世界观对"现存世界"本质理解的理论逻辑的必然性延伸，因为，在马克思"新唯物主义"世界观的理论视野里，以"对象、现实、感性"方式存在的世界，是在人的感性活动基础上生成的"现存世界"，在本质上是实践的。人的实践活动具有创造性与超越性的特点，所谓创造性与超越性，也即意味着对现存世界的否定与扬弃，意味着对现存事物的革命化与改变。在马克思"新唯物主义"哲学世界观的视野里，现存世界与人的实践活动之间的关系存在着内在的关联性与统一性，正如马克思在谈到社会的历史时所指出的那样："每一代都利用以前各代遗留下来的材料、资金和生产力；由于这个缘故，每一代一方面在完全改变了的

---

① 《马克思恩格斯文集》第 1 卷，人民出版社 2009 年版，第 527 页。

环境下继续从事所继承的活动，另一方面又通过完全改变了的活动来变更旧的环境。"①

马克思的"新唯物主义"哲学世界观既是一种科学性的世界观，也是一种革命性的世界观，它是科学性与革命性相统一的世界观。而马克思的"新唯物主义"哲学世界观之所以能达到科学性与革命性的有机统一，根本性的原因不仅在于，它对"对象、现实、感性"的本质诉诸着一种科学的、正解的理解与解释的方式，即人的感性实践活动的方式，而且也在于它对"对象、现实、感性"的发展诉诸了一种实践的理解与解释。

---

① 《马克思恩格斯文集》第 1 卷，人民出版社 2009 年版，第 540 页。

马克思"新唯物主义"哲学
视野中的哲学*

一

　　哲学是一种世界观的理论体系，马克思主义的"新唯物主义"是一种新的唯物主义世界观。对于从事哲学研究的人，特别是对于马克思主义者来说，这似乎是个一般性的常识。然而，最近几年来的中国哲学界，有一些人，其中也包括某些从事马克思主义哲学研究的人，却试图对这个所谓的常识性观点发起挑战，倡导哲学应回归到它的本来含义，将爱智慧视作是哲学的本性，"哲学即是智慧之学"，哲学教学的目的应是"转识成智"，即将人们所掌握的知识转化成智慧。尽管在时下的中国哲学界，这还只是部分人的声音，但它具有渐趋增强的趋势。从表面上看，它似乎关涉的只是有关哲学的学理之论争，但它的深层意蕴却是明确无误的，直接或间接地指向将哲学视作是具有意识形态性的世界观的看法。那么，哲学究竟是一种世界观，还是一种智慧之学？哲学教学的目的究

---

* 本文原发表于《哲学研究》2005 年第 12 期。

竟是使受教育者主要树立一种科学的世界观，还是仅仅为了启迪受教育者增强对智慧的热爱与热情，抑或是扩展人们的所谓生存智慧？在时下，直面上述声音，澄清什么是哲学与马克思主义哲学，决不是无病呻吟，也不是小题大做，而是关乎着对马克思主义哲学的理解、阐释与坚持，关乎着我们在马克思主义哲学教学中应贯彻什么样的指导思想，承担什么样的功能与使命。

不可否认，在古希腊文与古拉丁文中，哲学的原始含义是爱智慧。在中国古汉语中，"哲"通常与"智"同义。"哲"，聪明、智慧之意。"哲学"一词从字意上看确有智慧之学的含义。但笔者认为，尽管如此，这并不能成为人们倡导哲学向原始含义复归的根据与理由。首先，语言是发展的，学科也是发展的，语言的发展与学科的演进背离它的原始含义与原生形态不仅是常有的事情，而且几乎是一种规律或趋势。从语言的维度看，无论是在古代希腊社会中，还是在古代中国社会中，所谓的"哲人"并不专指从事哲学研究的哲学家，而是泛指在一切领域中活动的那些具有聪明、智慧，具有某种技能的人，除哲学家之外，也包括自然科学家、工匠、诗人、音乐家，甚至包括政治家。哲人是无所不知的人的代称。哲学作为一个学科，它在经历了长期的历史发展之后所形成的成熟形态与其早期的原生形态有着根本性的不同。在其原生形态上，哲学与其他学科还处于混沌的没有分化的状态，哲学是一个成员复杂的混居家族，除了后来人们所讲的狭义的哲学之外，也包括着其他具体科学在其中，几乎所有的学问都冠以哲学的名称。正如那时的人们将一切聪明、智慧之士称为"哲人"一样，人们也将一切能增识长智的学问称之为哲学。因此，在哲学与其他具体科学有了高度分化与分工之后，再倡导向它的原始含义回归，应该说不是一种进步，而是一种倒退。更为根本的是，它不符合哲学存在与发展的历史真实。一方面，它不符合哲学所指向的研究对象的真实；另一方面，它也不符合哲学所关注的基本问题或最高问题的真实。哲学发展的历史表明，哲学不是纯粹的知识论，也不是单纯地研究获取智慧的技巧，哲学研究所指向的是人与世界的关系。这种人和世界的关系，表现为"灵魂对外部世界的关系"①，在近代以来则明确地表现为"思维对存在，精神对自然界的关系问题"②。而人与世界的关系、思维与存在的关系问题，无疑应是世界观与方法论的问题。哲学史上，唯心主义与唯物主义本质上是两种不同的世界观和方法论，而决不是两种启迪人们聪明、智慧的不同路径与技巧。

在西方哲学史上，当哲学与科学分化为"形而上"与"形而下"时，哲学的爱智之说也随之渐趋式微，尤其是在西方近代以来，"爱智"与"智慧之学"之说再鲜有被哲学家们所言及，而这并不能视为是哲学的退化与堕落。深刻的原因在于，"思维对存在，精神对自然界的关系问题……只是在欧洲人从基督教中世纪的长期冬眠中觉醒以后，才被十分清楚地提了出来，才获得了它的完全的意义"③。当哲学基本问题"十分清楚地提了出来""获得了它的完全的意义"之后，哲学也就以世界观与方法论的形态清晰地存在于人们的观念中。在马克思主义哲学视野中，哲学曾被确认为世界观和方法论，这应是明确无误的。马克思主义哲学创始人曾明确地宣称，他们所创立的"新唯物主义"哲学即"实践的唯物主义"哲学是一种新世界观。

笔者认为，究竟将哲学定位于一种世界观还是一种智慧之学，不能简单地看作只是一个学理之争。问题的实质与核心在于：如果将哲学视作是"爱智"的"智慧之学"，那么哲学研究与教育的目的自然是增识长智与"转识成智"；而如果将哲学视作是一种世界观与方法论，那么哲学研究与教育的目的自然就是使人们建立一种科学的世界观与掌握一种认识世界和改造世界的方法论。

---

① 《马克思恩格斯文集》第4卷，人民出版社2009年版，第277页。
② 《马克思恩格斯文集》第4卷，人民出版社2009年版，第278页。
③ 《马克思恩格斯文集》第4卷，人民出版社2009年版，第278页。

二

哲学作为一种世界观的理论形式，它是否仍然属于一种科学，或者说它是否仍然具有科学的属性，这是近年来中国哲学界引起争议的又一问题。

在哲学被视作是科学的科学的阶段，哲学的科学性质是不容置疑的。在过去的马克思主义哲学教科书与哲学词典中，哲学的科学性质也是毫无异议的。正因为人们过去将哲学定格于科学的维度，而科学所诉求的是真理，因此，在我们20世纪80年代的马克思主义哲学教科书中，价值论问题是被排除在马克思主义哲学视野之外的。

20世纪80年代中期以降，随着价值论问题研究的深入与人们对传统马克思主义哲学教科书理论体系的反思，价值论开始进入马克思主义哲学教科书并占据一定的位置。20世纪90年代以后，人们在关于马克思主义哲学中科学观与价值观、科学原则与价值原则的统一上做出了不少的努力，取得了一些可喜的成果，应该说这是一个重大的进步。但同时也应指出，在价值论研究的过程中，也出现过一些令人遗憾的偏差与片面性。80年代中期的价值论研究在更多的成分上是西方价值论的一种输入；价值论在马克思主义哲学教科书中的出现不是表现为马克思实践唯物主义哲学逻辑系统的内在阐发，而是嫁接的痕迹比较明显，即不是表现为内生的，而更多地表现为外引的。而在世纪之交的中国哲学界，则出现了一个值得人们关注与忧虑的新走向，即片面强调与放大马克思主义哲学中价值观与价值原则的亮点，自觉不自觉地将哲学与马克思主义哲学价值论化。这种将哲学与马克思主义哲学的价值论化在理论上的一个重要表现，就是否认哲学的科学性。

在哲学与科学的关系上，循着马克思主义哲学的视野看，应该旗帜鲜明地确认，哲学不等于科学，不能简单地在哲学与科学之间画上等号。深刻的原因在于，哲学作为一种世界观的理论形式，不能视作是人站在世界之外去观世界，它的研究与思考指向的是人与世界的关系，也就是说人是将外部世界与自己联系起来对外部世界进行研究与思考的。在人与世界的关系中，一方面人力图要弄清世界是什么与怎么样，另一方面人也力图以自己为圆心去研究、思考如何把握、适应、影响与重塑世界。

因此，人与世界的关系是一种多重性的关系：既是一种理论的关系，也是一种实践的关系；既存在着因果性的必然关系，也存在着选择性的应然关系，其中还涵蕴着伦理关系与审美关系。人与世界的这种多重关系的存在，也就决定了哲学不能仅仅视作是一种纯粹的科学，不能在哲学与科学之间画等号。科学是以规律性、必然性为对象的，它所回答的是世界是什么与怎么样的问题。关于人与世界之间的应然性的价值关系、伦理关系、审美关系，则超出了科学的功能与使命的范围。

但是，认定哲学不等于科学，并不意味着可以否认哲学应具有的科学品格。当马克思主义哲学将哲学视作是一种世界观的理论形式或关于世界观的学问时，这既是就哲学的研究对象而言的，也是就哲学的一般性质而言的。它确实并不意味着所有的哲学都具有科学的品格，因为世界观也有一个正确与否的问题，有着科学与非科学的界分。一种正确的世界观必须是一种科学的世界观，即必须具有科学的性质。科学性应是哲学研究与思考首先选取的参考坐标，同时也是衡量一种哲学正确与否的基本尺度。哲学虽然不等于科学，但哲学必须具备科学的品格。哲学是不能与科学相背离的，既不能与科学精神相背离，也不能与科学事实和理论相背离。在马克思主义的哲学观的视野中，哲学不仅应与科学建立紧密的联盟，还应立足于具体科学的基础之上，以科学的发展作为自己的源头活水和营养，而且也要随着科学的发展而不断改变自己的内容与形式。不能想象，一种缺乏科学精神与根据，甚至与科学发展相悖逆的哲学能够长久地生存下去，并能指导人们正确地认识世界和改造世界。背离科学精神与科学事实的哲学将被科学无情地淘汰，这是哲学发展史所一再证明了的规律。

正因为哲学必须具有科学的品格，因此，不能任意地将哲学价值论化，更不能将马克思主义哲学价值论化。单纯的科学主义解读，将导致马克思主义哲学的立场与理想的消解；单纯的价值论化的解读，将导致马克思主义哲学的科学性的消解。这不仅对于理解马克思主义哲学是有害的，而且对于理解全部马克思主义思想体系也是有害的。马克思主义的常识告诉我们，马克思主义思想体系是以马克思主义哲学的科学性作支撑的，因而如果马克思主义哲学的科学性被消解了，必将导致全部马克思主义思想体系基础的塌倒，最直接地将导致马克思科学社会主义理论的塌倒。因为，在马克思主义科学社会主义的运思逻辑中，社会形态从低级到高级的演进、共产主义将取代资本主义，不但是人们尤其是无产阶级的一种价值理想与奋斗目标，更是生产力与生产关系矛盾运动的规律性必然。

笔者认为，如果说在 20 世纪 80 年代中期以前，在理解、坚持与发展马克思主义哲学的问题上，反对单纯的科学主义倾向是必要的话，那么在世纪之交的今天，反对将马克思主义哲学价值论化，则是我们必须直面的一项重要挑战与任务。

三

哲学作为一种世界观的理论形式，是属于社会意识的范畴。而"意识在任何时候都只能是被意识到了的存在，而人们的存在就是他们的现实生活过程"①。处于和经历着不同现实生活过程的人们，其世界观必不相同。在马克思历史观的视野中，哲学具有鲜明的意识形态的色彩与性质。而哲学作为社会意识形态的一种形式，它的存在与演进不可避免地要受到社会经济基础直接与间接的制约，并为一定的经济基础服务。哲

---

① 《马克思恩格斯文集》第 1 卷，人民出版社 2009 年版，第 525 页。

学的这种意识形态的特点与属性，无疑内在地决定着一切哲学，无论是唯物主义哲学还是唯心主义哲学，都不可避免地贯彻与表达着一定的立场。在对待哲学尤其是马克思主义哲学的立场性与意识形态性问题上，哲学界中有些人不时地陷于一种非此即彼、忽左忽右的片面性怪圈。在以阶级斗争为纲、教条主义盛行的年代，人们通常将哲学的立场性与意识形态功能无限放大，做一种简单化、庸俗化与片面化的理解与强调。在人们的视野里，哲学似乎除了阶级斗争与意识形态的功能之外，再没有别的功能；哲学作为一种上层建筑的意识形态，只是一种阶级利益与意志的简单表达，哲学作为一种世界观的理论形式通常被利用作单纯的斗争工具。应该说，20 世纪 80 年代以后，哲学界在围绕着哲学的立场性与意识形态性问题上的理论反思与拨乱反正是必要的与功不可没的。但问题是，在最近的几年中，哲学界又出现了另外一种应引起人们注意的片面化倾向，即在加强马克思主义哲学学理性与学术性旗号下的淡化与消解哲学的意识形态性的倾向。有人明确地主张应使哲学非意识形态化，至少是应使哲学的意识形态性弱化与淡化。更有甚者，有人曾立场鲜明地主张哲学的"无立场"。

对于任何一种哲学来说，学理的严谨性与学术的深刻性都是必不可少的要求：既是其赖以确立、生存延续的前提性要求，也是其说服人、打动人从而掌握人的前提性要求。一种庸俗浅薄、缺乏学理性与学术性的哲学，必定是一种短命的哲学。要坚持与发展马克思主义哲学，使马克思主义哲学之树成为一棵充满生机与活力的常青树，加强它的学理性与学术性无疑是必要的、合理的。但问题是，我们不能从一种片面性走向另外一种片面性，更不能借加强哲学的学理性与学术性之名，行否定哲学的意识形态性之实，将哲学尤其是马克思主义哲学非意识形态化。

尽管在哲学发展史上，确有一些哲学家宣称自己的哲学是超越意识形态的，但在事实上，没有哪一个哲学家的哲学能够完全地超然于意识形态之外，他们的哲学不仅或多或少地刻上了时代的烙印，而且在阶级社会里还会打上阶级的印迹；哲学家们通常会自觉不自觉地充当社会中一定阶级的代言人，在他们的哲学中表达着某种价值取向与立场倾向。我们虽然不能在哲学路线的对立与社会中存在的阶级立场的对立之间画上等号，也不能将哲学家的阶级出身与他们所代表的阶级立场倾向紧密挂钩；我们不能否认，哲学家们的哲学在其内容与形式的表达上，除了受他所处的实际生活条件的制约之外，也受到他的知识、能力、性格、气质、情感等因素的影响，但一般说来，一定时代的哲学是生成于一定的生产方式基础之上的，是一定的物质关系在观念上的表现。历史发展呈现给我们的一个基本性的经验事实是："占统治地位的思想不过是占统治地位的物质关系在观念上的表现，不过是以思想的形式表现出来的占统治地位的物质关系；因而，这就是那些使某一个阶级成为统治阶级的关系在观念上的表现，因而这也就是这个阶级的统治的思想。"① 我们必须承认这样一个事实：哲学由于自身的学科性质与特点，它所表达的意识形态色彩没有政治、法律思想中所表达的那么直接和鲜明，但同样不容否认的一个事实是：无论哪一种哲学都不可能绝对地游离于社会经济基础的影响之外，不可能绝对的"无立场"，即使是像德国古典哲学中的康德与黑格尔，在他们"富有哲学味道"的抽象的逻辑与思辨中，仍然以"晦涩的言词""隐藏着"德国资产阶级的革命愿望。

在马克思"新唯物主义"或"实践的唯物主义"哲学的视野里，哲学作为一种思想上层建筑，无疑具有鲜明的意识形态性与立场性。在马克思主义哲学的话语系统中，拒斥哲学的意识形态性与立场性的言词与口号是不可想象的。在马克思主义哲学与以前的旧哲学的许多区别中，一个重要的区别便是：在过去的历史时代中，"因为每一个企图取代旧统治阶级的新阶级，为了达到自己的目的不得不把自己的利益说成是社会全体成员的共同利益，就是说，这在观念上的表达是：赋予自己的思想以普遍性的形式，把它们描绘成唯一合乎理性的、有普遍意义的思

---

① 《马克思恩格斯文集》第 1 卷，人民出版社 2009 年版，第 550、551 页。

想"①。马克思主义哲学则不然，它拒绝任何意义与形式的虚伪，诚实与旗帜鲜明地宣称：其一，它的哲学立足点"是人类社会或社会化了的人类"即共产主义社会，"实践的唯物主义者即共产主义者……"②；其二，"新唯物主义"或"实践的唯物主义"的阶级基础是无产阶级，无产阶级是其赖以存在与实现使命的"物质武器"；其三，"新唯物主义"或"实践的唯物主义"是为无产阶级服务的，对于无产阶级来说，"新唯物主义"哲学是它获得解放的"精神武器"。不能想象，马克思主义哲学如果离开了它的无产阶级立场，它对无产阶级来说是否还能具有吸引力与震撼力，是否还能成为无产阶级争取解放的"精神武器"。在人类的历史上，还没有哪一种哲学能获得像马克思主义哲学那样广泛的传播，尤其是在社会最底层群众中的传播。

四

哲学作为一种世界观的理论形式，并不是一经形成就永恒不变，就可以宣布为永恒真理。任何哲学都不具有终极的性质，马克思主义哲学也一样，它并没有穷尽与终结真理，而只是开辟了通向真理的道路。哲学有如一条奔流之河，离开它的源头愈远，愈汹涌澎湃。哲学演进的总趋势是由浅而深，由简单而复杂，不断地超越自己。那么哲学何以能实现自身的不断超越？牵引着哲学发展与演进的原动力是什么？在这一问题上，不同的哲学观有着不同的解读。

在黑格尔哲学观的视野里："揭示出理念发展的一种方式，亦即揭示出理念各种形态的推演和各种范畴在思想中的被认识了的必然性，这就是哲学自身的课题与任务。"③在他看来，哲学即是哲学史，哲学史也

① 《马克思恩格斯文集》第 1 卷，人民出版社 2009 年版，第 552 页。
② 《马克思恩格斯文集》第 1 卷，人民出版社 2009 年版，第 527 页。
③ ［德］黑格尔：《哲学史讲演录》第 1 卷，商务印书馆 1983 年版，第 34 页。

即是哲学。"历史上的那些哲学系统的次序，与理念里的那些概念规定的逻辑推演的次序是相同的。"① 他认为哲学的逻辑是必然的、先在的，它构成哲学历史发展的基础：哲学历史上的每一个体系所表达的不过是哲学逻辑系统的一个范畴、一个环节，全部哲学史不过是哲学逻辑发展在时间中的展现与展开。"哲学是对时代精神的实质的思维，并将此实质作为它的对象。就哲学是在它的时代精神之内来说，则这精神就是哲学的特定的内容，但同时哲学作为知识又超出了这内容，而与这内容处于对立的地位。"② 在黑格尔的视野里，哲学研究的对象不是人与世界的现实关系，而是时代精神，而"精神的事业就是认识自己"③。正是在对精神的这种反省与反思的批判性的认识中，在哲学实现着精神的不断超越的同时，也实现着哲学自身形态的发展与演进。在黑格尔哲学观的思维理路中，哲学的演进是一种纯粹的自我演进，是在反省与反思认识中的演进，是与人们的现实生活无关的；政治、法律、风俗、习惯、科学、艺术、宗教等都是由时代精神支配的，它们充其量也只不过是充当着哲学认识时代精神的中介材料。

长期以来，直到时下，黑格尔的这种哲学观与哲学史观被许多人视作是不容反思的真理。在哲学讲坛上，有些人将黑格尔的哲学即是哲学史的观点作为教条诲人不倦地重复着，主张学习与研究哲学的最好路径就是研究哲学史，似乎除此之外别无他途。在哲学论坛上，有些人不厌其烦地述说着这样的观念：哲学的对象是思想本身，只有对现存的各种哲学概念、命题、观点及其前提进行不断的反思、考问、批判、解构，才能实现哲学的发展与更新。在有些人的视野里，反思与批判、考问与解构似乎是哲学创新与发展的唯一通途；推动哲学发展的原动力不是人们的社会实践，而是一种纯粹的认识活动。

不可否认，在黑格尔的哲学与哲学史观中，的确蕴涵着一些深刻的

---

① ［德］黑格尔：《哲学史讲演录》第 1 卷，商务印书馆 1983 年版，第 34 页。

② ［德］黑格尔：《哲学史讲演录》第 1 卷，商务印书馆 1983 年版，第 57 页。

③ ［德］黑格尔：《哲学史讲演录》第 1 卷，商务印书馆 1983 年版，第 36 页。

见解，尤其是他有关哲学与哲学史的关系的论述，呈现出一定的历史感，但从总体与根本上看，他的观点是错误的。这错误不仅在于逻辑构成他的所谓逻辑与历史相统一的基础，因而哲学演进的内在逻辑是他的思维辐射的轴心，是一种解读与评价哲学发展的历史形态的"普照之光"与标准；而且还在于，受客观唯心主义哲学体系所决定，神秘的绝对精神构成了他的哲学的本体：在他的思维理路中，哲学的反省与反思不过是精神自己认识自己，哲学对时代精神的反思与超越不过是精神从时代精神向绝对精神的趋近。因而，在黑格尔那里，现实感与历史感只是形式上的与外表性的，其哲学在本质上是远离现实与历史的，实际上是在"纯粹精神"的领域中兜圈子。正如马克思在批评黑格尔的历史哲学时所指出的那样："黑格尔的历史哲学是整个这种德国历史编纂学的最终的、达到自己'最纯粹的表现'的成果。对于德国历史编纂学来说，问题完全不在于现实的利益，甚至不在于政治的利益，而在于纯粹的思想。这种历史哲学后来在圣布鲁诺看来也一定是一连串的'思想'，其中一个吞噬一个，最终消失于'自我意识'中。"① 总之，黑格尔的思维视点盯住的是精神，以及精神在时间中展开的时代精神，至于这种精神与时代精神又是由什么决定的问题，对于黑格尔来说却是一个不合逻辑的追问，因为精神是一切事物与现象的根据与本体，事物与现象是绝对精神外化、异化、对象化的产物，因而是为了表现与确证精神而存在的。这个问题也是一个多余的问题，因为"精神的事业就是认识自己"。但与"从天上降到地上"的黑格尔哲学相反，对于从"地上升到天上"的马克思主义哲学来说，意识、精神，"甚至人们头脑中的模糊幻象也是他们的可以通过经验来确认的、与物质前提相联系的物质生活过程的必然升华物。因此，道德、宗教、形而上学和其他意识形态，以及与它们相适应的意识形式便不再保留独立性的外观了。它们没有历史，没有发展，而发展着自己的物质生产和物质交往的人们，在改变自己的这个

---

① 《马克思恩格斯文集》第 1 卷，人民出版社 2009 年版，第 546 页。

现实的同时也改变着自己的思维和思维的产物"①。在马克思主义哲学视野中,当然并不是否认哲学的历史与哲学的发展,而是认为哲学与其他意识形式一样,作为一种意识形态不能独立地存在与发展,哲学没有封闭、孤立、独立地存在与发展的历史。哲学的历史及发展不是在"纯粹精神"的领域中实现的,它有着更为深刻的现实基础,这个现实基础即是人们现实的社会生活的实践,即是人们现实的物质生产与物质交往。哲学的思维方式不是固定的;作为哲学思维方式的产物的哲学内容也不是固定的:人们在改变着自己的物质生产与物质交往方式即自己的实践方式的同时,也改变着哲学的旧有形态与内容。因此,在马克思哲学的视野里,推动着哲学演进与变革的最深层动因是人类的社会实践。如果说,哲学的发展与演进离不开哲学家们的工作与思考,那么这只能意味着哲学家们的思维视点应主要聚焦在自己时代实践的变革上,而不能仅仅注视着"纯粹的精神"领域。离开哲学赖以产生与发展的最深层的现实的物质基础,单纯地诉诸对先前业已形成的哲学思想本身的反思与认识,不但不可能达到对哲学发展历史的正确解读与理解,更不可能实现哲学自身的真正超越。哲学的发展与超越是人类实践的变革与超越的理论表现,而不是哲学体系之间的吞噬。

在这里有必要澄清如下一点:马克思也曾说过"哲学是时代精神的精华",拿马克思的这句名言与黑格尔所说的"哲学也可以说是超出它的时代,即哲学是对时代精神的实质的思维,并将此实质作为它的对象"②的话作比较,人们或许觉得并没有什么实质性的区别,一个讲的是时代精神的精华,一个讲的是时代精神的实质。但问题是,在黑格尔那里逻辑是构成历史的基础,历史应与逻辑相一致,而在马克思这里,历史是构成逻辑的基础,逻辑应与历史相一致;在黑格尔那里,时代精神是一个时代社会现实的本体,而在马克思历史观的视野里,一个

---

① 《马克思恩格斯文集》第 1 卷,人民出版社 2009 年版,第 525 页。
② [德] 黑格尔:《哲学史讲演录》第 1 卷,商务印书馆 1983 年版,第 57 页。

时代的时代精神不过是一个时代的社会现实在人们思维中的反映。在形式上大致相似的话语中，由于哲学路线的不同，所表达的底蕴自然全然相别。

<h1 style="text-align:center">五</h1>

马克思主义哲学作为一种新的世界观的理论形式，它的产生是哲学发展史上的一场革命。这场革命既是深刻的，也是全面的。它导致了哲学研究对象的变革，将哲学的思维视点指向了人与世界的关系；也引起了哲学思维方式的变革，扬弃了旧唯物主义与旧唯心主义对待"对象、现实、感性"只从直观的、纯客体的或纯主体的方面所做的片面性的理解与把握，诉诸于新的实践维度的把握；同时它也导致了对哲学的功能与使命的深刻革命。

哲学的功能与使命是什么？在马克思主义哲学诞生前，这近似于一个多余的问题，因为几乎所有的哲学家都将它定格于"解释世界"。无论是唯物主义哲学家也好，唯心主义哲学家也好，在将哲学的功能与使命视作理解与解释世界这一点上都有着惊人的共识，区别只在于，不同的哲学路线导致各自不同的解释方式与路径。不可否认，哲学作为一种世界观的理论形式，是内在地承担着认识、理解与解释世界的功能与使命的，事实上，任何一种哲学世界观的理论形式，不管它是正确的还是错误的，都蕴含着对世界的一种理解与解释，否则它就不能作为哲学这种意识形式存在。但在马克思"实践的唯物主义"哲学世界观中，哲学不能仅为真理而真理，寻求真理性的认识、达至对世界的本质及其规律性的认识并不是哲学的唯一目的，也不是主要目的；哲学不仅需要认识与解释世界，更重要的还在于"改变世界"：相对于改变世界而言，认识与解释世界只是起着一种基础、前提与手段的作用，"改变世界"才是根本的与最后的目的。深刻的原因在于，"实际上，而且对实践的唯物主义者即共产主义者来说，全部问题都在于使现存世界革命化，实际地反对并改变现存的事物"①。

马克思"新唯物主义"或"实践的唯物主义"哲学，将哲学的功能与使命定位于解释世界与"改变世界"，而且主要定位于"改变世界"或"使现存世界革命化"，我们不能简单地将这种定位视作是对先前哲学家们思想的补正与延伸；这种定位实现的不是一个外在性的加减法，而是一个革命性变革。这个革命性变革内在于"实践的唯物主义"对人与世界关系的深刻把握与理解，是"实践的唯物主义"内在逻辑所必然得出的结论。马克思之前的哲学家们无一例外地将哲学的功能与使命定位于认识与解释世界，深刻的原因是受制于他们对人与世界关系的理解方式。旧唯物主义将人与世界的关系做一种直观的纯客体的理解，旧唯心主义则对人与世界的关系做一种纯主体的理解，二者都没有看到人与世界的关系在本质上是一种实践的关系。而在马克思"实践的唯物主义"哲学的视野里，人是以实践方式存在的，人与世界的关系是在人的实践活动基础上历史性生成的关系，因而本质上是一种实践的关系。而人的实践不仅在其目的性上蕴含着"改变世界"的趋向，而且在其功能上具有"改变世界"的特点。将人的实践理解成人的生存方式，就必然生发出人是要使现存世界不断革命化的存在物的哲学逻辑；将人与世界的关系理解成一种实践的关系，也必然引申出人与世界的关系既是一种不断地被改变与革命化的关系，也是一种祈向与追求被改变与革命化的关系的逻辑。旧唯物主义与旧唯心主义的哲学家们离开人的实践，对人与世界的关系或者诉诸纯客体的单纯直观，或者诉诸纯主体的单纯思辨，这就必然地决定了他们在理解哲学的功能与使命时，不可能越出认识世界与解释世界这一纯粹思想视域。

---

① 《马克思恩格斯文集》第 1 卷，人民出版社 2009 年版，第 527 页。

"新唯物主义"哲学：一种世界观 *

  马克思的"新唯物主义"不仅仅是一种新的智慧，更是一种新的世界观；其在哲学史上的革命性变革，不在于它创造了一种高于或新于其他哲学的智慧，而在于它提供了一种新的把握与解释世界的本质及其发展规律的世界观与方法论。

  哲学是什么？究竟是一种世界观还是一种智慧？其功能与使命究竟是改变世界还是"转识成智"？对于马克思的"新唯物主义"哲学或"实践的唯物主义"哲学来说，这是需要认真对待与厘清的问题，这涉及"新唯物主义"哲学的本质、功能与使命。

  哲学智慧说认为，哲学是一种智慧，其功能与使命是化知识为智慧。应该说，这种观点并非理论上的创新，而是对一种古老观点的回归与复兴。哲学的原初含义即是"爱智慧"。在古希腊时代，哲学被视为智慧的化身。柏拉图的"哲学王"思想便是哲学智慧说的典型代表。然而，人们不应忽视如下的历史事实，在古希腊时期，学问与学科还尚未分化，哲学被看作是科学的科学，几乎所有的学问与学科都被冠

＊ 本文原发表于《中国社会科学报》2015 年 9 月 24 日。

以哲学之名。因此，在柏拉图的"哲学王"思想中，他所说的哲学泛指一切学问，他所说的哲学家泛指一切有学问有智慧的人。但随着人们认识能力的提高以及知识的积累和分化，科学与技艺日益从哲学中分离出来，变成有独立研究对象的学科，哲学因而不再是科学的科学，而是逐渐演变成一种以世界的本质为研究对象的形而上学。由是，哲学告别了其原始形态，改变了其原初性的含义，不再仅仅充当智慧的代表。从哲学发展史的维度看，试图复兴哲学的智慧说，不仅不能视之为哲学的创新，而且是一种悖逆哲学发展趋势的回归与倒退。

将哲学定位于智慧之学，也不符合学科分类与学科区分的原则。不可否认，哲学的研究是需要智慧的；更不可否认，一种深刻的哲学应是充满智慧的。但同样不可否认的是，并不仅仅是哲学的思考需要智慧，也不仅仅只有哲学独具智慧的品格。应该说，人类的一切深刻性的思考与研究、一切具有探索性与创造性的活动都闪耀着智慧的光芒。哲学与哲学家是需要智慧的，难道科学与科学家不需要智慧，政治与政治家不需要智慧，艺术与艺术家不需要智慧？应该说，所有的学问都需要智慧，人类的一切创造与创新及其成果都具有智慧的底蕴与品格。智慧是一切学科与学问所应具有的共同要求与品格，而不应也不是哲学所独有与独享的专利。如果以哲学需要智慧与具有智慧为由，将哲学称之为智慧之学，那么，科学、政治、文学、艺术甚至是技巧，也都可称之为智慧之学，因为它们同样需要智慧、具有智慧的品格。实际上，将一门学科与其他学科、一种学问与其他学问区别开来的，不是各种学科或学问相互之间所具有的共性，而是各自所独具的特殊性与个性。这是一个人们应该遵守的基本原则，也是一个常识性原则。

对于马克思的"新唯物主义"哲学或"实践的唯物主义"哲学来说，哲学是一种世界观，"新唯物主义"哲学是新的世界观，而不仅仅是一种智慧、一种寻求智慧的技巧，这是确定无疑的。把马克思的"新唯物主义"哲学作为一种新的世界观与历史观，可以从恩格斯评价《关于费尔巴哈的提纲》是"新世界观的天才萌芽"中得到印证，也可以从马克思、恩格斯在其著作中始终将自己的历史理论称作"唯物主义历史观""历史唯物主义"或"这种历史观"中得到印证。马克思的"新唯物主义"不仅仅是一种新的智慧，更是一种新的世界观；其在哲学史上的革命性变革，不在于它创造了一种高于或新于其他哲学的智慧，而在于它提供了一种新的把握与解释世界的本质及其发展规律的世界观与方法论。这种世界观与方法论的创新在于，它在对"对象、现实、感性"即感性世界的本质及其发展规律的把握上诉诸了一种全新的革命性的理解与阐释。这就是，它既不同于旧的唯物主义哲学那样，对"对象、现实、感性"诉诸一种纯客体的、直观的理解，也不同于形形色色的唯心主义哲学那样，对"对象、现实、感性"诉诸一种纯主观的理解，而是对"对象、现实、感性"诉诸人的感性实践活动的理解。从人的感性活动去发现和把握感性世界的本质，去解释人的实践与意识的关系，去揭示人的感性世界，尤其是人的社会及其历史的生成与发展的规律，是马克思"新唯物主义"哲学作为一种新的世界观与方法论的实质。

哲学的智慧说将哲学视为一种智慧之学，将哲学的功能与使命定位于"转识成智"上，显然不符合马克思"新唯物主义"哲学对哲学的功能与使命的理解和定位。对于马克思的"新唯物主义"哲学来说，哲学的功能与使命在于"改变世界"。"哲学家们只是用不同的方式解释世界，问题在于改变世界"，"对实践的唯物主义者即共产主义者来说，全部问题都在于使现存世界革命化，实际地反对并改变现存的事物"。这即是马克思"新唯物主义"哲学对哲学所应承担的使命与具有的功能之诠释和定位。马克思的"新唯物主义"哲学不仅仅是一种知识，也不仅仅是一种智慧，在本质上它是一种革命的哲学、实践的哲学。作为一种革命的哲学、实践的哲学，它关注的不是人们如何获取知识与智慧的问题，而是无产阶级及人类的解放条件与解放的问题。

关于发展马克思主义哲学的
若干断想 *

一

大凡能够称得上是哲学家的人，都崇尚一种哲学的批判精神。有人认为，批判的精神即是哲学的精神，这话虽有以偏概全之嫌，但确有一些道理。哲学发展史上的许多哲学体系与学派的相互竞争与相互取代，都有特殊的社会历史环境与不同的时代精神作底蕴，因为哲学在本质上是"时代精神的精华"，但任何哲学的产生都不是从零出发，都是对先前哲学的批判与扬弃。站在自己所处的时代的高度，对前人的哲学进行分析、批判、扬弃，这通常是哲学思维发展与哲学超越的主要形式。遗憾的是，马克思以前的哲学家们，哲学的批判精神好像是他们手里拿着的一只手电筒，只照别人，不照自己。哲学家们常常制造出一种悖论，即对前人与他人的哲学不乏批判与怀疑精神，对待自己的哲学则不容怀疑与批判，认为前人与他人的哲学的真理都是相对的，而自己的哲学的

* 本文原发表于《江海学刊》2000 年第 3 期。

真理性则是绝对的。在哲学发展史上，黑格尔便是陷入这种悖论的典型代表。黑格尔这位辩证法的大师，当他对待前人与他人的哲学时，他确实很辩证、很冷静，不盲从，认为他们都是哲学发展史上的一个环节，但在对待自己的哲学体系时，则既不辩证，也不冷静，相反的却极端的绝对盲目，甚至于有些狂妄，认为自己的哲学是哲学发展的顶峰。哲学发展史上的这种悖论现象虽然并没有阻挡住哲学的总体发展，恰恰相反，哲学正是在这不绝于耳的"顶峰论"的声中，即在哲学家们走不出的怪圈与悖论的现象中攀登上一个又一个新的高峰。然而，我们也应看到，上述这种形而上学的"顶峰论"的思维，虽然不能也没有阻挡住哲学的总体发展，但却堵死了哲学发展史上的许多哲学学派进一步发展的通道。哲学发展史上的许多哲学之树，为何鲜有，甚至没有是常青的？值得我们深思。其中的原因固然很多，但像黑格尔那样，封闭保守的体系，闷死了有生命力的辩证方法，不能不说是其中的重要原因之一。

在对待马克思主义哲学的问题上，长期以来，我们也或多或少抱有一种黑格尔心态，或存在着一种黑格尔现象。过分地强调了马克思主义哲学"放之四海而皆准"的真理性，将马克思主义哲学绝对化、神圣化。马克思主义哲学的研究通常表现为对马克思主义经典文本的诠释，对马克思主义哲学的争鸣大多表现为引经据典式的语录仗，在许多马克思主义研究者的潜意识中，研究马克思主义哲学的使命，似乎就是发掘马克思主义经典作家已有的思想。而在发展马克思主义哲学方面，虽然我们不能否认在过去尤其是最近的 20 年中取得了一些成绩，但总的来说成绩不够显著。一个重要的事实是，我们出版的马克思主义哲学教科书虽有几百种之多，但不仅在体系上大同小异，缺乏个性与特色，而且在内容上较之于苏联在六七十年代的马克思主义哲学教科书并没有明显的差别，更不用说在马克思主义经典文本的基础上增加了多少新的内容。

实际上，马克思主义哲学作为一种"实践的唯物主义"哲学，在本质上即是一种浸透着批判精神与开放精神的哲学，因为人类实践的本性与使命就是使现存的世界不断地革命化。然而，哲学的批判精神，在马克思主义哲学中不是一只手电筒，只照别人，不照自己，而是一种普照的光，既照别人，也照自己。也就是说，既以批判的眼光审视其他的哲学，辩证地对待其他的哲学，也以批判的眼光审视自己，辩证地看待自己的哲学。这是马克思主义哲学与其他哲学的本质区别之一。马克思本人一再声明，他并没有结束真理，而只是开辟了通向真理的道路。恩格斯也曾明确强调，唯物主义要根据自然科学的发展不断改变自己的形式。

哲学是自己"时代精神的精华"，哲学应当倾听时代精神的呼唤，随着时代实践的发展而发展。任何哲学都不能将自己绝对化、神圣化，马克思主义哲学也一样。哲学绝对化、神圣化的必然结果是走向封闭，而封闭的结果必然是使哲学之树缺乏源源不断的养料而枯萎，这是哲学存在与发展的规律。任何哲学的存在和发展都不能抗拒这一规律，马克思主义哲学也不能。哲学是需要信仰的，一个自己都不相信的哲学，是很难想象能够讲出来，并教人去相信，但哲学不是宗教，它更多的是需要清醒的理智，这是哲学的品格。马克思"实践的唯物主义"哲学的本性决定了它不需要将它神圣化，神圣化只能为它的存在与发展帮倒忙，它需要的是人们不断地为它提供新的养料，以保持它的哲学之树常青不衰。

二

最近几年，在马克思主义哲学的研究中，有一种倾向逐渐得到发展，这就是提倡淡化体系意识，强化问题意识。这种倾向的发展，绝不是偶然的，而是有一定的必然性。它是针对我们过去在马克思主义哲学的研究中，重宏观上的体系建构，轻微观上的问题研究，重经典文本的诠释，轻实践的发展而发的。不可否认，在最近的 10 年中，伴随着这种体系意识的淡化与问题意识的强化，我们在诸如发展问题、文化问题、价值问题、人的问题等方面的研究上确实取得了一些可喜的进展。但我认为，对所谓体系意识的淡化与问题意识的强化的倡导与强调不可过了头，不能推向极端，任何事情一旦极端就会犯片面性错误。要发展马克思主义哲学，不能将研究的视线老是投向经典著作的文本诠释上，应当关注新事物，研究新问题。如前所述，马克思主义哲学是一种"实践的唯物主义"，关注实践既是这种"实践的唯物主义"哲学的本质要求，也是马克思主义哲学发展的动力与源泉。但问题是，我们不能因为关注实践的重要性，而可以淡化对马克思主义哲学体系的研究，不能认为对马克思主义哲学体系的研究毫无意义与价值。任何哲学都有一个内在的逻辑系统，因而有一个结构体系，马克思主义哲学也一样。马克思主义哲学体系是否就是长期流行的马克思主义哲学原理教科书的体系？即使退一步来说，假定我们过去建构的哲学原理教材体系是科学与合理的，那也有一个如何使之现代化的问题。马克思主义哲学体系的建构的科学与否，涉及到对马克思主义哲学的概念、范畴、规律及原理的理解与阐发。例如，如果我们不是按照传统的思路去建构马克思主义哲学的体系，而是按照"实践的唯物主义"的思路去建构马克思主义体系，那么就会对诸如生产力、生产关系等范畴，生产关系一定要适合生产力发展的规律做出新的理解与阐述。在传统的马克思主义哲学教科书中，生产力是一种物质力量，人充其量是生产力中的一个要素，即物质力量中的一个构成部分，人作为生产力的主体地位失落了。而按照"实践的唯物主义"的思路去理解生产力，生产力作为人的实践活动的沉淀与结果，是人的本质力量的对象化，人作为生产力的主体地位便会凸显出来。在传统的哲学教科书中，生产关系被理解成人们在生产过程中形成的物质关系，而在"实践的唯物主义"的思路中，生产关系不仅是一种关系结构，同时也是人们实现自主活动的形式。在传统的哲学教科书中，生产力与生产关系都仅仅被理解成社会的经济结构，生产力与生产关系的矛盾似乎是社会结构的自我运动，生产关系的变革似乎是自发适应生产力的要求。如果循着马克思"实践的唯物主义"的思路，人们就会看到，生产力与生产关系的矛盾运动是在人的实践活动基础上展开的，生产力的发展与生产关系的发展实质上是实践活动与交往活动的发展的结果，生产力与生产关系的矛盾本质上即是人们的本质力量与自主活动方式的矛盾，当生产关系不适应生产力发展的时候，人们之所以以极大的热情去变革生产关系，努力的根本目的是改善自己自主的活动的方式，促进人的本质力量的发展。以此一斑，可见全貌。

在传统的马克思主义哲学教科书的体系中，为何没有主体、客体概念？为何排斥了人的价值问题？为何批判人道主义？笔者同意这样的看法，说马克思主义哲学忽略了"人"的问题，这确实是一个天大的冤枉，但说我们过去的马克思主义哲学教科书忽视了人确实是真实的，至少是部分真实的。不错，传统的马克思主义哲学教科书也讲到过人，但其重心是社会结构的自我运动，充其量只涉及到个人与群众的关系，在谈到个人与社会的关系时，强调的是社会对人的制约性。而人作为社会关系、社会结构、社会规律及其运动的主体地位确实是丧失了。上述种种情况，不能简单地看成是人们的忽略与疏漏，它其实是传统的马克思主义哲学教科书内在逻辑运动的必然。

笔者认为，不要将体系的探讨与问题的研究绝对地对立起来，事实上，如果我们冷静地想一想，近年来中国马克思主义哲学界关于主客体问题的研究、发展问题的研究、马克思主义价值观的研究、人的问题的研究，其实都直接与间接地源于对马克思的"实践的唯物主义"及其逻辑系统的研究与探讨。马克思的"实践的唯物主义"经过近年来的探讨与争鸣，已被越来越多的人所认同，这是一个不可否认的事实。但我们也应看到，探索马克思的"实践的唯物主义"哲学的体系的工作还只是开了一个头，还有许多艰苦的工作要做。

三

哲学要把握时代精神的脉搏，就必须反映时代的实践内容和特点，要随着时代的实践的变化与发展，改变自己的表现形态，建构起适合自己时代实践发展的当代形态。发展马克思主义哲学，必须使马克思主义哲学当代化，这应是不言而喻的。问题是对这个当代形态应如何理解，有人认为："当代实践和科学的高度分化与高度综合，改变了当代发展马克思主义哲学的背景和基础。"① 这样的断言是否有些绝对化？20 世纪人类实践与科学的发展确实不是马克思所生活的 19 世纪所可以比拟的，但是马克思主义哲学的产生本身即是资本主义生产方式内在矛盾与大工业的产物，只要马克思主义哲学，尤其是马克思主义历史观所提示的资本主义生产方式的内在矛盾没有消除，它就仍然是无产阶级革命实践的基本背景与基础。马克思主义哲学本身即是一种"新唯物主义"，当然这种"新唯物主义"也需要不断地丰富与拓展，但这种丰富与拓展是与继承相统一的，不能将马克思主义哲学发展的新形态理解成是对马克思主义哲学创始人哲学的根本超越，更不能把马克思主义哲学的当代形态变成是一种不是马克思主义哲学的所谓的"马克思主义哲学"。笔者赞成这样的看法，发展马克思主义哲学必须从马克思主义哲学逻辑系统的内容与根据出发。要发展马克思主义哲学，其前提是要首先弄清楚它的内在根据，尤其是它的根本性的内在根据是什么？有的人认为："马克思主义哲学的唯物性、辩证性、历史性、实践性和人道性等基本规定性应当是我们建构马克思主义哲学当代形态的内在根据。"② 不可否认上述所讲的唯物性、辩证性、历史性、实践性、人道性等都是马克思主义哲学所具有的，但根据马克思主义哲学逻辑系统的内存联系，上述特点在马克

---

① 黄炎平：《"世界之交的马克思主义哲学"研讨会综述》，《哲学动态》1999 年第 7 期。
② 黄炎平：《"世界之交的马克思主义哲学"研讨会综述》，《哲学动态》1999 年第 7 期。

思主义哲学中的地位并不是平行与并列的，有的是根本性的或基石性的，有的则是派生的或由它的基石性根据生发而成的。不管持上述观点的人们承不承认，它确有试图调和或折衷近年来有关马克思主义哲学体系争鸣之嫌。马克思主义哲学的创始人一再声称，他们的唯物主义哲学是一种"新唯物主义""现代唯物主义"，那么它新在何处，现代在何方呢？新就新在它所强调的实践性上。对"对象、现实"不是诉诸一种纯客体的与直观的理解或纯主体的直观的理解，而是诉诸一种感性实践的理解，这是马克思主义哲学革命的秘密所在，也是马克思主义哲学新之所在。唯物性、辩证性、历史性、人道性虽是马克思主义哲学所具有的特点，但他们不是马克思主义哲学与旧唯物主义和唯心主义据以相互区别的特点，所以它们不是马克思主义哲学的最根本性的特点。在马克思"新唯物主义"或"实践的唯物主义"的哲学中，实践是理解"对象、现实、感性"的根本性思维方式，是逻辑建构与思维辐射的轴心，是马克思"新唯物主义"哲学的使命。在马克思"实践的唯物主义"哲学中，实践性犹如一种"普照的光"，正是由于这种"普照的光"的辐射或照耀，才使得唯物性、辩证性、历史性、人道性等放射出在一切旧哲学中所不具有的新的光芒。

四

发展马克思主义哲学，有一个如何正确把握与处理马克思主义哲学的意识形态性与内在的学术价值性的关系。因为正是在这个问题上，历史曾给我们留下过深刻的教训。

在过去相当长的一个历史时期，我们对马克思主义哲学的意识形态性的理解犯有片面性的错误，不仅如此，甚至将这种片面性发展到极端，从而导致对马克思主义哲学的庸俗化。这种片面性与庸俗化通常表现在：极端地强化了马克思主义哲学的政治功能，似乎马克思主义哲学除了它的意识形态价值之外，再没有别的价值；马克思主义哲学的功能除了政治功能与阶级斗争功能之外，再没有别的功能。对马克思主义哲学意识形态价值与功能的这种片面和庸俗化的理解，极大地损害了它的声誉，弱化了它对人们的兴趣或吸引力，阻遏了人们对它的科学价值与学术价值的探讨与挖掘，也隔断了它与当代其他哲学进行交流的通道。

实际上，马克思主义哲学作为一种"新唯物主义"或"实践的唯物主义"，它是哲学发展史上的一场伟大革命，它不仅以扬弃的形式，继承了先前哲学发展的优秀遗产，更为重要的是它为哲学的发展开辟了一条通向真理的道路。发展马克思主义哲学无疑不能忽视它的学术价值。马克思主义哲学作为一种新的世界观，它包含着对自然界、人类社会与人的思维发展的最一般规律的科学把握，它的价值是多方面的，意识形态价值并不是它的唯一价值。

然而，我们也应看到，近年来在马克思主义哲学的研究中，也出现了一种值得人们注意的思潮与倾向，即淡化马克思主义哲学意识形态的价值的思潮与倾向。不可否认，近年来理论界出现的这种淡化意识形态的倾向，是与我们过去片面强调意识形态价值的思潮相联系的，在某种意义上，前者是对后者的一种矫正。但在今天的情况下，即在意识形态观念在许多人的意识中已相当稀少，甚至接近净化的情况下，再继续强化这种"淡化"意识，着实有些让人担心。笔者希望，在对待马克思主义哲学的意识形态价值的问题上，我们应该多一份哲学所应有的清醒与冷静，不要老是在一种片面或一种极端与另一种极端的怪圈之间跳来跳去，而应该实事求是地对待它，进行适度与合理地把握。

笔者认为，过分强化马克思主义哲学的意识形态价值是错误的，而排斥马克思主义哲学的意识形态价值无疑也是错误的。哲学作为一种思想上层建筑，具有鲜明的意识形态特征与价值，这是一个确定无疑的事实。尽管在哲学发展史上，许多哲学家都避讳哲学的意识形态问题，但这并不意味着在实际上他们的哲学真的超然于意识形态之外。任何哲学都具有意识形态特征，马克思主义哲学也一样。如果说，在哲学的意识形态性问题上马克思主义哲学与其他哲学有什么区别的话，那就在于它不像其他哲学那样，要么羞羞答答，要么自欺或欺人，而是理直气壮地表明自己的立场，公然声明自己是一种无产阶级的哲学。马克思曾理直气壮地声明："旧唯物主义的立脚点是'市民'社会；新唯物主义的立脚点则是人类社会或社会化的人类。"① 并明确地把实践唯物主义者叫作共产主义者，也即是说，"新唯物主义"哲学即"实践的唯物主义"哲学，在本质上是一种"使现存世界革命化，实际地反对并改变现存的事物"②的共产主义哲学。

发展马克思主义哲学，忽视它的学术价值是错误的，提倡重视它的内在学术价值是对的，但需要时时提醒的是，马克思主义哲学并不仅仅是书斋里的学问，它首先是无产阶级与共产主义革命的理论，离开了无产阶级与"实际地反对和改变事物的现状"的共产主义运动实践这块土壤，让它在狭小的学术象牙塔空间中生长，马克思主义哲学之树必然枯死无疑。发展马克思主义哲学是应防止与反对将马克思主义哲学当作单纯的论证工具与辩护性工具的庸俗化做法，但不能因此而一概地否定马克思主义哲学的工具性功能，在如何看待马克思主义哲学的功能的问题上，马克思曾经说过的一些话或许值得我们深思："哲学把无产阶级当做自己的物质武器，同样，无产阶级也把哲学当做自己的精神武器……"③"哲学家们只是用不同的方式解释世界，而问题在于改变世界。"④哲学的发展不能以自身的完善为根本目标，也不能以单纯地描述与解释世界为自己的最终使命，它应成为人们"改变世界"，使现存世界不断革命化的"精神武器"。任何哲学，尤其是以"改变世界"为最终使命的马克思"实践的唯物主义"哲学，如果不能成为或没有被人们当作"改变世界"的精神武器，就不会有价值，至少，其价值是有限的。

---

① 《马克思恩格斯文集》第1卷，人民出版社2009年版，第506页。
② 《马克思恩格斯文集》第1卷，人民出版社2009年版，第527页。
③ 《马克思恩格斯文集》第1卷，人民出版社2009年版，第17页。
④ 《马克思恩格斯文集》第1卷，人民出版社2009年版，第506页。

五

发展马克思主义哲学，必须关注时代的实践，以马克思主义哲学的思维方式与内在精神，对时代的实践进行总结、概括与抽象，这应是一条唯一的途径。然而，正如世界上不存在两片相同的树叶一样，无论是对马克思主义哲学经典文本的理解，还是对新的实践的理解，决不可能会是一致的。同一座高山，人们还会产生"横看成岭侧成峰，远近高低各不同"的感觉与印象，何况对博大精深的马克思主义哲学与变化莫测的人的实践呢？由于人们所处的文化背景不同，思考的视角不同；各人对马克思主义哲学与实践的理解与把握也自然不同，发展马克思主义哲学，必须以马克思主义哲学的思维方式与内在精神作为出发点，这无疑是一条不可动摇的原则。但这并不意味着对马克思主义哲学不可以有不同的理解，对时代的实践可以有不同的把握与概括。对马克思主义哲学的阐释决不是某些人的专利，谁也无权垄断对马克思主义哲学的阐释，因为马克思主义经典作家没有，其他人也不可能授予某些人具有这种垄断权力。在真理面前应人人平等，在马克思主义哲学面前也应人人平等。每个人都有权对马克思主义哲学做出自己的理解，至于这种理解的正确与否，其裁判者不应是权威，而是实践。事实上，我们每个人只能力求接近对马克思主义哲学的理解，而不能完全地达到对马克思主义哲学的理解。我们每个人所理解的马克思主义哲学其实并非原本，而是副本，是"我注六经"式的马克思主义哲学。科学与学术的发展应遵循百花齐放、百家争鸣的方针，发展马克思主义哲学为何不能百花齐放、百家争鸣？在科学与学术上可以允许不同学派的存在和竞争，为何唯独在如何理解与发展马克思主义与马克思主义哲学的问题上不允许学派之间的竞争呢？这是一个无论如何也说不通的逻辑。

不要把提倡马克思主义哲学个性化的观点视作是洪水猛兽，也不要津津乐道于一个统一的声音。一种最美的花朵无法打扮出妩媚的春天，一种最好听的声音汇不成交响乐，相反，它会给人产生单调与噪音的感觉。只有百花齐放才显出春天的美丽，百家争鸣才给人以交响乐的感觉。发展马克思主义哲学是千百万人的事业，需要千百万人的努力与智慧，而不是个人所能完成的。在哲学这个最需要智慧的领域里搞"计划经济"是行不通的，搞垄断也是行不通的，它需要学派化的相互竞争，并通过竞争增强其活力。不可否认，在多学派竞争的旋律中，也会偶尔出现一些与马克思主义哲学发展的不和谐音符，在春天的花园里也会长出几株毒草，但我们应坚信人类的历史实践是有鉴别力的。

关于马克思主义哲学"转向"的思考*

一

谈到"哲学的转向",无论是从哲学发展史的维度看,还是从时下人们使用这一话语的实际境况看,都是一个非常复杂的问题。不同的人在使用这一话语时,通常有不同的解读。其中至少存在着三种不同的指向。

其一,它指向哲学研究的兴趣与研究主题的转换。在哲学史上,这种类型的转向经常发生。苏格拉底所实现的由主要认识外部自然界向认识人自身的转向,康德所实现的由以本体论为重心向以认识论为重心的转向,便是这类转向的典型现象。时下人们谈论的所谓语言学转向、方法论转向、价值论转向、人学转向等,也都属于这一类型的转向。这种哲学关注的兴趣、研究重心与主题的转换,既是一种客观的经验事实,也有其历史的必然性。深刻的原因在于,随着社会历史实践在广度与深度上的拓展,人们认识的视野也会随之拓展。哲学视野

＊ 本文原发表于《哲学研究》2003 年第 11 期。

的延伸，所关注领域的拓宽，是人与世界之间全面性关系在哲学层面上的展开。然而，哲学研究主题与重心上所发生的转向，既不能被视作哲学从已有研究领域的退出与原有研究主题的废弃，也不能被视为是哲学本身的根本性的转向。苏格拉底哲学转向之后，哲学对外部对象世界的思考并没有停止；康德哲学转向之后，人们对本体论的哲学思考也绝非销声匿迹。因为他们所实现的哲学转向并不一定意味着在世界观层面上的哲学立场的根本转变。

哲学转向的第二种类型是哲学立场的转变。所谓哲学立场的转变，亦即哲学党性的转变。这是一种与哲学主题、重心转变根本不同的转变，它涉及到哲学性质的一种根本的转变。马克思、恩格斯在其思想发展的心路历程中，由早期的青年黑格尔学派向唯物主义的转变，即属于这种转变的经典案例。

哲学转向的第三种类型是思维方式的转换。所谓哲学思维方式的转换，主要是指哲学的立场没有发生变化，哲学所研究的问题也没有发生变化，但哲学研究的思维方式发生了重大转换。哲学思维方式的转换，如同哲学立场的转换一样，属于世界观层次的变化，这种转换同哲学研究主题与重心转换具有不同的性质，它通常表现为哲学的革命。例如，同样是对"对象、现实、感性"的理解，"从前的一切唯物主义——包括费尔巴哈的唯物主义"只是从客体的或直观的形式去理解，而马克思主义哲学则诉诸人的感性活动，即实践的理解，结果导致了马克思主义哲学的革命与新旧唯物主义的分野。

二

讨论"生存论转向"问题，有以下几个问题需要予以澄清：其一，本体论指向的是什么？其二，马克思主义哲学有没有自己的本体论？其三，马克思主义哲学本体论是什么？

在西方哲学史上，本体论一般被称之为关于存在的学说，但对"本体"的理解则大致有三种含义：一是指世界的"本原"。二是指"实体"，而"实体"也有两个含义：第一哲学，或哲学体系的出发原则；存在的本质、共相。当"实体"意指"第一哲学"或哲学体系的出发原则时，也大致与"本原"相同。三是"本体论"与形而上学同义，指一种以探索宇宙的终极原因为目的的哲学学说。

那么，马克思主义哲学中有没有自己的"本体"与"本体论"呢？在这一点上，哲学界存在着很大的分歧。有人认为，马克思主义哲学是一种现代形态的新哲学，这种新哲学"否定了绝对化的哲学传统"，"不再从两极观点追求单极化"。也有人认为，"马克思主义哲学不是体系哲学，因而不承认有什么最高原因或绝对实体，因而也不认为有作为体系哲学的绝对开端的世界本体"。不可否认，上述观点是有启发性因素的，但也有值得怀疑的地方。首先，在马克思主义经典作家的著作中，确实没有直接出现过"本体"概念；对存在与"实体"概念虽有过直接或间接的论述，大都是在批评马克思主义哲学以前的笛卡尔哲学、黑格尔哲学、斯宾诺莎哲学时所涉及到的。但这并不意味着马克思主义哲学否定了哲学本体的存在，更不意味着放弃了唯物与唯心两极阵营的界分，具有"超越唯物与唯心"的性质。虽然马克思在《关于费尔巴哈的提纲》中，将自己的哲学称之为"新唯物主义"，在《德意志意识形态》中称之为"实践的唯物主义"；恩格斯在《反杜林论》中将马克思主义哲学称之为"现代唯物主义"，但"新唯物主义"也好，"实践的唯物主义"也好，"现代唯物主义"也好，它的核心与实质仍然是强调了对唯物主义立场的坚持与固守。"新唯物主义""现代唯物主义"是相对于传统、相对于旧唯物主义而言的，"实践的唯物主义"是相对于自然唯物主义与直观唯物主义而言的，而不是在超越于唯物与唯心的对立上来使用的。全部哲学所涉及的基本问题是"思维与存在的关系问题"，而"思维与存在的关系问题"即是西方传统的本体论问题，即本原与派生的问题。从马克思主义经典作家对唯物主义立场的坚持与固守以及对哲学基本问题的论述看，马克思主义哲学是有自己的本体论的。其次，马克思主义哲学与那种企图提供一个包罗万象的有关世界的整体图像的黑格尔式的体系哲学有着原则性的区别。马克思主义哲学着眼的是向人们提供正确的世界观和方法论，而不是刻意地追求哲学体系本身的构造。但不刻意追求体系构造，不等于说没有体系。马克思主义哲学作为一种科学的世界观和方法论是有自己的逻辑体系的：我们不妨将《关于费尔巴哈的提纲》视作马克思主义哲学世界观"天才的萌芽"，将《德意志意识形态》视作马克思主义哲学体系的雏形，将 1859 年《〈政治经济学批判〉序言》视作马克思主义哲学体系的高度抽象和概括，而将马克思主义哲学的其他著作视作这个体系的展开与具体化。认为马克思主义哲学作为一种科学的世界观与方法论没有自己的严密的科学体系的观点，是不可想象与不可接受的。在任何哲学体系中，都必须有一个赖以确立的逻辑前提或支撑起体系的基石，马克思主义哲学作为理论化、系统化的科学世界观和方法论也不例外。那种在哲学体系中起基石作用的东西，即是哲学的"本体"；它犹如一种"普照的光"赋予哲学体系的其他内容以色彩，决定着这个哲学体系所涉及的其他一切问题的如何解决。如果否定了"本体论"在马克思主义哲学中的存在，也就无异于否定了马克思主义哲学作为一种理论化、系统化的科学世界观与方法论在哲学之林中存在的根据与理由。

哲学的"本体论"问题是与世界的统一性问题密切相关的。世界是统一的，这是一切彻底的一元论哲学的一个必然性的肯定回答，也是哲学史上绝大多数哲学家的回答，例外的回答极其罕见。存在分歧的只是世界统一性的基础或"本体"是什么：唯物主义强调的是物质，唯心主义强调的是精神。在论及马克思主义哲学及其"本体论"时，人们不应忘记或忽略：马克思主义经典作家所强调的"新唯物主义""实践的唯物主义""现代唯物主义"，其主词始终是唯物主义。我们可以把马克思主义哲学理解成唯物主义哲学的一种新形态，但不能理解成一种有别于唯物主义的其他什么别的哲学。

三

那么，马克思的"新唯物主义""现代唯物主义"新在何处？现代性又表现在何方？在"本体论"上它所展现出来的又是一种什么样的新色彩？对于马克思主义哲学与哲学本体论的理解来说，这些问题都具有极其重要的意义。

在汉语的话语系统中，"新"与"现代"具有相同的含义；在马克思主义经典作家的话语系统中，"新唯物主义"新就新在"实践上"，"新唯物主义"与"实践的唯物主义"具有同一的含义。从马克思主义经典作家有关论述的思维理路来看，"新唯物主义"或"现代唯物主义"只能是唯物主义发展的一种新形态或现代形态，而不能理解成是对哲学唯物主义路线的否弃与超越。"新唯物主义"或"现代唯物主义"作为唯物主义的一种新形态或现代形态，它与马克思主义以前的旧唯物主义之间的本质区别在于对唯物主义的"物"诉诸于一种实践性的理解与把握。在马克思主义"新唯物主义"或"实践的唯物主义"的逻辑系统中，实践与唯物是密不可分的：离开"实践"范畴谈"唯物"范畴，马克思主义哲学革命的实质便被抹杀了；而离开"唯物"范畴谈"实践"范畴，甚至像有人主张的那样，将马克思主义哲学称之为"实践哲学"，无疑也是对马克思主义哲学的一种误解。

"实践的唯物主义"作为唯物主义发展的一种新形态，其新的意蕴具体说来主要表现在以下诸方面：其一，它实现了研究对象的重大转换。相对于旧唯物主义来说，马克思主义"实践的唯物主义"哲学关注的眼光已不再聚集于纯粹的外部自然界，而是转向了与人的实践活动具有密切关系的感性的物质世界，认为哲学所涉及的人与世界的关系主要指向的是与人们面对的感性世界的关系。其二，它实现了对"对象、现实、感性"理解上的哲学思维方式的重大转换与革命。马克思在《关于费尔巴哈的提纲》的第一条中曾经深刻地指出："从前的一切唯物主义

（包括费尔巴哈的唯物主义）的主要缺点是：对对象、现实、感性，只是从客体的或者直观的形式去理解，而不是把它们当做感性的人的活动，当做实践去理解，不是从主体方面去理解。"①在马克思主义实践唯物主义哲学看来，以一种纯直观的、客体的思维方式去对待"对象、现实、感性"是一切旧唯物主义的通病，这种思维方式所导致的严重后果是对人的主体性的否定与对"'革命性''实践批判'的活动的意义"的消解。马克思主义"实践的唯物主义"则对"对象、现实、感性"诉诸于人的实践活动的理解，认为人所面对的"对象、现实、感性"不是那种在人之前、与人无关的纯粹天然性的自然物，而是在人的实践活动基础上生成的感性客观实在，认为人"周围的感性世界决不是某种开天辟地以来就直接存在的，始终如一的东西，而是工业和社会状况的产物，是历史的产物，是世世代代活动的结果……"② 即是说，在马克思"实践的唯物主义"哲学视野里，"对象、现实、感性"具有一种实践的、历史性的性质。对"对象、现实、感性"理解上的这一哲学思维方式或视角上的重大转换与革命，其所导致的成果不仅在于凸显了人的"'革命的''实践批判'的活动的意义"，确立了人在"对象、现实、感性"面前的主体性地位，改变了旧唯物主义所具有的那种直观的、因而是消极的旧有形象，更为重要的是，它为哲学唯物主义本体论的解决提供了一种全新的思路。马克思主义"实践的唯物主义"作为唯物主义发展的新形态，在"思维和存在"的关系这一问题上，毫无疑问的是要坚持唯物主义的基本原则的。"实践的唯物主义"之"新"，当然不是指它对唯物主义所坚持的这个一般原则做出了新的解释，而是指它在对"唯物"的"物"的理解上，与其他形态的唯物主义，尤其是旧唯物主义有着实质性的差别。"新唯物主义"不仅将"唯物"的"物"指向人所面对的感性世界，而且对感性世界即"对象、现实、感性"诉诸于人的感性实

---

① 《马克思恩格斯文集》第 1 卷，人民出版社 2009 年版，第 499 页。
② 《马克思恩格斯文集》第 1 卷，人民出版社 2009 年版，第 528 页。

践活动的理解。在马克思"新唯物主义"即"实践的唯物主义"的视野中，思维来源于存在，意识来源于物质，但"新唯物主义"所理解的"存在"与"物质"是那种在人的实践活动中与人构成对象性关系的感性物质世界与在人的实践活动中生成的物质世界，而不是那种与人无关、游离于人的实践活动之外的天然世界。那种与人无关和与人分离的非感性世界，马克思曾称之为对人来说的"无"。

需要澄清的是，马克思主义经典作家所讲的"无"决不意味着不存在。但从本体论的视角看，那种与人无关或与人分离、游离于人的实践活动之外的非感性世界，并不是作为人的意识、精神的本源而存在，对于人的意识的产生与发展来说并没有什么意义，因而在这种维度上姑且可将它称之为"无"。笔者认为，正是由于"实践的唯物主义"哲学赋予"唯物"的"物"一种实践的新理解，因此，在马克思"新唯物主义"的思维理路中，从感性物质世界出发同从物质实践出发去理解思维、意识、观念，二者具有相同的含义。也正因为如此，马克思、恩格斯在《德意志意识形态》中曾明确地论述道："实践的唯物主义"与唯心主义的本质区别即"不是从观念出发来解释实践，而是从物质实践出发来解释各种观念形态"①。

四

"新唯物主义"或"实践的唯物主义"是一种全新的世界观，这种新世界观贯彻在人和世界相互关系的全部内容中，而不是仅仅体现在人和世界关系的某一个方面，即是说既贯彻在马克思主义的自然观中，也贯彻在马克思主义的历史观中；既贯彻在马克思主义对世界的理解上，也贯彻在马克思主义对世界的态度上。它是一种新的自然观与新的历史

---

① 《马克思恩格斯文集》第 1 卷，人民出版社 2009 年版，第 544 页。

观的统一，是对世界的一种新的理解与新的态度的统一，同时也是一种新的本体论、认识论和方法论的统一。任何断章取义、抓住一点不及其余的做法，都是片面的。如前所述，在"实践的唯物主义"命题中，实践的观点与唯物主义的观点是水乳交融般不能分离的：不能离开马克思主义的实践观去理解马克思主义的唯物主义，否则马克思主义哲学的变革和革命的性质就被消解了；也不能离开唯物主义观点去理解马克思主义的实践观，不能将马克思主义哲学称之为"实践哲学"，那样容易将马克思主义哲学与费希特的行动哲学甚至黑格尔哲学相混淆，因为后两者同样看重实践范畴。

也不能把马克思主义哲学与马克思主义历史观画等号，认为马克思主义哲学革命仅仅是一种社会历史观的革命。不错，在马克思主义经典作家留给我们的哲学著作中，其中绝大部分或主要部分是与唯物主义历史观有关的，而关于自然观方面的著作则相对较少。这一现象如果解释成马克思主义哲学理论活动的重心在社会历史观方面，是能够而且应该被接受的。这不仅仅因为社会历史观领域曾经是唯心主义的世袭领地与一统天下，更重要的还在于，马克思主义经典作家不是书斋里的纯粹学者，而是无产阶级的革命家与战士：他们的使命是要改造一个不合理的旧社会，争取一个使人类都得到解放的共产主义社会。上述原因必然导致马克思主义经典作家将哲学理论活动的重心选择在社会历史观领域，但不能由此错误地得出马克思主义哲学即是唯物史观的结论。人与世界的关系包括人与自然的关系和人与社会的关系：无论是在实践上还是在理论上，这两种关系都是相互联系的。不仅如此，人与社会的关系从发生学的视角看，归根到底是在人与自然关系的基础上生成的；离开人与自然的关系来说人与社会的关系，人与社会的关系便是无根的。从逻辑上看，一种单纯的社会历史观也很难称之为是完整的世界观。

我们也不能苟同将马克思主义"实践的唯物主义"哲学称之为"生存论哲学""实践生成论"或将马克思主义的哲学革命阐释为"生成论转向"之类的说法。应该肯认，实践范畴在马克思"新唯物主义"逻辑系统中占有基础性地位，它是支撑马克思"新唯物主义"的重要基石，是"新唯物主义"思维辐射的轴心。当马克思主义哲学创始人将自己的"新唯物主义"称之为"实践的唯物主义"时，不仅意味着这种"新唯物主义"对世界的理解与解释的思维方式发生了革命性的变革，同时也表现出对哲学功能与使命的理解上的革命性变革。"哲学家们只是用不同的方式解释世界，而问题在于改变世界。"①"实际上，而且对实践的唯物主义者即共产主义者来说，全部问题都在于使现存世界革命化，实际地反对并改变现存的事物。"②"改变世界""反对和改变事物的现状""使现存世界革命化"，是马克思主义"新唯物主义"哲学所特别强调的功能与所肩负的历史使命。从这个意义上看，马克思"新唯物主义"或"实践的唯物主义"哲学更关注人自身的生存与发展的问题。这里需要指出的是，没有哪一种哲学或哪一个哲学家将自己的视野游离于人和人的生存问题。即使是古希腊前苏格拉底时代的那些将研究的视点放在人的外部宇宙的严格意义上的所谓自然哲学家也没有，因为当那些自然哲学家们将哲学的视野聚集在宇宙的本质和规律上时，他们内心思考着的依然是人的命运问题。当马克思以前的哲学家将自己的使命局限于解释世界时，实际上的底蕴也是在为人的行动与活动寻找一个合理性的根据。马克思"实践的唯物主义"与一切旧哲学家们的区别在于，它以一种积极的、现实的态度对待人的生存与发展的问题。但我们并不能据此就断言马克思主义哲学是一种"生存论哲学"或"实践生存论"。要知道马克思的"实践的唯物主义"哲学首先是一种"新世界观"（恩格斯语），而不仅仅是一种人生哲学或人的生存观。在马克思"实践的唯物主义"哲学"新世界观"中，追寻的是认识世界和改造世界的统一、合规律性与合目的性的统一、科学性原则与价值性原则的统一。不能将马克思主义哲学视同于一般意义上的科学，因为在马克思主义哲学中浸透

---

① 《马克思恩格斯文集》第 1 卷，人民出版社 2009 年版，第 506 页。
② 《马克思恩格斯文集》第 1 卷，人民出版社 2009 年版，第 527 页。

着对人的生存与发展的意义与价值的关怀和思考。但马克思主义哲学首先具有科学的性质：对客观世界内在规律的探寻，从而为人的历史实践活动寻找一种现实的可能性的根据，始终是其出发点与关注的重心。任何离开世界的客观规律性问题与科学原则，将马克思主义哲学价值论化和意义论化的试图与倾向，都是对马克思主义哲学的一种误读。离开了马克思主义哲学中的规律性思想与科学性原则去解读马克思主义及其哲学，马克思的唯物主义历史观与科学社会主义学说便会因失去其理论根基而变得毫无意义。因此，对于那些将马克思主义哲学称之为"生存论哲学""实践生存论""生存论转向"的积极倡导者来说，我们有责任、也有理由向他们提醒，马克思主义哲学创始人将自己的"新世界观"称之为"实践的唯物主义"而不是"生存论哲学"或"实践生存论"，这种区别恐怕不能简单地理解为两种称谓的文字表达上的不同。"实践的唯物主义"是一种新世界观，它所标明的哲学性质与所贯彻的党性原则是明确无误的，而所谓的"生存论哲学"与"实践生存论"则不具有这样的特征，因为对人的生存问题的关注与解决可以沿着不同的哲学路线来实现。

我们不反对马克思主义哲学现代化或当代化的提法：马克思主义哲学不是一个封闭的体系，也要随着时代的实践的发展而发展；唯物主义也要随着科学的发展不断地改变自己的形态、采取新的形态，这是一个人们熟知的马克思主义为哲学发展所确立的基本原则。在发展马克思主义哲学时，我们需要从科学发展与人的历史实践中吸取养分，也不能拒绝其他哲学中的合理性思想。但问题是，我们在借鉴其他非马克思主义哲学的思想与话语时，不应丧失马克思主义哲学的立场。马克思主义哲学的话语系统中没有"生存论哲学""实践生存论""生存论转向"一类的话语，这些都是从现代西方人本主义与存在主义哲学话语系统中搬出来的，但马克思主义哲学与存在主义哲学毕竟是存在本质性的差别的。在两种性质完全不同的话语系统中，对那些关涉着哲学性质的话语是否能原版性地借用与通用，这本身就是一个需要慎重对待与深思的问题。

笔者认为，刻意弃置"实践的唯物主义"的话语，原版性或近似原版性地套用与借用现代西方存在主义哲学的核心话语，来发展马克思主义哲学或使马克思主义哲学实现现代化、获得当代性，这类试图颇有使马克思主义哲学存在主义化之嫌，至少难以划清与存在主义的马克思主义的界限。

马克思"新唯物主义"哲学革命的思与辩*

一

　　马克思"新唯物主义"哲学的诞生，在哲学发展史上是一场深刻的革命。然而，对于马克思"新唯物主义"哲学究竟"新"在何处，或者说"新唯物主义"哲学革命究竟应如何把握与理解，人们的解读各有不同。

　　在苏联的马克思主义哲学教科书的蓝本中，马克思主义哲学曾被冠以"辩证唯物主义"的名称。根据它的逻辑阐释，这种"辩证唯物主义"哲学作为一种新的世界观或宇宙观，所揭示与描绘的是世界的一般图景；它回答的问题是：世界是什么，世界是怎么样的。当它运用这种有关世界一般图景的理论去考察自然现象与社会历史现象时，便形成了辩证唯物主义的自然观与辩证唯物主义的历史观，即历史唯物主义。

　　显而易见，在"辩证唯物主义"的逻辑架构与运思理路中，马克思主义哲学革命主要凸显在两个方面：其一，它在总体性质上实现了辩证法与唯物论的有机结合，从而克服了近代西方

　＊　本文原发表于《哲学研究》2007 年第 5 期。

主要以 18 世纪法国唯物主义为代表的那种机械性的、以孤立静止为特征的形而上学的思维方式；其二，它完成了"半截子的唯物主义"向彻底的唯物主义哲学的转型，将唯物主义的一般原则与原理贯彻运用到社会历史领域，建立了历史唯物主义，从而结束了唯心主义在社会历史观中的独立统治。

不可否认，作为马克思主义哲学发展史与传播史上的第一个教科书蓝本，苏联的马克思主义哲学教科书确有一定的历史价值。然而，无论是就其理论根据而言，还是就其逻辑运思而言，它都存在着对马克思主义经典作家哲学思想与精神的悖离与误读。

其一，就理论根据而言，它将马克思主义哲学冠以"辩证唯物主义"，缺乏令人信服的经典文本的根据。不错，马克思主义经典作家的确在不少著作中曾对黑格尔辩证法思想中的合理因素给予过极大的关注与肯定，并且承认他们的辩证法思想中包含着对黑格尔辩证法思想中的合理因素的扬弃。但马克思主义经典作家从没有说过他们创立的"新唯物主义"哲学是唯物主义的一般理论与黑格尔辩证法结合的产物，也从没有将自己所创立的"新唯物主义"哲学冠以"辩证唯物主义"的名称。相反，他们曾明确地将自己的哲学称之为"新唯物主义""现代唯物主义""实践的唯物主义"。那么"新唯物主义""新"在何处？"现代唯物主义"又"现代"在哪里？是"新"在它是辩证法与唯物主义的结合，还是"新"在它是一种"实践的唯物主义"？从马克思主义经典作家给自己创立的新哲学所赋予的上述三个名称之间的内在逻辑关联上看，本文认为将"新唯物主义""现代唯物主义"理解成是一种"实践的唯物主义"更为贴切与合理。马克思主义哲学之"新"与"现代"，就在于它是一种"实践的唯物主义"。

其二，将马克思主义哲学界定为辩证唯物主义哲学，在一定程度上弱化甚至是消解了马克思主义哲学革命的价值与意义，似乎马克思主义的哲学革命主要表现在使既成的唯物论与辩证法实行联姻或结合上。因为，在传统的辩证唯物主义的逻辑运思中，无论是对唯物主义一般原理的阐释，还是对辩证法一般原理的阐释，在总体上都没有超出法国唯物主义与黑格尔辩证法的范围。所不同的只是在讲到唯物主义的一般原理时，加上了一些黑格尔的辩证法思想进行补充与修正；在讲到辩证法时，强调了马克思主义经典作家对黑格尔辩证法的颠倒或唯物主义改造。然而，马克思主义的哲学革命的实质如果真的能做如上解读的话，那就无异于是说，马克思主义哲学革命的价值与意义仅仅表现在对先前哲学家们的哲学遗产的裁剪或综合上。而这无论如何不能称之为革命性变革，也不能称之为一种"新唯物主义"哲学，因为它并未涉及哲学思维方式的根本性改变，至多仅仅涉及对哲学遗产的改良。

其三，传统的辩证唯物主义教科书体系与真实的马克思主义哲学是貌似而神异的，而与旧唯物主义哲学则是貌异而神似的。因为它没有对"新唯物主义"哲学视野中的"物"，也即对作为人的意识本原的"物"，做出与旧唯物主义哲学带有根本性区别的新理解。马克思主义哲学作为一种"新唯物主义"哲学，它所表达的是对先前的旧唯物主义哲学的超越。但这种超越不是指向物质对于意识的本原性。在哲学基本问题上，马克思主义哲学没有也不可能有区别于一般唯物主义的不同回答，否则就不能称之为唯物主义。"新唯物主义"哲学"新"在对唯物主义的"物"的新的理解上。传统的辩证唯物主义的解释框架声称它既科学地解决了世界是什么的问题，也科学地解决了世界是怎样的问题。这种解释看似是对马克思主义之前的旧唯物主义哲学的超越，其实不然。理由在于，无论是它对世界是什么的阐释，还是它对世界是怎样的阐释，都带有旧唯物主义哲学的那种纯客体的、直观的思维方式的特征。传统的辩证唯物主义在对待世界是什么的问题上，同旧唯物主义哲学一样，强调的是物质的客观实在性与对人的不依赖性；在对待世界是怎样的问题上，它虽然强调了物质世界的运动与发展，但所强调的是物质结构内部的物理的、化学的运动与变化，而不是在社会历史中的运动变化与发展。实际上，传统辩证唯物主义视野中的"物"是一种与人分离的纯粹自然物，而不是与人相联系的"对象、现实、感性"，即人们所面对的感性世界；

它所强调的辩证法是一种纯粹的自然辩证法，而非"感性世界"在社会历史中运动与发展的辩证法。

二

那么，"实践的唯物主义"应如何理解？"实践的唯物主义"作为一种"新唯物主义"哲学所实现的革命性变革表现在什么地方？

在被恩格斯称为"新世界观天才萌芽"的马克思《关于费尔巴哈的提纲》的第一条中，马克思在谈到旧唯物主义与唯心主义的缺点时曾明确地指出："从前的一切唯物主义（包括费尔巴哈的唯物主义）的主要缺点是：对对象、现实、感性，只是从客体的或者直观的形式去理解，而不是把它们当做感性的人的活动，当做实践去理解，不是从主体方面去理解。因此，和唯物主义相反，唯心主义却把能动的方面抽象地发展了，当然，唯心主义是不知道现实的、感性的活动本身的。"[1]解读马克思这段为人们所熟知的经典话语，或许能够为我们提供有关上述问题的合理答案。

首先，马克思的上述话语给予我们一个启发：要把握什么是"新唯物主义"之"新"，必须了解什么是旧唯物主义之"旧"。诚然，在上述话语中马克思并没有直接使用旧唯物主义的概念，而是使用"从前的一切唯物主义"的说法，但考虑到理论界约定俗成的习惯用法，以及"新"与"旧"在语境上的对应关系，我们不妨将马克思主义哲学之前的唯物主义称之为"旧唯物主义"。因为"新"是相对于"旧"而言的，"旧"是"新"的参照坐标。旧唯物主义哲学既是马克思"新唯物主义"哲学批判指向的靶标，也是马克思"新唯物主义"哲学革命赖以出发的起点，同时也是我们厘清"新""旧"唯物主义之间区别的不可或缺的基本参

---

① 《马克思恩格斯文集》第 1 卷，人民出版社 2009 年版，第 499 页。

照物。而对"新""旧"唯物主义主要分歧与区别的厘清，对于破译马克思主义哲学革命的奥秘有着极为关键的意义。不了解旧唯物主义的基本特点与主要缺点是什么？就难以凸显出"新唯物主义"哲学的基本特点与主要优点。这里需要指出的是，马克思是将他之前的一切唯物主义学说，包括曾给予他一定影响、并相对于其他唯物主义哲学具有某些优越性的费尔巴哈哲学，统归于旧唯物主义哲学一类，而没有像传统的马克思主义哲学教科书那样，将其区分为古代朴素的唯物主义与近代形而上学的唯物主义。这是马克思的粗心与疏漏还是另有缘故？品味马克思"新唯物主义"哲学的基本运思理路，这与其说是一种疏漏，不如说是一种逻辑衍生的结果。在马克思"新唯物主义"的视野里，先前的唯物主义的缺点也许不止一个，例如在世界是什么与世界是怎样的问题上，那些在哲学唯物主义发展史上留下印迹的哲学家们或许各有不同的把握与阐释，但就其哲学的基本特点与主要缺点而言却是相同的。笔者认为，正是在主要缺点与特征相同的意义上或维度上，马克思将先前的一切唯物主义哲学统称为"旧唯物主义"。在这里，马克思强调的之所以是旧唯物主义的主要缺点，而不是全部缺点，一个合理的解释在于，抓住了旧唯物主义的主要缺点无异于抓住了旧唯物主义的根本性实质。而对于旧唯物主义哲学的其他非主要缺点，马克思之所以弃之不论，一个可能的解释在于，它们对于把握旧唯物主义哲学的实质无关紧要，或者仅仅是从主要缺点中派生出来的副产品。

关于旧唯物主义的主要缺点，过去的马克思主义哲学教科书的结论是机械性、形而上学性，以及历史观上的唯心主义。我们不否认近代西方唯物主义哲学确有上述缺点，但在因果关系上，这些缺点不过是旧唯物主义纯客体的或者直观的思维方式的派生物。在马克思"实践的唯物主义"看来，旧唯物主义与唯心主义虽然分属于两条不同的哲学路线，但它们所关注的焦点与形成分歧的交错点则是相同的，即都是"对象、现实、感性"。而所谓"对象、现实、感性"，就是人所面对的在人的历史实践基础上形成的"感性世界"。旧唯物主义哲学和唯心主义哲学争论的焦点之所以集中在"对象、现实、感性"即"感性世界"上，其深刻的原因在于，所有的哲学关心的对象都是人与世界的关系。在马克思主义创始人看来，旧唯物主义的主要缺点不在于它对物质相对于意识的本体性、根源性的强调上，而在于它对唯物主义的"物"即作为意识的本体的"对象、现实、感性"的纯客体的或者直观的形式的理解上。旧唯物主义哲学家们没有看到，作为意识本体而存在的"对象、现实、感性"虽然具有客观性的特征，但它与那种先于人的自然界的物质和外在于人的自然界的物质有着本质的不同。他们没有看到这两种物质既与人的实践活动无关，也不与人的意识的生成构成对象性的关系；因而它们虽然存在着，并始终保持着相对于人的存在来说的"优先地位"，但对人的意识的生成来说却是"无"，即未发生现实的价值与意义的关系。旧唯物主义的主要缺点在于它对"对象、现实、感性"只是诉诸于一种纯客体的或者直观形式的理解，而没有在做客体性把握的同时，也做主体方面的把握，从而导致了人在"对象、现实、感性"面前的主体能动性的彻底消解。

在马克思主义创始人的视野里，先前的唯心主义哲学家们则犯了与旧唯物主义哲学家们相反的片面性错误。先前的唯心主义哲学家们看到了"对象、现实、感性"与那种先于人、外在于人的纯粹性的客观物质存在之间的区别，这是值得肯定的；但是他们对"对象、现实、感性"却诉诸单纯主体方面的理解，并且在他们那里作为主体存在的人只不过是人的自我意识，因而他们实际上是将"对象、现实、感性"视作人的意识的产物，从而导致了对人的主体能动性的抽象发展与膨胀。

这里需要澄清的是，人们过去通常认为，所谓唯心主义即是认为物质世界是人的意识或某种客观精神的产物或派生物的一种哲学观点。这种看法实际上是对唯心主义哲学的一种片面性误读。至少就唯心主义哲学家中的绝大多数人来说，没有也不可能有人会愚蠢到如此的程度，公然做出违背常识的论断，否认先于人和外在于人的自然界的存在。实际上，在唯心主义哲学的视野里，作为人的意识或人的意识客观化的精神的派生物指向的是人所面对的"对象、现实、感性",即人的感性世界,只有这种"感性世界"才是人的意识或客观精神的对象化、外化或异化。但即便如此,唯心主义哲学也是片面的。因为即使是人所面对的"对象、现实、感性"也不能做纯主体方面的理解,即不能将其视作人的意识或客观化了的精神的产物,因为人的意识或精神决不可能从"无"中创造出"有"来。在马克思"实践的唯物主义"的视野里,旧唯物主义与唯心主义哲学虽然在对"对象、现实、感性"的理解方式上和所犯的片面性上各显不同:一个诉诸于纯客体的或者直观形式的理解,另一个诉诸于纯主体方面的理解;一个导致了人的主观能动性的取消,另一个导致了人的主观能动性的抽象发展与无限膨胀;但二者异中有同,所犯片面性错误的根源是相同的,即都没有把"对象、现实、感性""当作感性的人的活动,当作是实践去理解"。二者都没有看到,人所面对的世界,即与人的存在构成对象性的现实关系的世界,既不是天然世界的自然延伸,也不是从人的意识或精神中的无中生有,它在本质上是在人的连续不断的历史实践中生成的世界。旧唯物主义哲学与唯心主义哲学失足的地方,正是马克思"新唯物主义"哲学革命的起点。

应该说,马克思"新唯物主义"关注的焦点较之先前的哲学家们并没有什么不同,它首先指向的依然是人所面对的"对象、现实、感性"。所不同的是,它对"对象、现实、感性"诉诸于一种全新的理解,即诉诸于人的感性实践活动的理解。在马克思"实践的唯物主义"运思的理路中,人所面对的"对象、现实、感性"既然是在人的感性实践活动中生成的,那就必然要求诉诸于人的感性实践活动的理解。这是一个顺理成章的逻辑。当马克思"新唯物主义"哲学对"对象、现实、感性"诉诸于人的感性实践活动的理解时,它便在哲学史上实现了一场深刻的革命。这个伟大的革命不仅彻底地克服了先前的唯心主义哲学的片面性,而且也从根本上克服了旧唯物主义哲学的片面性。人的实践活动是一种主观见之于客观、主体与客体相互作用、主观与客观相统一的活动。因此,当马克思"新唯物主义"对"对象、现实、感性"诉诸于人的实践活动的理解时，它既不是一种纯客体的或直观的形式的理解，也不是一种纯主体的理解，而是在做客体性理解的同时，也做主体性的理解；并且在做主体性理解的同时，也做客体性的理解。"对象、现实、感性"是在人的实践活动的基础上生成的"感性世界"，这种"感性世界"无疑凝聚着人的本质力量，表征着人的主体能动性与人的智慧的发展及其程度，但"感性世界"的生成决不是无中生有的过程。人在自己的实践活动中，必须遵循客观事物所固有的规律。

三

"新唯物主义"或"实践的唯物主义"相对于旧唯物主义与唯心主义来说，具有无可争辩的变革与超越的性质，但这种变革与超越性不像某些研究者所主张的那样，是对"唯物"与"唯心"二元对立的超越，而是只能视为在对旧唯物主义与唯心主义各自片面性扬弃的基础之上的创新。

对于马克思"新唯物主义"或"实践的唯物主义"的解读，必须坚持两个基本点：首先，"新唯物主义"仍然是一种唯物主义哲学，而不是一种什么其他形态的哲学。它没有消解"唯物"与"唯心"之间的对立，即在哲学基本问题上它仍然固守着唯物主义的基本立场。其次，"新唯物主义"之"新"，在于它是一种"实践的唯物主义"，即"新"在它对"唯物主义"的"物"——"对象、现实、感性"诉诸于一种"新"的理解。离开马克思主义的实践观去解读马克思主义的哲学唯物主义，这种哲学唯物主义就不可能是一种"新唯物主义"。实践是马克思"新唯物主义"哲学的基石，是"新唯物主义"哲学思维辐射的轴心，是"新唯物主义"哲学的"新"之"魂"、"新"之"光"，是理解"新唯物主义"哲学革命的钥匙。

首先，马克思"新唯物主义"的诞生为人们把握人与自然界的关系提供了新的思路。旧唯物主义哲学家们在人与自然界的相互关系上诉诸的是一种单纯的直观，因此他们是不可能获得对感性、自然界以及人与自然界相互关系的真实本质的把握的。他们既没有看到"周围的感性世界决不是某种开天辟地以来就直接存在的、始终如一的东西，而是工业和社会状况的产物，是历史的产物，是世世代代活动的结果"①，不懂得人的直观所指向的对象、"甚至连最简单的'感性确定性'的对象也只是由于社会发展、由于工业和商业交往才提供给他的"②；也没有看到在人与自然的关系中，所谓人与自然、"自然和历史的对立"其实是人们思维直观中的一种错觉，因为"如果懂得在工业中向来就有那个很著名的'人和自然的统一'，而且这种统一在每一个时代都随着工业或慢或快的发展而不断改变，就像人与自然的'斗争'促进其生产力在相应基础上的发展一样，那么上述问题也就自行消失了"③。在马克思"实践的唯物主义"视野中，人所面对的感性自然界是一种"人类学的自然界"，这种"人类学的自然界"作为"工业的历史和工业的已经生成的对象性的存在，是一本打开了的关于人的本质力量的书，是感性地摆在我们面前的人的心理学"。④ 人与自然的关系在本质上是一种实践关系：无论是从其生成的方面看，还是从其发展的方面看，都是实践的；人与自然之间的统一的基础是人的实践活动，因为"环境的改变和人的活动或自我改变的一致，只能被看做是并合理地理解为革命的实践"。⑤

其次，"新唯物主义"的诞生也为人们把握人与社会历史的关系提供了新的思路。就马克思之前的旧唯物主义哲学家们来说，正像马克思批评费尔巴哈时所指出的那样：在他们那里"唯物主义和历史是彼此完全脱离的"⑥。那么在历史观上，为何所有的旧唯物主义哲学家们都掉进

① 《马克思恩格斯文集》第 1 卷，人民出版社 2009 年版，第 528 页。
② 《马克思恩格斯文集》第 1 卷，人民出版社 2009 年版，第 528 页。
③ 《马克思恩格斯文集》第 1 卷，人民出版社 2009 年版，第 529 页。
④ 《马克思恩格斯文集》第 1 卷，人民出版社 2009 年版，第 192 页。
⑤ 《马克思恩格斯文集》第 1 卷，人民出版社 2009 年版，第 500 页。
⑥ 《马克思恩格斯文集》第 1 卷，人民出版社 2009 年版，第 530 页。

了唯心主义的陷阱而不能自拔？传统的看法是认为他们没有能将唯物主义原则贯彻彻底，这种看法没有看到其实这是旧唯物主义哲学家们的纯客体的或者直观的思维方式合乎逻辑的运行的必然结果。因为，当旧唯物主义哲学家们用上述思维方式去直面社会历史中的"对象、现实、感性"时，呈现在他们面前的是一幅仅仅用"物理学家和化学家的眼睛"难以读懂的图画。如果说在对自然界的理解上，当旧唯物主义哲学家们像费尔巴哈一样，在遇到"既承认存在的东西同时又不了解存在的东西"时，可以采取"从来不谈人的世界，而是每次都求救于外部自然界，而且是那个尚未置于人的统治之下的自然界"①的手法而自圆其说的话，那么在历史观上则不可能这样：因为社会与历史的存在是一种在人之后与属人的存在，即在人的活动中生成的存在；对这种存在的理解是排除任何先于人与游离于人的活动可能性的。在对人的活动的理解上，旧唯物主义哲学家们也同费尔巴哈一样，"仅仅把理论的活动看做是真正人的活动"②。这样，当旧唯物主义哲学家们循着纯客体的或直观的形式的思维逻辑的惯性，去解读社会历史中的"对象、现实、感性"的时候，就必然将它视为人的思想的产物，并且将人与社会历史的关系看作是人与自己思想产物的关系。因而，旧唯物主义也就必然滑进历史唯心主义的泥坑。

在马克思"新唯物主义"或"实践的唯物主义"的视野里，"社会生活在本质上是实践的"③。"历史不外是各个世代的依次交替。每一代都利用以前各代遗留下来的材料、资金和生产力；由于这个缘故，每一代一方面在完全改变了的环境下继续从事所继承的活动，另一方面又通过完全改变了的活动来变更旧的环境。"④当马克思"实践的唯物主义"诉诸于人的实践活动来理解人的社会生活与人的社会历史的本质时，这

① 《马克思恩格斯文集》第 1 卷，人民出版社 2009 年版，第 549 页。
② 《马克思恩格斯文集》第 1 卷，人民出版社 2009 年版，第 499 页。
③ 《马克思恩格斯文集》第 1 卷，人民出版社 2009 年版，第 501 页。
④ 《马克思恩格斯文集》第 1 卷，人民出版社 2009 年版，第 540 页。

不仅意味着对于在人们物质活动基础上生成的社会结构、社会关系、社会规律及其历史发展应从实践方面去理解，同时意味着对于人们的社会意识的生成也应从实践方面去理解。其深刻的原因在于："意识在任何时候都只能是被意识到了的存在，而人们的存在就是他们的现实生活过程。"① 人们"现实的生活过程"在本质上是实践的，因此，这种历史观和唯心主义历史观不同："它不是在每个时代中寻找某种范畴，而是始终站在现实历史的基础上，不是从观念出发来解释实践，而是从物质实践出发来解释各种观念形态。"②

当马克思的"新唯物主义"或"实践的唯物主义"对"对象、现实、感性"以及人与世界的关系诉诸于一种实践的理解时，同时也意味着诉诸于一种历史的理解。

人与世界的关系既是实践的也是历史的，人与世界关系的统一是在实践基础上、在历史过程中的统一。实践是历史的，历史也是实践的：二者的演进既属于同一个过程，也具有相互规定的性质与特点。但是，实践范畴相对于历史范畴来说是更为基础性的范畴：马克思主义哲学首先应该是"实践的唯物主义"，然后才是历史的唯物主义，而不是相反。

其一，理解马克思的"新唯物主义"或者"实践的唯物主义"所实现的哲学革命，不能脱离马克思主义经典作家对旧唯物主义与唯心主义的批判与理论创新的背景。如前所述的"新唯物主义"首先是相对于旧唯物主义而言的，"实践的唯物主义"是相对于直观的唯物主义而言的。马克思主义经典作家曾明确无误地告诉我们，旧唯物主义的主要缺点是"对对象、现实、感性，只是从客体或直观的形式去理解"，即不是从人的感性活动、实践方面去理解。

其二，人的实践与人的历史虽然在现实性上是一而二、二而一的关系，但一个是就人的活动而言的，一个是就人的活动结果而言的。虽然

---

① 《马克思恩格斯文集》第 1 卷，人民出版社 2009 年版，第 525 页。
② 《马克思恩格斯文集》第 1 卷，人民出版社 2009 年版，第 544 页。

在现实的发展过程中，二者通常是相互作用、互为因果的，但从发生学的维度看，二者之间的因果关系应该是十分明了的。人的社会也好、历史也好，在本质上都是实践的，因为它们都是在人的实践中生成与发展的。人作为人存在的端点是劳动，因为"人开始生产自己的生活资料，即迈出由他们的肉体组织所决定的这一步的时候，人本身就开始把自己和动物区别开来"①。人作为人存在的方式也是劳动实践，是适应于人的劳动的需要才形成了人的社会与人的历史。人的历史不能简单地视为是一个时间概念，历史不过是由人的需要和生产方式决定的社会联系不断"采取新的形式"的表现。② 虽然从时间的维度看，人的实践与人的历史有着相同的端点，但在因果逻辑上，则是先有人的实践，然后才有人的历史。

---

① 《马克思恩格斯文集》第 1 卷，人民出版社 2009 年版，第 519 页。
② 《马克思恩格斯文集》第 1 卷，人民出版社 2009 年版，第 533 页。

理解马克思哲学革命的一把钥匙 *

一

在《关于费尔巴哈的提纲》中，马克思把自己的哲学称为"新唯物主义"。在《德意志意识形态》中，马克思、恩格斯又把自己的哲学称为"实践的唯物主义"。"实践的唯物主义"的提出，标志着马克思主义哲学对旧唯物主义哲学的扬弃与超越，标志着一种新的唯物主义哲学形态的诞生。

当然，马克思的"新唯物主义"或"实践的唯物主义"并不是与旧唯物主义绝对对立的，因为与对待其他哲学形态一样，马克思没有也决不会对旧唯物主义采取简单的否定和抛弃的态度，而是加以辩证地扬弃与改造。"新唯物主义"也好，旧唯物主义也好，从哲学阵营上看，都属于同一个哲学阵营，都是唯物主义这个哲学家族的一员。并且在下面这一点上，新旧唯物主义都强调"只要这样按照事物的真实面目及其产生情况来理解事物"。① 在对哲学基本问

---

* 本文原发表于《福建论坛》1989 年第 5 期。

① 《马克思恩格斯文集》第 1 卷，人民出版社 2009 年版，第 528 页。

题的解决，在物质第一性、意识第二性这一点上，新旧唯物主义之间并没有根本的分歧，否则就不成其为唯物主义了。

那么，"新唯物主义"新在何处呢？换句话说，马克思主义哲学对旧唯物主义哲学的扬弃与超越主要体现在哪里呢？传统的哲学教科书普遍认为，旧唯物主义的主要缺点在于它的机械性、形而上学性和历史观上的唯心主义、马克思主义哲学对旧唯物主义哲学的超越主要体现在它对旧唯物主义的机械性、形而上学性和历史唯心主义的扬弃，实现了唯物主义与辩证法的有机结合，并把唯物主义原则贯彻到底。"新唯物主义"新就新在它既是唯物的，又是辩证的。笔者认为，这种观点虽不能说毫无道理，但从根本上看，并没有把握住马克思的"新唯物主义"的实质。

马克思在谈到旧唯物主义的主要缺点时曾经写道："从前的一切唯物主义（包括费尔巴哈的唯物主义）的主要缺点是：对对象、现实、感性，只是从客体的或者直观的形式去理解，而不是把它们当做感性的人的活动，当做实践去理解，不是从主体方面去理解。"[1]显然，在马克思看来，新旧唯物主义的根本分歧在于对"对象、现实、感性"的不同理解或者说在于对唯物主义的"物"的不同理解上。旧唯物主义的根本缺陷在于：它不是把人理解为感性的活动即实践，而仅仅把人理解为感性的对象；它对"对象、现实、感性"不是从主体的方面即从人的实践活动方面去理解，而只是从客体的方面诉诸一种简单的直观。旧唯物主义是从一种纯粹自然的和非历史的眼光去看待"物质"，因此，旧唯物主义者眼里的"物质"不过是一种纯粹的自然物，或者说是一种开天辟地以来就存在的天赐的原始自然物，这种自然物是与人的活动无关的，因而也是一种非历史的抽象存在物。与旧唯物主义的思维方式不同，"新唯物主义"或"实践的唯物主义"不再把人仅仅理解为"感性的对象"，而是把人理解为"感性的活动"即实践；对"对象、现实、感性"不再

---

[1] 《马克思恩格斯文集》第 1 卷，人民出版社 2009 年版，第 499 页。

诉诸单纯的直观，而是把"对象、现实、感性"与人的感性活动即人的历史实践联系起来，从人的历史实践的角度去揭示"对象、现实、感性"的本质。在"新唯物主义"或"实践的唯物主义"者的眼里"他周围的感性世界决不是某种开天辟地以来就直接存在的、始终如一的东西，而是工业和社会状况的产物，是历史的产物，是世世代代活动的结果"。①笔者认为，正是在对"对象、现实、感性"或者说在对"物质"的理解这个关键点上，马克思主义哲学实现了对旧唯物主义哲学的超越。"新唯物主义"新就新在它对物质赋予了一种主体的、实践的理解，凡是旧唯物主义只看到物质的自然本质的地方，"新唯物主义"则深刻地揭示了它的历史的、主体的本质。

二

"实践的唯物主义"，不仅是对旧唯物主义的超越，同时也是对唯心主义的超越，尤其是对黑格尔唯心主义劳动观的超越。

与对"对象、现实、感性"作直观把握的旧唯物主义不同，从康德到黑格尔的德国古典唯心主义力图从主体的角度去把握对象、客体，看到了对象的主体性，实现了一次哲学视角的重大转换。遗憾的是，由于不懂得对象性活动，或者说不懂得物质实践活动的意义，德国古典唯心主义哲学家们则犯了另一个片面性，对主体及主体的能动性同样做了抽象的理解。德国古典唯心主义哲学家们把对象理解为主体性的现实，在这一点上，它超越了旧唯物主义的直观性。但德国古典唯心主义哲学家们眼里的主体并不是从事实际活动的人，而是指人的"自我意识"或客体化了的精神实体。因此，在他们那里，所谓从全体出发，实际上是从意识或精神出发，对主体性的强调不过是对意识、主观精神的能动性的抽象强调罢了。

---

① 《马克思恩格斯文集》第 1 卷，人民出版社 2009 年版，第 528 页。

诚然，像黑格尔那样深刻的思想家也谈到人的实践，尤其是人的劳动在历史发展中的作用。马克思曾经写到黑格尔的《现象学》及其最后成果——辩证法，作为推动原则和创造原则的否定性——的伟大之处首先在于，黑格尔把人的自我产生看作一个过程，把对象化看作非对象化，看作外化和这种外化的扬弃；可见，他抓住了劳动的本质，把对象性的人、现实的因而是真正的人理解为人自己的劳动的结果。① 但黑格尔对"人"及"人的实践""劳动"做了抽象的、唯心主义的理解，他所说的人实际上是指人的自我意识，他所说的"实践""劳动"不过是一种精神性的活动罢了。

马克思"实践的唯物主义"的创立，无疑受到德国古典唯心主义哲学家们的影响，尤其是受到黑格尔唯心主义劳动观的影响。"实践的唯物主义"也无疑以扬弃的形式包含着唯心主义的某些合理性因素。但在其关键的一点上，即在对实践、劳动的理解上，马克思"始终站在现实历史的基础上，不是从观念出发来解释实践，而是从物质实践出发来解释各种观念形态"②。"实践的唯物主义"对"对象、现实、感性"既不再诉诸单纯的直观，也不再把它归结为意识或精神的派生物，而是从人的实践、劳动出发，从真正主体的角度加以辩证地把握。在实践唯物主义的视野里，从主体出发，也就意味着从实践出发；对"对象、现实、感性"的肯定性理解中，也就意味着对主体创造性、能动性的肯定，不过，这种肯定是具体的，而不带任何抽象的性质。

三

实践范畴是马克思主义哲学的核心范畴，在马克思主义哲学体系

---

① 《马克思恩格斯文集》第 1 卷，人民出版社 2009 年版，第 205 页。
② 《马克思恩格斯文集》第 1 卷，人民出版社 2009 年版，第 544 页。

中，它不仅具有认识论的意义，而且首先具有本体论的意义。实践范畴既是马克思哲学思维辐射的轴心，也是马克思主义哲学逻辑构造的起点，马克思主义哲学在本质上是一种"实践本体论"或"实践一元论"。从哲学发展史上看，实践唯物主义的产生，是哲学思维方式的一场深刻革命，也是哲学视角的又一次重大转变。

在"实践的唯物主义"的视野里，我们所面对的整个感性世界都是与人的历史实践密切相关的，从发生学的意义上看都表现为人的历史实践的派生物。这不仅表现在我们所面对的自然物质已经不是原始的自然物，而是经过人类劳动或实践改造过的，打上了人的本质力量印迹的人化自然物，而且也表现在，人类的历史也不过是人通过自己的劳动或实践而诞生的历史。没有人的历史实践、劳动就没有"历史的自然和自然的历史"，没有人的实践也没有人类社会及人类社会的进步。而且即使是唯心主义作为本体的人的意识与精神的产生、存在和发展也必须从人的实践出发去加以解释。

既然"实践的唯物主义"把人的感性活动理解为全部感性世界的深刻基础，而把全部感性世界理解为人的感性活动的结果或作品，那么作为实践主体的人的地位便自然而然地得到了确立，人的主体性也就在人自己创造的客体或作品中得到确证或反思。因此，"实践的唯物主义"的确立，同时也就是人在感性世界或属人世界中主体性的确立，也就是人在马克思主义哲学中主体地位的确立，或者说是哲学的主体性原则的确立。从哲学发展史上看，它标志着无主体的哲学与无人身的主体哲学的终结。

四

"实践的唯物主义"的创立，结束了科学理性与价值理想长期分离与对立的现象，第一次实现了科学理性与人的价值理想的有机统一。

"实践的唯物主义"与唯心主义不同，它既不把实践看作是一种思想或精神的活动，也不把实践看作是一种任意的自由活动，而是把实践看作是感性的物质活动。而实践作为一种感性的物质活动，它首先必须遵循客观对象的尺度，即是说人们的实践活动必须首先以客观对象的存在为前提，并受到客观对象本身所固有的规律的制约，实践首先是一种合规律性的活动。人们对客观对象把握的程度，直接决定着实践的结果，而在人们实践所取得的结果中体现着人们对科学理性精神的遵从。

另一方面，"实践的唯物主义"把人的实践活动看作是一种合目的的自主活动。在"实践的唯物主义"看来，实践不过是人根据自己的需要，按自己人性的要求来改造和安排周围的世界的感性活动。而人的周围的属人世界不过是人通过自己的活动将自己的本质力量的对象化的结果。人创造的世界本质上是一个广义上的文化的世界，这个文化世界的发展程度表现着和确证着人的本质力量的发展程度。因此，在"实践的唯物主义"中，主体性原则的确立，同时也就意味着对人的价值的肯定。对实践的高扬，不过是对人的高扬；对人的作品或者说对人的实践结果的肯定和赞美，同时也就是对人的价值的肯定和人的本质力量的赞美。"实践的唯物主义"较旧唯物主义一个显著的优点在于：旧唯物主义是见物不见人，"实践的唯物主义"则在物的外观中揭示出人的本质；旧唯物主义把人贬低到物的地位，用物性来解释人性；"实践的唯物主义"则把物提高到人的地位，赋予物以人性的理解。

"实践的唯物主义"把实践看作是一种既合规律性又合目的性的感性活动，看作是客观事物的外在尺度与人的内在尺度的有机统一。因此，"实践的唯物主义"既体现着科学的理性精神，又体现着人的价值理想。在"实践的唯物主义"中也内在地包含着真、善、美的有机统一。当"实践的唯物主义"把实践看作是一种合规律性的活动时，实际上就体现着对真的肯认；当"实践的唯物主义"把实践看作是一种合目的性的活动时，实际上是把实践看成是一种求善与实现善的活动；"实践的唯物主义"同时还认为实践也是一种富有美学意义的活动，实践不仅创造了人的审美情趣，而且发展了人的审美能力，在实践中人不仅根据外界事物的法则去创造对象，而且根据美的法则去创造对象。在"实践的唯物主义"看来，人通过自己的实践所创造的对象或作品，不仅是对人们认识真理性的确证，而且也是对人们智慧发展程度与审美能力的确证。

五

"实践的唯物主义"对实践与感性世界关系的理解是辩证的。一方面，它从实践出发去思考、理解和解释感性世界、社会、历史乃至人自身；另一方面，又从感性世界、社会、历史的角度去思考、理解实践。一方面，强调历史是实践的历史；另一方面，又承认实践是历史的实践。它认为，人的活动受自己所处的历史条件的制约，不过是人受自己过去实践的制约。它提醒人们注意，不能重复唯心主义的错误，避免离开一定的历史环境与条件，对人的现实的活动做抽象的理解。但是，"实践的唯物主义"更强调实践对历史环境与条件的超越的意义。

在"实践的唯物主义"看来，人在现实的感性活动中对现存的历史条件与环境的依赖与利用，与动物对自然环境本能的适应具有根本不同的性质，人并不满足于对现存的历史条件与环境进行简单的再复制，而是力图根据自己的需要，按照自己所达到的认识水平和能力，既按照客观的外在尺度，更按照人的内在尺度，进行有利于自己生存和发展的重新安排和创造。人正是在这种重新安排与创造中实现对现存的感性世界的超越。没有对现存的历史条件与环境的超越就没有社会的发展与历史的进步。而人通过实践对现实的超越，本质上不过是人对自己过去实践的超越，是人对自身的一种超越。

因此，"实践的唯物主义"的创立，不仅是一种思维方式的变革，同时也是哲学功能的改变。"实践的唯物主义"已不再满足于对现存世界的单纯理解与解释，而是把着眼点放在对现存世界的改造与超越上。"实践的唯物主义"在本质上是一种关于人的解放的哲学，这种哲学的出发点与最高宗旨就是实现人的全面彻底的解放。在"实践的唯物主义"者的眼里，唯有通过自己的实践，人才能为自己争得解放。人的解放程度是与人的实践范围的扩大和实践水平的提高相一致的：人通过自己的实践活动所造成的社会发展和历史进步不过是人的解放程度的一种标杆。

论马克思"新唯物主义"
哲学思维辐射的轴心 *

一

在被恩格斯称之为"包含着新世界观的天才萌芽的第一个文件"的《关于费尔巴哈的提纲》中，马克思曾明确地将自己的哲学称之为"新唯物主义"。"新唯物主义"即是一种新的世界观，这无论是从人们对哲学与世界观之间的内在系统一致性的认同上看，还是从马克思主义哲学创始人的上述有关话语间的内在逻辑关联上看，都应是无疑的。解读"新唯物主义"这一称谓，包括着两个最基本的视点：其一，"新唯物主义"哲学仍然是一种唯物主义哲学。在哲学路线上，马克思"新唯物主义"仍然坚持与固守着哲学唯物主义立场，这是一个无可怀疑与不可动摇的基点。当马克思主义哲学创始人将自己创立的哲学称之为"新唯物主义"时，它所宣示与强调的重要基点仍然是与形形色色的唯心主义哲学的对立与区别。在对马克思主义"新唯物主义"哲学革命进行解读与阐释时，任何试图

* 本文原发表于《哲学研究》2008 年第 6 期。

调和、淡化、混淆马克思主义哲学与各种非马克思主义哲学的对立与区别，或者将马克思"新唯物主义"哲学视之为对所谓唯物主义与唯心主义等"独断论"的超越的观点，都是不可接受的。因此，从哲学路线的维度上看，我们不能简单地将马克思主义哲学称之为是一种新哲学；确切地说，应该将马克思主义哲学称之为是"新唯物主义"哲学。其二，"新唯物主义"所强调与显示的又不是一般的唯物主义；对"新唯物主义"哲学的解读与阐释的重心应在"新"字上："新唯物主义"所表征的是唯物主义发展的一种崭新形态，它所宣示的是与旧唯物主义哲学的分野与区别。正因为马克思的"新唯物主义"是唯物主义发展的一种崭新形态，我们才有充分的理由将其视之为哲学发展史上的一场深刻革命。

然而，马克思"新唯物主义"新在何处？或者说"新唯物主义"之"新"应作何解读？发源于苏联的马克思主义哲学教科书将马克思主义"新唯物主义"哲学称之为辩证唯物主义，认为马克思"新唯物主义"新就新在辩证法与唯物主义的结合上。也有人认为，马克思"新唯物主义"哲学不应是辩证唯物主义，而应是"历史唯物主义"，而"历史唯物主义"即是"把'历史'作为解释原则而变革了唯物主义，从而实现了一场'世界观'革命"，而不是将"唯物主义"作为解释原则而变革了历史理论，从而实现了一场"历史观"的革命；也即马克思"新唯物主义"是"历史的"唯物主义"世界观"，而不仅仅是"'历史的唯物主义'历史观"。

笔者认同马克思"新唯物主义"哲学的诞生，是一种新的世界观意义上的哲学革命，而不仅仅是一种社会历史观的变革。但笔者却既不同意将马克思"新唯物主义"称之为"辩证唯物主义"，也不同意将它称之为"历史唯物主义"，而认为马克思的"新唯物主义"在本质上是"实践的唯物主义"。"新唯物主义"之"新"相对于"旧唯物主义"之"旧"来说，不在于对世界是怎样的问题的理解上赋予了一种"辩证"的理解，也不在于赋予了一种"历史"的理解，而在于赋予了一种"实践"的理解。笔者之所以这样认为，首先是因为它能与马克思主义创始人本人的有关论述相一致。在马克思主义创始人的著作中，在谈到他们自己所创立的新哲学时，人们所能看到的冠名只有三处，一是马克思在《关于费尔巴哈的提纲》中，将自己的新世界观首先称之为"新唯物主义"；二是马克思、恩格斯在合著的《德意志意识形态》中，将他们的新哲学称之为"实践的唯物主义"；三是恩格斯在《反杜林论》中，将他与马克思所共同创立的新哲学称之为"现代唯物主义"。在马克思主义创始人的著作中，在总体世界观意义上将自己的哲学称之为"辩证唯物主义"或"历史唯物主义"的提法，基本没有见过。在马克思主义创始人的上述三种提法中，马克思所说的"新唯物主义"与恩格斯所说的"现代唯物主义"，在语义上有完全的一致性："新"的即是"现代"的，"现代"的无疑是"新"的；二者之间并不存在什么疑问与争论的空间。问题是这里的"新"与"现代"应作何解读？换句话说，"新"在何处？"现代"在哪里？根据马克思、恩格斯两人合著的《德意志意识形态》的提法，"新唯物主义""现代唯物主义"应理解为"实践的唯物主义"："新唯物主义"之新、"现代唯物主义"之现代性，集中表现在"实践的唯物主义"的"实践"上。

将马克思的"新唯物主义"哲学世界观视作"实践的唯物主义"，不仅有马克思主义创始人所提供的经典文本作为根据，更重要的是它鲜明地表达了"新唯物主义"对"旧唯物主义"的超越与表征了"新唯物主义"哲学革命的实质。"新唯物主义"是相对于"旧唯物主义"而言的，因而"旧唯物主义"哲学失足的地方，也就是"新唯物主义"哲学革命诞生的地方。而在谈到"旧唯物主义"的主要缺点与"新唯物主义"的主要优点时，马克思在《关于费尔巴哈的提纲》中曾如此写道："从前的一切唯物主义（包括费尔巴哈的唯物主义）的主要缺点是：对对象、现实、感性，只是从客体的或者直观的形式去理解，而不是把它们当做感性的人的活动，当做实践去理解，不是从主体方面去理解。因此，和唯物主义相反，唯心主义却把能动的方面抽象地发展了，当然，唯心主义是不知道现实的、感性的活动本身的。"①从这段经典性话语中不难看

---

① 《马克思恩格斯文集》第1卷，人民出版社2009年版，第499页。

出，在马克思的视野里，作为一种世界观的哲学所关注的根本性问题是世界的本质问题，具体地说是世界是什么与怎样的问题。然而，哲学所关注的世界又决不是那种与人分离和与人无关的世界，而是与人的生存与发展有着现实性联系的世界，即人所面对并与人构成现实的对象性关系的感性世界，马克思将它称之为"对象、现实、感性"。这种"对象、现实、感性"既包括人所面对的感性自然界，也包括人的社会与人的历史。而那种在人之前与在人之外、游离于"对象、现实、感性"的非感性世界，虽然是一种自在性的存在，但由于它没有与现实的人尤其是人的意识发生现实的对象性关系，因而对于现实的人来说，对于作为世界观的哲学来说，实际上是一种"无"。在马克思的视野里，无论是旧唯物主义哲学也好，还是旧唯心主义哲学也好，它们所共同关注并产生分歧与对立的焦点其实是相同的，即都是围绕着"对象、现实、感性"而旋转和展开的，所不同的只是各自对"对象、现实、感性"诉诸着不同的理解形式。就马克思之前的旧唯物主义者来说，他们虽然强调了"对象、现实、感性"相对于人的意识的本原性与优先性，但由于对"对象、现实、感性"只是从纯粹客体的直观的方面去理解，因而抹杀了这种"感性世界"与那种游离于人的非"感性世界"之间的本质差别，结果导致了人在"对象、现实、感性"面前的主体性地位的丧失与主体能动性的取消。与旧唯物主义者的上述直观理解不同，唯心主义者虽然看到了"对象、现实、感性"与非"感性世界"之间的区别，但却犯了一个相反的片面性错误，即对"对象、现实、感性"诉诸一种纯主体性的理解，而且由于他们通常是将主体的人等同于人的意识与自我意识，他们也就将"对象、现实、感性"视作是人的意识或自我意识的创造物。唯心主义发展了人的能动性，这是具有积极意义的；遗憾的是人的能动方面被它夸大与抽象地发展了。旧唯物主义与旧唯心主义虽然犯的片面性错误不同，但错误的根源却是相同的，即都没有将"对象、现实、感性"当作"感性的人的活动，当作实践去理解"，"不知道现实的、感性的活动本身"。相反，在马克思"新唯物主义"的思维理路中，人与世界的关系不是一种自然天成的关系，而是在人的感性实践活动中生成的关系；"对象、现实、感性"不是一种天然世界，而是一种属人的世界或人类学意义上的世界：这种世界是在人的实践活动的基础上生成与发展着的，是人向自然的生成与自然向人的生成的产物。正因为这种属人的或人类学的世界是在人的实践活动基础上生成的，因此，人们在理解它时也应当诉诸一种实践的理解，这是一个顺理成章的逻辑。笔者认为，马克思"新唯物主义"哲学世界观并没有改变哲学所关注的对象，它改变的只是理解方式，即对"对象、现实、感性"诉诸于人的感性活动或实践的理解方式。据此，有充分的理由相信与认定，使用"实践的唯物主义"的称谓去诠释马克思"新唯物主义"之新，是合适与准确的。"新唯物主义"新就新在它对"对象、现实、感性"诉诸了一种人的感性活动或实践的理解；这是一种全新的理解方式，因而是唯物主义发展史上的一场深刻革命。

二

马克思"新唯物主义"究竟是新在"辩证的"或"历史的"，还是新在"实践的"，这一争论并非一种无关紧要的概念组合之争，更非没有意义的概念游戏。实际上，这一争论牵涉到马克思"新唯物主义"哲学逻辑系统中何者是"普照的光"与哲学思维辐射的轴心问题，从而牵涉到对马克思主义哲学革命关节点的理解。关于不能将马克思"新唯物主义"之新视作是"辩证唯物主义"的理由，笔者曾在《哲学研究》2007 年第 5 期上发表的《马克思"新唯物主义"哲学革命的思与辩》一文中作过申述。本文分辨的重点是：我们也不能将马克思"新唯物主义"视作是"历史唯物主义"，而应视作是"实践的唯物主义"。

如前所述，在马克思、恩格斯的著作中，我们没有发现"历史唯物主义"的命题，更没有发现将"历史唯物主义"视作是整体世界观意义上的论述；他们的常见说法是"唯物主义历史观"。创立与阐发唯物主义历史观是马克思、恩格斯毕生理论活动的重点，他们曾为此留下了大量的专门性著作，其中最重要的有《德意志意识形态》《哲学的贫困》《共产党宣言》《〈政治经济学批判〉序言》《资本论》《家庭、私有制和国家的起源》《路德维希·费尔巴哈和德国古典哲学的终结》《在马克思墓前的讲话》等。在所有这些著作中，马克思、恩格斯的研究指向都是社会历史领域，所聚焦与解决的核心问题是其在历史观上与唯心主义历史观的对立。在马克思主义哲学发展史上，列宁与斯大林确实明确使用过"历史唯物主义"的概念，但只要我们仔细研读他们使用"历史唯物主义"这一概念的语境，就不难发现，他们是在将辩证唯物主义的基本原理在社会历史领域中运用这一意义上来使用"历史唯物主义"概念的。总之，马克思、恩格斯所讲的"唯物主义历史观"与列宁、斯大林所讲的"历史唯物主义"，尽管在提法与阐发上不尽相同，但有一点是相同的，即都将其研究对象指向社会历史领域，其理论落脚点都是对唯物主义的强调，而不是对"历史"的强调。如果将马克思"新唯物主义"世界观视作是"历史唯物主义"，而"历史唯物主义"又理解成"历史"的唯物主义，即把"历史"作为解释原则的唯物主义，那么就存在着一个需要合理解释的问题，即在马克思经典著作中究竟有没有一个以社会历史为研究对象的"唯物主义历史观"？这种社会历史观在马克思主义的哲学理论系统中有没有相对独立的存在价值？如果否定它的存在及其相对独立的价值，显然不符合事实。在《德意志意识形态》中，马克思、恩格斯在谈到他们所创立的历史观时曾明确地写道："这种历史观就在于：从直接生活的物质生产出发阐述现实的生产过程，把同这种生产方式相联系的、它所产生的交往形式即各个不同阶段上的市民社会理解为整个历史的基础，从市民社会作为国家的活动描述市民社会，同时从市民社会出发阐明意识的所有各种不同的理论产物和形式，如宗教、哲学、道德等等，而且追溯它们产生的过程。"① 显然，在上述引文中，马克思、恩格斯不仅明确地使用了历史观的概念，而且还向人们表明，他们的历史观所揭示的是应该从什么样的思维路径去思考、研究社会历史问题。诚然，主张马克思"新唯物主义"世界观即是"历史唯物主义"的人并不反对马克思历史观的存在，他们反对的是仅仅从历史观的方面去解读"历史唯物主义"，即仅仅将"历史唯物主义"视作是社会历史观而不是"新世界观"，而认为这个"新世界观"的实质内容是"新历史观"，这种"新历史观"的真正意义是"新世界观"。但问题是，社会历史观所诉求的主要问题应该是用什么样的思路去把握、理解、阐释社会历史，而认为马克思的新世界观即是"历史唯物主义"的人所主张的重心则是所谓的"历史"的解释原则。按照这种思维理路所呈现出来的逻辑推论，必然是用"历史"的解释原则去解释历史。然而，这种自己说明自己、自己解释自己的逻辑恐怕是难以成立的。况且，将马克思的历史观视作是马克思的总体性质的世界观，并沿着这样的思路去解释人与世界的全部关系，还存在着一个逻辑上无法圆融的问题，即社会历史只是人所面对的"对象、现实、感性"的一部分，而不是全部；人与社会历史的关系也只是人与世界关系的一部分，而不是人与世界关系的全部，因而将马克思的社会历史观推广去解释人与世界的全部关系，有以偏概全之嫌。

笔者认为，马克思"新唯物主义"哲学作为一种"新世界观"，它不应是"历史唯物主义"，而应是"实践的唯物主义"；将"新唯物主义"之新理解为"实践的"，比理解为"历史的"更符合马克思"新唯物主义"哲学的精神。其深刻的原因在于：马克思"新唯物主义"在对"对象、现实、感性"进行把握与阐释时，首先诉诸的是人的"感性活动"或实践。诚然，在马克思"新唯物主义"哲学理论系统中，实践概念与历史概念都是极为核心的概念，二者之间存在着密不可分的内在联系：历史是实践的，实践也是历史的，在人的历史实践基础上生成的"对象、现

---

① 《马克思恩格斯文集》第 1 卷，人民出版社 2009 年版，第 544 页。

实、感性"无疑都具有历史的性质。但这并不能成为人们将马克思所说的对"对象、现实、感性"应诉诸"实践"的理解转换成应诉诸"历史"的理解的充分理由。因为，虽然就每一具体的历史时代的人类整体与现实存在的个体来说，他们的实践活动无疑具有社会历史的性质，不可避免地要受到社会历史的制约与影响，超越社会历史的实践是不存在的；从这一维度上看，人们的实践的确是历史的。但从发生学的或因果原因的终极溯源方面看，历史又首先是实践的。因为人的劳动与实践既是人作为人存在的诞生方式，也是人作为人存在的存在方式；人本身的诞生及其人的历史归根到底要从人的劳动与实践获得解释：没有人的劳动与实践不但不可能有人作为人的存在，更不可能有人的社会历史的存在。在马克思"实践的唯物主义"视野中，历史并不仅仅是一种纯粹的时间的流逝与延伸，时间不过是历史存在的形式；历史的存在是有其实在内容的，这个实在内容是构成历史的内在主体规定，而赋予历史以实在内容的则是人的实践活动及其成果。什么是历史？在马克思"实践的唯物主义"视野中，"历史不外是各个世代的依次交替。每一代都利用以前各代遗留下来的材料、资金和生产力；由于这个缘故，每一代一方面在完全改变了的环境下继续从事所继承的活动，另一方面又通过完全改变了的活动来变更旧的环境"①。在马克思主义创始人看来，所谓"历史"不过是在人的实践活动的基础上旧的社会环境的不断改变与新的社会环境的不断生成，或者说"历史"不过是人的劳动或实践在时间流逝与延续中的积淀与凝结。历史在本质上是由人的需要以及为满足人的需要而形成的生产方式所决定的物质联系在时间中的链接："这种联系不断采取新的形式，因而就表现为'历史'……"②正是基于对人的实践与人的历史之间的因果关系的辩证把握，马克思主义创始人在谈到应如何去研究人类社会的历史时，曾特别地告诫人们："始终必须把'人类的历

---

① 《马克思恩格斯文集》第 1 卷，人民出版社 2009 年版，第 540 页。

② 《马克思恩格斯文集》第 1 卷，人民出版社 2009 年版，第 533 页。

史'同工业和交换的历史联系起来研究和探讨。"① 他们为何极为看重由工业活动与交换活动所构成的工业的历史与交换活动的历史，并主张从"工业和交换"的历史出发去研究与探讨"人类的历史"，而不是主张从别的什么因素出发呢？其深层的旨趣在于：工业活动与交往活动作为构成人们最基础性的实践活动，人类的其他活动都是在它们的基础上生发出来的，因此，这种最基础性的实践活动既是构成人类社会历史发展的基础，也是构成人类历史发展的动力，没有这些活动的发展也就没有人类社会的历史。马克思一生中最伟大的两个发现之一是"唯物主义历史观"，而"唯物主义历史观"的发现是从一个最简单的事实出发的："人们首先必须吃、喝、住、穿，然后才能从事政治、科学、艺术、宗教等等；所以，直接的物质的生活资料的生产，从而一个民族或一个时代的一定的经济发展阶段，便构成基础，人们的国家设施、法的观点、艺术以至宗教观念，就是从这个基础上发展起来的，因而，也必须由这个基础来解释，而不是像过去那样做得相反。"② 构成一个民族或一定时代的历史的基础是什么？恩格斯说得明白无误，是"直接的物质的生活资料的生产"，也即是马克思所说的工业活动与交换活动。一切在社会历史中存在的上层建筑都是在"直接的物质的生活资料的生产"这一实践活动基础上发展起来的，因此，"也必须由这个基础来解释"。马克思主义的历史观说到底即是一种"在劳动发展史中找到了理解全部社会史的锁钥的新派别"③。

总之，在马克思"新唯物主义"或"实践的唯物主义"哲学的视野中，虽然对实践范畴与历史范畴相互关系的把握具有辩证的性质，即实践是历史的、历史是实践的，但其思维运行与辐射的轴心则是实践范畴。因为人的劳动、实践是人从自然界分离与提升出来的动因，是人作为人产生的根据，劳动、实践史的开端也即是人类历史的源头。没有人的劳

---

① 《马克思恩格斯文集》第 1 卷，人民出版社 2009 年版，第 533 页。
② 《马克思恩格斯文集》第 3 卷，人民出版社 2009 年版，第 601 页。
③ 《马克思恩格斯文集》第 3 卷，人民出版社 2009 年版，第 313 页。

动、实践活动，人就不可能生成为人，而在人不可能以人的方式存在的情况下，也就不可能有人的社会及其历史的存在，这应是一个合理的思维逻辑。正是循着上述的逻辑认知，笔者认为，在马克思"实践的唯物主义"哲学的逻辑系统中，作为一种"普照的光"的是实践范畴，而不是历史范畴；是人类的实践赋予在人类实践基础上生成的"对象、现实、感性"即人所面对的感性世界以色调和光谱，其中也包括赋予作为"对象、现实、感性"有机部分的人类社会及其历史以色调与光谱。正如一个人的历史不是由他生命的长短所决定的一样，社会的历史也是由在社会中从事实践活动的性质所决定的，时间的延续并不是决定性因素。如果说，马克思"新唯物主义"哲学作为一种新世界观也承担着对世界的解释功能的话，那么，它的最高解释原则应该而且只能是实践，而不是历史。马克思"新唯物主义"哲学视野中的"物"即"对象、现实、感性"的确具有历史的性质，正如马克思在批评费尔巴哈时所指出的那样："他没有看到，他周围的感性世界决不是某种开天辟地以来就直接存在的、始终如一的东西，而是工业和社会状况的产物，是历史的产物，是世世代代活动的结果……"① 但人周围的感性世界之所以是"历史的产物"，那是因为它们是人们"世世代代活动的结果"。费尔巴哈之所以没有看到人周围的感性世界具有社会历史的性质，根本的原因在于，他作为一个仍属旧唯物主义性质的哲学家，对"对象、现实、感性"的理解诉诸的是一种纯客体性的抽象直观，而不是人的感性实践活动。在马克思"新唯物主义"哲学的视野中，并不是所有的"物"都具有社会历史的性质，那种在人之前与在人之外的"物"就不具有社会历史的性质。非属人的非"感性世界"是非实践的存在物，而非实践的存在物也即是非历史的存在物。属人的感性世界即"对象、现实、感性"与非感性世界的区别，以及"感性世界"的历史性质，只有从人的感性实践活动出发才能予以理解与说明。

---

① 《马克思恩格斯文集》第 1 卷，人民出版社 2009 年版，第 528 页。

三

本文之所以认为马克思新唯物主义哲学在其总体性质上既不能理解为是"辩证唯物主义",也不能理解为是"历史唯物主义",而应理解为是"实践的唯物主义";马克思"新唯物主义"哲学逻辑系统的思维辐射轴心不是"历史"范畴而是"实践"范畴,其理由除上所述外,还基于对马克思"新唯物主义"关于哲学的功能与使命的整体思想的把握,以及"新唯物主义"与科学社会主义思想体系相互间关系的把握。

众所周知,在对哲学功能与使命的理解上,马克思"新唯物主义"哲学世界观较之于先前的旧哲学来说,实现了一个特色鲜明的革命。在马克思"新唯物主义"的视野里,"哲学家们只是用不同的方式解释世界,问题在于改变世界"。① 在马克思"改变世界"的话语中,既包括对人所面对的自然世界的改变,也包括对人的社会与历史的改变,而且这种改变是一种连续不断、永不停止的历史过程。如何才能"改变世界"?在马克思"新唯物主义"哲学的逻辑中答案是明确的:这种改变既不是哲学家们的思辨所能导致的,也不是那些所谓天才人物的发明和发现所能导致的,而是人们实践的结果。因为,在马克思"新唯物主义"哲学的视野里,"环境的改变和人的活动或自我改变的一致,只能被看做是并合理地理解为革命的实践"② 从对马克思"新唯物主义"哲学关于哲学的功能与使命的整体思想的把握中,我们不难疏理出一条清晰的思维理路,即在马克思"新唯物主义"哲学的逻辑系统中,实践范畴沟通着以下三个方面的解释,将其连接成一条合乎逻辑的链条。第一,人的实践活动是人及人的世界的生成方式与基础。无论是人自身的世界也好,还是人所面对的属人的感性世界也好,都是在人的实践或劳动的基础上

---

① 《马克思恩格斯文集》第 1 卷,人民出版社 2009 年版,第 502 页。
② 《马克思恩格斯文集》第 1 卷,人民出版社 2009 年版,第 500 页。

生成的。"工业的历史和工业的已经生成的对象性的存在，是一本打开了的关于人的本质力量的书，是感性地摆在我们面前的人的心理学。"①没有人的实践、劳动也就没有人的世界的生成与发展；人的世界作为人的实践、劳动的结果，所表现的不过是人自身的发展。第二，正因为人的世界生成以人的实践劳动为基础，所以要"改变世界"也唯有通过人的实践、劳动。人的世界是通过怎样的方式生成的，它也就必然要通过怎样的方式加以改变。人的世界的生成与改变所走的只能是同一条路。因此，在以"改变世界"为根本使命的马克思"新唯物主义"哲学的视野中，人的劳动、实践也是世界改变与发展的基础。第三，在马克思"新唯物主义"哲学视野里，既然人所面对的"对象、现实、感性"即人所面对的感性世界的生成、改变与发展都以人的实践、劳动为其深刻的基础，那么，作为人的实践、劳动的结果的"对象、现实、感性"也必须以人的实践、劳动为基础去加以解释。人的世界以何种方式生成，也就需以何种方式改变与发展，而它以何种方式生成、改变与发展，也就需以何种方式去理解、把握与解释。总之，在马克思"新唯物主义"哲学的逻辑系统中，对人们面对的"对象、现实、感性"即现实感性世界的生成方式、改变方式、解释方式的阐释，是循着相同的思维轴心进行辐射的，这个轴心即是人的实践、劳动。人的实践、劳动首先是构成现实的感性世界生成与改变的深刻基础，其次是构成对现实感性世界进行解释的基础。即是说，对现实的感性世界的生成方式、改变与发展方式、解释方式三者之间相互关系的理解具有内在的统一性；这个统一性的基础即是人的劳动、实践，而不可能是别的什么东西。如果将历史范畴视作是马克思"新唯物主义"哲学逻辑系统的解释原则，不仅会导致如前所说的用历史去解释社会历史，从而形成历史自我解释、自我说明的逻辑困境，同时还会导致对"解释世界"与"改变世界"相互间统一关系的分离，导致对现存感性世界改变与发展原因解释的无效。因为，

① 《马克思恩格斯文集》第 1 卷，人民出版社 2009 年版，第 192 页。

要使现实的感性世界发生改变并不断地实现革命化，唯有通过合理地理解为人的革命性的实践活动，舍此别无他途。正如我们不能用历史去解释与说明历史这个"对象、现实、感性"的本质一样，我们也不能用历史去解释与说明历史这个"对象、现实、感性"的改变与发展。

马克思"新唯物主义"哲学之所以应理解成是"实践的唯物主义"，还可以根据马克思主义经典作家有关"实践的唯物主义"与共产主义相互间的关系的论述给予合理说明。有人认为，马克思科学社会主义理论是建立在唯物辩证法理论基础上的，人类社会从原始公有制到私有制再到共产主义公有制是事物发展的否定之否定的辩证发展的必然归宿。也有人认为，马克思科学社会主义理论是建立在唯物主义历史观基础上的，马克思主义创始人是从对社会基本矛盾运动规律的科学把握的基础上揭示出共产主义的必然性的。上述观点不无根据与道理，但问题是，无论是马克思的唯物辩证法还是马克思的历史观，它们都是以马克思的"实践的唯物主义"为基础的。在马克思"实践的唯物主义"视野里，辩证法是一种实践的辩证法，社会历史规律也是在人的实践活动基础上生成的，即是说，唯物辩证法与唯物主义历史观归根到底都要从"新唯物主义"或"实践的唯物主义"的底蕴中加以理解。正因为如此，马克思的科学社会主义理论的实质也要在马克思实践观的框架下加以把握。在马克思科学理论体系中，"实践的唯物主义"与共产主义在精神实质上具有相同的含义，因为二者所要达到的目的是相同的，这个相同的目的即是马克思主义创始人所指出的："实际上，而且对实践的唯物主义者即共产主义者来说，全部问题都在于使现存世界革命化，实际地反对并改变现存的事物。"① 在马克思科学理论体系中，"实践的唯物主义"学说与共产主义学说之间之所以是契合与贯通的，深刻的原因在于："共产主义对我们来说不是应当确立的状况，不是现实应当与之相适应

---

① 《马克思恩格斯文集》第 1 卷，人民出版社 2009 年版，第 527 页。

的理想。我们所称为共产主义的是那种消灭现存状况的现实的运动。"①
共产主义的目的是要"消灭现存状况","使现存世界革命化，实际地反
对并改变现存的事物"，而要达到这一目的唯有通过人们的革命实践。
"实践的唯物主义"之所以是马克思科学社会主义学说的理论基础，核
心的秘密即在于此。

---

① 《马克思恩格斯文集》第 1 卷，人民出版社 2009 年版，第 539 页。

从哲学的实践到实践的哲学转向

　　实践作为人区别于动物的一种特有活动，自人类进入文明时代以来就受到人类思想家们的广泛关注与深入探究。从古希腊时期的哲学家到马克思之前的哲学家，在三个重要历史时期实践在他们那里主要表现为三种类型：其一，古希腊时代突出表现为伦理道德实践观；其二，17、18世纪主要表现为旧唯物主义实践观；其三，德国古典哲学时期显著表现为唯心主义实践观。虽然这三个重要的历史时期涌现出了许多伟大的思想家与哲学家并形成了丰富的关于实践范畴的思想理论，但无论是何时代以何种意义表现出来的实践观，都始终无法在社会历史领域中绕开人类主体精神的圈子，终究携带着抽象性、形而上学性、片面性等缺陷性特征，最终成为"哲学的实践"。

　　古希腊时代是实践这一范畴出现的最早时期，其最初的意蕴是指人们在社会生活中如何行动。最早提出"实践"这一名词的是古希腊哲学大师苏格拉底，苏格拉底对实践是在推崇德性论的过程中阐述出来的。苏格拉底认为"德性就是知识"，其中"德性"即是指人在社会生活中的行为符合一种善的艺术、美的品德；"知识"则是指人们能够正确认识自己的内在特质。

"那些认识自己的人，知道什么事情对自己合适，并且能够分辨自己能够做什么、不能做什么"，"而且由于有这种自知之明，他们还能够鉴别别人，通过和别人交往，获得幸福，避免祸患"。① 因此，他借用德尔菲神庙上那句"认识你自己"的铭言将人们的视线与其行为方式的重要特质直指人的内在品格、内在心灵、内在德性。苏格拉底认为一个人之所以获取知识成为一名有智慧的智者就在于他能够运用智慧从事善良的行为，否则，一个人即使拥有大量的知识但没有对自己的行为赋予善意的要求就不能称自己为一个有智慧的人，而是一个愚昧无知的人。在苏格拉底看来，"智慧的人总是做美好的事情，愚昧的人则不可能做美好的事情，即使他们试着去做，也是要失败的"②。同时，苏格拉底认为教育者的传授与开导对人的善的知识的形成发挥着至关重要的作用，正因为如此，苏格拉底始终乐于采取对话的形式对人们进行开导与启迪。他说："任何人只要愿意和我谈话和回答我的问题，我都乐于奉陪。"③ 当苏格拉底被捕入狱时，他依然坚持说道："只要我还有一息尚存，我将永不停止哲学的实践，要继续教导、劝勉我所遇到的每一个人。"④ 由此可知，苏格拉底的实践理论是从对德性、伦理、道德的认知中引发而来的，但这种实践只是定格在他所设立的伦理范围领域中关于善的行为，这仅仅是一种提前设定好的实践、道德的实践、理想的实践，是希望人们特别是统治者行善的一种美好理想与善良愿望，实质上反映的是希腊人对理想社会的一种缺乏现实性根据的憧憬与探索。

古希腊时期另一位重要的哲学家亚里士多德作为苏格拉底的得意门生，继承了苏格拉底关于"实践"的知识，并在很大程度上创新与发展了苏格拉底的实践思想。可以说苏格拉底为人们带来的是关于"实

---

① ［古希腊］柏拉图：《柏拉图文艺对话集》，朱光潜译，人民文学出版社 1969 年版，第 79 页。

② ［古希腊］柏拉图：《柏拉图全集（第一卷）》，王晓朝译，人民出版社 2002 年版，第 75 页。

③ ［古希腊］色诺芬：《回忆苏格拉底》，吴永泉译，商务印书馆 2011 年版，第 78 页。

④ ［古希腊］柏拉图：《申辩篇》，王晓朝译，商务印书馆 1983 年版，第 125 页。

践"这一概念的一个雏形，他凸显的是一种朦胧的实践意识嫩芽，而亚里士多德则在苏格拉底所引出的实践观念的基础上创立了一门实践科学并首次对"实践"这一范畴的内涵与意义做了详细的阐释与论述。亚里士多德认为实践的根据是善，实践的目的也是善，"善永远居于实践之中"，"每种技艺与研究，同样地，人的每种实践和选择，都以某种善为目标"。① 亚里士多德指出实践主要包括政治学与伦理学两个部分，政治学的功能与使命是指导公共实践，伦理学的功能与使命是指导个人实践。由于政治学的研究者首先要探讨的是什么样的活动方式属于人的幸福生活与善的追求，因而，亚里士多德的实践科学总体看来实质上就是关于伦理的科学，伦理学就是一门实践科学，人们的实践活动主要指的就是人的伦理行为、道德行动、善的活动。因而，古希腊时期无论是苏格拉底还是亚里士多德都是在为人的行为寻找一种安身立命之所，希望通过建立一种不变的、本原的、设定好的伦理性道德规范指导不断变化的、不同的具体对象的行为，这反映的是一种抽象的、局限性的、形而上学的伦理道德实践观。

在 17 世纪与 18 世纪，随着科学技术水平的提高与社会经济生产的发展，英、法两国产生了反映新的生产力水平的新的精神要求，实践的内涵由此也有了新的变化与发展。培根作为当时英国旧唯物主义哲学家始祖，把"实验"这一实践范畴形式首次引入哲学领域。培根在其著作《新工具》中指出："一切比较真实的对于自然的解释，乃是由适当的例证和实验得到。感官所决定的，只接触到经验，而实验所决定的，则接触到自然和事物本身。"② "实验"的提出在很大程度上拓宽了实践的发展空间，将实践从古希腊时代仅仅指向道德活动与伦理实践的局限性范围内释放出来。培根不仅重视实验，同时也非常注重把握实验与认识之间的关系问题。他认为认识的根本目的是认识自然与改造自然，人们可

---

① 〔古希腊〕亚里士多德：《尼各马科伦理学》，廖申白译，商务印书馆 2003 年版，第 3 页。

② 〔英〕培根：《新工具》，许宝骙译，商务印书馆 1984 年版，第 45 页。

以通过理性指导科学实验的实践活动来获得真正的科学知识，也可以将实践作为检验认识正确与否的根本性标准。培根说："科学在人的心目中的价值必须由它的实践来决定，真理之被发现和确定是由于实践的证明而不是由于逻辑或者甚至于观察的证明。"①培根对实践与认识相互关系的阐述在很大程度上丰富了实践概念，但是，培根所指的实践仅仅是科学工作者的实验活动，而没有包含社会历史领域中广大人民群众的生产实践与阶级斗争实践。这种实践只看到人与自然之间的关系，而没有将人与人、人与社会之间的关系纳入实践范畴。这也就必然使得实践失去了社会性、历史性与流动变化性，因此，这样的实践观实质上带有形而上学的缺陷性特征。由于培根只是将认识对象预设为与人无关、先在的自然客体，这也就难以使实践成为观察与理解一切问题的现实基础。在培根那里，一方面，认识对象需要主体人在主动干预、主动参与、主动变革的活动中才能获得认识；另一方面，认识的对象又必须被视为不能带有人的主体性因素的纯粹客体。但既然主体必须主动与客体发生能动性关系方能认识客体，那么所谓的与人无关的纯粹世界又何以被人认识与把握？既然是纯粹的、不包含任何主体性因素的世界，那就断然不允许与主体发生任何联系，而对于一个不能与主体产生任何相互关系的自在世界，又如何能够进行认识性活动呢？因此，培根的实践观凸显出认识主体与认识客体之间的尖锐矛盾关系。这样的认识使随后的旧唯物主义哲学家包括费尔巴哈也并未能解决这一矛盾，而德国古典哲学中"胜利的和富有内容与成果"的唯心主义正是在这种无法解决的矛盾中成功复辟，但是德国古典哲学中的唯心主义却用主体性代替客体性，从而陷入另外一个极端的片面性之中。

德国古典哲学时期的奠基人与创始人康德以一种哥白尼革命式的哲学理路克服了过去唯物主义从客体出发认识对象世界的弊端，将人的认识活动由客体转向主体，从主体出发认识客体，并以主体为中心建立起

---

① ［英］法灵顿：《弗兰西斯·培根》，张景明译，三联书店 1958 年版，第 55 页。

一套庞大而精致的先验唯心主义哲学体系。在先验唯心主义哲学体系中,康德贬低感性,高扬理性,并将理性划分为两种类型,一种是思辨理性,另一种是实践理性。前者由知性为之立法,是人运用先天的知性能力使自然界具有必然性、规律性、秩序性的过程,其属于现象界;后者由道德意志为之立法,是人根据心中具有的道德意志发出绝对律令把握无条件的、绝对的"物自体"的过程,其属于本体界。而与这一哲学体系背景相应,康德认为人的实践活动也应该具有两种形式,对此,康德在批判以往哲学家混淆两种实践形式的错误认识时提道:"迄今为止,在不同原理和哲学的分类上应用这些术语时,流行着一种引人注目的误用:人们把遵循自然概念的实践和遵循着自由概念的实践认作同一个东西。"① 可见,在康德那里,人应该有两种实践活动:一种是遵循自然概念的实践,另一种是遵循自由概念的实践。康德认为:"假如规定因果性的概念是一个自然概念,那么这些原理就是技术地实践的;但是如果它是一个自由的概念,那么这些原理就是道德地实践的。"② 实际上,康德拒斥第一种实践,他认为第一种实践其实是实践主体运用先天具有的知性范畴进行认识的活动,是由思辨理性来完成的认识实践活动,但是思辨理性只能认识现象界而无法认识事物的本质与规律,这并不真实可靠,具有不可知性,因而是一种消极的实践。而第二种实践则是康德所推举和高扬的实践,因为道德实践远离感性经验,是最本真的、绝对的道德理性范围内所进行的主观实践过程,其能够认识事物的本质或"物自体",达到至善的境界,因而是积极的实践。但无论是康德所拒斥的消极实践还是其所推崇的积极实践都没有脱离人的主观精神世界,都只是在人的精神世界中进行没有限定的自我构造,终究无法绕开人的主体精神这一圈子。因此,虽然康德实践观强调了道德意志的自主性、自觉性、有效性,恢复了主体的认识论权威及其在宇宙中的地位,在实践观

---

① 〔德〕康德:《判断力批判》,邓晓芒译,商务印书馆 2002 年版,第 5、6 页。

② 〔德〕康德:《判断力批判》,邓晓芒译,商务印书馆 2002 年版,第 6 页。

发展史上掀起了一场所谓的"哥白尼革命",但他把道德实践限定在纯粹的精神领域,造成了主观与客观、主体与客体、理论与实践的分离与割裂,并导致了现象界与本体界之间的双重划分与二元对立,这也为后来黑格尔哲学致力于调和主客双方之间的关系埋下了伏笔。

黑格尔作为德国古典哲学与近代唯心主义实践观的集大成者,批判性地扬弃了康德的实践思想。他把实践置于辩证法思维中,主张在主体与客体的辩证统一中思考与理解实践。黑格尔认为实践是主体以目的为导向改造客体的一种中介与手段,实践的中介过程也就是客体与主体达成统一的过程。正如黑格尔所说:"目的通过手段与客观性相结合,并且在客观性中与自身相结合。"①在实践的中介作用下,人们可以透过现象认识本质,因而,在黑格尔看来,康德所谓的认识现象的消极实践可以转化为认识本质的积极实践,这就缝合了康德两种实践思想之间的二元分裂。同时,黑格尔将劳动概念视为实践概念的具体表现形式,通过对劳动本质的反思揭示了实践的客观存在形式以及实践对人的发展、社会历史发展的肯定性意义。正如马克思所指出的:"黑格尔的《现象学》及其最后成果——作为推动原则和创造原则的否定性的辩证法——的伟大之处首先在于,黑格尔把人的自我产生看作一个过程,把对象化看作失去对象,看作外化和这种外化的扬弃;因而他抓住了劳动的本质,把对象性的人、现实的因而是真正的人理解为他自己的劳动的结果。"②可见,黑格尔充分挖掘了劳动对人类解放与发展的积极意义,这与康德将劳动贬斥为低级的技术实践大异其趣。但由于黑格尔受到本身唯心主义哲学体系的限制,他所谓的劳动仅仅指的是抽象、精神的劳动,实践只是抽象的理念活动,而不是现实的人的感性活动。他所讨论的实践的中介性作用也只能归结为绝对精神内部的一个环节。在黑格尔看来,所有的实践活动都来源于绝对真理与绝对精神,并最终回归到绝对观念与绝

---

① [德] 黑格尔:《逻辑学》下卷,杨一之译,商务印书馆 1976 年版,第 433 页。
② 《马克思恩格斯文集》第 1 卷,人民出版社 2009 年版,第 205 页。

对理性之中。换言之，全部实践活动都只是绝对理性自因自果、自我运动、自我确证，人的实践活动仅仅是绝对精神的外化、异化、对象化，是纯粹的、意识的、抽象的实践活动。可见，虽然黑格尔实践观以辩证法的思维方式弥补了康德实践哲学的形而上学缺陷，具有革命性意义，但黑格尔哲学唯心主义立场使得他的实践观最终未能将主观与客观、主体与客体、现象与本质真正统一起来，暴露出明显的保守性。

德国古典哲学家费尔巴哈以重新恢复唯物主义权威的清醒勇气直接将黑格尔醉醺醺的思辨的唯心主义观点颠倒过来，主张以实际的存在、感性作为哲学的出发点，坚持感性第一性的原则，并自称自己的哲学为"光明正大的感性哲学"。费尔巴哈指出："我不能承认感性的东西是从精神的东西派生出来，同样我也不能承认自然界是从神派生出来；因为没有感性的东西或在感性的东西以外，精神的东西便什么也不是；精神不过是感官的升华、感官的精粹罢了。"①"感性的、个别的存在的实在性，对于我们来说，是一个用我们的鲜血打图章担保的真理。"②基于从客观感性出发理解对象世界的思维理路，费尔巴哈将实践直观为犹太人追逐利益的活动，他认为犹太人的原则"乃是最实践的处事原则，是利己主义，并且，是以宗教为形式的利己主义"③。费尔巴哈反对实践，赞同理论，认为实践是低劣的、卑污的，理论是高尚的、纯洁的。他指出，只有理论才能揭示出世界的壮丽与美好，从理论立场出发能与世界和谐相处，与之相反，从实践立场出发则无法与自然和睦相处，因为实践是自私自利的。可见，费尔巴哈并没有看到实践的积极意义与革命性力量。正如马克思所指出："他在《基督教的本质》中仅仅把理论的活动看作是真正人的活动，而对于实践则只是从它的卑污的犹太人的表现形式去理解和确定。因此，他不了解'革命的''实践批判的'活动的

---

① 《费尔巴哈哲学著作选集》下卷，荣震华等译，商务印书馆1984年版，第587页。

② 《费尔巴哈哲学著作选集》下卷，荣震华等译，商务印书馆1984年版，第68页。

③ [德]费尔巴哈：《基督教的本质》，荣震华译，商务印书馆1997年版，第163页。

意义。"①可见，在自然领域中，费尔巴哈唯物地将实践降低成如同动物的自然本能一般追逐利益的消极活动，在社会历史领域中，费尔巴哈唯心地只承认与认可精神性的理论活动才是真正的人的实践活动。因而，费尔巴哈的实践思想归根到底仍然是形而上学的、抽象的、精神的实践观念，终究沦为唯心主义实践观。

综上观之，无论是伦理道德实践观还是旧唯物主义实践观抑或是唯心主义实践观，其在社会历史领域内都将实践看成人的抽象性思维的产物，都没有绕开人的主体精神范围。这种实践都只能是抽象的实践、形而上学的实践、片面的实践，我们可将其称为"哲学的实践"。

马克思哲学主要是马克思通过批判黑格尔唯心主义哲学以及费尔巴哈旧唯物主义哲学思想而得出的果实。黑格尔与费尔巴哈不仅是对马克思影响最大的思想家，而且是马克思实践观前史中将实践范畴推向最高水平的哲学家，他们关于实践的论述与推理直接构成马克思哲学革命最重要的思想材料。马克思正是通过以实践为思维辐射轴心，揭示、批判与超越黑格尔为代表的唯心主义哲学与费尔巴哈为代表的旧唯物主义哲学片面性的思维方式，完成了对实践范畴的科学规定与准确阐释，并推动与实现了哲学发展史上的伟大革命。实践是马克思哲学中的"普照之光"，也正因为如此，马克思哲学同时也被称为"实践的唯物主义"哲学，马克思通过实践的思维逻辑实现了过去"哲学的实践"向"实践的哲学"根本性与全局性转变。

首先，马克思哲学对黑格尔为代表的唯心主义哲学的超越。黑格尔哲学体系的逻辑分析就是从普遍的、抽象的、无限的绝对理性出发，在理性的狡黠的作用下，通过人的实践、人的劳动，再次回归到其所预先设立的、空洞的、虚无的绝对精神，这是一个严密而无法突破的唯心主义哲学体系。毫无疑问，黑格尔哲学体系辩证地强调与体现了具体实践活动的历史性，这相较于他之前的哲学家来说具有一定的进步性。但由

① 《马克思恩格斯文集》第 1 卷，人民出版社 2009 年版，第 503 页。

于受限于封闭的唯心主义哲学体系，具体的历史的实践重新被归置于终极性的抽象的绝对精神。因而，黑格尔的哲学体系走向与自身矛盾的对立方向，其在否定前人的同时也否定了自己，这就如同手电筒般陷入只照别人、不照自己的尴尬处境。而造成这一尴尬境地的正是唯心主义片面的思维方式。过去唯心主义者由于只从主体方面理解对象、现实、感性，只是一味地夸大人的抽象性思维，只看到人的主体性地位与人的能动性力量，因而忽视了客体性存在与客观现实。正如马克思指出的，唯心主义把人的能动性发展了，"但只是抽象地发展了，因为唯心主义当然是不知道现实的感性的活动本身的"①。即是说，过去唯心主义者普遍只关注主体而忘记客体，只注重主观而忽视客观，只对人的主观能动性过分夸大却无法将主观认识与客观存在实现圆融与共通。因而，唯心主义者在片面的主体性思维中掉入了主观精神的陷阱而无法脱逃出来，实践也只能闷死在唯心主义哲学体系中沦为抽象的精神的实践。

马克思哲学革命关键性的一步就是扬弃唯心主义片面的主体性思维方式，确立实践的思维逻辑，将哲学研究的对象从普遍的、抽象的、思维中的存在转变为具体的、感性的、现实的实践。所谓实践的思维逻辑即是指站在全新的实践原则的高度上解释对象世界，其蕴含着从主体方面理解对象世界的同时也内蕴着从客体方面诠释对象世界的思维理路。马克思认为要将黑格尔哲学从精神陷阱中解救出来，只有将天国的生活重新落实到尘世生活，克服片面的纯主体性思维方式，将主体与客体进行有效结合。只有秉持实践的思维方式对对象、现实、感性诉诸实践的与人的感性活动的理解，我们才能避免一味地沉迷于主观思维，做到在发挥人的主观能动性与创造性的同时又关照客观现实，从实践出发理解与解释观念的形成。马克思立足于实践来说明客观外部世界在人的实践活动作用下，通过人的抽象思维能力寻找本质、规律、方法，然后再用所得到的规律性认识来指导人的实践活动，这实质上是马克思用改造的

① 《马克思恩格斯文集》第1卷，人民出版社2009年版，第503页。

哲学来把握实践、改变世界，所以这种哲学是"实践的哲学"。

其次，马克思哲学对费尔巴哈为代表的旧唯物主义哲学的超越。费尔巴哈哲学以感性作为哲学研究的基础，将哲学从上帝和抽象精神拉回到现实生活，重新确立起唯物主义的王座。对此，马克思曾高度评价了费尔巴哈感性基础上的唯物主义的意义，他认为费尔巴哈哲学的影响力是扎实、深刻、广泛和持久的，并指出："费尔巴哈著作是继黑格尔的《现象学》和《逻辑学》之后包含着真正理论革命的唯一著作。"① 然而，具有进步意义的费尔巴哈哲学同样也存在着重大的缺陷，这个缺陷就在于费尔巴哈的感性是直观的感性。由于始终持有着感性直观的思维方式，因而，费尔巴哈只谈那与人无关的自然世界，而一旦进入与人紧密相关的社会历史领域，费尔巴哈便乱了阵脚，不知所措地再次掉进唯心主义的泥沼，"当费尔巴哈是一个唯物主义者的时候，历史在他的视野之外；当他去探讨历史的时候，他不是一个唯物主义者。在他那里，唯物主义和历史是彼此完全脱离的"②。正如马克思在《关于费尔巴哈的提纲》中对过去旧唯物主义所作的批判，"从前的一切唯物主义——包括费尔巴哈的唯物主义——的主要缺点是：对对象、现实、感性，只是从客体的或者直观的形式去理解，而不是把它们当做人的感性活动，当做实践去理解，不是从主体方面去理解"③。以费尔巴哈为代表的旧唯物主义者以直观的思维方式对"对象、现实、感性"仅进行纯客观方面的阐释，而不懂得从主体方面去解释，只看到客体性因素，却没有注意到主体性因素，因而陷入了与唯心主义者相反的片面性之中。费尔巴哈不懂得以实践的思维方式将实践理解为人类改造客观世界的积极的能动的活动，不能区分人类物质生产活动与庸俗实践观之间的本质差别，因而导致了其对实践的全面拒斥与极力贬低，将实践看成是人的欲望驱使下的卑劣的利己行为。

---

① 《马克思恩格斯文集》第 1 卷，人民出版社 2009 年版，第 112 页。
② 《马克思恩格斯文集》第 1 卷，人民出版社 2009 年版，第 530 页。
③ 《马克思恩格斯文集》第 1 卷，人民出版社 2009 年版，第 503 页。

马克思鲜明地批判了费尔巴哈哲学的主要缺陷并进一步完成了对费尔巴哈哲学的重大超越，实现了人类哲学史上的伟大革命。马克思认为旧唯物主义哲学与唯心主义哲学虽然在对"对象、现实、感性"的理解方式上所犯的片面性错误各有不同——前者诉诸纯粹客体的形式去理解，后者诉诸纯粹主体的方式加以解释；前者导致人的主观能动性的取消，后者致使人的主观性过分夸大与无限膨胀——但二者的不同之处存在着一个共同点，其表现为二者所犯的片面性错误的根源是一致的，即双方都未能对"对象、现象、感性"诉诸实践的思维方式进行理解与阐释。因此，马克思认为对"对象、现实、感性"只有诉诸一种人的感性活动与人的实践活动的理解方式，实现主体与客体、主观与客观、能动与受动的辩证统一，才能准确而全面地把握人与世界的关系以及正确认识"对象、现实、感性"的存在方式。人通过实践不仅能够认识现实世界，而且能够发挥自身的主观能动性从而有意识地去改造周围的世界。周围环境与人的活动始终保持一致，这种一致性只能被看作并合理地理解为变革的实践。马克思不仅用实践的思维方式解决唯心主义与旧唯物主义的片面性矛盾，同时还通过实践的思维逻辑来说明客观外部世界通过人的抽象能力寻找规律，然后再用所得到的规律性认识指导人的实践活动。这样，实践活动显然已不再是旧唯物主义者所指的仅仅是人与自然关系之间纯粹的物质实践，也不再是唯心主义者所认为的是人的主体精神世界里抽象的实践，更不会是古希腊时代哲学家们所认为的狭隘的伦理道德实践，而是涵盖在人与自然、人与社会以及人与人的关系中物质生产与物质交往以及精神生产与精神交往的实践活动。同时，以实践的思维方式把握对象世界，实践不再是传统哲学中的先验预设，试图通过寻找某种永恒的范畴来解释世界，而是立足于具体感性的物质生产劳动进行现实的革命的实践活动，真正达到改变世界的根本目的。马克思以全面的、彻底的实践观实现了马克思哲学革命，建立了"实践的唯物主义"哲学、"新唯物主义"哲学，所以我们将这种以实践为思维辐射轴心的"实践的唯物主义"哲学称之为"实践的哲学"。

马克思实践观通过超越"哲学的实践"达到"实践的哲学"的革命性转向既是批判过去旧唯物主义哲学与唯心主义哲学片面性思维方式的过程，同时也是完成马克思哲学革命、创建马克思"新唯物主义"哲学的过程。其中，实践在马克思"新唯物主义"哲学逻辑系统中处于核心地位，是马克思哲学革命的思维辐射轴心，其对马克思哲学革命的实现具有重大意义：一方面，马克思实践的思维方式辐射于人与世界关系的各个方面，为人们把握人与自然、人与社会、人与人的关系提供了新的自然观、历史观、人学观；另一方面，马克思"实践的哲学"的诞生标志着哲学的功能与使命发生了革命性变革。

首先，马克思实践的思维方式为人们把握人与自然的关系提供了新的自然观。过去旧唯物主义哲学家们由于对人与自然的关系诉诸一种直观的思维方式，因而他们没有看到"他周围的感性世界决不是某种开天辟地以来就直接存在的、始终如一的东西，而是工业和社会状况的产物，是历史的产物，是世世代代活动的结果"①；他们也没有认识到"甚至连最简单的'感性确定性'的对象也只是由于社会发展、由于工业和商业交往才提供给他的"②；他们更不曾懂得"在工业中向来就有那个很著名的'人和自然的统一'，而且这种统一在每一个时代都随着工业或慢或快的发展而不断改变，就像人与自然的'斗争'促进其生产力在相应基础上的发展"③。因为受到纯客体的直观的思维方式的影响，自然在旧唯物主义者眼中是直观的自然、与人无关的天然的自然、游离于人的世界之外的自在自然，这种直观的自然观使得旧唯物主义者一旦进入人的社会、人的历史就碰到与他的意识、他的感觉相矛盾的东西，"这些东西扰乱了他所假定的感性世界的一切部分的和谐，特别是人与自然界的和谐"④。同样，由于受到片面的纯主观性思维方式的阻碍，自然在唯

① 《马克思恩格斯文集》第 1 卷，人民出版社 2009 年版，第 528 页。
② 《马克思恩格斯文集》第 1 卷，人民出版社 2009 年版，第 528 页。
③ 《马克思恩格斯文集》第 1 卷，人民出版社 2009 年版，第 529 页。
④ 《马克思恩格斯文集》第 1 卷，人民出版社 2009 年版，第 528 页。

心主义者的头脑中只能成为抽象的自然或者是人的思想与人的精神外化与对象化的自然。但是，在马克思实践思维的哲学视野中，自然是"在人类历史中即在人类社会形成过程中生成的自然界，是人的现实的自然界"①，这种人的现实的自然界，体现出人与自然之间的现实性关系，其在本质上是一种实践关系。只有以实践的思维方式看待与认识人与自然之间的关系，才能在人的实践活动中架构起人与自然之间统一、和谐、互动关系的桥梁：一方面，人与自然之间通过物质、能量、信息的交换活动使自然界不断向人生成，并转化成为人的"无机的身体"；另一方面，人通过实践活动将自身所具有的本质力量对象化于自然界之中，使自然界人化成为属人的自然界、感性的自然界以及"人类学的自然界"，而这种"人类学的自然界"作为"工业的历史和工业的已经生成的对象性的存在，是一本打开了的关于人的本质力量的书，是感性地摆在我们面前的人的心理学"②。由此可见，马克思实践的思维方式为人们提供了一种理解与把握人与自然关系的新自然观，即人化自然观、感性自然观与人类学的自然观。

其次，马克思实践的思维方式为人们把握人与社会的关系提供了新的历史观。过去的旧唯物主义哲学家与唯心主义哲学家在解释社会历史问题上并未存在分歧，都持有唯心主义历史观，因为旧唯物主义者一直被困扰在纯客体的、直观的思维方式之中。旧唯物主义哲学家们在面对一种属人的、为人的、在人之后的人类社会历史时无法"了解'革命的''实践批判的'活动的意义"，"仅仅把理论的活动看做是真正人的活动"③，这必然导致他们无法正确认识眼前的社会存在物而只能错认为人按照自己的思想与意识创造出人的社会与人的历史，社会与历史则不过是人的观念与人的精神的外化与对象化，于是旧唯物主义者最终不得不在社会历史领域消除一切唯物主义因素，滑入唯心主义的泥坑，成为

①　《马克思恩格斯文集》第 1 卷，人民出版社 2009 年版，第 193 页。
②　《马克思恩格斯文集》第 1 卷，人民出版社 2009 年版，第 192 页。
③　《马克思恩格斯文集》第 1 卷，人民出版社 2009 年版，第 499 页。

唯心主义者。但是，在马克思实践思维的哲学视野中，"社会生活在本质上是实践的"①，"历史不外是各个世代的依次交替。每一代都利用以前各代遗留下来的材料、资金和生产力；由于这个缘故，每一代一方面在完全改变了的环境下继续从事所继承的活动，另一方面又通过完全改变了的活动来变更旧的环境"②。在马克思看来，人的社会与人的历史在本质上是实践的，实践是人类社会历史生成的深刻基础，因而对待社会历史问题我们也要在人的实践活动中去理解与把握，对社会历史诉诸实践的思考方向。而这里的实践的理解方式并非是仅仅指向人的思想活动，而是一种主体作用于客体、客体作用于主体、主体与客体相互作用与相互统一的全面性的理解方式。在实践的思维方式下，当我们面对社会历史问题时就"不是在每个时代中寻找某种范畴，而是始终站在现实历史的基础上，不是从观念出发来解释实践，而是从物质实践出发来解释各种观念形态"③。这是一种不同于以往唯心主义历史观的全新的历史观即实践的历史观。

再次，马克思实践的思维方式为人们把握人与人的关系提供了新的人学观。旧唯物主义哲学家费尔巴哈被纯客体的直观的思维方式所束缚：在自然领域内，只看到人的自然属性而不见人的社会属性，只懂得人的受动性而无法认识人的能动性，因而这样的人只能如同动物一般过着依赖自然与服从自然的生活；在社会历史领域内，费尔巴哈"抛开历史进程"，将人看作抽象的人，"把人的本质理解为'类'，理解为一种内在的、无声的、把许多个人自然地联系起来的普遍性"④。因此，在面对现实生活中的困难时，费尔巴哈只能求助于爱的宗教与爱的共同体，"主张靠'爱'来实现人类的解放"⑤。唯心主义者由于受纯主体性与能

---

① 《马克思恩格斯文集》第 1 卷，人民出版社 2009 年版，第 501 页。
② 《马克思恩格斯文集》第 1 卷，人民出版社 2009 年版，第 540 页。
③ 《马克思恩格斯文集》第 1 卷，人民出版社 2009 年版，第 544 页。
④ 《马克思恩格斯文集》第 1 卷，人民出版社 2009 年版，第 501 页。
⑤ 《马克思恩格斯文集》第 1 卷，人民出版社 2009 年版，第 276 页。

动性的思维方式影响，因而把人转化为人的观念与人的精神，将人与人之间的关系转变为精神与精神之间的关系，人的本质则是人的精神的自我意识。因此，当唯心主义者的代表青年黑格尔派企图以另一种意识代替现在的意识来获得人的解放时，马克思对此批判指出，他们"尽管满口讲的都是所谓'震撼世界的'词句"，但也只是"仅仅反对这个世界的词句"，却"绝对不是反对现实的现存世界"。① 在马克思实践的哲学思维方式下，人是现实中的人，"不是处在某种虚幻的离群索居和固定不变状态的人，而是处在现实的、可以通过经验观察到的、在一定条件下进行的发展过程中的人"。处于发展过程中的人本质上是一种实践的人，人的实践、人的劳动、人的生产决定着人的本质，"个人怎样表现自己的生命，他们自己就是怎样。因此，他们是什么样的，这同他们的生产是一致的——既和他们生产什么一致，又和他们怎样生产一致"②。"一当人开始生产自己的生活资料，即迈出由他们的肉体组织所决定的这一步的时候，人本身就开始把自己和动物区别开来"③，人的生产、人的实践、人的劳动是人与动物相区别的根本所在。这就从根本上决定了人能够而且只有通过人的劳动与人的实践活动摆脱动物顺从式的生活方式，获得人的发展与人类的解放，同时这也是对历史唯心主义者所谓的在爱中、在观念中、在词句中获得人的解放的重大超越。另外，既然人将自己与动物区别开来的根本所在是人的实践、人的劳动，那么实践、劳动就成为人的共同属性、类本质、类特性。"一个种的整体特性、种的类特性就在于生命活动的性质，而自由的有意识的活动恰恰就是人的类特性。生活本身仅仅表现为生活的手段"④，自由自觉性是人的劳动、人的实践所具有的内在特性。自由自觉的劳动作为人的类本质在人以实践劳动为存在方式的条件下具有一般的、不变的性质，与此同时，人的

---

① 《马克思恩格斯文集》第1卷，人民出版社2009年版，第516页。
② 《马克思恩格斯文集》第1卷，人民出版社2009年版，第520页。
③ 《马克思恩格斯文集》第1卷，人民出版社2009年版，第519页。
④ 《马克思恩格斯文集》第1卷，人民出版社2009年版，第162页。

实践与劳动在深度与广度上是不断深化与拓展的，随着这种深化与拓展，人的自由自觉程度会有所增强与提升，于是人在社会历史进程与社会关系中便会产生人的自由自觉程度的差异以及人与人之间的具体区别。由此可见，当我们以一种实践的思维方式看待人与人之间的问题时，实质上贯彻着马克思的辩证法思想即人的本质是变与不变、个别与一般、特殊与普遍的辩证统一，这也就纠正了过去旧哲学家们在片面性思维方式的影响下要么只见抽象的人、要么只见具体的人的错误认识。

最后，马克思实践的哲学的诞生标志着哲学的功能与使命发生了革命性转变。在马克思哲学诞生之前，由于旧唯物主义哲学家与唯心主义哲学家在纯客体的、直观的思维方式与纯主体的、抽象的思维方式的影响下，二者都没有看到人与世界的关系本质上是一种实践关系，也没有在人的实践活动中理解与把握人与世界的关系，因此，他们作为统治阶级的"积极的、有概括能力的意识形态家"只能把"编造这一阶级关于自身的幻想当作主要的谋生之道"。① 这些统治阶级豢养的哲学家们极力制作将统治阶级的思想编造成全体社会成员思想的假象，"把占统治地位的思想同进行统治的个人分割开来"，"并由此得出结论说，历史上始终是思想占统治地位"。② 因而，在他们的思维惯性中哲学只需关注纯粹精神领域，哲学的功能与使命只是"解释世界"。但是，在马克思"实践的唯物主义"视野里，哲学的功能与使命不仅仅是"解释世界"，其关键在于"改变世界"，"对实践的唯物主义者即共产主义者来说，全部问题都在于使现存世界革命化，实际地反对并改变现存的事物"。③ 马克思哲学关于"改变世界"的哲学功能与使命并不是一种在"解释世界"功能与使命的基础上的简单相加，而是哲学功能与使命在历史上的一次根本性变革，其深刻的原因在于马克思哲学思维方式的

① 《马克思恩格斯文集》第 1 卷，人民出版社 2009 年版，第 551 页。
② 《马克思恩格斯文集》第 1 卷，人民出版社 2009 年版，第 553 页。
③ 《马克思恩格斯文集》第 1 卷，人民出版社 2009 年版，第 527 页。

根本性改变。因为，当我们对人与世界的关系诉诸实践的思维方式时，实践本身在其目的性上就蕴含着用实际行动"改变世界"的趋向，实践在其功能上就具有"改变世界"，"使现存世界革命化"的特点。因而，将人与世界的关系诉诸实践的、感性活动的理解就必然引申出强调"改变世界"推动现存世界革命化的实践目标，这是那些以纯主观或纯客观的哲学思维方式把握对象世界的哲学家们永远无法认识的哲学功能与使命。

论实践唯物主义视野中的实践范畴与
唯物史观的逻辑结构 *

一

马克思哲学应被合理地理解为是一种"实践的唯物主义"：在"实践的唯物主义"哲学中，实践范畴既构成它的理论基础，又是其思维辐射的轴心——这已成为越来越多的学人的共识。然而，实践范畴应如何阐释？对此哲学界存在着狭义与广义两种不同的阐释，前者指向人的物质性的感性活动，后者则指向人和社会生活的一切过程。但其中占主导地位的观点是倾向于将实践范畴做狭义的阐释，认为只有将实践理解为人的物质性的活动，才体现了马克思主义哲学在实践范畴上的革命，才能划清与唯心主义实践观的界限，并能实现马克思主义实践观与马克思哲学唯物主义之间的沟通与圆融。很明显，科学地阐述实践唯物主义视野中的实践范畴，是科学地解释实践的唯物主义的前提。为准确地阐述马克思实践唯物主义视野中的实践范畴，首先有必要对实践范畴的历史演变进行追索与反思，对马克思主

＊ 本文原发表于《哲学研究》2004 年第 12 期。

义经典作家有关唯物主义与唯心主义实践观的扬弃加以考察与辨别。

　　了解西方思想发展史的人都知道，实践范畴在西方思想史上出现，至少可追溯到古希腊时期的亚里士多德。亚里士多德将伦理学界定为一门关于实践的科学，认为伦理学的功能和使命即是指导人们在社会生活中应如何行动，使人们懂得什么样的行动是合乎德性的行为。在亚里士多德的伦理学中，人们的实践活动主要指的是道德活动。亚里士多德对实践范畴的理论与诠释对后世西方思想家的影响是深远的，直到德国古典哲学时的康德，其实践范畴仍然主要指向的是人们的道德活动。真正将实践范畴主要由一个伦理学范畴转变为哲学范畴的是黑格尔哲学。黑格尔在他的辩证法中充分肯定了人的劳动、实践对于人的社会历史乃至人本身产生的意义。然而，受其哲学性质的制约，黑格尔对实践、劳动范畴的理解也存在着两个明显的局限性和错误。首先，黑格尔将实践、劳动的对象化、外化和异化混为一谈，将之视为是相同的现象，因而只看到了人的实践、劳动对人的肯定的方面，而漠视与否定了实践、劳动对人的否定方面。确切地说，黑格尔只看到了劳动对人的本质的肯定，而否定了劳动的异化对人的本质的否定。其次，黑格尔受自身哲学唯心主义立场的决定，对实践、劳动范畴的理解具有明显的唯心主义性质：在他的思维理路中，所谓实践、劳动主要指向的是人的思维活动，而不是对人的社会历史生成和发展具有基础性和决定性意义的物质生产活动。马克思在《1844 年经济学哲学手稿》中谈到黑格尔劳动观的这种双重缺陷时，曾经指出："他把劳动看做人的本质，看做人的自我确证的本质；他只看到劳动的积极的方面，没有看到它的消极的方面。劳动是人在外化范围之内的或者作为外化的人的自为的生成。黑格尔唯一知道并承认的劳动是抽象的精神的劳动。因此，黑格尔把一般说来构成哲学的本质的那个东西，即知道自身的人的外化或者思考自身的、外化的科学，看成劳动的本质……"①

---

① 《马克思恩格斯文集》第 1 卷，人民出版社 2009 年版，第 205 页。

二

　　马克思对黑格尔劳动观的分析是深刻的，他既以赞赏的态度肯定了黑格尔劳动观的伟大之处，也以扬弃的态度揭示出其中所隐藏的错误和片面。遗憾的是，马克思对黑格尔劳动观的分析，尤其是对它的批判，并没有真正为人们所读懂，相反，却被不少人做了片面性的解读。在人们传统的理解中，包括我们过去出版的马克思主义哲学原理教科书中，实践通常被界定为：人类有目的地改造世界的物质活动，这样的界定即是本文前面所述的狭义的理解。人们之所以对实践范畴诉诸一种狭义的阐释，将人的实践活动严格地限定在物质活动的范围之内，而将物质活动之外的其他一切活动绝对地排斥于实践活动之外，更有甚者，还极端地主张将人的活动目的也从实践范畴内涵中排斥出去，提出一种净化实践的观点，究其所以，一个不可忽视的原因恐怕在于，人们对马克思主义经典作家的有关论述，以及他们对黑格尔、费尔巴哈等人的唯心主义实践观的批判存在着误读与误解。

　　一个不容否认的事实是，在马克思主义经典作家的著作中，在谈到人的实践活动时，大都指向的是人的物质实践活动。在《德意志意识形态》中，马克思、恩格斯在谈到唯物主义历史观与唯心主义历史观的区别时，曾明确地写道："这种历史观和唯心主义历史观不同，它不是在每个时代中寻找某种范畴，而是始终站在现实历史的基础上，不是从观念出发来解释实践，而是从物质实践出发来解释各种观念形态……"① 在这里，所谓物质实践的提法，显然指向的是人的物质实践活动。但需要指出的是，马克思主义经典作家之所以用"物质实践"的概念，而不是用一般的实践概念，其深刻的原因在于，唯物主义历史观是"从直接生活的物质生产出发阐述现实的生产过程，把同这种生产方式相联系

---

① 《马克思恩格斯文集》第 1 卷，人民出版社 2009 年版，第 544 页。

的、它所产生的交往形式即各个不同阶段上的市民社会理解为整个历史的基础，从市民社会作为国家的活动描述市民社会，同时从市民社会出发阐明意识的所有各种不同的理论产物和形式，如宗教、哲学、道德等等"①。总之，在马克思的历史观的视野里，观念的东西，从归根到底的意义上看，是在物质生产这种物质实践活动的基础上产生的。但是，这决不意味着在马克思的历史观的视野里，直接生活的物质生产这种物质实践活动形式是人的实践活动的唯一形式。

那么，如果将实践范畴诉诸一种广义的理解，尤其是将人们的精神生产和精神交往活动纳入到人的实践范围中，又该如何理解马克思对黑格尔唯心主义实践观的批判与扬弃呢？这也是一个需加阐释与澄清的问题。人们过去对实践范畴的片面性误解，很大程度上来源于对马克思主义经典作家有关黑格尔、费尔巴哈实践观批判的误读。众所周知，在德国古典哲学中黑格尔和费尔巴哈分属于两个不同的哲学阵营，但在对人的实践活动的理解上，这两位哲学家却又表现出惊人的一致："黑格尔唯一知道并承认的劳动是抽象的精神的劳动"②，费尔巴哈则"仅仅把理论的活动看做是真正人的活动"③；而对于物质生产劳动这种实践形式，他们一个是采取鄙视的态度，一个对于实践则"只是从它的卑污的犹太人的表现形式去理解和确定"④。黑格尔、费尔巴哈等人的实践观是错误的，这错误不仅在于它们的唯心主义性质，同时还在于它们的片面性。它们仅仅把人的思维活动、理论活动看作是真正人的活动，而将人的其他一切活动，尤其是人的物质生产活动排斥于人的实践活动范围之外。对马克思主义经典作家的上述批判，我们不能诉诸一种非此即彼的思维方式，要么将人的精神劳动视作唯一的实践活动形式，要么将物质生产劳动视作唯一的实践活动形式。实际上，人的活动形式是丰富的、多样

---

① 《马克思恩格斯文集》第 1 卷，人民出版社 2009 年版，第 544 页。
② 《马克思恩格斯文集》第 1 卷，人民出版社 2009 年版，第 205 页。
③ 《马克思恩格斯文集》第 1 卷，人民出版社 2009 年版，第 499 页。
④ 《马克思恩格斯文集》第 1 卷，人民出版社 2009 年版，第 499 页。

的，既包括物质活动，也包括精神活动；无论人的何种活动形式，都应"理解为对象性的活动"①，因而在本质上都是实践的。也正因为人的一切活动都具有实践的性质，因而，社会生活在本质上才是实践的。

笔者认为，相对于马克思关于"社会生活在本质上是实践的"这一著名论断来说，人们对实践范畴的传统理解与界定显然是过于偏狭了。

首先，实践的传统定义首要地指向"改造世界"的活动，不能说没有道理。马克思在《关于费尔巴哈的提纲》中曾强调："哲学家们只是用不同的方式解释世界，问题在于改变世界。"②在《德意志意识形态》中，马克思和恩格斯也曾特别指出："实际上，而且对实践的唯物主义者即共产主义者来说，全部问题都在于使现存世界革命化，实际地反对并改变现存的事物。"③但问题是，人们改造世界的活动是否涵盖着实践活动的全部内容？实际上，在现实的社会生活中，人们的许多活动，即使是感性的物质活动，也并不必然地表现为改造世界的活动，至少不是直接地使现存世界发生直接的改变。不可否认，人们的一切活动或多或少地都以改造世界作为终极目的，但从活动的结果来看，有些活动并没有使活动的对象发生实际的改变，如天文观测、社会调查、气象观测等。这些活动充其量只能说是对世界的认识，人类在现阶段还没有能力对这些活动的对象进行控制、变革与改造。然而，这些活动也都是实践活动，并且还可以说是感性实践活动。

其次，人们的社会生活是丰富的、复杂的，随着社会进化程度的提高，这种丰富性和复杂性的程度还会进一步提高。日益丰富、复杂的社会生活，从抽象意义上看，至少可划分为两大类：社会的物质生活和社会的精神生活。人们的社会生活应该是物质生活和精神生活的统一。人们的物质生活包括社会的物质生产和物质交往，人们的精神生活包括精神生产和精神交往。既然人们的社会精神生产活动与精神交往活动构成

---

① 《马克思恩格斯文集》第 1 卷，人民出版社 2009 年版，第 499 页。
② 《马克思恩格斯文集》第 1 卷，人民出版社 2009 年版，第 502 页。
③ 《马克思恩格斯文集》第 1 卷，人民出版社 2009 年版，第 527 页。

全部社会生活的一个重要方面，那么，当我们理解马克思的"社会生活在本质上是实践的"这一话语时，精神生活显然不能游离于我们的视野之外。实际上，人作为一种以实践方式而存在的存在物，既是一种对象性存在物，同时也是一种类存在物，即有意识的存在物。维持自己的肉体与精神的存在，都必须是人的实践所要解决的双重任务。人们在生产满足自己物质生活需要的资料的同时，还要生产满足自己精神生活需要的资料，即各种精神产品。精神产品的生产活动虽然与物质生活资料的生产具有不同的特点，并且需要以后者作为基础，但它本身却是一种具有相对独立性的感性活动形式。我们不能否认科学家的科学探索活动、教师的教学活动、艺术家的审美表现活动、政治家的政务活动、作家的写作活动等，也是一种实践活动。深刻的原因在于，人们的这些活动不仅创造出某种精神产品或精神客体，而且其活动形式也具有从外部所能感受到的感性性质，更为重要的则是它们也构成人的社会生活的一个有机部分。不仅如此，随着科学技术的日益进步，精神生产活动和精神交往活动在人们全部社会生活中的地位和作用愈显重要。在这种情况下，把精神生产与精神交往所构成的精神生活排斥于马克思的实践范畴之外，不仅悖逆了马克思的"社会生活在本质上是实践的"这一论断的本真语意，而且不符合人类实践发展的当代特征。"社会生活在本质上是实践的"这一命题所指向的应是人的全部生活，而不仅仅是人的物质生活。认定实践是人的存在方式，也即意味着人的一切活动都具有自由自觉的性质，在本质上都是实践的；只有将人的一切活动都理解成是一种实践活动时，人才能被认为是一种以实践为存在方式的存在物。

将人的一切活动都认定为是实践的，尤其是把人的精神生产活动与精神交往活动也认定为是一种实践活动，这会不会导致对实践范畴理解的泛化和精神化？会不会消解马克思在实践范畴理解上的革命性意义？会不会动摇马克思主义实践观的唯物主义基础？如果仅仅站在对实践范畴的狭义理解的视角上，这些疑惑显然是难于消解的。

在马克思实践唯物主义视野里，人的实践活动的形式虽然是多种多样的，但它们在人们的社会生活中的地位和作用，并不是平行等值的，而是因其作用的大小分成不同的层次。其中，人们的社会物质生产活动与物质交往活动从归根到底的意义上看，起着基础与核心的作用，而人们的精神生产活动与精神交往活动，尽管也构成人的社会活动的一个不可分割的部分，但它们都是在物质生产与物质交往活动基础上生成的，并受其制约和决定。

三

实践范畴是马克思实践唯物主义哲学的基石，也是唯物史观的基石。对实践范畴的含义的科学阐释与澄清，其意义不能仅仅视作是一种学理的要求，更为主要的是，它关涉着对唯物主义历史观内在逻辑结构的理解与阐释。

在传统历史唯物主义教科书的理论架构中，生产力与生产关系的关系、经济基础与上层建筑的关系，其中生产力、生产关系、上层建筑三个因素构成了社会结构的主干骨架，而由这三个因素构成的两对矛盾及其运动，构成社会结构自我演进的发展动力。然而，传统的历史唯物主义教科书关于社会结构的理论模型给人一种无根的感觉。在生产力与生产关系的关系中，生产力为什么能决定生产关系？生产关系为什么又会具有反作用？经济基础为什么能决定上层建筑？上层建筑为何具有相对独立性？作为社会精神产品的社会意识形式是否是社会经济基础的直接产物？由于离开了马克思主义实践观，传统历史唯物主义教科书对上述问题的理论解释，给人们的是一种颇感牵强的感觉。在这种逻辑结构中，社会结构表现为外在于人，社会运动表现为社会结构三个因素的自我运动，因此，人作为社会主体、历史主体的地位被自然而然地消解了。随着实践唯物主义的兴起和实践范畴在马克思主义哲学体系中的基础地位的确立，马克思唯物主义历史观的无根现象得到了一定程度的克服，人在社会、历史中的主体地位也得到了一定程度的恢复，这是马克思唯物主义历史观研究上的不可否认的新进展。但由于人们对实践范畴只是赋予一种狭义的理解，而将人们的精神生产与精神交往排斥于实践范畴之外，因此，人们对唯物主义历史观的逻辑结构尤其是上层建筑的理论解释仍然缺乏彻底性和说服力。

　　笔者认为，马克思实践唯物主义历史观的逻辑结构系统，是由人的活动结构，即人的实践活动结构与社会结构双层结构构成的。人的实践活动结构涵盖着人们的物质生产与物质交往活动、精神生产与精神交往活动；人的社会结构表现为生产力、生产关系、上层建筑三个因素的有机联结。在马克思主义历史观的逻辑系统中，人的实践活动结构表现为底层结构，社会结构表现为表层结构。深刻的原因在于，人的社会结构是在人的实践活动结构的基础上生成和演进的。当我们对马克思主义历史观的逻辑结构做上述双层理解时，不仅凸显出人在社会历史中的主体地位，更为重要的是它能为社会结构的生成与演进提供一种理论解释和合乎逻辑的支撑。在马克思主义历史观中，生产力不是别的，生产力即是个人的行动或活动，对此，马克思主义经典作家曾有极为明确的阐释："生产力与交往形式的关系就是交往形式与个人的行动或活动的关系。"① 生产力作为人们与自然界进行物质、能量变换的生产物质生活资料的物质力量，是人们物质生产活动的对象化与物化的产物，因此，生产力虽然具有物的外观，但在本质上是人的本质力量对象化或物化。生产关系也不是别的，它是人的自主活动形式，这种自主活动形式表现为人的物质交往活动的对象化与物化。社会的上层建筑包括政治上层建筑与思想上层建筑，但无论是前者还是后者，都不是在社会经济基础上直接地和自然而然地生成和发展的。从历史发生学的维度看，政治上层建筑与思想上层建筑表现为物质劳动与精神劳动的结果；从现实的维度看，它们是人们精神生产与精神交往的直接产物。在马克思历史观的

---

① 《马克思恩格斯文集》第 1 卷，人民出版社 2009 年版，第 575 页。

逻辑结构中，由于实践活动结构是社会结构的基础，实践活动结构决定着社会结构，而在人的实践活动结构中，是物质生产活动决定着物质交往活动，物质生产与物质交往决定着精神生产与精神交往，因此，在社会结构中表现为生产力决定生产关系，经济基础决定上层建筑。在私有制下，生产力与生产关系、经济基础与上层建筑之所以会发生矛盾，是"因为分工使精神活动和物质活动、享受和劳动、生产和消费由不同的个人来分担这种情况不仅成为可能，而且成为现实"①。上层建筑尤其是社会意识之所以相对于社会的经济基础具有相对独立性，深刻的原因在于，物质劳动与精神劳动的分离，使精神生产与精神交往相对于社会的物质生产与物质交往来说有了一定的相对独立性。正是由于这种相对的独立性，意识才能"不用想象某种现实的东西就能现实地想象某种东西"，"意识才能摆脱世界而去构造'纯粹的'理论、神学、哲学、道德等等"。② 社会的运动与发展，社会历史的演进，在表层上表现为生产力与生产关系、经济基础与上层建筑矛盾运动的结构，但在深层上却是人们的物质生产与精神生产、物质交往与精神交往发展的结果，即人的实践活动发展的结果。

① 《马克思恩格斯文集》第 1 卷，人民出版社 2009 年版，第 535 页。
② 《马克思恩格斯文集》第 1 卷，人民出版社 2009 年版，第 533 页。

论马克思历史观视野中的"历史"生成论诠释及其价值 *

一

什么是哲学？换句更明确具体的话语追问，哲学的功能与使命是什么？在哲学发展史上，哲学家们对这一问题的回答与阐释确有不同：有人做出知识论的阐释，将哲学视之为一种对各种知识进行反思的学问；也有人做出智慧论的阐释，将哲学视之为一种激发人们对智慧的热爱、帮助人们寻找知识的技巧；但在更多的哲学家们的视野里，哲学则是被视之为一种关于世界观的学问，其功能与使命是对存在的世界及其本质进行正确的把握与解释。哲学在马克思主义经典作家的视野中就是被视之为世界观的；马克思的"新唯物主义"哲学是一种"新唯物主义"世界观，这对于熟悉马克思主义哲学的人们来说是确定无疑的。

哲学作为一种世界观的理论，它的研究对象当然应是存在的世界及其本质。但哲学研究所指向的世界是一个什么样的世界？它是否是

---

* 本文原发表于《哲学研究》2009 年第 10 期。

一个与整个宇宙能画等号的世界？人们从传统的马克思主义哲学教科书有关世界观即是宇宙观的说法中，似乎完全可以得到一个极为肯定的确认：哲学思考的世界即是整个宇宙。然而，这种观点其实是一种误解。从哲学发展的历史看，唯物主义哲学也好，唯心主义哲学也好，它们所关注的根本问题其实是相同的，即世界的本质是什么。二者的分歧在于：唯物主义哲学认为世界的本质是物质的，精神世界不过是物质世界的派生物；唯心主义哲学则认为世界的本质是精神的，物质世界不过是精神世界的异化、外化或对象化的结果。正是对物质世界与精神世界的相互关系的不同把握与阐释，才造成了二者在哲学路线上的对立与分野。然而，从唯物主义哲学与唯心主义哲学有关世界的本质的争论与分歧中，人们不难体会到，哲学史上人们所讲的物质世界并不是一种宇宙论意义上的宇宙世界，而是人们面对的"感性世界"，这种"感性世界"即是马克思在《关于费尔巴哈的提纲》中所指出的"对象、现实、感性"。之所以说哲学家们所指向的物质世界是人的"感性世界"，即"对象、现实、感性"，而不是那种先于人或在人之外存在的世界，乃是因为人们在思考与把握世界的本质问题时，并不是将自己视作世界的异在者与旁观者，而是处在与世界的现实联系与关系之中。实际上，哲学家们对世界本质的思考，与物理学家、化学家们对世界本质的思考具有不同的性质：他关注的并不是世界的物理或化学的成分与结构，而是现实世界与人之间的现实关系，以及现实世界相对于人的价值与意义。那些在人之前或在人之外的纯粹的宇宙论意义上的世界，虽然是人类产生与存在的基础与前提，始终保持着相对于人来说的"优先地位"，但由于它们并未与现实的人的存在发生现实性的关系，具体地说不发生价值与意义的关系，因而它们在本质上相对于人来说是一种"无"。所谓"无"不是说它不存在，而是说它对人的现实生活无现实的价值与意义。哲学世界观视野中的"世界"之所以不能视之为一种"宇宙论"视野中的"世界"，其理由还在于，在哲学发展的历史上，哲学家们从没有对诸如在人类产生之前地球存不存在以及在人们的视野之外有没有我们还不知道的天体存在这类问题产生过重大分歧与争论；哲学家们也没有就宇宙论意义上的世界究竟是物质的还是精神的问题产生过重大分歧与争论，因为精神现象是专属于人类所拥有的现象，没有人类的诞生与存在也就不会有人类精神世界的存在。哲学家们所能够与真实发生重大分歧与争论的始终是"感性世界"即"对象、现实、感性"的本质是什么的问题。在旧唯物主义哲学家们的视野里，呈现在人们面前的"感性世界"或"对象、现实、感性"，与那种在人之前或之外的"天然世界"本质上并没有什么不同，它们同属于宇宙世界的一部分。而在唯心主义哲学家们的视野里，呈现在人们面前的"感性世界"与自然天成的"天然世界"则有着本质性的相异，它们或是在精神、思想、目的等引导下被人们创造出来的世界，或是被人的精神所把握的世界；在本质上它们是人类的主观精神或客观精神的"对象化""外化""异化"或"现实化"，正是在这种意义上，唯心主义哲学家们认为"感性世界"不过是人类精神的派生物。

如上所述，在哲学世界观的视野里，哲学家们所关注的"世界"即是人们所面对的"感性世界"，而这种"感性世界"也即是马克思所说的"对象、现实、感性"。在马克思主义经典作家的著作中，"感性世界"与"对象、现实、感性"之间经常是互为替换、互相解释的概念。"感性世界"之所以是感性的，深刻的原因在于它与人的存在之间发生着一种对象性的而非分离的、现实性的而非抽象的、感性的而非虚幻的关系。

当作为世界观的哲学从人与世界的关系的维度去把握世界，将自己的目光聚焦在"感性世界"或"对象、现实、感性"上时，人类社会与人类社会的历史便会进入到哲学的视野之内，成为哲学家们审视与把握世界时不可或缺的对象。其深刻的原因在于，所谓的"感性世界"或"对象、现实、感性"本质上是在人的实践活动的基础上生成的世界，它不仅包括着在人的实践活动中生成的感性的自然界，也包括着在人的实践活动中生成的人的社会与社会的历史。人类社会及其历史作为人类的实践活动的结果，它在人面前同样具有"对象、现实、感性"的性质。因此，在人与世界的全面性关系中既包括着人与感性的自然界的关系，也包括着人与具有感性性质的社会及其历史的关系。实际上，在马克思"新唯物主义"世界观的思维理路中，人同自然界的现实关系与人同社会、历史之间的现实关系是相互依存的：一方面，人与自然之间的关系是人与社会、历史之间关系的非常深刻的基础，没有人与自然界之间的物质、能量、信息的交换便不可能有人类社会、历史的生成；另一方面，人与社会、历史之间的现实关系则是人与自然之间现实关系生成的条件，人与自然界的关系本身就具有社会、历史的性质。因此，笔者不同意理论界在 20 世纪曾经广为流传的一个观点：认为社会、历史是社会学研究的对象，而不属于哲学研究的对象，马克思主义历史观在本质上是一种社会学理论。马克思主义哲学作为一种"新世界观"，它是关于"感性世界"或"对象、现实、感性"的一种全面、完整的根本观点，是新的自然观与新的社会历史观的完整统一。因此，任何试图将马克思的社会历史观从马克思"新世界观"的科学理论体系中剥离出去、使之成为一种所谓社会学性质的理论的观点，在理论和逻辑上都是不可接受的。

二

作为世界观的哲学包含着社会历史观，社会历史观构成哲学世界观的一个不可分离的组成部分。而哲学历史观研究的对象无疑是历史，哲学家们在这一点上并无争议。然而，什么是历史或历史的本质是什么？在面对复杂的社会历史现象时，人们应循着怎样的思路与运用怎样的方法才能从纷繁复杂的历史现象中把握到社会历史运行与演进的客观规律？这却是所有的哲学历史观必须首先思考与回答的问题。一般来讲，前一个问题属于历史观中的本体论问题，后一个问题属于历史观中的方法论问题。从哲学历史观性质的维度看，历史观中的本体论问题较之方法论问题是一个更为根本性的问题。其深刻的原因在于，对本体论问题的思考与回答从根本上决定着对方法论问题的思考与回答。这里需要指出的是，在过去的马克思主义历史观研究中，人们虽然也强调马克思主义历史观既是一种世界观又是一种方法论，但在实际上人们通常是将马克思的历史观视作一种研究与把握社会历史的方法论，而对马克思历史观中的本体论问题，即什么是历史或历史的本质是什么的问题，缺乏深入研究与具体阐述。应该说，这是我们过去的马克思历史观研究中的一种重大缺憾。

在马克思主义"新唯物主义"哲学诞生前，哲学中长期存在的唯物主义与唯心主义两条路线的斗争在社会历史观的领域中完全消失了：无论是唯物主义哲学家还是唯心主义哲学家，在面对历史的本质是什么的问题时，其回答似乎达到了高度的一致，都认为人类社会历史在其本质上是人类精神的产物；如果说有什么分歧的话，也只是表现为唯心主义哲学内部的分歧，即有人将所谓的人类精神视之为一种主观性的精神，有人则将其视之为一种客观化了的精神。

毫无疑问，上述对立的消失是以旧唯物主义哲学家们的理论退却而实现的。那么，是什么原因导致了这种退却：是旧唯物主义哲学误入了迷途，还是其自身的困境使然？笔者认为答案应是后者。当旧唯物主义哲学家们以一种纯客体的、直观的思维方式对待感性的自然界时，之所以能坚持其唯物主义立场，是因为感性的自然界即在人们历史实践中生成的自然界，与那种在人之前或游离于人的实践活动之外的天然自然界之间，其物理或化学的性质存在着同质性联系。但是当旧唯物主义哲学家面对社会历史这种特殊的"对象、现实、感性"时，它的纯客体的直观的思维方式便会遇到不可克服的障碍，从而迫使其放弃了唯物主义哲学立场，而陷入到唯心主义哲学之中。因为不仅所有的社会历史现象都是在人的活动中生成的，而人的活动都是在一定的思想、精神或目的的引导下进行的，而且社会历史中生成的"对象、现实、感性"与自然界的物质之间具有不同的性质。

　　究竟什么是历史，或者说历史的本质是什么，这对于马克思的"新唯物主义"哲学世界观来说也是一个必须首先回答的问题。如前所述，对历史本身之本质的把握与阐释的正确与否，从根本上决定着对历史中其他现象的把握与阐释。马克思的"新唯物主义"历史观不仅是马克思"新唯物主义"世界观的组成部分，而且是其中最重要的组成部分。马克思"新唯物主义"历史观新在何处？在人们通常的认知与阐释中，马克思的"新唯物主义"历史观新在它将唯物主义的一般原则贯彻到社会历史领域，从而为人们理解与把握复杂纷乱的历史现象寻求到了一种全新的科学方法，开辟了一条帮助人们走出历史迷宫的光明通道。上述认知不无道理，但远未达到深刻与全面的程度。笔者认为，马克思"新唯物主义"历史观所实现的革命性的变革与创新，并不仅仅在于为人们研究与分析社会历史问题提供了一个科学有效的认识论工具，更为重要的是在于对历史的本质是什么的问题给予了一种全新的理解，从而为人们把握与理解这一问题提供了一种全新的思维方式。在马克思"新唯物主义"历史观的视野里，作为历史观研究对象的历史指向的是社会的历史：社会与历史是两个联系紧密的概念，在一定程度上是同一个事物的不同表达。社会是历史的横断面，历史是社会的纵线条；历史在静态中的每一个点上表现为社会，社会在动态的时间延续中则表现为历史。二者都是以人的存在为基础与前提：社会是人的社会，历史是人的历史；人是社会的主体，自然是历史的主体。人作为社会、历史的主体的含义当然并不仅仅意味着社会是由人的集合而成的，它还意味着人是社会历史的"剧作者"，社会、历史表现为人的作品。那么，人作为社会、历史的主体是依靠怎样的方式创造自己的社会与历史的呢？唯心主义认为，人是依照自己的思想、精神创造出自己的社会与历史，社会与历史不过是人的观念的对象化、外化、异化或现实化的东西。这种看法是错误的，因为人类的精神、观念还有一个来源问题需要进一步追问与解释。人的存在的基础与前提是人的劳动、实践：人的劳动、实践作为人的生命活动，是人作为人的诞生方式，也是人作为人的存在方式。人的社会正是适应人的劳动、实践这种生命活动的需要，并通过人的劳动、实践而生成的。人正是以劳动、实践的方式，在与自然界进行物质、能量、信息的变换过程中，产生出人与自然之间、人与人之间的诸多关系，并在这些关系的基础上形成社会结构。人的"社会生活在本质上是实践的"①，在人们社会生活基础上生成的社会的本质自然是实践的，而从社会的实践本质中便可引申出社会历史的实践本质。

在马克思"新唯物主义"历史观的视野里，"历史不外是各个世代的依次交替。每一代都利用以前各代遗留下来的材料、资金和生产力；由于这个缘故，每一代一方面在完全改变了的环境下继续从事所继承的活动，另一方面又通过完全改变了的活动来变更旧的环境"②。在马克思主义创始人看来，所谓"历史"不过是在人的实践活动的基础上旧的社会环境的不断改变与新的社会环境的生成。历史在本质上是由人的需要以及为满足人的需要而形成的生产方式所决定的物质联系在时间延续中的链接："这种联系不断采取新的形式，因而就表现为'历史'……"③这里需要指出与强调的是，历史的概念通常与时间的概念联系在一起，但时间只是历史存在的形式。这种形式对历史确有不可忽视的影响，因为时间的延续使历史的积淀成为可能，但时间不构成历史的本质，构成历史本质的东西是历史的内容，历史内容是在人的实践活动中生成并表现为实践的结果。关于时间流逝、历史内容与历史之间的真实关系，《德意志意识形态》中有一段令人深思的话："人们所达到的生产力的总和决定着社会状况，因而，始终必须把'人类的历史'同工业和交换的历史联系起来研究和探讨。但是，这样的历史在德国是写不出来的，这也是很明显的，因为对于德国人来说，要做到这一点不仅缺乏理解能力和材料，而且还缺乏'感性确定性'；而在莱茵河彼岸之所以不可能有

---

① 《马克思恩格斯文集》第 1 卷，人民出版社 2009 年版，第 501 页。
② 《马克思恩格斯文集》第 1 卷，人民出版社 2009 年版，第 540 页。
③ 《马克思恩格斯文集》第 1 卷，人民出版社 2009 年版，第 533 页。

关于这类事情的任何经验，是因为那里再没有什么历史。"①德国的历史家们为什么写不出真正的历史？除了"缺乏理解能力和材料"之外，更加深刻的原因在于"工业和交换"落后的德国缺乏"感性确定性"；在于德国本身没有"什么历史"。说德国本身"没有什么历史"，不是说18—19世纪的德国生活在时间的停滞之中，而是指它缺乏构成历史内容的"感性确定性"，亦即缺乏作为"感性确定性"生成基础的"工业和交换"的历史实践。相反，马克思和恩格斯在《共产党宣言》中阐述了社会历史发展的另一种景象："资产阶级在它的不到一百年的阶级统治中所创造的生产力，比过去一切世代创造的全部生产力还要多，还要大。"②上述两种情况表明，在马克思主义经典作家的视野里，决定历史面貌与本质的不是时间的流逝，而是人们的实践以及作为人们实践活动结果的"感性确定性"内容。

人类的"社会生活在本质上是实践的"，从而人类的社会生活的历史在本质上也应是实践的。因此，我们在把握社会及其历史时，既不能诉诸一种纯客体的、直观的方式，也不能诉诸一种纯主体的、抽象的方式，而应诉诸一种感性实践活动的方式。社会及其历史以什么样的方式生成与存在，我们就应以什么样的方式去把握与理解它们。

三

对人类社会及其历史的生成诉诸劳动实践的把握与理解，赋予劳动实践以社会及其历史的本体性质的地位，对于我们科学地把握与阐释马克思"新唯物主义"历史观来说，具有极其重要的基础与前提性的意义。

首先，将人类社会及其历史的本质视作是实践的，将深化我们对社

---

① 《马克思恩格斯文集》第1卷，人民出版社2009年版，第533页。
② 《马克思恩格斯文集》第2卷，人民出版社2009年版，第36页。

会历史的存在及其现象的认识。在马克思"新唯物主义"历史观的视野里，社会是人的社会，历史是人的历史，人的存在是历史存在的前提，因此，分析社会历史问题时，必须把现实的个人作为前提条件和出发点。什么是现实的个人？所谓现实的个人是指"不是他们自己或别人想象中的那种个人"，"这些个人是从事活动的，进行物质生产的，因而是在一定的物质的、不受他们任意支配的界限、前提和条件下活动着的"。① 当人们从现实的个人出发，即从现实的人的物质生产活动及其物质条件出发，去把握人们的能动的生活过程时，"历史就不再像那些本身还是抽象的经验主义者所认为的那样是一些僵死的事实的汇集，也不再像唯心主义者所认为的那样，是想象的主体的想象活动"②。人类社会历史中的一切存在与现象，既不是人们的自由想象或自由意志活动的结果，也不是自然因素的自然延伸与简单移植，而是在人的实践活动的基础上，自然界向着人类社会历史的生成。这种生成过程既是一种合规律性的过程，也是一种合目的性的过程，因而社会历史过程中生成的一切存在与现象都具有主客观相统一的性质。

其次，将人的劳动与实践视作是人类社会、历史生成的基础，有助于深化我们对马克思历史观之方法论的把握。人们知道，马克思的"新唯物主义"历史观作为一种新的历史研究的方法论，在研究复杂纷繁的社会、历史现象时，其基本的思维理路是：将人们所有社会关系的基础归结为人们的物质生产关系，将生产关系的基础归结为生产力；不是从人们的意识出发去解释人们的存在，而是从人们的存在出发去解释人们的意识。那么，这种方法论思路的理论基础是什么？在我们过去的历史唯物主义教科书中，人们对马克思历史观中的方法论的阐释通常仅限于一种"是什么"的陈述，而几乎没有去做更进一步的"为什么是"的深究，从而多少给人一种无根与武断的感觉。笔者认为，上述方法论思路的理

---

① 《马克思恩格斯文集》第 1 卷，人民出版社 2009 年版，第 524 页。
② 《马克思恩格斯文集》第 1 卷，人民出版社 2009 年版，第 525、526 页。

论基础在于，人类社会及其历史是在人的劳动、实践活动中生成的，因而它们在本质上是实践的。而在人们的实践活动中，最基本的活动是物质生产活动与物质交往活动，因为它们产生于人类维持肉体生存的需要。而社会的物质生产力与物质生产关系，不过是物质生产活动与物质交往活动的对象化凝结。马克思和恩格斯特别看重工业史与商业史对于理解人类社会历史的价值与意义，曾强调："始终必须把'人类的历史'同工业和交换的历史联系起来研究和探讨。"①其原因在于"工业和交换"的活动作为人类维持其肉体生存所需的最基本的活动，是人类其他活动赖以产生的前提与基础。因此，在把握人类社会复杂纷繁的现象时，我们应从作为工业活动与商业活动对象化结果的生产力与生产关系出发。那么，在研究人类社会及其历史时，为何不能从人们的意识出发？原因在于："意识在任何时候都只能是被意识到了的存在，而人们的存在就是他们的现实生活过程。"② 人们的社会存在即是人们的现实生活过程，而人们的现实生活过程的本质是实践的。总之，马克思的历史观是历史本体论与历史方法论的统一，历史本体论是历史方法论的基础。所以，离开了马克思历史观对社会历史本质的理解与阐释，对马克思历史观方法论的把握就不可能是深刻与彻底的。

再次，将人类的劳动、实践视作社会、历史生成的基础，视作社会、历史的本质，对于我们深化马克思历史观中的历史规律观与社会进步观也具有极其重要的价值。

一是，社会、历史的发展与演进是有规律的，但社会、历史中为什么会存在着规律？社会历史规律的特点是什么？反思我们过去的有关研究，总的来说是经验性的事实描述多于理论上的逻辑分析。然而实际上，如果我们循着马克思"实践的唯物主义"思路，对人类社会及其历史从人类的劳动、实践方面去进行把握，我们就不仅能对社会历史规律

---

① 《马克思恩格斯文集》第 1 卷，人民出版社 2009 年版，第 533 页。
② 《马克思恩格斯文集》第 1 卷，人民出版社 2009 年版，第 525 页。

之所以会具有与自然规律不同的特点的原因给予合理的解释，而且能对社会历史为什么会存在规律性的问题给予科学性的说明。对社会历史规律的存在这一经验性的事实，我们既不能做宿命论式的理解，也不能视其为自然界规律在社会历史领域的自然延伸，而只能诉诸对人的感性实践活动的理解。人的劳动、实践既是一种含目的性的活动，更是一种含规律性的活动，即既是一种满足自身需要的活动，也是一种按照对象本身的固有规律去改造对象的活动。人的劳动、实践所具有的这种既含目的性又含规律性的特点，决定了社会历史的运动与演进具有必然性与规律性；这种必然性与规律性和自然界中的必然性与规律性之间存在着一定程度的相似性；同时，人的劳动、实践的目的性特征又使得社会、历史的必然性或规律性在表现形态上呈现出与自然界的必然性或规律性不同的特点。

二是，社会、历史这种有规律的运动的总趋势是向上的，即进步的。社会历史的进步特性既表现在社会物质文明与精神文明的不断进展上，也表现在社会形态由低级到高级的依次演进。在哲学发展史上，除极少数历史循环论者之外，绝大多数哲学家对社会历史的进步性是不存怀疑的，马克思主义者对社会历史的进步性更是高度重视。然而，我们以往对社会历史的进步性的阐述仅限于指出社会历史是进步的这一点，通常诉诸的也只是经验事实举例的论证路径。不可否认，客观的经验事实的证明是必要的，因为任何一种理论都必须建立在客观事实的基础上。但诉诸经验事实的举例充其量只能证明社会历史的总趋势是不断进步的，却不能说明社会历史的总趋势为什么是不断进步的，以及社会历史进步的推动力是什么。而根据马克思"新唯物主义"历史观的视野，我们不仅可以说明人类社会历史在总趋势上是不断进步的，即使是在被历史学家们称之为黑暗的中世纪，文明进展的脚步也没有完全停止；而且可以说明，人类的社会历史之所以能沿着上升的轨道不断进步，最深刻的原因在于：人类社会历史是在人类实践基础上生成的，而人类实践无论是在广度上与深度上都是一个不断发展与积累的过程。正是在人类实践经验的不断积累与实践能力不断提高的基础上，社会历史才表现为不断进步的。至于社会进步的动力，过去的哲学教科书通常将其解释为是社会基本矛盾的运动推动着社会从低级到高级的发展。这样的解释虽然没有错，但远不是深刻的。因为从归根到底的意义上看，社会基本矛盾生成的最深刻的基础还是存在于人类的实践活动之中。因此，推动社会历史进步的最终动力来自于人类的实践活动：没有人类的实践活动，就既没有人类社会历史的生成，也不会有人类社会历史的发展与进步。

　　总之，马克思主义是从人类的劳动、实践的历史去理解与把握人类社会的历史的；在马克思主义经典作家的视野里，人类的劳动、实践是人类的社会历史生成的深刻基础，人类的社会、历史在本质上是实践的。我们只有循着这样的思维理路，才有可能对马克思主义历史观中的一系列概念、范畴、原理做出科学的把握与阐释。

论社会历史与演进的必然性与合理性 *

　　无论是从现实的方面看，还是从历史的方面看，对社会历史合理性的认定都不是一个简单与容易的问题。从共时态的维度看，在人们的现实生活中，面对同样的社会事物，不同的个人、群体和阶级通常会做出不同的评价，甚至是完全对立的评价。例如，面对同一场战争，有的人给予正义的肯定，有的人则给予非正义的否定。从历时态的维度看也是如此，面对相似的历史现象，不同时代的人们做出不同的评价是常有的事。在历史上人们认为是正常的、合理的、公平的事情，在今天的人们看来可能是荒谬的、可笑的与不可思议的事情。相反的情况也大量存在。面对相同的社会历史事物与现象，为什么人们会做出不同的评价呢？其原因既与人们的认识能力有关，也与人们所处的社会地位与利益诉求有关，更为重要的是受到人们所持的历史观的影响。

　　社会历史的评价问题，在一定的意义上也是社会历史的认识问题：对社会历史中存在的事物与现象是什么与为什么是的认识，通常构成人们对其价值评价的基础。人们的认识能力由

---

　　*　本文原发表于《哲学研究》2013 年第 6 期。

于受各种不同因素的制约，存在着程度不同的差别，并不是每一个人都能从社会历史现象中洞察到社会历史的本质，被社会历史现象所迷惑的情况经常发生。因此，对于具有不同认识能力以及对社会历史的事物与现象的不同把握程度的人们来说，评价上产生分歧是很自然的。

对社会历史的事物与现象究竟应如何评价，也与人们在社会历史中所处的实际地位与人们的利益诉求有着紧密的关系。一种社会历史事物与现象一旦生成，不可避免地对社会中生活的个人发生作用与影响。这种作用与影响对社会中处于不同地位与有着不同利益诉求的个人是不同的：对一部分人来说具有正面肯定性价值，对另一部分人来说却可能具有负面否定性价值。在通常的情况下，人们是从自己特殊的生活条件、自己的利益出发，对社会历史的事物与现象进行合理与否的评价的。

更为重要的是，对社会历史合理与否的评价是与人们所持的价值观与历史观紧密相联系的。人们的价值观又是以人们的历史观为基础的。以上所述表明，在社会历史的认识与评价的问题上，多元性的竞争与冲突是不可否认的经验性事实。但这并不意味着社会历史可以任人随意打扮，人们可以完全根据自己的尺度进行自由的裁决。人们有根据自己的尺度对社会历史进行评价的权利，但不可能所有的评价都是合理的；合理的评价只能有一个，否则就会陷入公说公有理、婆说婆有理的相对主义泥坑。

任何社会历史的事物与现象的生成与存在都有其原因与条件，但这决不意味着存在的即是合理的，在存在中有合理的存在与不合理的存在之分。在存在的合理与否的问题上，人们的分歧在于什么是合理的、什么是不合理的，在于区分合理性与不合理性的根据或尺度上。那么，对社会历史中存在的事物与现象，究竟应以什么为根据或尺度进行合理与否的区分呢？

在评价社会历史的事物与现象合理与否的问题上，黑格尔最应受到后人的尊敬，因为正是他关于社会历史中的现存性、现实性、合理性与必然性相互关系的辩证思考，为人们解决合理性问题指明了正确的方向。在黑格尔的视野里，历史中的现存性并不等于历史中的现实性，决不是一切现存的都无条件的也是现实的。历史中的现存性也不等于历史中的合理性；不是历史中所有现存的东西都是合乎理性的，只有那些具有现实性的现存才是合乎理性的。原因在于，"现实性这种属性仅仅属于那同时是必然的东西"①。很明显，在黑格尔看来，只有符合历史必然性的存在才是一种现实性的存在，只有现实性的存在才是合乎理性的存在；历史的必然性既是构成历史合理性的基础，也是衡量历史"现存"是否合乎理性的唯一尺度。不可否认，黑格尔有关历史的现存性、现实性与合乎理性的论述带有明显的历史唯心主义的色彩：历史不过是绝对观念或绝对理性的对象化、外化与异化，因而，历史的现实性与必然性体现的不过是绝对观念或绝对理性，合乎必然性的即是合乎理性的，合乎理性的也即是合乎必然性的；历史的必然性或现实性在本质上是理性的化身，历史的合理性也即是合乎理性。然而，当黑格尔以必然性、现实性作为衡量现存的东西是否合乎理性的尺度时，他以一种唯心主义的方式表达了一个深刻的思想：一种现存的事物与现象，当它符合必然性的时候，它是合理的；当它失去了必然性的时候，即丧失了它的现实性与合理性。正如恩格斯在评价黑格尔的"凡是现实的都是合乎理性的，凡是合乎理性的都是现实的"这一命题时所指出的："根据黑格尔的意见，现实性决不是某种社会状态或政治状态在一切环境和一切时代所具有的属性。恰恰相反，罗马共和国是现实的，但是把它排斥掉的罗马帝国也是现实的。法国的君主制在 1789 年已经变得如此不现实，即如此丧失了任何必然性，如此不合理性，以致必须由大革命（黑格尔总是极其热情地谈论这次大革命）来把它消灭。"② 对于马克思主义的历史观来说，黑格尔关于历史现实性、必然性与历史合理性的思想是有启发性的：马克思主义的历史观虽然坚决否认社会历史发展中存

---

① 《马克思恩格斯文集》第 4 卷，人民出版社 2009 年版，第 268 页。
② 《马克思恩格斯文集》第 4 卷，人民出版社 2009 年版，第 268、269 页。

在着所谓绝对理性一类的说法，也不认为历史的合理性即是社会历史的合乎理性，但不可否认的是，马克思主义的历史观对于黑格尔将历史发展中的必然性、现实性与合理性问题联系起来，以是否具有历史必然性、现实性为尺度去衡量历史合理性的观点，基本上是持肯定态度的。

在马克思历史观的视野里，人类的社会历史是在人的实践活动基础上生成的，也是随着人类的历史实践活动的发展而发展的，因此，社会历史中的事物与现象相对于它的生成或产生的条件来说，都有其根据与理由。社会历史中的存在可能是合理的，也可能是不合理的，而合理或不合理的关键在于是否具有历史的必然性与现实性。历史的合理与否并不能根据个人的主观意志与期望加以认定。虽然每一个人都希望历史的发展符合自己的利益预期，但社会历史的生成与演进并不服从个人的意志与目的，而是按照它自己的规律或必然性运行。因为"历史是这样创造的：最终的结果总是从许多单个的意志的相互冲突中产生出来的，而其中每一个意志，又是由于许多特殊的生活条件，才成为它所成为的那样。这样就有无数互相交错的力量，有无数个力的平行四边形，由此就产生出一个合力，即历史结果，而这个结果又可以看做一个作为整体的、不自觉地和不自主地起着作用的力量的产物。因为任何一个人的愿望都会受到任何另一个人的妨碍，而最后出现的结果就是谁都没有希望过的事物"①。即是说，在社会中生活的个人的生活条件都是不同的，各有其特殊性，而个人生活条件的特殊性决定着个人的意志与活动的目的特殊性；倘若以个人的意志与目的作为衡量历史是否合理的尺度，那么历史在所有的个人看来都会成为不合理的，因为历史的结果"是谁都没有希望过的事物"。

历史合理与否的问题也不能以黑格尔所确立的绝对观念或绝对理性的尺度去解决，因为观念或理性都是属于人的，不具有绝对的性质，所

---

① 《马克思恩格斯文集》第 10 卷，人民出版社 2009 年版，第 592、593 页。

谓绝对观念与绝对理性不过是黑格尔神秘主义思辨的产物，在历史中是不存在的。"意识在任何时候都只能是被意识到了的存在，而人们的存在就是他们的现实生活过程。"① 在意识、观念、理性与历史的关系上，不是历史趋向意识、观念、理性，并作为后者的对象化、现实化而存在，相反，意识、观念、理性不过是人们的"现实生活过程"，从而也是历史的反映。因而不是历史应符合意识、观念、理性的要求，相反，是意识、观念、理性应反映历史的要求。

在历史合理与否的问题上，人们也不应试图设定一个抽象的、普遍的、完美的标准：历史的合理性不等于历史的完美性，社会历史中存在的事物与现象是否合理，应看它是否具有充足的客观根据，而不是看它是否完美。原因在于：一方面，"历史同认识一样，永远不会在人类的一种完美的理想状态中最终结束；完美的社会、完美的'国家'是只有在幻想中才能存在的东西；相反，一切依次更替的历史状态都只是人类社会由低级到高级的无穷发展进程中的暂时阶段。每一个阶段都是必然的，因此，对它发生的那个时代和那些条件说来，都有它存在的理由；但是对它自己内部逐渐发展起来的新的、更高的条件来说，它就变成过时的和没有存在的理由了；它不得不让位于更高的阶段，而这个更高的阶段也要走向衰落和灭亡"②。即是说，历史是一个从低级到高级的发展过程，而完美意味着历史的"最终结束"。另一方面，如果以历史是否完美作为衡量历史是否合理的尺度，很容易导致历史虚无主义与历史合理性问题的取消。因为"完美的社会、完美的'国家'是只有在幻想中才能存在的东西"，所以以完美作为历史合理性的尺度，也就意味着人类过去的历史都是不合理的。但在马克思的历史观的视野里，历史的不完美并不等于历史的不合理。例如，奴隶制不仅不完美，甚至是残酷与罪恶的，但奴隶制相对于当时的社会生产力的发展水平来说，它是必然

---

① 《马克思恩格斯文集》第 1 卷，人民出版社 2009 年版，第 525 页。
② 《马克思恩格斯文集》第 4 卷，人民出版社 2009 年版，第 270 页。

的，因而也是合理的；奴隶制的生产关系同样是构成人的自主活动形式的一个不可或缺的历史发展阶段。

总之，在马克思历史观的视野里，对历史的合理性的把握不能离开历史的必然性与现实性，后者是构成历史合理性的客观基础。当然，对于历史必然性与现实性，马克思主义的历史观既不像形形色色的宿命论者那样，将其视作自然的或神意的天定，也不像黑格尔的神秘主义那样，将其视作神秘的、脱离人而存在的绝对观念或绝对理性的外化与异化，而是认为它们是由人们的现实生活条件决定的。而人们的现实生活条件是在人的实践活动的基础上生成的，因而从更深层次上看，历史的必然性与现实性是由人的实践活动的性质决定的，受制于人的实践能力与水平。在马克思历史观的视野里，历史的必然性与现实性本身也是历史的，不具有抽象的与永恒的性质。随着人类实践活动的发展、人类实践能力的增长与水平的提高，人们的现实生活条件也会发生改变，而随着人们现实生活条件的改变，在一定历史条件下具有必然性与现实性的事物与现象，就会丧失其必然性与现实性，而某些先前社会中只具有萌芽形态的事物与现象，也有可能转化为具有必然性与现实性的事物与现象。历史的合理性之所以要以历史的必然性与现实性为根据，还在于符合历史性与现实性的事物与现象是与人的本质力量发展的一定阶段相适应的，对于当时的社会历史条件来说体现着人的本质力量发展的要求与社会历史的进步方向。在马克思历史观的思维逻辑中，合理性的概念含有进步的意蕴。社会历史中的现存事物与现象虽然都具有发生学的根据，但由于历史生成的基础是人的实践活动，而人的实践活动的能力与水平是不断发展与进步的，那些生成于人们过去时代实践活动能力与水平的事物与现象会逐渐失去存在的根据，并被适合于实践活动能力与水平的具有新的必然性与现实性的事物和现象所取代。这既是一个永无止境的"自然历史过程"，也是社会历史从低级到高级的不断进步的过程。正如资本主义制度取代封建制度时，虽然资本主义"它只是用新的阶级、新的压迫条件、新的斗争形式代替了旧的"①，而并没有改变阶级压迫与阶级剥削的性质，但这种取代不仅是作为人的本质力量对象化的生产力发展的客观要求，同时也是社会历史发展的巨大进步。封建生产关系与资本主义生产关系虽然都是人的发展在不同历史阶段上的"自主活动形式"，但相对于封建生产关系来说，资本主义生产关系是人的"自主活动"的更高形式。因此，资本主义生产关系取代封建生产关系，意味着人的"自主活动形式"的进步，正如马克思在评价德国 19 世纪的资本主义发展时所指出的，德国"不仅苦于资本主义生产的发展，而且苦于资本主义生产的不发展"。② 因为正是由于资本主义生产的不发展，德国工人不仅要承受活人与死人双重压迫的苦难，同时相对于英国的工人状况而言，他们由于得不到体现资本主义生产方式的工厂法的保护，"情况比英国要坏得多"。

黑格尔的"凡是现实的都是合乎理性的，凡是合乎理性的都是现实的"思想，经过马克思主义历史观的改造而变为：历史的合理性必须以历史的必然性与现实性为基础。这一思想为人们正确地把握历史与评价历史的事物与现象开辟了一条希望之路。在历史合理与否的问题上，马克思主义的历史观既区别于形形色色的民粹主义，也区别于形形色色的道德主义，更不同于形形色色的抽象的理想主义，而是始终不渝地诉诸科学性与革命性相统一的历史唯物主义。

马克思的历史观不同于民粹主义的历史观，它既没有给予在社会历史中活动的所有个人与所有阶级的价值诉求与行为选择以无条件的合理性的肯定与辩护，更没有像某些具有民粹主义思想情结的人们认为的那样，在统治阶级与被统治阶级、剥削阶级与被剥削阶级的斗争中，始终站在被统治与被剥削阶级一边。在马克思历史观的理论逻辑中，人类社会历史的生成与发展是以人类的劳动、实践为基础的。人类的劳动、实践史在总体趋势上是一个向上的、具有不可逆转性的进步过程。进步是

---

① 《马克思恩格斯文集》第 2 卷，人民出版社 2009 年版，第 32 页。
② 《马克思恩格斯文集》第 4 卷，人民出版社 2009 年版，第 468 页。

人类劳动、实践演进史的必然趋势与规律，因而也是作为人类劳动、实践史现实表现的社会历史的必然趋势与规律。在马克思历史观的视野里，并不是所有的个人、所有的阶级的价值诉求与行为选择都与人类整体的利益相适应，并与人类实践能力与水平的发展状况相适应，因而，不是所有的个人与阶级的价值诉求与行为选择都具有进步的性质；只有那些与人类的整体利益发展方向相一致，并代表着人类实践能力与水平、与人类整体实践能力与水平相适应的个人与阶级的价值诉求与行为选择才具有进步意义。社会历史中的事物与现象究竟是合理的还是不合理的，不是看它是符合统治阶级与剥削阶级的利益，还是符合被统治阶级与被剥削阶级的利益，而是看它是否符合当时作为人类本质力量表现的生产力发展的要求，是否代表着社会历史进步的要求。因此，社会历史的事物与现象，不论它是符合哪个阶级的利益，只要它符合当时作为人类本质力量发展表现的生产力发展水平，就具有历史的必然性与现实性，因而具有历史的合理性，否则，就不具有历史的必然性、现实性，因而也不具有进步性与合理性。马克思的历史观给予工业无产阶级以历史合理性的肯定与辩护，并不仅仅因为他们是资本主义社会中受压迫、受剥削最深最重的阶级，更为重要的是因为他们是以机器工业为代表的生产力发展的未来发展方向，是推动人类社会从阶级社会向无阶级社会过渡的进步力量。而在人类社会历史发展的一定阶段上，具体地说在生产力有了一定发展却又发展得不够的以私有制为基础的社会发展阶段上，人类的整体能力与整体利益的发展与增长通常是以某些个人甚至阶级的牺牲作为代价的，这种牺牲诚然是不幸的，却具有不可避免的历史必然性。

在历史合理与否的问题上，马克思的历史观也不同于道德主义的历史观，它拒绝对社会历史中的事物与现象诉诸所谓善良意志或善良情感的审视。在马克思历史观的视野里，一切社会历史事物与现象的存在根据在归根到底的意义上都应从社会的生产方式与交换方式的存在中获得解释，而社会生产方式与交换方式的合理与否并不在于它们是否符合人类的善良意志等，而是取决于人类的实践能力与水平的发展状况。道德上的善恶观念之所以不能作为评价历史合理与否的尺度，不仅因为在人类社会历史演进的过程中不存在一个适合于一切时代、个人与阶级的具有"永恒真理"性质的道德善恶标准，而且因为即使是"人的恶劣的情欲——贪欲和权势欲"这些在道德领域中通常被视为恶的东西，也并不必然构成对历史合理性的悖逆。"恶是历史发展的动力的表现形式"这句黑格尔的名言曾获得过恩格斯的重视与肯定，恩格斯认为其中蕴含着如下的深刻思想："一方面，每一种新的进步都必然表现为对某一神圣事物的亵渎，表现为对陈旧的、日渐衰亡的、但为习惯所崇奉的秩序的叛逆；另一方面，自从阶级对立产生以来，正是人的恶劣的情欲——贪欲和权势欲成了历史发展的杠杆。"① 不是所有"恶劣的情欲"都具有合理性，但也不是所有"恶劣的情欲"都不具有合理性，关键要看"恶劣的情欲"产生的内在根据是否具有必然性，以及是否能推动历史发展与进步。

在历史合理与否的问题上，马克思的历史观更不同于抽象的理想主义。马克思的历史观并不否定人的理想的存在，更不否定人的理想在人类社会历史发展中的作用，因为马克思的科学社会主义学说既是一种科学理论，也是一种伟大理想的表达。但理想也有合理与不合理之分，缺乏科学根据的理想通常是一种空想与幻想。空想社会主义思想家们所描绘的未来社会的美好蓝图，不是建立在对社会历史规律深刻把握的基础上，因而缺乏科学根据。即使是符合科学性的理想也不能作为历史合理与否的评价尺度，马克思主义经典作家们从来没有以共产主义社会作为评价尺度去否定私有制社会历史的合理性。他们虽然强调"光是思想力求成为现实是不够的，现实本身应当力求趋向思想"②，认为思想或理想对现实具有引领作用，但同时也强调"理论在一个国家实现的程度，总

① 《马克思恩格斯文集》第 4 卷，人民出版社 2009 年版，第 291 页。
② 《马克思恩格斯文集》第 1 卷，人民出版社 2009 年版，第 13 页。

是取决于理论满足这个国家的需要的程度"①。人类社会的历史虽然在总趋势上是不断进步的，但历史的进步是一个逐步实现的过程。人类社会在历史发展中所达到的进步的高度是与自身实践能力与水平所达到的高度相一致的：在特定的历史阶段上只能做特定历史条件下能够做的事情，而不能超越特定历史条件的制约。因此，在对社会历史的事物与现象做合理与否的评价时，只能以当时的历史条件为根据，而不能以理想原则为根据。理想是面向未来的，与现实是有距离的；具有科学性的理想是历史的未来的必然性与现实性，但不是当下的必然性与现实性，更不是过去的历史必然性与现实性。正如未来的人们不能用他们所达到的高度来评价我们今天的事物与现象，我们也不能站在今天的高度去看待人类过去的历史。

---

① 《马克思恩格斯文集》第 1 卷，人民出版社 2009 年版，第 12 页。

论马克思历史观中的科学原则与
价值原则的统一 *

一

长期以来，一提到历史唯物主义，几乎所
有的哲学教科书都把它定义为：历史唯物主义是
关于人类社会历史发展的一般规律的科学。在
人们传统的视野里，探究社会历史发展的客观
性、必然性或规律性是马克思历史观的全部
底蕴，科学原则是马克思历史观赖以确立的
最高的与唯一的原则，马克思的历史观似乎
仅仅是对社会历史发展的必然性与规律性的
正确理解与逻辑表述。循着这样的思维理路，
过去人们在对马克思的历史观进行理论建构
和逻辑表述时，往往把社会历史的发展看成
是生产力与生产关系、经济基础与上层建筑
之间的矛盾相互作用的自发过程的结果；社
会形态的发展与演进似乎完全是一个不以人的
意志为转移的自然历史过程。而价值问题，一
直作为主观因素被长期排斥在马克思的历史观
之外，马克思历史观与马克思的价值观处于一

---

　*　本文原发表于《哲学研究》1991 年第 3 期。

种被分离的状态。

正是这种分离状态，导致了传统历史唯物主义教科书在阐述社会历史发展时存在着一些无法解释的疑点。例如，生产力与生产关系的本质是什么？人们为什么要尽最大的努力去发展生产力？当生产关系阻碍生产力的发展时，上层建筑阻碍经济基础的发展时，人们为什么必然要主动地起来变革过了时的生产关系与上层建筑？共产主义作为一种社会形态，对于无产阶级与劳动人民来说为什么具有如此巨大的吸引力，以致人们为了实现它而不惜流血牺牲？仅仅是为了遵从与适应社会历史发展的外在必然性或规律性、避免社会历史发展的必然性的惩罚吗？传统的历史唯物主义教科书向人们的解答似乎就是这样的。然而，这个解答不仅往往使人们造成这样的错觉：似乎社会历史的运动纯粹是一种社会客体的自我运动，作为社会历史主体的人在社会历史发展的客观必然性或客观规律性面前不过是一种受摆布与奴役的奴仆；而且还难以解释这样一个明显的事实：例如，死亡对人类来说，无疑也是一种客观必然性或规律性制约的结果，但为什么从未有一个正常的人去为争取死亡而奋斗呢？道理很简单，死亡虽是不可避免的，但死亡对人来说只具有否定的价值。这就说明，仅仅从社会历史发展的必然性或合规律性的角度，无法合理地揭示与解释作为社会历史主体的人创造历史的历史主动性的根据。深刻的道理在于：社会历史发展的客观必然性与规律性充其量也只能强迫人们去服从它、适应它，而决不会诱发出人们对它的热情，更难以引导人们去为它奋斗。

笔者认为，传统历史唯物主义教科书对马克思历史观的理解与阐释仍然残留着旧唯物主义直观性的思维方式的痕迹，并没有完整地把握马克思历史观的真谛。马克思的历史观作为一种对社会历史本质的理解与把握社会历史现象的根本方法，虽然首先包含着对社会历史发展的客观必然性的理解，具有合规律性的特征，但同时也包含着马克思主义经典作家自身的价值取向，贯彻着一定的价值理想与追求。马克思的历史观与马克思的价值观是紧密相联的。在马克思的历史观中，科学原则或科学尺度与价值原则或价值尺度是统一的，正是这种统一才使马克思的历史观既具有科学性，又具有鲜明的党性特色。忽视了马克思历史观中的价值取向，把价值原则或价值尺度排除在马克思历史观的视野之外，就不可能对社会历史现象及其运动和发展做出合理的解释。

在唯物主义历史观的视野里，社会历史的发展既是一种"自然历史过程"，同时也是人类自由活动的结果。无论是在人与社会的实践关系中，还是在人与社会的理论关系中，都浸透着一定的价值关系。诚然，生产力的发展必然引起生产关系的变革，经济基础的变化必然最终地导致全部上层建筑的革命；生产关系、上层建筑的性质一定要与生产力和经济基础的性质相适应，这是社会结构演进的客观必然性的要求。但应当看到这也是人类自身的一种价值要求。因为在马克思看来，生产力不是别的，生产力就是人的价值的实现，是人的个性、本质的生成。从现象看，生产力虽然具有物的外观，但从本质上看，生产力不过是人的本质力量的对象化。正如马克思所说过的："工业的历史和工业的已经生成的对象性的存在，是一本打开了的关于人的本质力量的书。"① 因此，人们追求生产力的发展实质上是为了满足发展自身的本质力量的需要。当生产关系与社会形式阻碍生产力的发展时，人们之所以必然要主动地起来变革时的生产关系与社会形式，一方面固然表明改变过了时的生产关系与社会形式是历史发展的规律性的不可遏止的客观要求，但另一方面也是人类的一种价值要求。改变过了时的生产关系以适应生产力的发展，对人类来说具有双重的价值。首先，是为了保存人类已经取得的成果。马克思曾经指出：为了"不使文明的果实——已经获得的生产力被剥夺，所以必须粉碎生产力在其中产生的那些传统形式"② 。其次，人类对新的生产关系或社会形式的追求，本质上

---

① 《马克思恩格斯文集》第 1 卷，人民出版社 2009 年版，第 192 页。
② 《马克思恩格斯文集》第 1 卷，人民出版社 2009 年版，第 613、614 页。

就是人类追求一种更进步的适应于个人自主活动的社会类型，归根到底也就是力图使人自身的本质力量获得更顺利的发展，而不使发展受到阻碍。马克思曾经把人类的历史发展概括为三大形态："人的依赖关系（起初完全是自然发生的），是最初的社会形式，在这种形式下，人的生产能力只是在狭小的范围内和孤立的地点上发展着。以物的依赖性为基础的人的独立性，是第二大形式，在这种形式下，才形成普遍的社会物质变换、全面的关系、多方面的需要以及全面的能力的体系。建立在个人全面发展和他们共同的、社会的生产能力成为从属于他们的社会财富这一基础上的自由个性，是第三个阶段。"[1] 马克思所概括的这三大形态，既是社会经济联系形式历史演进必经的三个阶段，也是人类的本质力量发展的三个阶段；同时也是人类价值追求的三步历史阶梯。在第一形态内，人类追求的主要是生命价值；在第二形态内，人类追求的主要是物质价值；在第三形态内，人类才以自由价值为最高目标。在马克思那里，消灭私有制，消除活动的旧有性质，使人得到全面发展，这既是社会演进的必然归宿，也是人类的崇高价值目标。共产主义作为一种社会制度，之所以对无产阶级与劳动人民具有强大的吸引力，这不仅在于它是人类社会历史发展的必然归宿，还在于它对于无产阶级和劳动人民来说，有着巨大的价值和意义。因为只有在未来的共产主义社会中，人类才能获得真正的全面解放；人的全面而自由的发展才成为可能。正是这种崇高的价值目标，才是激励人们奋斗的永不衰竭的机制与力量的源泉。

综上所述，在马克思的历史观中，科学原则或科学尺度与价值原则或价值尺度是统一的、不可分割的。只有从这种统一性的思路出发，才能对社会历史现象做出正确的理解与合理的解释。

---

① 《马克思恩格斯文集》第8卷，人民出版社2009年版，第52页。

马克思的历史观之所以浸透着马克思的价值观，在马克思的历史观中，科学原则或科学尺度与价值原则或价值尺度之所以是统一的，全部的秘密在于：马克思的历史观是建立在马克思的实践观基础上的。

在被恩格斯称之为"包含着新世界观的天才萌芽的第一个文件"中，马克思不仅把自己的哲学称之为"新唯物主义"，而且全面地论述了这种"新唯物主义"的实践本质。在《德意志意识形态》中，马克思明确地把自己的唯物主义命名为"实践的唯物主义"。在《路德维希·费尔巴哈和德国古典哲学的终结》中，恩格斯也把马克思主义看成是"在劳动发展史中找到了理解全部社会史的锁钥的新派别"①。在马克思的"实践的唯物主义"的思路中，社会是人的社会，历史是人的历史，"社会生活在本质上是实践的"。人类社会及其人类社会的历史都是人类自身的实践活动或劳动的对象化或物化的结果。科学的实践观既是全部马克思主义哲学的理论基石，是马克思唯物主义历史观的理论基石。人类的实践活动史或劳动发展史是理解全部人类社会历史奥秘的一把钥匙。

正是对社会生活的本质及其人类历史的本质赋予了一种实践的理解，所以从这种理解中必然地要牵引出科学原则或科学尺度与价值原则或价值尺度统一的内在根据。在马克思主义经典作家的著作中，对人的实践活动的理解，既不是像费尔巴哈那样，仅仅"……只是从它的卑污的犹太人的表现形式去理解和确定"②，即把人的实践活动仅仅看成是一种投机钻营，满足物欲的谋利活动；也不是像黑格尔那样，把人的实践活动仅仅看成是一种精神性的活动，而是把人的实践活动理解成一种感

①《马克思恩格斯文集》第4卷，人民出版社2009年版，第313页。
②《马克思恩格斯文集》第1卷，人民出版社2009年版，第499页。

性的物质活动。

而人的实践活动作为一种感性的物质活动，既是能动的，又是受动的，是能动与受动的辩证统一。人的实践活动具有一种受动性的转点，因为人本身是一种对象性的存在物，人作为一种对象性的存在物，外部对象的客观存在是他自己存在的前提。首先，人是一种自然存在物。作为从自然界分化和提升出来的作为主体而存在的人，必然以客观自然界为自己存在的对象。其次，人也是一种社会存在物。人的存在决定了人必然同自然界进行物质、能量和信息的交换，这种交换活动就是劳动。在劳动中，人不仅以自然界为自己的存在对象，而且也以他人为自己的存在对象，从而以社会为自己的存在对象。同时，人还是一种历史存在物。任何一个时代的人的活动条件，包括生产力、生产关系以及社会的精神文化环境都是从先前时代继承下来的。人的实践活动的受动性特点，决定了人的实践活动首先必须遵循外部客观世界的尺度，即是说人的实践活动必须首先以客观对象的存在为前提，并受客观对象本身所固有的规律的制约。人的实践活动首先是一种合规律性的活动。人们对客观对象把握的程度，直接决定着实践的结果，而人们在实践中所取得的结果则体现着人们对客观外部世界的尺度的遵从。

人不仅是一种对象性的存在物，而且也是一种类存在物，因而是一种主体性的存在物。人作为一种主体性的存在物是为自身而存在着的存在物，他必须既在自己的存在中也在自己的知识中确证并表现自己。人的实践活动除了合规律性的特点之外，还有一个更为显著的特点，即他的活动的合目的性。人的实践活动一般都抱有一定的目的，而人的实践目的的产生与建构，一方面固然要以对外部的客观对象的认识为基础，要受到客观对象的内在规律的尺度的制约，但同时也熔铸了实践主体自身的价值理想与要求。人的实践活动与动物的活动具有根本不同的性质，动物的活动纯粹是一种单纯地适应外部环境的本能活动。因而对于动物来说，外部世界给予它的生存条件与环境是它无法逾越的障碍与限制。而从事实践活动的人在自己的活动中总是力图在遵循外在尺度的同时还按照自身内在的尺度进行活动，人"懂得处处都把固有的尺度运用于对象"①，即是说，人在实践活动中并不满足于对现存的外部对象世界给予的客观环境与社会历史条件进行简单的再复制，而总是力图根据自己的需要，按照自己所达到的认识水平与能力，设计出新的价值坐标，对现存的社会环境与历史条件进行有利于自己生存和发展的创造与重塑。用马克思的话说，那就是人必须这样安排周围的世界，使人在其中能认识和领会到真正合乎人性的东西，使他感觉到自己是人。从事社会实践的人类正是在这种重塑与创造中实现对现存的社会与历史的扬弃与超越，使社会的发展愈来愈符合于人性的要求。

显然，人本身的双重存在，决定了人的实践活动必然遵循双重的尺度，而人的社会生活及其社会的历史，本质上又不过是人类在这种双重的尺度的引导下的延续不断的历史实践活动的对象化凝结的结果。那么，人类社会及其历史对于人类本身来说（无论是从人是历史的剧作者的角度看，还是从人是历史的剧中人物的角度看）都不可避免地存在着双重的关系：必然性的关系与价值性的关系。而马克思的历史观作为一种决意按照历史的本来面貌去阐释历史的学说，作为真实存在的客观现实关系及其本质的反映与抽象，必然要把人的感性活动作为自己历史观的理论基础与思维辐射的轴心，马克思的历史观在本质上是一种"实践的唯物主义"的历史观。在"实践的唯物主义"历史观中，科学尺度与价值尺度必然是统一的，并成为马克思历史观逻辑建构的两条基本原则。

三

当然，科学原则或科学尺度与价值原则或价值尺度在马克思历史观中的统一，并不是一种形而上学的统一，而是一种辩证的统一，即包含

---

① 《马克思恩格斯文集》第 1 卷，人民出版社 2009 年版，第 163 页。

着矛盾的统一。

上面的分析表明，在马克思"实践的唯物主义"的视野中，社会历史运动是一种以人的实践活动为基础与中介的既合规律性又合目的性的运动；人在创造历史的过程中，一方面不能撇开现存的社会环境与历史条件，不能完全摆脱现实的环境与条件的制约；另一方面又有以自己的需要为价值坐标进行选择的可能性。在这种对社会历史运动的本质理解的思路中，本身就包含着对合规律性与合目的性科学原则或科学尺度与价值原则或价值尺度之间的矛盾性的承认。因为，从事社会历史活动的人所遇到的活动条件是一种"实然状态"，而人们追求的价值目标则是一种"应然状态"。在"实然状态"与"应然状态"或理想与现实之间是不可能绝对一致的。对于每一特定历史时代的人来说，用以发展现实基础虽然是前人实践活动的结果，表现为一种历史的产物，但人们在同化享用前人的活动所创造的成果时往往又萌发出新的需要。按照马克思的说法：人类自然发展的规律，一旦满足了某一范围的需要之后，又会游离出创造出新的需要。对于每一特定时代的人来说，他所追求的"应然状态"，不仅以扬弃的形式包含着历史给予的"突然状态"，而且还加进了"新的需要"。而这种"新的需要"往往表现为人们自由活动的一种新标志，一种新的价值目标。然而，这一新的需要有可能基本实现，也有可能部分实现，当然还有可能根本无法实现。因为，人们的需要能否实现、能在多大程度上实现，并不完全取决于人们的主观愿望，而是既取决于人们活动努力的程度，也取决于人们对社会历史发展的必然性的理解与把握的程度。人们的价值目标能否实现还有一个价值目标本身是否合理的问题。因此，从总的方向或基本趋势看，社会历史发展与人类自身的发展是一致的，但在具体的社会历史运动过程中，这种一致又是以矛盾的形式来达到与实现的。一方面，社会历史的发展具有一种自发性，而人在社会历史活动中往往又不甘于这种自发性的奴役，而是根据自己的需要，按照趋利避害的原则，力图扬弃这种自发性，使社会的发展与历史的演进对人类自身具有一种善的价值；另一方面，社会历史的发展又不是一个听任人随意打扮的小姑娘，它要求人们按照它的规律去打扮它。正是在历史发展的必然性与人们的价值要求的相互制约相互作用的矛盾运动中才达到社会历史发展的合规律性与合目的性的统一的。这就是马克思历史观中，把社会历史的合规律性与合目的性科学原则与价值原则的统一看成是包含着矛盾的统一的内在根据。

把科学原则或科学尺度与价值原则或价值尺度的统一看成是一种包含着矛盾的辩证统一表明：在马克思实践唯物主义历史框架中，科学原则与价值原则之间的关系既是唯物的，又是辩证的，各自起着不可相互替代的作用。

一方面，人们的价值要求必须以客观必然性为基础。在马克思的实践唯物主义历史观的思路中，人的社会实践活动的合目的性必须以合规律性为前提，合规律性作为合目的性的一个不可分割的环节被包含在合目的性的概念之中。人们的价值要求是否合理与能否实现，只有依照社会历史发展的客观必然性为参照系才能得到衡量、校正与检验。在社会历史的发展中，人们的价值要求只有同历史发展的必然性相一致时才能得以实现，而背离社会历史发展必然性的价值要求，只不过是一种没有根据的空想，在社会实践中是一定要破灭的。马克思的"实践的唯物主义"的历史观坚定地肯定科学原则相对于价值原则的首要性。科学原则是马克思的"实践的唯物主义"历史观体系赖以确立的唯物主义基础。正是由于马克思的"实践的唯物主义"历史观强调了科学原则在其体系中的基础地位，就同一切形形色色的唯意志论的历史观、空想主义历史观、浪漫主义历史观划清了界限。

另一方面，社会历史发展的必然性又不是与人们的价值追求无关的。因为，社会历史发展的必然性是在人的活动基础上产生的，而并非对于人来说是什么彼岸性的东西。人类从事社会实践活动的价值要求是推动人类进行活动的激情的源泉，是人的历史活动具有自觉性与主动性的根据，是引导历史从低级到高级，并不断地扬弃外在的自发性，使社会的发展对人来说具有价值与喻义的标杆与杠杆。既然客观必然性是在人类追求一定价值目标的实践活动中形成后，价值因素始终是历史活动中的能动因素，那么很自然价值因素也构成历史过程中必然因果链条的有机环节。因此，在马克思的"实践的唯物主义"历史观中，价值原则的确立本身就具有极其重大的价值。价值是人们活动追求的目的，价值原则是贯彻在马克思"实践的唯物主义"历史现中的人道之魂。正因为马克思的历史观在强调了科学原则的基础地位的同时，又对价值原则给予了高度重视，所以马克思的历史观又同那种贬低人的价值的自然主义和宿命论的历史观划清了界限。

论工业史与商业史在马克思历史观中的地位与价值*

一

在马克思历史观的视野里，人类的劳动发展史构成人类的社会发展史的基础。马克思主义经典作家在谈到唯物主义历史观的出发点时，一再强调："这是一些现实的个人，是他们的活动和他们的物质生活条件，包括他们已有的和由他们自己的活动创造出来的物质生活条件。"①

谈到人类的劳动发展史，从一般的或较为抽象的意义上看，它指的是人们的生产方式与交往方式的发展史；但从直接的与具体的方面看，则主要是指农业劳动、工业劳动与商业劳动的发展史，尤其是指工业史与商业史。关于工业史与商业史对于人类历史的基础性地位与重要性，马克思主义经典作家指出："一定的生产方式或一定的工业阶段始终是与一定的共同活动方式或一定的社会阶段联系着的，而这种共同活动方式本身就是'生产力'；由此可见，

---

* 本文原发表于《哲学研究》2011 年第 11 期。

① 《马克思恩格斯文集》第 1 卷，人民出版社 2009 年版，第 519 页。

人们所达到的生产力的总和决定着社会状况，因而，始终必须把'人类的历史'同工业和交换的历史联系起来研究和探讨。"①

马克思主义经典作家在评价英、法等国的历史研究时所表达的观点，则尤其值得我们关注与深思。他们认为，法国人和英国人尽管在理论上对物质生活资料的生产，"即生产物质生活本身"与"历史之间的联系了解得非常片面"，"特别是因为他们受政治思想的束缚"，但"毕竟作了一些为历史编纂学提供唯物主义基础的初步尝试，首次写出了市民社会史、商业史和工业史"。②

由此看来，在马克思主义经典作家的视野里，把握人类社会的全部历史，必须首先把握人类社会的工业史与商业史：只有在深入地研究工业史与商业史的基础上，才能对社会历史的本质及其发展达到科学的把握与阐释。工业史与商业史是全部社会历史的"世俗基础"，因而也是社会历史的"唯物主义基础"。

二

那么，工业史与商业史何以是"人类的历史"的"世俗基础"与"唯物主义基础"？根本性的理由是，人类的劳动发展史是通过工业史与商业史加以表现的，一个时代的人类的劳动的性质与发展水平最集中地体现在该时代人们的工业劳动与商业劳动的性质与水平上。诚然，人类的劳动发展史并不能与工业史和商业史简单地画上等号，因为人的劳动并不仅仅包括农业劳动、工业劳动、商业劳动等生产人们物质生活资料的物质劳动，而是同时还包括人类的精神劳动或精神生产。在其外延上，人的劳动应是物质劳动与精神劳动的总和。但尽管如此，在马克思历史

---

① 《马克思恩格斯文集》第 1 卷，人民出版社 2009 年版，第 533 页。
② 《马克思恩格斯文集》第 1 卷，人民出版社 2009 年版，第 531 页。

观的逻辑架构中，物质生产及其交往相对于精神生产及其交往来说处于更基础的地位，是前者支配与决定着后者。

从工业史与商业史中去寻找人类社会历史发展的"世俗基础"与"唯物主义基础"，这不仅是马克思历史观的必然归宿，同时也是马克思的历史观在历史观理论上的一个重大超越。之所以这样说，是因为将人类的劳动发展史视作人类社会历史基础的观点率先表达的功绩，并不能归属于马克思的历史观，而应归属于黑格尔的历史观。在《1844年经济学哲学手稿》中，马克思在谈到黑格尔否定性辩证法时，就曾对黑格尔的这方面思想进行过阐述并给予了正面肯定："黑格尔的《现象学》及其最后成果……的伟大之处首先在于，黑格尔把人的自我产生看做一个过程，把对象化看做非对象化，看做外化和这种外化的扬弃；可见，他抓住了劳动的本质，把对象性的人、现实的因而是真正的人理解为人自己的劳动的结果。"①然而，在黑格尔的历史观中，劳动并不是指人的物质生产与物质交往的活动，而是指人的精神劳动，因为"黑格尔唯一知道并承认的劳动是抽象的精神的劳动。因此，黑格尔把一般说来构成哲学的本质的那个东西，即知道自身的人的外化或者思考自身的、外化的科学，看成劳动的本质"②。黑格尔关注的是"抽象的精神劳动"，马克思关注的是具有感性性质的工业劳动和商业劳动、工业史与商业史。正是这种关注重心的不同，显示出马克思的唯物主义历史观对黑格尔的唯心主义历史观的超越。

接下来要解决的问题是：为什么农业劳动与农业发展史没有纳入马克思主义经典作家关注与论说的范围？农业劳动不仅是一种物质生产劳动，而且是人们解决吃、喝、住、穿等物质生活资料的一种主要的生产活动；此外，相对于工业社会的历史而言，农业社会的历史无疑要长久得多。那么，没有将农业史纳入视野，这究竟是一种不应有的疏忽，还

---

① 《马克思恩格斯文集》第1卷，人民出版社2009年版，第205页。
② 《马克思恩格斯文集》第1卷，人民出版社2009年版，第205页。

是他们仅就工业社会而言，并未指向全部人类社会的历史？如果我们对马克思历史观的思维逻辑做深入考察的话，一个确切的结论便是：上述二者都不是。首先，马克思主义经典作家所讲的工业，不能仅仅理解为以机器生产为代表的近代以来的大工业，而应视作手工业与机器工业的总和。因此，工业史包括手工业的发展史与机器工业的发展史。他们所讲的商业也不能仅仅理解为近代以来的具有典型性质的商品交换，而应包括自然经济社会中的简单的商品交换。准确地说，商业史应是一切形式的商品交换的历史。其次，农业劳动与工业劳动尽管都是人类维持自己肉体生存、获取物质生活资料的主要劳动形式，而且在自然经济社会中，农业劳动通常是构成社会总体劳动形态的主要内容，但人们的社会物质劳动的性质是由生产工具的性质决定的，而人们所使用的生产工具，无论是手工工具还是机器，都是工业活动的产物。农业社会与工业社会的差别不在于它们生产的是什么，而在于它们是如何生产的，在于它们的交换方式不同。而导致不同的社会在生产方式与交换方式上存在差别的，则是工业活动与商业活动的性质。同样是农业劳动，使用手工工具耕种与使用机器耕种之间存在着本质差别：前者表现为奴隶制与封建制的生产方式，后者表现为资本主义的生产方式。这一事实说明，人们劳动的性质不是由人们所生产的劳动产品决定的，而是由人们在劳动时所使用的劳动工具的性质决定的。这也许就是马克思主义经典作家在谈到研究与探讨人类的历史时没有提及农业史的真正原因。在马克思历史观的视野里，工业发展的历史即是生产工具发展的历史，从而也即是生产力的发展与生产方式演进的历史，而商业的历史即是人们的交换方式发展的历史。工业史与商业史是人们的生产方式与交换方式生成与演进的本体性基础，从而也是社会经济结构生成与演进的基础。正是基于这样的历史逻辑，马克思主义历史观在分析人类社会的历史发展时，始终以工业史、从而以生产工具的发展史作为思维运作的起点。

三

　　将工业史与商业史视作"人类的历史"的"世俗基础"与"唯物主义基础",反对从人们的思想观念与所谓的客观精神、抽象的思想范畴或社会历史发展过程中所产生的附带因素出发去解释历史,这是马克思历史观的一条根本性的方法论思路。但是,这样说是否意味着马克思的历史观在"研究与探讨"社会历史时所遵循的是一种"经济唯物主义""生产主义"或"技术决定论"的逻辑?当然不是。对此恩格斯曾作过人们所熟悉的澄清:"青年们有时过分看重经济方面,这有一部分是马克思和我应当负责的。我们在反驳我们的论敌时,常常不得不强调被他们否认的主要原则,并且不是始终都有时间、地点和机会来给其他参与相互作用的因素以应有的重视。"①"经济唯物主义"之所以是错误的,就在于它的简单化与庸俗化。人类社会的历史不能仅仅归结为社会经济的发展史,因为经济的发展在社会历史的生成中虽然起着极其重要的作用,但它并不是社会历史生成的唯一因素,社会历史的内容是丰富与复杂的:"一种历史因素一旦被其他的、归根到底是经济的原因造成了,它也就起作用,就能够对它的环境,甚至对产生它的原因发生反作用。"②"经济状况是基础,但是对历史斗争的进程发生影响并且在许多情况下主要是决定着这一斗争的形式的,还有上层建筑的各种因素:阶级斗争的政治形式及其成果——由胜利了的阶级在获胜以后确立的宪法等等,各种法的形式以及所有这些实际斗争在参加者头脑中的反映,政治的、法律的和哲学的理论,宗教的观点以它们向教义体系的进一步发展。"③在马克思主义经典作家的视野里,社会历史是由许许多多的因素构成的有机整体,而这些因素之间通常会发生相互作用,从而显示出各

---

① 《马克思恩格斯文集》第 10 卷,人民出版社 2009 年版,第 593 页。
② 《马克思恩格斯文集》第 10 卷,人民出版社 2009 年版,第 659 页。
③ 《马克思恩格斯文集》第 10 卷,人民出版社 2009 年版,第 591 页。

种不同的社会历史因素在社会历史总体中的存在价值。

应该说，恩格斯晚年对唯物主义历史观形成和发展过程的反思与对庸俗的"经济唯物主义"的批评，对于我们科学完整地把握马克思主义的历史观具有不可忽视的意义。令人遗憾的是，这些对"庸俗经济唯物主义"的批评常常受到某些人的误释；尤其是在时下的学术界，有些人已经不仅限于误释，而是颇有些误导之嫌了。他们完全不理会、甚至有意撇开经典作家在批评"经济唯物主义"时所一再强调的诸如"主要原则""主要原理""历史过程中的决定性因素归根到底是现实生活的生产和再生产""经济状况是基础"等话语，① 而是片面地抓住历史因素的"相互作用"这一点，去淡化甚至遮蔽马克思主义历史观在反对唯心历史观时所坚持的"决定作用""主要原则""主要原理"。

诚然，在马克思历史观的内在逻辑中，并不否认政治、法律、意识形态对人类社会历史的影响和作用。然而，我们不能将这些影响和作用加以夸大；我们不应忘记，马克思的历史观始终是一种唯物主义历史观，其基本精神是强调："历史过程中的决定性因素归根到底是现实生活的生产和再生产"②；"从直接生活的物质生产出发阐述现实的生产过程，把同这种生产方式相联系的、它所产生的交往形式即各个不同阶段上的市民社会理解为整个历史的基础，从市民社会作为国家的活动描述市民社会，同时从市民社会出发阐明意识的所有各种不同理论的产物和形式，如宗教、哲学、道德等等，而且追溯它们产生的过程……不是从观念出发来解释实践，而是从物质实践出发来解释观念的形成"③。

从"现实生活的生产与再生产出发"，"从直接生产的物质生产"出发，从人们的"物质实践"因而也即是从"工业和交换"的历史出发去研究、探讨、解释人类社会的历史，尤其是人们观念生成与演进的历史，这是马克思的历史观为人们研究与探讨社会历史所提供的一条带有

① 《马克思恩格斯文集》第 10 卷，人民出版社 2009 年版，第 591 页。
② 《马克思恩格斯文集》第 10 卷，人民出版社 2009 年版，第 591 页。
③ 《马克思恩格斯文集》第 1 卷，人民出版社 2009 年版，第 544 页。

指南针性质的基本思路。在这一基本思路看来，人们的思想虽然不可避免地要对社会历史发生作用，在某些特定的情况下甚至会产生极为明显与重大的作用，然而它们毕竟不是影响社会历史发展的决定性因素，因而也不能成为人们分析社会历史现象时的出发点与"主要原则"。

从人们的物质生产与物质交换出发，也即是从社会的工业史与商业史出发，去揭示与阐释人们的社会意识的生成与发展，这是马克思的历史观始终强调的最重要的基本原理或"主要原则"。在马克思历史观的视野里，在贵族统治时期占统治地位的概念之所以是"荣誉""忠诚"，其原因在于，封建社会的手工业生产方式与以自给自足为主的简单的商品交换方式导致了贵族统治时期的封建等级制，而在等级社会的条件下，必然导致社会对"荣誉"与"忠诚"的强调与看重，因为等级制既是产生"荣誉""忠诚"等概念的基础，也是维护等级制的存在所需要的。因此，我们不仅不能用"荣誉""忠诚"等概念去解释封建等级制的历史，反而应该用封建等级制去解释"荣誉""忠诚"等概念。在资产阶级统治时期，占统治地位的概念由"自由""平等"代替了先前的"荣誉"和"忠诚"，这同样只能由社会的生产方式与交换方式的变革加以解释。总之，在马克思历史观的视野里，引领社会历史发展的不是类似于"荣誉""忠诚""自由""平等"一类抽象的思想范畴，因此，它们不能作为"研究与探讨"社会历史的出发点与"主要原则"；相反，思想范畴的生产及其演变只有从人们的生产方式与交换方式及其历史演进中才能得到合理的解读与阐释。

那么，从社会的工业史与商业史出发去研究与探讨人类社会的历史，将生产工具视作生产关系的指示器，然后从生产关系出发去阐释全部社会历史的生成，是否与从"现实的个人"出发相矛盾？是否意味着一种"见物不见人"的解释逻辑？笔者的回答是否定的。首先，从工业史与商业史出发与从"现实的个人"出发，二者在马克思历史观的理论逻辑上是圆融与贯通的。什么是"现实的个人"？在马克思主义经典作家的文本中，所谓"现实的个人"中的"现实"指的是："他们的活动和他们的物质生活条件，包括已有的和由他们自己的活动创造出来的物质生活条件。"① 因此，把握"现实的个人"的现实活动离不开个人的物质生活条件，这些条件一方面是"现实的个人"的现实活动得以实现的基础与前提，另一方面是工业史与商业史在社会历史中创造与沉淀的结果。在马克思的历史观中，从"现实的个人"出发去理解人类的社会历史，就是从生产物质生活资料的生产方式与交换方式出发，从工业活动与商业活动出发，因为工业活动与商业活动及其历史是人类社会历史的主要内容与重要基础。其次，从工业史与商业史出发去把握人类社会历史的思路，也并非一种"见物不见人"的思路。因为在马克思的历史观中，"工业的历史和工业的已经产生的对象性的存在，是一本打开了的关于人的本质力量的书，是感性地摆在我们面前的人的心理学"②。可见，对"现实的个人"的理解，应在他们所创造的历史中去加以把握，尤其是应在工业与工业所创造的"对象性存在"中去加以把握。

总之，在马克思"实践的唯物主义"历史观的视野里，人类社会及其历史是在人类的物质生产与物质交往、精神生产与精神交往活动的基础上生成的，因此，人类的劳动发展史是理解人类社会发展的关键。而人类的劳动发展史又是以工业史与商业史为基础的，因此，在归根到底的意义上，对人类社会历史的理解要以对工业史与商业史的理解为基础。

---

① 《马克思恩格斯文集》第 1 卷，人民出版社 2009 年版，第 519 页。
② 《马克思恩格斯文集》第 1 卷，人民出版社 2009 年版，第 192 页。

历史发展不能任意假设 *

一

　　19世纪末20世纪初，西方史学界出现一种反叛被称为西方"史学之父"希罗多德以降的历史学家与历史哲学家们一直坚守的史学求真传统的倾向，形成了一股被称为有别于传统史学的"新史学"的潮流，提出了一些创新史学研究与诠释的新方法，其中最引人注目与最有代表性的便是"假设史学"的方法。"假设史学"作为一种新的史学思想与史学方法无疑是受到18世纪以后的在自然科学史研究中经常见到的假设方法的影响与启迪。假设作为一种科学研究的方法被引进到社会历史的领域，用于史学的研究与诠释本应是无可非议的。如果将历史研究视为是一种科学活动，历史学是一种社会科学的话，是可以合理借用与采用在自然科学研究中被证明是有用与有效的方法的。然而，在20世纪的西方史学后来发展的过程中，一些人片面地对假设方法在史学研究中的作用进行了不加限制的任意夸大，凭自己的主观臆断对

---

　　* 本文原发表于《社会科学动态》2017年第7期。

历史史实进行任意的编排与裁剪，对历史的进程与结果进行任意的假设与推断。因而受到了不少人的质疑，以至于走向了日渐式微。然而，这种在西方史学界日渐受到质疑与式微的"假设史学"的史学观与史学方法，却在一个世纪后被一些人如获至宝似地引入到中国史学研究领域。近年来，被称为"假设史学"的史学观在中国史学研究领域异常时尚，假设之风似有越刮越盛之虑，其势似有方兴不衰之忧。"假设史学"认为历史是人们创造与选择的结果，假设人们的选择不同，历史的进程结果就可能不是唯一的，而是存在多种可能的，因此"假设史学"认为在历史研究中可以有不同的假设，并以多种不同的假设为基础得出多种不同的"假设性结论"。

　　"假设史学"正是基于上述的史学观，常常打着反思的旗号，以反思史学研究的历史传统、创新史学研究方法与思维的名义，对过去的史学研究的方法与成果进行质疑与颠覆。时下，在中国的史学研究的多个领域，尤其是在中国的近现代研究领域中，各种假设不断花样翻新，各种所谓的"新见解"或"新观点"不断冒现。诸如，假设 19 世纪末的康梁发起的改良主义的君主立宪变法不因袁世凯的出卖而失败，中国是否也能走上日本明治维新式的资本主义的发展之路？假设中国走上了日本明治维新式的发展道路，是否能避免 20 世纪上半叶的革命，从而使中国避免因革命与战争造成的巨大动荡与生产力的巨大破坏？假设没有西安事变、中日战争的全面爆发以及国民党与共产党的联合抗战，共产党领导的武装力量能否生存下来并最后取得胜利？假设在二战中，日本军国主义如果不是错误地选择与具有强大国力的美国开战的南向战略，而是采取向北发展的战略，同德国相配合夹击苏联，第二次世界大战是否有不同的结果？类似的所谓假设可谓频出不穷。在这些假设中，要么夸大某些历史人物的历史作用（其中既包括被人们视之为正面的人物，也包括被人们视之为反面的人物），要么对历史事件与历史事变诉诸主观的纯粹偶然性的历史解释，试图从中推论出一些既有别于历史事实或历史人类的实然状态的另一种发展道路与另一种历史结局，也有别于已形成广泛共识并已被人们普遍接受的对历史评价的结论。如前所述，我们不应简单与绝对地拒斥在史学研究中利用在自然科学中采用的假设方法的可能性与合理性，但任何形式的假设必须依据客观的历史事实，必须遵循历史发展的客观逻辑，而不能无限夸大假设的作用，任意虚构假设赖以存在的条件，并依据虚构的条件进行不受约束的任意推论。要知道，即使在自然科学的研究中，假设的研究方法虽然有效——曾经有过依据假设导致了科学研究中的一些重大发现，但也不是普遍必然的有效，假设被证伪的经验性事实也大量存在，何况是社会历史领域的研究？史学是一门历史科学，它与所有的自然科学与社会科学一样，首要的原则是要依据客观的事实，而不能任意地假设事实与条件，变无为有，变不可能为可能，更为重要的是史学作为一门历史科学必须坚持正确的历史观，史学诠释的价值取向应符合历史发展规律的要求，不能一味追求标新立异与吸人眼球。中国史学研究领域时下流行的"假设史学"之风与史学思潮，带给我们的不仅仅是深深的忧虑，还需引起我们的必要警惕。因为从"假设史学"倡导者们的现实表现看，他们想改变的不仅仅是史学研究与诠释的传统与方法，也包括我们过去长期倡导的马克思主义的史学观。他们的一些假设性推论具有极其明显的试图颠覆人们对唯物主义历史观所坚持的历史发展必然性与规律性思想的认知，颠覆人们对中国革命的逻辑与中国革命史的正确认知，在政治上动摇人们对中国共产党指引的革命道路与中国现代化道路的信念与信心的倾向。它想影响人们，并有可能影响人们，使人们相信，近代以来的中国革命与社会主义道路并非是唯一的与正确的选择。在"假设史学"的推崇者的内心深处似有一个极想表达又难于表达的潜台词：历史既然是人们选择的结果，而人们的选择可以有多种可能性，那我们不妨假设换一条与过去和现实不同的道路走走看？是不是唯有走革命的路，不能走改良主义的路？是不是唯有社会主义才能救中国，走资本主义式自由主义的路是否也可以救中国，或者是一条代价更小、效果更好的路呢？

二

不能任意对社会历史的发展进行假设，对历史事件与事变进行纯粹偶然性的主观臆断。康梁变法的失败，既不能归因于维新派的策略失当，也不能归咎于光绪皇帝的无能与软弱、慈禧太后的狡诈与袁世凯的背叛与出卖。深刻的原因在于，19 世纪末的中国不同于明治维新时的日本。明治维新前的日本虽然处于与清朝的中国大致相似的历史阶段，但它所面临的外部压力要比世纪末的中国小得多，那时的日本虽是弱国，但并没有丧失独立的地位。19 世纪末的中国则不同，国际国内的客观条件与时势已不允许中国像日本一样走君主立宪的改良主义道路。不仅外部的列强不允许中国变强，统治阶级内部不允许变法维新，人民大众也不愿意再接受一个腐朽的，而且被认为是属于外族的封建政权；康梁变法既没有获得统治阶级内部的多数支持，也没有获得人民群众的支持，还缺乏外部力量的帮助，依凭的只是少数知识精英与宫廷人物的密谋，因而，失败是必然的。20 世纪的中国，康、梁变法失败之后，改良主义思潮陷入式微，维新之路被国民抛弃，革命虽屡遭挫折与失败，但革命的浪潮却一浪高过一浪，不仅革命始终成为世纪的主题，而且最终在中国共产党的领导下取得了胜利，走了一条与日本明治维新完全不同的路。20 世纪的中国，世纪的主题与主旋律为何不是改良而是革命，中国选择的不是资本主义道路，而是社会主义道路？一个合理的解释只能是：客观的历史条件使然；是国内外的各种力量与矛盾交汇与各种历史条件相互作用阻塞了中国走维新改良的道路，同样也是国内外的各种力量与矛盾交汇与各种历史条件的相互作用决定了中国革命成为了一种必然性的选择，并且革命的成果不是资本主义，而是社会主义。维新改良道路的失败与革命道路的成功绝不是纯粹偶然性的历史巧合，在偶然性的背后存在着必然性的逻辑。失败的背后存在着招致失败的历史逻辑，成功的背后同样有着走向成功的逻辑。如果革命的前提、基础条件不存在，革命即使发生了，也不会取得成功。正像维新改良的实践不可能取得成功一样。

同样，也不能将日本军国主义在第二次世界大战中的失败归因于某些具体的战略与战术选择的错误，主观性地假设日本的战败是错误地选择了向美国开战的所谓南向战略，这样的假设恰好符合日本右翼的历史观。在当下的日本，一些右翼势力可以承认向美开战的错误，但始终拒不承认发动侵略战争的错误，拒不向中国及亚洲受害国人民道歉，他们的一个基本认知是，日本的扩张本身没有错，错误的是不应向国力强大的美国开战，因而招致了战败。其实，日本选择向美国开战的南向战略并不是日本统治集团缺乏战略智慧的表现，而是当时的历史条件决定的。日本不是不想向苏联发动进攻，不是没有向北发展的战略，而是因为，向北发展主要依靠的是陆军力量，而日本曾在中蒙边境的诺门坎地区进行过一次战略试探，结果被苏军打得大败。而且当时的日本陆军已深陷中国战场，没有更多的力量去进入苏联。相反，日本当时有一支强大的海军，这支海军在对中、对苏作战中没有太大的作用，处于闲置状态。更为重要的是，由于长期的中日战争，用于支持战争的钢铁、煤炭、石油等战略资源日渐枯竭不支，如果向北发展与苏联开战，即使打胜了，也解决不了战争资源枯竭的问题，因为当时的苏联、西伯利亚地广人稀，既没有钢铁，也没有石油。日本向南发展是要充分发挥海军的力量，更重要的是要夺占东南亚国家的石油资源用于维持战争的需要。需要指出的是，日本作为明治维新以后迅速崛起的新兴资本主义国家，国强必霸是它必然的行动逻辑，向外扩张是资产阶级的本性使然。而日本一旦走上国强必霸、战争侵略的路，其最后的结局也就同法西斯的德国、意大利一样，必然是失败与毁灭。日本的失败是由它的战争性质决定的，而不是因具体的战略与战术的选择决定的。正如日本虽然在侵华战争与东南亚战争的过程中，取得过不少战役与战场上的骄人战绩，但却避免不了最后的根本失败一样。

西安事变对中国抗日民族统一战线的形成具有不可忽视的作用，正因为如此，发动西安事变的张学良、杨虎城被中国人民称之为民族英雄。但不能对西安事变的历史作用无限夸大，进而将其视之为改变20世纪历史进程与决定中国历史命运的决定性事件，似乎没有西安事变，就不会有日本的投降、共产党的胜利以及国民党的败退台湾。反而，如果没有东北失陷、华北危机，全国人民的抗日情绪的高涨及中国共产党的抗日主张的感染，西安事变是否会发生？西安事变发生后，如果没有共产党人的协调，张学良、杨虎城逼蒋介石抗日是否能实现？西安事变为中国的抗日民族战争的迅速建立确实提供了一个有利契机，但不能说没有西安事变就一定没有国共合作的抗日民族统一战线的形成；更不能假设没有抗日战争，就不会有共产党及其领导的武装力量的存在与壮大。没有西安事变，也许还有其他事变，即使没有其他的事变，抗日民族统一战线还是会建立起来的，或许过程要曲折一些，时间更长一些，因为，面对亡国灭种的危险，抗日是民心所向，大势所趋，顺之者存，逆之者亡。与其说是西安事变及其随后的抗战救了共产党及其红军，不如说是共产党及其领导的武装力量与全国人民一道赢得了抗战。共产党及其领导的抗日武装之所以在抗战中能从小到大、由弱到强，不断发展壮大，靠的是自己的路线正确，靠的是意志坚定、组织坚强、战略战术的正确、与人民群众的血肉相连。同样是敌后的游击武装，共产党领导的敌后游击队能从小到大、由弱变强，国民党领导的所谓的忠义救国军，不是叛变投敌，便是被日军所消灭，其中的原因不是很能说明问题么？抗战胜利后，拥有飞机大炮的四百几十万的国民党军队，却打不过只有小米加步枪且只有区区一百二十万人的人民解放军，又应如何解释呢？

三

历史是不能任意假设的，不能任意夸大历史人物在历史发展过程中的作用与影响。持"假设史学"观的人们之所以热衷于各种各样的历史假设，其中一个重要的原因即是，他们夸大了历史人物，尤其是政治领导人的作用。在持"假设史学"观的人们的认知中，中国走维新改良的道路并非不可能。革命虽是20世纪中国历史的主旋律，但并不存在必定发生的革命逻辑，维新改良的道路之所以失败，革命之所以发生，完全是那些历史人物对中国社会施加各种作用与影响的结果，是某些人，尤其是政治领导人创造的历史结果。不能否认历史人物对社会历史发展的作用与影响。某些个人之所以在历史上能被称之为历史人物，就在于他们为社会的发展留下过这样或那样的历史印迹，起到过比一般普通个人更为明显的作用与影响，否则就不能视作是历史人物。然而，对历史人物的作用与影响不能任意夸大，既不能对历史发展过程中曾经起过负面作用的人的责任无限夸大，也不能对那些对历史发展起过推动作用的人的历史功绩无限夸大。以中国近现代史为例，不可将维新改良道路的失败，归因于康有为、梁启超等改良派的判断决策的失误，以及慈禧的顽固、袁世凯的背叛出卖；也不可将20世纪的中国革命及其对历史推动的不朽功绩全部归属于某些政治人物，不能认为没有他们的鼓动与领导，中国革命就不可能发生并取得成功。历史人物，无论是对历史发展起推动作用的正面人物或英雄，还是对历史发展起阻碍作用的反面人物或小丑，首先，他们在历史中的出场与存在，都与一定的历史环境与条件存在着内在的联系，与其说历史人物创造了历史，不如说历史人物是自己时代的产物。黑格尔在谈到19世纪的普鲁士国家时就曾指出："政府的恶劣可以从臣民的相应的恶劣中找到理由和解释。当时的普鲁士人有他们所应得的政府。"①

而且，历史人物对历史的影响与作用，充其量也只能是改变历史的某些面貌，赋予历史以某些鲜明的特点，对历史发展的节奏起加速与延缓的作用，对历史发展过程中所付出的代价存在着影响的大小之分，却

---

① 《马克思恩格斯文集》第4卷，人民出版社2009年版，第268页。

不可能从根本上改变历史的基本趋势。正如马克思、恩格斯曾经指出的:"历史上周期性地重演的革命动荡是否强大到足以摧毁现存一切的基础;如果还没有具备这些实行全面变革的物质因素,就是说,一方面还没有一定的生产力,另一方面还没有形成不仅反抗旧社会的个别条件,而且反抗旧的生活生产本身、反抗旧社会所依据的'总和活动'的革命群众,那么,正如共产主义的历史所证明的,尽管这种变革的观念已经表述过千百次,但这对于实际发展没有任何意义。"①在个人与历史的关系问题上,任何单向度的思维方式无疑都是错误的,它们之间是相互作用的。我们不否定历史人物对社会历史的影响作用,这是我们对人类历史上的英雄给予褒奖与对历史中阻碍历史进步的人给予贬斥的合法性的根据与理由,但我们更应加以强调的是,所有的历史人物,正面的历史人物也好,反面的历史人物也好,都是一定时代的产物,是历史的时势造就出历史人物。个人对历史的作用与影响及其作用与影响的方向,既取决于他在社会关系中所处的实际地位,也取决于他对历史必然性的把握与遵从。

历史是不能任意假设的,既不能任意夸大个人在历史发展中的作用与影响,也不能过度夸大人的主体能动性与选择性的意义与价值。"假设史学"观不仅夸大了历史人物对历史发展的作用与影响,同时也夸大了人作为人存在所具有的主体能动性与选择性的作用。"假设史学"通常打着反对历史预成论与历史宿命论的旗号,将人的主体能动性与选择性无限放大。在他们的理论逻辑中,历史不过是人们选择的结果,如果人们有着不同的历史选择,无疑便会有不同的历史结果。历史不是预成的,而是生成的,在马克思历史观的理论逻辑中,决定论原则虽然是一个核心性原则,但马克思主义所坚持的历史决定论并不是一种神秘的预成论或宿命论,它不仅不拒斥人的选择的可能性,反而始终将社会与历史视作是在自己的实践活动基础上生成的存在物,视作是人的社会与人

---

① 《马克思恩格斯文集》第 1 卷,人民出版社 2009 年版,第 545 页。

的历史。社会关系、社会结构、社会规律的生成都与人的社会实践活动有着不可分割的内在关系，并且随着人的实践活动的发展而演进。历史是社会的历史，也是人的历史，"是人类本性的不断改变而已"①。人的劳动发展史是全部社会发展史的基础，也是理解全部社会发展史奥秘的一把钥匙。实际上，当马克思的历史观将人视作是社会历史的创造者与主体，将人的实践、劳动视作是整个社会历史生成与发展的基础时，在理论的逻辑上也就蕴含着对人的主体能动性与选择性的肯认。因为，人的实践活动、劳动是一种主观见之于客观的一种有意识、有目的的自由自觉的活动。但在马克思唯物史观的理论逻辑中，人类创造社会历史的实践活动所具有的"自由自觉"的特性，不能理解与诠释为人的主观任意性，也不能视之为是一种随心所欲、不受制约的行为。深刻的原因在于，人与社会历史的关系是一种互相作用的关系，人既是社会历史的剧作者，也是社会历史剧中的演员。社会历史在本质上是实践的，人的实践活动本质上也是社会历史的，人创造社会历史的活动不是也不可能是一种随心所欲的任意行为。因为人的实践活动既要受到一定的前提与条件的规定与制约，也要受到自身实践能力与水平的制约。正如马克思曾经指出的："历史的每一阶段都遇到有一定的物质结果、一定数量的生产力总和，人对自然以及人与人之间在历史上形成的关系，都遇到前一代传给后一代的大量生产力、资金和环境，尽管一方面这些生产力、资金和环境为新的一代所改变，但另一方面，它们也预先规定新的一代的生活条件，使它得到一定的发展和具有特殊的性质。"②"假设史学"观的认同者，试图通过夸大人的主体能动性与选择的可能性的方式，对人类社会历史进行任意的假设。无论是从历史经验事实方面看，还是从马克思的历史观所阐释的历史理论的逻辑方面看这都是不可接受的。深刻的原因在于，人创造历史的实践活动并不是一种纯主观性的活动，而是

---

① 《马克思恩格斯文集》第 1 卷，人民出版社 2009 年版，第 632 页。
② 《马克思恩格斯文集》第 1 卷，人民出版社 2009 年版，第 544、545 页。

一种主体与客体、主观与客观相统一，或主观见之于客观的活动。人的生命活动的双重性质决定了人的实践活动的自由性质，同时也就决定了这种自由的定在性、非任意性与历史性。相对于社会历史来说，人并不是无所不能的，其活动不可避免地要受到各种前提基础与条件的规定与限制。对于每一个特定阶段的人们来说，他们只能做或完成他们所处的历史阶段所允许做并有可能完成的任务，而不可能做客观条件不允许做与不可能完成的任务。任何人，即使是那些被视为"天才"或英雄的人们，其行为的选择也不能超越他们所处的时代的限制与允许，逾越了这种限制与允许的雷池，就要承担失败的后果，受到历史的制裁。

历史之所以是不能进行任意假设的，不能对历史人物，乃至于整个人类创造历史的能动性与历史选择性进行片面的膨胀与夸大，根本性的原因在于，人类社会历史的发展与自然界的发展一样，是一种有规律的发展与演进。马克思主义的历史观是一种唯物主义历史观，这种历史观既不同于形形色色的预成论与宿命论，也不同于形形色色的非历史决定论。非历史决定论从根本上说是否定客观规律存在的，至多也只是限于对自然规律的承认，而对在社会历史领域中是否存在客观规律的问题，从根本上说是持拒斥态度的。马克思主义哲学是一种唯物主义哲学，马克思主义历史观是一种唯物主义历史观，这种唯物主义哲学与唯物主义历史观不仅是一种决定论的，更为重要的还是一种彻底决定论的。所谓彻底是指它将决定论原则贯彻在世界的一切领域，即不仅贯彻于自然界的领域，也贯彻于社会历史领域。在马克思的"新唯物主义"哲学世界观中，不仅自然界的运动是有规律的，社会历史领域同样是有规律的。关于社会历史规律的问题，马克思主义经典作家们曾作过大量详尽的且明确不易存疑的论述，无需一一加以引述。需要指出与强调的是，其一，社会历史规律较之于自然规律，虽然在生成方式与表现方式上各有特点，但社会历史的发展也同自然界的发展一样，表现为"一种自然史的过程"，社会历史中存在的规律也是一种"自然规律"。其二，社会历史规律是人们可以认识与利用的，这种认识与利用"能缩短和减轻分娩的痛苦"，即可以加速历史的进程与减轻历史发展的代价，却不可人为地跳过或用法令取消它。对于马克思唯物主义历史观来说，"假设史学"的史学观在总体上是不可接受的。深刻的原因是，社会历史并不是一个可以任人随意塑造或摆布的小女孩，人们想让她怎样她就会怎样。社会历史有其自身的规律，在历史偶然性的背后，隐藏着历史的必然性，这种规律性与必然性，既为人的主体能动性与选择性的发挥提供着可能性的空间，也为人们的自由任性设置着障碍与限制。对于信仰马克思主义的马克思主义者们来说，"假设史学"的历史观在总体上是不应接受的。接受了"假设史学"观，会导致我们信仰堤坝的崩溃，因为马克思的思想体系是奠定在对历史规律或历史必然性的尊重基础之上的。对于中国共产党人与中国人民来说，"假设史学"的历史观在总体上也是不能接受的，否则就会使人们对自己的历史认同感与所走道路的信心产生动摇。

假设无限夸大就是主观臆想 *

近年来的中国史学界，出现了一种被称为"假设史学"的史学观。"假设史学"认为在历史研究中可以有不同的假设，并以多种不同的假设为基础得出"假设性结论"。然而，如果假设无限夸大，就成了主观臆想。

"假设史学"夸大政治领导人或个人的历史作用。关于中国近现代历史，持"假设史学"观点的人认为，虽说革命是20世纪中国历史的主题，但并不存在必定发生革命的逻辑，仅是个别人如主要的政治领导人创造了历史。为此，他们假设：如果20世纪中国一系列的革命不发生，中国又将如何如何。对于这样的假设，我们可以反问：同样的革命为何不发生在18、19世纪的中国，而偏偏发生在20世纪的中国？这究竟是历史的时势所致，还是个别政治人物运作的结果？对于这个问题的追问，用马克思的一段话进行解答也许是恰当的："历史上周期性地重演着的革命震荡是否强大到足以摧毁现存一切的基础；如果还没有具备这些实行全面变革的物质因素，就是说，一方面还没有一定的生产力，另一方面还没有形成不仅反抗旧社会的

---

* 本文原发表于《人民日报》2007年4月9日。

某种个别方面，而且反抗旧的'生活生产'本身、反抗旧社会所依据的'综合活动'的革命群众，那末，正如共产主义的历史所证明的，尽管这种变革的思想已经表述过千百次，但这一点对于实际发展没有任何意义。"其实，历史的条件不仅决定着革命的产生，同时也决定着革命的成功与否。对于历史发展与个人作用的关系，任何单向度的线性思维无疑都是错误的，它们之间是相互作用的。时势造就人，人也影响历史；但在最根本的因果关系中，是历史的时势造就个人，个人对历史的作用与影响取决于他对历史必然性的把握与遵循。

"假设史学"过度夸大假设中人的主体能动性与选择性。在唯物史观的逻辑中，决定论原则虽然是不可动摇的，但马克思主义所坚持的历史决定论并不是一种神秘的预成论或宿命论，它不仅不拒斥人的选择的可能性，反而始终将社会与历史看作是人在自己实践活动基础上生成的存在物。社会结构、社会关系、社会历史规律的生成，都与人的社会实践活动有着不可分离的内在关系；而人的社会实践活动，则是一种有意识、有目的的活动。人的实践活动本身就蕴含着对人的主体能动性与选择性的肯定。但是，在唯物史观的视野里，人创造社会历史的活动不是一种随心所欲的任意行为，而是在一定的前提和条件下进行的。马克思指出："历史的每一阶段都遇到有一定的物质结果、一定数量的生产力总和，人和自然以及人与人之间在历史上形成的关系，都遇到有前一代传给后一代的大量生产力、资金和环境，尽管一方面这些生产力、资金和环境为新的一代所改变，但另一方面，它们也预先规定新的一代的生活条件，使它得到一定的发展和具有特殊的性质。"可见，唯物史观丝毫不否定人的主体能动性与选择性在历史发展中的作用，但它不赞成将这种作用无限夸大。个人的作用决不是无所不能的，而是仅限于对社会历史规律的科学把握与对现实条件、环境的正确利用。个人相对于社会与历史的发展来说，确实有一种历史的责任，但这种责任也不是一种无限的责任，而是一种有限的责任，不可对其随意夸大假设，否则就会滑进唯心主义英雄史观的泥潭。

"假设史学"试图否定社会历史发展过程中的必然性或规律。唯物史观则不同于形形色色的非历史决定论。非历史决定论通常认为，必然性或规律只存在于自然界中，而不存在于社会历史中，因为只有反复出现或可以重复的东西才有必然性或规律。自然界的事物与现象之间的联系是可再现与重复的，因而是有规律的；而在社会历史领域，一切事物与现象都是一次性的、不可重复的，因而不存在必然性与规律。唯物史观并不否定自然规律与社会历史规律具有不同的表现形式与特点，但仍然坚定地认为社会历史存在着必然性和规律。事实上，分析社会历史，必须正确运用抽象力，这是掌握历史规律、历史必然性的关键，也是掌握自然规律的关键。当我们说自然事件可以重复的时候，我们的思维已经超越感性具体而达到抽象具体，我们正是在这个抽象具体的层次上承认自然事件的可重复性。而当认为社会历史事件是不可重复的时候，其思维其实还停留在感性具体上，感性具体是不可能重复的。"张三是商人，在经商中谋利"，这是感性具体，不可重复；只要是商人，就要在经商中谋利，这是抽象具体，千百年来一直在重复。陈胜和吴广领导的秦末农民起义、李自成领导的明末农民起义等是感性具体，不可重复；但只要地主阶级压迫农民阶级，就有农民阶级的反抗，这是抽象具体，也一直在重复。

历史主客体若干问题之我见 *

从哲学发展史上看，历史的主体、客体范畴不是马克思首先提出来的。但马克思以前的"历史哲学"既没有对历史的主体、客体范畴作出过科学的规定，更没有科学地说明历史主客体之间的真实关系。在历史的主客体问题上，先前的思想家们不是像法国唯物主义者那样，沿着"自然主义"的轨道滑向历史唯心主义泥坑，就是像德国古典唯心主义的哲学家们那样，沿着"理性主义"的轨道滑进历史唯心主义的泥坑。

马克思以前的思想家们失足的原因何在呢？当法国唯物主义者认定"环境创造人"的时候，不能说他们缺乏唯物主义味道。但环境是如何产生的困惑，使他们又引出了"人创造环境"的命题。于是，在历史主客体问题上，他们始终跳不出这种循环论证的逻辑怪圈。那么，他们为何跳不出这种逻辑怪圈呢？不懂得历史辩证法是其重要原因之一，但更为深刻的原因恐怕在于他们不懂得"社会生活在本质上是实践的"，也不懂得"环境的改变和人的活动或自我改变的一致，只能被看做是并合理地理解为革命的

＊ 本文原发表于《哲学动态》1989 年第 3 期。

实践"①，不懂得社会发展过程中的主客体关系本质上是一种实践的关系。尽管像黑格尔那样深刻的思想家也谈到人的实践、人的劳动在历史发展中的作用，但遗憾的是，他所说的"实民""劳动"不过是人的一种精神性活动。

在解决历史发展过程中的主客体问题时，马克思比前人深刻的地方在于：他不仅把实践、劳动理解为人的一种对象性物质活动，而且把实践、劳动作为把握历史主客体相互间全部关系乃至整个唯物主义历史观的一把钥匙。

当马克思把实践、劳动理解为一种现实的对象性物质活动，而历史不过是人通过自己的实践、劳动不断生成的历史，不过是人的对象性物质活动的沉淀、凝结和物化时，历史的主体、客体概念便第一次获得了一种科学的规定。在唯物主义历史观的视野里，历史主体不再是一种抽象的自然人或精神实体，客体也不再是一种外在于人的存在物或某种精神实体的外化。主体是实践的主体、劳动的主体，是从事对象性物质活动的人；客体是实践的客体，是人的对象性物质活动的凝结。人在自己的作品面前表现为主体，客体作为人的作品出现时表现为历史的客体。

人在现实中是以不同的形态存在着的，有个体、群体和族类的划分。作为历史主体的人究竟是指人的个体、群体还是人的族类？有人认为，作为主体的人是一个类概念，指的是一定历史条件下的人类总体。这种观点有些失之偏颇。实际上，作为历史主体的人，不过是人的各种存在形态的科学抽象。它既不是特指人的个体，也不是特指人的群体或族类，而是人的所有存在形态的有机统一。

如果把历史客体理解为历史主体对象性物质活动的结果、历史主体的作品、人的本质力量的对象化，那么历史客体显然由实体性客体、关系性客体、精神性客体三个部分构成。实体性客体主要是由人的劳动与实践创造的"人化自然物"；关系性客体主要是指历史主体在连续不断

①《马克思恩格斯文集》第 1 卷，人民出版社 2009 年版，第 500 页。

的劳动或实践过程中形成的物质的和思想的社会关系，其中最重要的是人们的经济关系；精神性客体主要包括历史主体的思维成果，同时也包括历史上形成的习惯、风俗等内容。而那些外在于人的，或者说与人的活动无关的自然物则不是历史客体。诚然，历史主体的活动是以天赋自然物的存在为其前提之一，但仅仅是前提而已。那种外在于人的自然物，并不是人的活动的结果，也不是人的本质力量的对象化与历史主体的作品。它既不确证历史主体的能力，也不确证历史主体的价值。外在于人的自然物只有通过人的实践活动，扬弃其纯粹的自然性质变成人化自然物时，才作为历史客体存在。

作为历史主体的人的主体性表现在什么地方呢？笔者认为，对历史主体的主体性的把握，不能仅仅从主体与客体的对立方面去把握，也不能仅从主体本身进行简单的直观，而必须从主体与客体的辩证统一中进行把握。不能离开历史客体谈历史主体的主体性，离开了历史客体，历史主体的主体性就是一个无法确证和把握的抽象物。实际上，所谓历史主体的主体性不过是相对于历史客体而言的，是对历史客体本质的规定。即是说，历史客体不是外在于人的客体，而是人的对象性活动的产物，是人的本质力量的对象化。概括地讲，客体是主体的客体，是主体的作品，在客体中物化着主体的本质，展现着主体的主体性，客体是主体的主体性的现实。

在历史主客体问题讨论中的又一个热点是如何理解主体性原则。有人认为，主体性原则的特定内涵是指人类是主体存在物。主体存在物把一切都当作人类的有用物，总是从自己的内在尺度出发来把握和占有物的尺度。把这一点贯穿到一切领域、一切方面，就是主体性原则。另一种意见认为，主体性原则就是主体的主观能动性原则。

笔者认为，上述两种理解，虽然包含着某些合理因素，但未必是对马克思有关论述的完整把握。在《关于费尔巴哈的提纲》中，马克思在批评先前的唯物主义的主要缺点时曾写道："从前的一切唯物主义（包括费尔巴哈的唯物主义）的主要缺点是：对对象、现实、感性，只是从客体的或者直观的形式去理解，而不是把它们当做感性的人的活动，当做实践去理解，不是从主体方面去理解。因此，和唯物主义相反，唯心主义却把能动的方面抽象地发展了，当然，唯心主义是不知道现实的、感性的活动本身的。"①如果可以把马克思的这段名言看作是主体性原则的经典性论述的话，那么，作为历史唯物主义意义上的主体性原则，就应看成是唯物主义历史观对待、考虑历史客体的方法论原则。在马克思看来，科学历史观在考察历史客体时，必须用主体的眼光，从历史主体的对象性活动、劳动出发，从历史主体的活动的角度去揭示历史客体的本质，又通过历史客体的考察反观人自身本质力量的发展，揭示人的主观能动性，这就是历史唯物主义的主体性原则。

如果对历史唯物主义主体性原则作上述理解的话，就不会把马克思关于社会发展是一个自然历史过程的观点和人的主观能动性观点对立起来。事实上，当马克思强调"社会经济形态的发展是一种自然历史过程"时，并没有忽视主体能动性，问题出在人们对"自然历史过程"的片面理解上。当人们循着马克思的思路，把社会发展的自然历史过程理解为人通过自己的活动而生成的过程时，是断然做不出马克思忽视了主体能动性的结论的。相反，在"社会经济形态的发展是一种自然历史过程"的论断中，人们所能感受到的恰恰是对历史主体的主观能动性与创造性的辩证弘扬。当唯物史观强调历史是人的历史，社会是人的社会，人是历史的剧作者时，主要是从发生学的意义上着眼的。但这决不是说，人们创造历史的活动是一种任意的、自由行动，更不是说历史客体在历史发展过程中毫无作用。

唯物主义历史观同时认为，作为历史主体的人同时也是自己历史的剧中人物。作为历史主体的人同其他一切事物一样，也是一种对象性存在物。首先，人是一种自然存在物。作为从自然界分化和提升出来的历史主体的人，必然以客观自然界为自己存在的对象。其次，人也是一种

---

① 《马克思恩格斯文集》第 1 卷，人民出版社 2009 年版，第 499 页。

社会存在物。人的存在决定了人必须同自然界进行物质、能量和信息的交换，这种交换活动就是劳动。在劳动中，人不仅以自然界为存在对象，而且以他人为存在对象，从而以社会为自己的存在对象。再次，人还是一种历史存在物。任何一个时代的人的活动条件，包括生产力、生产关系以及社会的精神文化环境都是从先前时代继承下来的。作为历史主体的人的活动不可避免地要受到自然界、社会和人的历史的制约。

　　但作为历史主体的人，能够通过自己的活动不断地扬弃对象的自发性质，从而不断地超越对象的制约。以历史主体的活动为桥梁，社会是扬弃自然于自身的社会，历史是在不断扬弃社会的过去而不断走向社会未来的历史。作为历史主体的人，何以能在自己的历史活动中，实现对历史客体的超越，从而推动历史的发展呢？这是由于每一特定时代的历史主体在现实活动中，把继承下来的前提与条件变成活动的手段，不断地把外在于人的自然力转化成人的能力。在历史主体现实活动的结果中，不仅以扬弃的形式保留着前人的活动成果，而且还融进了一些新的因素，形成了一种扩大的力量。随着人的活动的扩大和主体能力的增强，必然造成扩大了的能力和活动与过时的社会关系和精神文化的矛盾，这种矛盾又必然导致历史主体对过时的社会关系和精神文化的扬弃或超越。

主客体理论研究中的几个问题 *

一

　　笔者认为，要推动马克思主义主客体理论研究的进一步深入，真正达到对马克思主义哲学中的主客体理论的科学把握，首先必须在研究思路上纠正那种把马克思主义的主客体理论仅仅当作是一个封闭的理论系统，只局限于对主客体理论本身进行孤立研究的方法。而应把马克思主义哲学中的主客体理论纳入马克思的"实践的唯物主义"的总的思维框架中进行深层的思考，把马克思主义经典作家有关主客体问题的论述与作为马克思哲学思维辐射轴心的实践观有机地结合起来进行探讨。只有这样，才能对主客体范畴作出科学的规定，对主客体间的关系进行正确的把握。在马克思主义哲学中，无论是认识的主客体及其关系问题，还是历史的主客体及其关系问题，都是在马克思的"实践的唯物主义"这个总的思维框架中的逻辑展开。在马克思的"实践的唯物主义"的思路中，只是随着人的改造世界的实践活动的出现，人

---

　*　本文原发表于《江海学刊》1992 年第 5 期。

才把自己从自然界中提升出来，从而发生主体与客体的分裂与划分，也只有在人的历史实践的过程中才发生主体客体化与客体主体化的双向运动，从而形成真实的主客体之间的相互关系。反之，没有人的实践活动，就不存在着主客体的分裂与划分，也不存在着什么主客体之间的相互关系。马克思主义哲学中的主客体理论只不过是人的实践活动的现实过程中的主客体关系在思维逻辑上的再现。

离开了人的实践活动，就不可能科学地解决主客体问题，人类的哲学发展史也早就对此提供了明确的答案。从西方哲学发展史来看，主体、客体范畴并不是马克思首先提出来的，探讨主体与客体之间的相互关系也不是从马克思才开始的。但马克思以前的思想家们既没有对主体、客体范畴作出科学的规定，更没有科学地说明主客体之间的真实关系。在主客体及其相互关系问题上，先前的思想家们不是像法国唯物主义者那样，沿着"自然主义"的轨道滑向唯心主义的泥坑；就是像德国古典唯心主义的哲学家们那样，沿着"理性主义"的轨道滑进唯心主义的泥坑。

正是在先前的思想家们失足和陷入困境的地方，马克思开辟了一条通向真理的新思路。马克思比前人深刻的地方在于：他扬弃了前人把握主客体及其关系的直观的思维方式，不仅把人的实践、劳动理解为一种对象性的物质活动，而且把实践、劳动作为把握主客体及其相互关系的一把钥匙，从而实现了在把握主客体理论上的一场深刻革命。

二

马克思主义哲学中的主体范畴应如何规定呢？这是近几年主客体理论研究中的热点问题之一。在谈到主体是什么的问题时，人们常常以马克思在《资本论》中所说的一句"主体是人，客体是自然"的断语为根据，认为，马克思主义哲学中的主体既不是像笛卡尔与费希特等人所理解的那样，表现为人的纯粹的认识能力或人的主观意识，也不是像黑格尔所理解的那样，表现为抽象的精神实体。主体只能是活生生的、现实的人。笔者以为，把主体理解为现实的人，从一般的意义上讲是有道理的，但这需要作如下的补正。

人在现实中是以不同的形态存在着的，有个体、群体和族类的划分。作为哲学主体的人究竟是指人的个体群体还是人的族类？有人认为，作为主体的人是一个个体概念，指的是从事实践活动的个人。也有人认为，作为主体的人是一个类概念，指的是一定历史条件下的人类总体。其实这两种观点都有些失之偏颇。从哲学史上看，早在古希腊时期，柏拉图就把认识的主体理解为是具有感性能力和理性能力的单个人。在古希腊和罗马时期的哲学家们的眼里，认识和文化的主体也是单个个人。在欧洲近代哲学中，无论是唯理论者，还是经验论者，二者都一致地认为认识的主体是单个的人。所不同的只是：唯理论者强调的是人的思维能力，而经验论者强调的是人的感觉能力。费尔巴哈则从狭隘的人类学原则出发，从人的类特征的意义上去把握认识的主体。实际上，在马克思实践唯物主义的视野里，作为认识的主体与历史的主体的人，不过是人的各种存在形态的科学抽象。它既不是特指人的个体，也不是特指人的群体或族类，而是人的所有存在形态的有机统一。个体离开群体与类整体是抽象的个人，群体与族类离开现实的个人同样是一种空洞的抽象，无论是抽象的个人还是抽象的族类都不能作为主体而存在。

补正之二，人也并不自然而然的就是主体，人作为主体而存在必须具备一定的条件。那么，人作为主体而存在应具备什么样的条件呢？时下，一种得到广泛认同的观点认为，人要成为主体首先就必须要意识到自己的存在，要具有自我意识，即必须具备主体性。在笔者看来，对人作为主体存在的必备条件做上述理解，不能说没有合理因素，但也存在着疑点。当人没有意识到自己的存在，还没有使自己从对象中分裂出来时，他的存在与动物和动物群体的存在并没有什么原则的不同，这样的人当然不能算是真正的主体。但仅仅指出这一点，并没有把握问题的关键，也不能揭示出马克思与先前的思想家们之间的区别。因为，马克思以前的哲学家们早就指出了这一点。其实，不仅缺乏自我意识的人不能算作主体，就是具备了自我意识的人也不一定是主体存在物。在马克思"实践的唯物主义"的视野里，人的自我意识只是人作为主体存在物存在的必要条件，而不是充分条件。无论是认识的主客体关系，还是历史的主客体关系，只有以人的实践活动为基础才能建立起来。主体是活动的主体，客体是活动的客体，人只有从事现实的认识活动与历史活动时才能确立起自己的主体地位。人即使具备了自我意识，如果不从事现实的活动，也不能算是真正的主体，至多只能算是一种潜在的与可能的主体。只有既具备了自我意识，又从事实际活动的人才是真正的主体。因此，循着"实践的唯物主义"的思路去把握主体范畴，主体就不应仅仅理解成是具有自我意识的人，而应理解为抱有一定目的的从事实际活动的人。

三

什么是客体呢？可以说这是近几年主客体理论研究中凸显出的又一个突出的问题，也是一个分歧最大的问题。而争论和分歧的焦点问题是：人的活动过程与范围之外的外在自然界究竟属不属于客体？

我认为，同把握什么是主体一样，对客体范畴的把握也必须抛弃那种抽象的、直观的思维方式，应把它放在马克思的"实践的唯物主义"的思维框架中去加以思考与把握。既然，主体与客体的关系只有在人的实践活动的基础上才能形成，主体是实践活动的主体，人是否能成为主体只能在人的认识和改造客体的过程中、在对客体的现实关系中，才能得到确定；那么，客体是实践的客体，它也只能在人的现实活动的过程中、在对主体的现实关系中，获得自己的规定。即是说，主体和客体相互关系的出发点是它们的对象性。顺着这样的思路，那就应当认为，并不是世界上所有现实存在的东西都是作为客体而存在着的，真正的客体显然是指那些现实地进入主体活动结构、同主体发生现实的对象性关系的具体事物。如果这样的理解能够成立的话，那么依照是否同从事实际活动的主体发生对象性关系为坐标来确定客体的类型，客体显然大致由以下三个部分构成：一是实体性客体。主要是指纳入人的活动过程，同从事实际活动的人构成现实的、对象性关系的非人化自然物、人化自然物以及作为自然界一部分的人自身的自然。二是关系性客体。主要是指人类在连续不断的劳动或实践过程中形成并纳入主体的实际活动过程，同主体构成一定的对象性关系的物质的和思想的社会关系，其中最主要的是人们的经济关系。三是精神性客体。主要包括人类在长期的实践过程中形成并纳入主体的活动结构的思维成果、风俗和习惯等内容。按照这样的理解，那些虽然存在着，但并不进入人的活动过程或范围、与人的活动无关的自然物则不具有客体的属性。根本的原因是，这些自然物虽然存在着，但它们与活动的主体之间并不形成对象性关系，更不形成那种主动与被动、改造与被改造的关系。

马克思的"实践的唯物主义"当然不否认客体与自然之间存在着不可分割的联系。因为，人的活动不仅要以自然的存在为前提，而且客体范畴中本身就包含着自然的因素。从人的实践发展的连续性看，今天在人的实践活动视野之外的自然，明天也许会进入人的视野；从人的实践活动发展的无限性方面看，任何自然物都存在着转化为人的实践客体的潜在可能性。但自然并不能与客体画等号。客体按其本性来讲是具体的、历史的东西。客体不是直接现实、直接实在，而是以人的活动，特别是人的感性实践活动为中介的现实。自然界只有适合主体的某种需要，与主体构成一定的价值关系或意义关系时才能成为主体的对象。自然界只是随着它加入人的实践活动并在实践活动的基础上被主体在精神上所把握，继而成为人的实践所改造的对象时才确立起自己的客体地位。那种在人的历史实践与现实活动视野之外的自然，对人来说只不过是一种"自在之物"，这种"自在之物"对人究竟具有何种价值或意义完全是一个悬而未决的问题，这种自然也就不能作为现实的客体而存在，至多只能被看作是一种潜在的或可能的客体。

四

对解决主客体问题的思路不同，对主体、客体范畴的理解不同，也就不可避免地导致对主体性与客体性的理解不同。

在主体性应如何理解的问题上，笔者不同意目前理论界广为流传的那种主体性即人的主观能动性的观点。尽管主观能动性概念是传统的马克思主义哲学教科书中广泛使用的概念，但传统的马克思主义哲学教科书使用这一概念，是用来突出马克思主义认识论与旧唯物主义的那种消极的、直观的反映论的区别的。在传统的马克思主义哲学教科书中由于没有主体这一范畴，相应地也就没有主体性这一概念。因此，借用主观能动性概念来界定主体性这一范畴是不大合适的。诚然，主体性范畴中也包含着主观能动性的规定，但主体性并不能简单地归结为主观能动性，况且，在传统的马克思主义哲学教科书中，主观能动性概念是与客观必然性概念一起使用的，而且是以客观必然性为前提的，在主观能动性的概念本身中并不包含有客观因素。因此，借用主观能动性来界定主体性范畴容易引起人们的误解。

笔者也不同意那种把人的自然性、社会性等人的一切属性都叫作主体性的观点。主体性当然是一种存在于人身上的人的本质属性，但人的本质属性与人的主体性之间并不能简单地画等号，理由很简单，正如有人已经指出的，自然性、社会性不仅主体有，而且作为客体的人和社会也有。即是说用自然性和社会性并不能把主体性与客体性区别开来。

近来还有一种观点认为，所谓人的主体性，只是在人身上的规定人为主体的属性。这种主体性包括主体的自主性、主观性和自为性。应该说相比较而言，对主体性作这样的理解是有启发性的。但笔者认为，这种观点也有值得推敲的地方。

笔者认为，把握主体性必须注意两个基本点：其一，主体、客体都是在人的实践活动的基础上形成的，主体性与客体性也是在人的实践活动中显示出来的。因此，对主体性的把握不能离开人的活动进行抽象的理解，而必须依据人的实践活动的特性去概括人的主体性。其二，在实践活动中形成的主体与客体既有共同点又有区别，但作为主体的主体性应是与客体的区别，而不是它们的共同点。如果从上述两个基本点出发，主体的主体性似应理解成能体现为从事实践活动的主体的本质力量的自觉性、自由性和超越性。自觉性是人的活动的主体性的重要标志。动物为了自己的生存，也进行活动，但动物的活动与人的实践活动具有不同的性质。动物的活动没有丝毫的主体性可言，而人的实践活动则表现为一种主体性的活动，根本原因是，动物的活动是一种本能的活动，而人的实践活动则是一种自觉的活动。动物的活动完全是一种自发的活动，缺乏明确的活动目标，而人的活动则有着明确的目标。人的实践活动的自觉性还表现在人在实践活动过程中的自主性上。人的自主性不仅以自觉性为前提，而且构成自觉性的本质规定之一。人与动物不同，动物的活动完全是一种本能适应性的活动，人的活动则具有自主的性质。人不仅能自主地选择活动的对象，自主地设计活动过程，而且还能在一定的程度上对自己的活动进行自控和校正。

自由性也是从事实际活动的人的本质属性之一。人的实践活动本质上是人追求自身解放的活动，因而也是人的一种自由的活动。人的实践活动作为一种自由的活动，首先具有主观性的特征。人的活动与动物的活动具有根本不同的性质，"动物和它的生命活动是直接同一的。动物不把自己同自己的生命活动区别开来。它就是这种生命活动。人则使自己的生命活动变成自己的意志和意识的对象。他的生命活动是有意识的"。正是由于人有意识，"他的活动才是自由的活动"①。其次，人的实

①《马克思恩格斯文集》第1卷，人民出版社2009年版，第162页。

践活动作为一种自由的活动，还具有为我性的特征。虽然，动物的活动在一定的意义上也具有为我性的特征，但动物活动的为我性与人的活动的为我性具有本质的不同。动物的为我性是本能性的，人的为我性则是有意识的、自由的，人可以按照自己的内在尺度进行广阔的生产和自由创造，这是动物远远无法比拟的。

超越性也是从事实际活动的人的主体性重要规定之一。人的活动与动物的活动的另一重要区别还在于，动物的活动是一种单纯的适应性的活动，它的外部世界对它来说是一种无法逾越的障碍。动物的活动，充其量只能再现或复制现存世界；人的实践活动则根本不同，虽然主体的实践活动也要受到外部对象的制约，但主体并不满足于这种外部世界的给予，也并不完全受这种给予的制约，他总是从自身的需要出发，力图在把握外部对象的基础上超越外部对象。人的实践活动并不满足于外部给予的对象的简单再复制，而是致力于对给予对象的改造与重塑。

同样，对客体性的把握也不能离开人的实践活动的特点以及客体在人的现实活动过程中所处的地位和作用。客体性即是由客体在人的实践活动中所处的地位和所起的作用决定的特性。它包括着以下规定：

第一，相对于主体的自在性。虽然现实的存在并不自然而然的就是客体，现实的存在只有进入主体的活动结构，并与主体构成对象性关系时才成为客体。但并不能由此就认为客体是主体派生出来的。客体作为客观存在物，它自身是外在于主体的独立的存在。它有自身的存在形态，有自身的固有联系，这些都是不依赖于主体的任意设定。

第二，相对于主体的效用性。客体的存在虽然具有自在性，它既不是从主体派生出来的，也不具有自觉为主体而存在的"为他性"。但在客观上对主体确有某种效用，能满足主体的需要。现存的东西之所以能进入主体活动的结构，作为主体活动的对象而成为客体，是因为它对主体的需要具有某种意义。相对于主体来说，没有任何现实意义与价值的东西，是很难作为人的活动对象即客体而存在的。

第三，相对于主体的异己性与制约性。主体与客体之间虽然是一种主动与被动、改革与被改造的关系，但客体对主体的活动起着制约作用。它不仅制约着主体活动的范围，而且制约着主体的活动方式，在一定程度上也规定着主体活动的结果。正是这种制约性，也就决定了主体活动既是自由的，但这种自由又不是一种任意的自由。

五

在主客体问题讨论中的又一个热点问题是关于主体性原则的问题。而关于这一问题的争论又是围绕着以下两个方面展开的：其一，在马克思主义哲学中存不存在着一个主体性原则；其二，对主体性原则应如何理解。

在马克思主义哲学中究竟存不存在着主体性原则的问题上，目前哲学界有两种相互对立的意见。一种意见坚定地认为，在马克思主义哲学中是存在着主体性原则的。例如夏甄陶、欧阳康等人就持此种观点①。另一种意见则认为，承认人的活动具有主体性，并不等于说马克思主义哲学中存在着一个主体性原则，不应把主体性上升为主体性原则。持这种观点的人认定，主体性原则即是主观性原则，"主观性原则是唯心主义的实质，坚持主观性原则和坚持唯心主义乃是一回事"②。笔者认为，把主体性原则与唯心主义画等号未免失之偏颇。虽然从哲学史上看，唯心主义者大都强调主体性原则，唯物主义者则大都强调客体性原则，但这不能作为把主体性原则说成是唯心主义的专利品的证据。旧唯物主义者们否定主体性原则，这并不是他们深刻的地方，相反这是他们坚持直观性的思维方式的必然结果。事实上，正如对实践范畴的理解一样，可

---

① 夏甄陶、欧阳康：《试论马克思主义哲学体系的建构原则——一个马克思主义哲学新体系的初步构想》，《天津社会科学》1988 年第 3 期。

② 王金福、李同洲：《马克思主义实践观与客观性和主体性问题》，《哲学研究》1991 年第 4 期。

以作唯心主义的理解，把实践活动理解成一种精神性的活动；也可以做唯物主义的理解，把实践看作是一种感性的物质活动。对主体性原则也可以作唯物和唯心的两种不同的理解。从马克思在《关于费尔巴哈的提纲》中对唯心主义的批判看，马克思对唯心主义强调从主体出发去理解"对象、现实、感性"这一点并没有全盘否定，相反地认为这是唯心主义相对于旧唯物主义的直观思维方式的优点。问题在于：唯心主义对人的主体性做了抽象的唯心主义的理解。唯心主义的错误在于：首先把主体理解为人的思想或客观化了的精神实体，因此，从主体出发也就是从思想或客观化了的精神出发。

既然，"实践的唯物主义"不仅首先把人的实践活动理解为一种感性的物质活动，并且把人的一切其他的现实活动都看成是在实践活动的基础上发展起来的。而人的实践活动又具有鲜明的主体性特征，主体性是构成人的实践活动的本质特性之一，那么在逻辑上，实践在马克思主义哲学中的地位的确立，也就包含着对主体性原则的承认与肯定。然而，什么叫主体性原则？除了那些对主体性原则持否定态度的人们把主体性原则等同于主观性原则的观点之外，即使在对主体性原则持肯定态度的人们之间，理解也并不一致。一种意见认为：主体性原则的特定内涵是指人类是主体存在物；主体存在物把一切都当作人类的有用物，总是从自己的内在尺度出发来把握和占有物的尺度；把这一点贯穿到一切领域、一切方面，就是主体性原则。另一种意见认为，主体性原则实质上是马克思主义对待、思考"对象、现实、感性"的方法论原则①。现在看来，上述两种理解虽然都包含着合理因素，但也都存在着片面性。

如果从"实践的唯物主义"的基本思路对主体性原则做全面把握的话，这一原则似应包括以下两层相互联系的含义。

其一，主体性原则是人们从事一切活动的原则。按照"实践的唯物主义"的思路，人的活动与动物的活动具有根本不同的性质。动物的活

---

① 注：笔者也曾对主体性原则持这种看法。

动纯粹是一种本能性的适应活动，因而它的活动是纯粹受动的。人则不同，人既是一种受动的存在物，同时也是一种能动的存在物。人作为一种能动的存在物，他的活动具有一个明显的特征，即他的活动具有合目的性的特征。人的活动目的的产生与建构，固然要以对外部的客观对象的认识与把握为基础，但同时也熔铸了活动主体自身的价值理想与要求。活动的主体总是力图按照自身内在的尺度进行活动，人懂得处处都把内在尺度运用到对象上去。即是说，人在现实的活动中并不满足于对现存的外部世界给予的客观存在与环境的单纯适应或进行简单的再复制，而总是力图根据自己的需要，根据自己所达到的认识水平和能力，按照趋利避害的价值原则去选择对象，确定其活动方式，并通过自己的实践活动对外部世界进行有利于自己生存和发展的改造与重塑。因此，所谓主体性原则，本质上是人从事一切活动的价值原则。

其二，主体性原则也是"实践的唯物主义"思考与把握"对象、现实、感性"的原则。对把主体性原则看作是人的实践活动的原则的肯定，也就决定了"实践的唯物主义"在思考作为人的实践活动的结果——"对象、现实、感性"等现存感性世界时也必须遵循这一原则。即是说，对"对象、现实、感性"不能像旧唯物主义那样，仅仅从直观的、纯客体的角度去把握，而必须把它当作人的感性活动，当作实践去理解，必须从主体方面去理解。应把我们所面对的整个感性世界都看成是与人的历史实践密切相联的，看作是人的本质力量的对象化。这不仅表现在人类的历史不过是人通过自己的劳动或实践而诞生的历史，而且表现在我们所面对的自然物质也已不是原始的自然物，而是经过人类劳动或实践改造过的、打上了人的本质力量印迹的人化自然物。确立主体性原则在马克思主义哲学中的地位，是否就是意味着取消了客体性原则在马克思主义哲学中的存在呢？当然不是。笔者认为，无论是用客体性原则去否定主体性原则，还是用主体性原则去否定客体性原则，都是对马克思主义哲学的误解。在"实践的唯物主义"体系中，主体性原则与客体性原则是对立统一的，是同时贯彻在马克思主义哲学中的两个基本原则。

在"实践的唯物主义"的视野中，人当然是一种为自身而存在着的主体存在物，同时人又是一种对象性的存在物。人作为一种对象性存在物，外部对象的客观存在是他自己存在的前提。

人的存在的这种双重特性，决定了人的活动必须遵循双重的尺度。一方面，人作为主体性存在物，他的活动当然具有合目的性与为我性的特征。另一方面，人作为对象性的存在物，他的活动又具有受动性的特点。人的活动必须遵循外部客观世界的尺度，受客观对象本身所固有的规律的制约。正是对人的实践活动的这种既合规律性又合目的性的理解，也就决定了"实践的唯物主义"对主客体关系的把握，就既不可能只是片面强调主体性原则的主体主义，也不可能只是片面强调客体性原则的客体主义。而是一方面既指出主体相对于客体的自觉性、自由性、创造性与超越性，强调主体对客体的选择与改造的意义；另一方面又强调客体相对于主体的客观自在性和对主体活动的制约性。主客体关系的建构既贯彻着人们一定的价值理想与倾向，又体现着人们对客观必然性的理解。

由于人的实践活动既具有合规律性的性质，又具有合目的性的性质，因此，在"实践的唯物主义"的思路中，人们在思考和对待作为人的历史实践活动的结果的感性世界时，也必须从两种不同的视角去进行把握。既要贯彻主体性原则，又要贯彻客体性原则；在从主体方面进行思考的同时还应从客体方面进行思考；在从客体方面进行思考的同时，还应从主体方面进行思考，这才是"实践的唯物主义"提供给我们的科学方法论的基本思路。

论自由活动的主体与客体及其相互关系 *

一、自由的主体及其特性

人在现实中是以不同的形态存在着的，有个体、群体和族类的划分。当我们说自由的主体是人时，这个"人"究竟是指人的个体、群体，抑或人的族类呢？无论是在哲学史上，还是在时下人们的认识中，这仍是一个尚有争议的疑点问题。

从哲学史上看，德国古典哲学之前的哲学家们大都把思维的触角指向人的个体自由。在近代欧洲哲学中，不管是唯理论者，抑或经验论者，二者都一致地认为自由的主体是单个的人，所不同的只是唯理论者强调的是有理性与思维能力的个人，而经验论者看到的是有感觉能力的个人。在以契约论为代表的近代英法启蒙主义思想家们的眼里，自由更是属于个人的事情，只有个人才是真正自由的主体。从康德开始，德国古典哲学的思想家们将思维的坐标做了一次重大的转换，他们大都以先验理性或

---

* 本文原发表于《求索》1995 年第 1 期。

绝对理性为思维坐标的原点，从个体主义转向了总体主义、历史主义。在他们的眼里，自由是社会自由即类的自由，只有类总体或抽象化了的类精神才是真正自由的主体。虽然他们并没有剥夺个人自由的可能性权力，但在思想的深处并没有赋予个体以真正主体的地位。在德国古典哲学家们中，黑格尔的思想最有代表性，他的基本思路是，主体即"实体"，所谓"实体"即是绝对精神，因为在本体论上他提出了"精神的本性是自由"的命题，个人只不过是绝对精神自我展开、自我认识的手段或工具，个人达到了对绝对精神这个必然性"实体"的认识，也就达到了自由。然而，没有个体的存在，何以有类的存在？离开了族类，个人如果不是同时作为族类的一分子而存在，他又何以有自由的可能？对于马克思主义之前的思想家们来说，个体与族类的关系始终是一个"剪不断、理还乱"的一团麻，个体与族类的矛盾是一解不开的死结，只好各执一端。

在马克思主义哲学中，自由的主体与实践活动的主体一样，既不是特指人的个体，也不是特指人的群体与族类，自由的主体是人，但人有多种不同的存在形态，自由的主体是人的所有存在形态的科学抽象与有机统一。个体离开群体与类整体是抽象的个人，群体与族类离开现实的个人同样是一种空洞的抽象。抽象的个人与抽象的群体与族类都不能涵盖自由主体的丰富内容，甚至不能作为自由主体而存在。

自由的主体是人，只有人才能充当自由主体的角色，在逻辑上，这无疑是一个无懈可击的命题。但这一命题却不能做如下的反推与引申：人作为人存在时，即是作为自由的主体而存在。人作为类存在物存在，具有自由的本质属性，是就其可能性而言。人并不自然而然的就是自由的主体，人的活动也并不必然地就具有自由的性质，人作为自由的主体而存在必须具备一定的条件。那么，人作为自由主体而存在应具备什么样的条件呢？时下，一种得到广泛认同的观点认为，人要成为主体存在物存在，最根本的是必须要注意到自己的存在，要具有自我意识。没有自我意识的人与动物无异，其活动仍属于一种自发的、本能性的活动。对确立实践主体与自由主体条件的上述理解不能说没有道理，但在逻辑上仍然存在着漏洞与破缺。当人没有意识到自己的存在，还没有使自己从外部世界中提升出来时，他的存在与动物和动物群体的存在并没有什么原则的不同，这样的人当然不能算是真正的自由主体。一个不谙世事、深深依恋于母亲的婴儿，一个身处奴隶地位却对自己的奴隶地位津津乐道的奴隶，无论如何不能算是自由的主体。其实，不仅缺乏自我意识的人不能算是自由的主体，就是具备了自我意识的人也不一定是主体存在物。人的自我意识只是人作为自由存在物存在的必要条件，而不是充分条件。主体是相对于客体而存在的，人作为自由主体的地位只有在他从事自由活动的主客体关系中得到确立和表现。即使是具备了自我意识的人，如果不从事自由活动，或者是在他的活动中，他不是按照自己的意志行动，而是服从他人意志的强制，仍然不能算是真正的自由主体，至多只能是潜在的自由主体。如果认为人无条件是自由的主体存在物，人的活动天然的就是一种自由的活动，那么自由相对于人来说就具有宿命论性质。实际上自由的主体不应仅仅理解成具有自我意识的人，同时还应理解为以追求自身解放为目的而从事实际活动的人。

自由主体的主体地位是在人的自由活动过程中所形成的主客体关系中确立的，但自由主体是通过其主体性表现出来的，主体性是实践主体与自由主体成其为主体的必然表征。那么，自由主体的主体性应如何把握呢？

在自由主体的主体性应如何理解的问题上，笔者不同意目前理论界广为流传的那种主体性即人的主观能动性的观点。尽管主观能动性概念是传统的马克思主义哲学教科书中广为使用的概念，传统的马克思主义哲学教科书在使用这一概念时，通常是用来突出马克思主义认识论与旧唯物主义直观的反映论之间的差别的。在传统的马克思主义哲学教科书中由于没有实践主体与自由主体的范畴，相应地也就没有主体性这概念。因此，借用主观能动性这一概念来界定主体性这一范畴是不大合适的。不容否定，主体性概念中确也包含有主观能动性的规定，但主体性并不能简单归结为主观能动性。

当然在主体性的理解上，也不能同意那种把人的自然性、社会性等人的一切属性都叫作主体性的观点。主体性当然是存在于作为主体存在物的人身上的本质属性，但人的本质属性与人的主体性之间并不能简单地画等号，理由很简单，自然性、社会性不仅主体有，而且作为自由的客体也同样有。即是说用自然性和社会性并不能把主体性与客体性区别开来。自由主体与自由客体在其属性上既有共同点，也有相异点，但作为自由主体的主体应是与作为自由客体的客体性相区别的不同点，而不是它们的共同点。

笔者认为作为自由主体的人的主体性应主要体现在以下几个相互联系的方面：自觉性、自为性、超越性。

自觉性是人的自由活动的主体性的重要标志。有无自觉性不仅是人的自由活动与动物的活动的重要区别，而且也是作为自由主体的人的活动与作为本能的人的活动的重要区别。人的活动的自觉性以人的自我意识为基础，人只有首先对自我的存在、自我的需要、自我的价值与意义、自我活动的目的有着清醒的认识、估价和判断，才能达到自觉的可能。我们之所以说动物的活动、本能的人的活动、缺乏自我意识的婴儿的活动缺乏主体性，关键在于他们缺乏自我意识，其活动不是出于本能性的适应，便是受制于外在力量的强制。人的活动的自觉性主要表现在活动的自主性上，人的自主性是构成人的自觉性的本质性的规定，人的自主性贯穿于人的一切自由活动的全过程，它不仅表现在自主地选择活动的对象，自主地设计活动的过程，自主地确定活动的目标，而且还表现为一定程度上地对自己的活动进行自控与校正。

自为性是自由主体的主体性的又一重要规定。凡属称得上自由的活动，都必须是有着确定的目的的活动。人的活动目的建构一方面固然受着活动客体的制约，但另一方面则来源于人自身的需要。真正自由的主体存在物，同时也是一种为己性的、具体地说是一种根据自己的需要和利益而进行活动的存在物。诚然，动物和本能的人的活动也具有为己的性质，但这种为己性与自由主体的为己性具有不同的性质，前者受本能驱使，后者则具有自觉的性质。与自身的生存、发展、需要、利益毫无关系，甚至是格格不入的活动，不是肯定自己，而是否定自己，这样的活动决不是自己主体性的发挥，恰恰是主体自我的否定与丧失。人正是在自我需要得到满足的活动过程中使自我获得肯定与主体性得到现实的确证与表现的。

超越性也是自由主体的主体性不可或缺的规定之一，在一定的意义上甚至可看成在自由主体的主体性中最重要的规定。在一定的意义上说，超越性就是创造性。作为自由主体的人的活动与动物的活动和本能人的活动的另一重要区别还在于：动物和本能的人的活动是一种单纯的适应性活动，它的外部世界对它来说是一种无法逾越的障碍。动物或本能的人的活动充其量只能再现或复制现存世界。作为自由主体的人的活动则根本不同，虽然自由主体的活动也要受到外部对象的制约，但自由的主体并不满足于外部世界的给予，也并不完全受这种给予的制约，其总是从自身的需要出发，力图在把握对象的基础上超越外部，对外部对象进行为己性与属己性的改造与重塑。

二、自由的客体及其特性

人的自由的活动不仅是一种有目的的活动，同时也是一种对象性的活动，活动的对象即是活动的客体，它构成人的活动的另一极。

同把握什么是自由的主体一样，对自由客体范畴的把握也必须抛弃那种抽象的、直观的思维方式，也应把它放在马克思主义哲学的思维框架中去加以思考与把握。世界上的一切事物、现象并非天然就是作为客体而存在的。正如自由的主体是人，但人并不自然而然的就是自由的主体一样，客体无疑是一种存在，或者表现为一种实体性的存在，或者表现为一种现象或关系的存在，但现实存在的一切并不就是人的自由活动的客体。确定一种现实的存在是否是人的自由活动的客体，最根本的标志就是要看它是否能进入自由主体的自由活动的结构，与自由主体建构起一种对象性的现实关系。只有那些映入自由主体的视野、纳入自由主体自由活动的结构，与自由主体构成了一种现实对象性关系的事物、现象或现实存在，才能作为自由的客体而存在。而那些远离自由主体的活动视野，并不与自由主体发生对象性关系的现实存在的客体，则不能作为自由的客体而存在。

如果以人的自由活动的结构为坐标，以是否与自由主体间构成现实的对象性关系为参照系去把握自由客体的话，人的实践活动或自由活动的客体，显然大致由以下三个部分构成它的外延：一是实体性客体。主要是指纳入人的自由活动过程，同从事自由活动的主体构成了现实的、对象性关系的非人化、自然物、人化自然物以及作为自然界一部分的人自身的自然。二是关系性客体。主要是指人类在连续不断的劳动或历史实践过程中形成并纳入自由主体现实的活动过程，同自由主体构成一定的对象性关系的物质的和思想的社会关系，其中最主要的是人们的经济关系。三是精神性或思想性客体。主要包括人类在长期的实践过程中形成并纳入自由主体活动结构的思维成果、风俗和习惯等内容。

当然对实践客体与自由客体的上述把握与分类只具有相对的意义，并不具有绝对的性质。对自由客体类型的上述划分，只是一个简略的区分，并没有涵盖自由客体的全部内容。实际上，人的自由活动客体的表现形式远要复杂与丰富得多，一切与人类的实践活动或自由活动发生对象性关系，成为人们研究和改造对象的现实事物、关系、现象，都可看成是人的自由活动的客体。

在对客体范畴的把握上，理论界长期存在着一个争论不休的问题，这就是天然自然是否具有客体的属性问题。有人主张应把天然的自然纳入客体的范畴，有人认为只有人化自然才具有客体的性质，天然自然不是人的活动的结果，应排斥在客体的范畴之外。依据上面把握自由客体的思路，主张无条件地把天然自然纳入或排斥于客体范畴之外的观点都有其片面性。

为了澄清天然世界究竟是否具有客体的属性问题，有必要首先澄清三个重要概念：天然世界、人化世界、感性世界。因为，人们有关客体范畴理解上的争论，在很大的程度上与上述三个概念的理解有着密切的关系。天然世界即是未被人改造过的世界。人化世界即是经过了人的改造打上了人的活动与智慧印迹的世界，在确切的意义上讲，人化的世界也即是文化的世界。除了天然世界与人化世界的概念外，还有一个感性世界的概念，在马克思"实践的唯物主义"的架构中，感性世界即是人类的历史实践活动所面对的世界，它既包括纳入人的实践活动的天然世界，也包括纳入人的实践活动结构的人化世界。人们常常把人化世界与感性世界的概念相混淆，误认为人化世界即是感性世界，或感性世界即是人化世界，错误地在二者之间画等号，并以此为根据，将天然世界排斥在客体范畴之外。实际上，在"实践的唯物主义"的思路中，对实践客体与自由客体的把握，不是基于天然世界与人化世界的划分，而是基于感性世界与非感性世界的划分。只有人的感性实践活动所面对的感性世界才具有客体的属性。

马克思主义哲学当然不否认实践的客体或自由的客体与天然的自然之间存在着不可分割的联系。因为人的活动不仅要以天然的自然的存在为前提，相对于人及其活动来说，天然自然具有无可怀疑的先在性，而且客体范畴中本身就包含着自然的因素。从人的实践发展的连续性看，今天在人的实践活动视野之外的自然，明天也许会进入人的视野；从人的实践活动或自由活动发展的无限性方面看，任何自然物都存在着转化为人的自由客体的潜在可能性；从人的现实活动的角度看，那些虽不属于人的活动改造过的自然，但一旦纳入人的现实的活动结构时，它们也就形成了与人的对象性关系，作为人的活动的客体而存在了。但天然的自然也不能与客体范畴画等号，客体就其本性讲是具体的、历史的东西。客体不是直接现实、直接实在，而是以人的活动，特别是人的感性实践活动为中介的现实。天然的自然界只有适合主体的某种需要被活动主体的认识能力与活动能力纳入人的活动结构，与活动的主体构成一定的价值关系或意义关系时才能成为主体的对象。天然的自然界只是随着它加入人的自由活动的基础上被自由在思维上所把握，继而成为人的自由活动所指向的对象时才能确立起自己的客体地位。

同主体具有主体性一样，自由的客体也具有客体的特性。自由客体的客体性即是由客体在人的自由活动中所处的地位和所起的作用决定的特性。客体性的内容同样是丰富的，但它至少包括着以下几个规定。

一是相对于自由主体的自在性。虽然现实的存在并不自然而然的就是客体，现实的存在只有进入自由主体的活动结构，并与自由主体构成对象性关系时才成为客体，而且从人的实践活动的连续性的视角上看，绝大多数作为客体的存在，都是人的历史活动的产物。但并不能由此就认为客体依附于主体，是主体的任意设定。客体作为客观现实的存在，它自身是游离于主体的独立自在。即使是那些作为人的历史活动的结果而存在的客体，也是一种独立的存在。因为存在进入人的自由活动过程，作为客体存在时，它有自身的存在形态，有自身固有的联系，这些都是不依赖于主体的任意设定。

二是相对于主体的效用性。自由客体的存在虽然具有自在性，它既不是从主体派生出来的，也不具有自觉为主体而存在的"为他性"。但在客观上对自由活动的主体确有某种效用，能满足主体的某种需要。现存的东西之所以能进入自由主体的活动结果，作为自由主体的活动对象而成为客体，是因为它对主体的需要具有某种意义。这意义或是肯定的，或是否定的，但从归根到底的意义上看应具有肯定的价值。因为，人将对自己具有否定性的存在作为自己活动的对象，其最终目的并不是为了否定自己，而是意欲趋利避害，化消极为积极，变否定为肯定。相对于自由的主体来说，没有任何意义，至少是没有任何现实意义或价值的事物和现象，是很难作为人的活动对象即客体而存在的。当然，对自由客体效用性的理解不能过于狭隘，不能仅仅理解成纯物质性的，它的效用可能是物质的，也可能是精神的；也可能是物欲的满足，或是道德与审美需要的满足。

三是相对于自由主体的异己性与制约性。自由的主体与客体之间是主动与受动、改造与被改造的关系，但客体也不是自由主体温顺听话的小绵羊，客体对主体的自由活动也起着规范与制约的作用。自由客体既制约或规范着自由主体的活动范围，规范着自由主体的活动方式，在一定程度上也规定着自由活动的结果。正是这种规范性或制约性，也就决定了自由主体的自由活动既是自由的，又不是纯粹任性的，而是一种定在的自由。

三、人的自由是自由活动的主客体 双向运动的有机统一

上面从静态的角度分别考察了人的自由活动结构的两个基本极点，探讨了自由主体、客体的界定及其特性，但还不是人的自由实现机制的揭示。无论是自由的主体，还是自由的客体，都不能单独使人的自由获得现实的表现。人的自由在其现实性上是在自由主体与自由客体的相互作用的运动及其结果中获得现实的表现与确证的。人的自由的表现与获得是一个过程，是一个从意志自由到活动自由到实在自由的展开过程。但这个过程既是一个客体主体化的过程，同时也是一个主体客体化的过程。也可以这样说，人的自由在其现实性上表现为自由主体与自由客体的相互作用的统一。

（一）人的自由与客体的主体化

人的自由从归根到底的意义上看，表现为自由主体对活动对象或客体的改造与超越，但从因果性的角度看，它首先表现为客体主体化的过程。所谓客体的主体化，即是自由的客体作为自由主体活动的对象通过一定的途径与方式对自由主体发生的一种逆向性效应，并通过这种逆向

性效应，变外在于主体的东西为内在于主体的东西的过程。通俗地讲就是客体对主体的制约作用与影响。自由客体的主体化与自由主体的客体化是人的自由活动中的两种相辅相成、互为前提的过程，没有自由客体的主体化，也就没有自由主体的客体化，反之亦然。但这两种过程又是有其性质区别的。有人将客体的主体化与主体的客体化的过程理解为主体、客体间的双向对象化的过程，其理由是："对象性"是主体与客体在发生对象性关系和对象性活动中的相互规定、相互依赖、相互转化和相互实现的过程。或者说，对象化是指作为互为对象的主体与客体相互渗透、相互创造的过程。这样的理解看似很有道理，在外观上也似乎合乎辩证法的逻辑，但仔细琢磨起来却是大有疑问的。诚然，自由的主体与客体作为对象性关系的两极，确有互相依赖、互相规定、互相转化的属性，但我们更应该注意的是，在这种对象性的关系中，对象性的两极的特性与作用是有重大差别的。作为主体存在物，其具有受动性与能动性的双重特性；作为客体存在物，则不具有能动性的特性。在主体的客体化与客体的主体化的过程中，客体通常也可以对主体起规范作用与制约作用，并向着主体生成，但客体在何种程度上主体化，最终要依赖于主体自身的力量。

自由客体的主体化虽然不能视之为具有能动性的对象化过程，但它对主体的作用与影响则是明显的。从人的自由活动的具体实现过程看，首先，自由客体的存在是人的实践与自由活动得以展开的前提，无对象即无活动。其次，自由客体的存在及其性质，为人的认识提供对象，并以人的认识为基础制约与规范着自由主体的活动目标的建构。人的活动的具体过程是否具有历史的性质，一个重要的标志就是看是否具有明确的目的，无目的的活动无异于动物的活动。自由活动的首要标志即是人在开始活动之前，人所要达到的目标已先于活动之前就以观念图像的形式出现在人的大脑中。但人的活动目的的建构，一方面渗透着主体的内在尺度的要求，另一方面也蕴含着主体对客体的把握。客体一时为主体所把握，成为主体构造活动目标的构图的素材，便内化为主体的一种本质力量。此外，在人的自由活动的过程中，客体的性质、客体本身的规律、客体的存在方式，通常也直接或间接地规范与制约着主体活动的方式、规模与范围，决定着主体活动的效应与结果。总之，在人的具体自由活动的过程中，主体作用着客体，客体也以物质的、能量的、信息的方式通过与主体之间的相互交换，对主体产生着逆向性的作用与影响。从人的自由发展的历史连续性方面看，人的活动的客体与手段是经常互易其位的，在此一过程是作为客体存在的东西，在彼一过程中也可能成为活动的手段，在先前的活动中是作为客体与人的活动结果的东西，在后来的活动中很可能以工具或手段的形式变成主体性结构中的一个重要组成部分，变成主体作用于客体的一种中介力量。从历史连续性视角看，随着人的活动发展，任何客体最终都会不可避免地作为人的实践活动或自由活动改造的结果被主体以物质资料与精神资料的形式享用与消费，并通过这种享用与消费使之转化的主体的本质力量。

（二）自由主体的客体化

人的实践活动或自由活动作为一种对象性的活动，它既是一个客体主体化的过程，同时也是一种主体客体化的过程，是客体主体化与主体客体化的辩证统一。

所谓主体客体化，即是从事实践活动或自由活动的主体，通过能动的对象性的活动，把握、改造、影响客体，以及将自身需求、欲望、意志、能力即人的本质力量对象化出去，融合在客体之中，使客体熔铸进主体的意志与智慧，成为一种属人的存在，成为主体自身的一面镜子和主体结构的一个有机部分。主体的客体化，也即是人的本质力量的对象化、客观化。这是一个从意志自由到活动自由，再到实在自由的过程。在这一过程及其结果中，主体将自己的意志、愿望对象化了，这对象便成了人的自由的实在状态的体现，主体也可以通过这作为人的本质力量对象化了的客体去反观自身的自由实现的程度。

人的自由活动以人的意志自由为基础。但意志自由只是人的自由的一个环节。人作为自由主体并不满足于观念上的自由，对于人来说，观念上的自由就犹如图画中的饼。图画中的饼虽好看，但不能用来充饥。观念上的自由，并不是真正实在的自由。自由的主体只有将存在于自己观念中的目的作为规律，在实践过程中将其现实化，对客体进行符合于自己的改造，才能获得实在的自由。自由主体的客体化，即是主体的物化，这既是一个主体向对象的生成过程，也是主体自由的现实化。

论历史规律与人的活动 *

一

历史规律与自然规律具有不同的性质，对历史规律的把握不能简单地诉诸感性的直观，而必须遵循马克思"新唯物主义"的思路，对历史规律在做客体、直观的把握的同时，还应该从主体的角度去进行把握和理解。这是因为，历史规律虽然与自然规律一样，都是事物发展过程中的本质联系和必然性趋势，但社会历史发展过程中的本质联系和必然趋势与自然界发展过程中的本质联系和必然趋势是通过不同的方式形成和实现的。

在自然界中，事物发展的本质联系和必然趋势是自然事物和现象在完全自发的状态下通过相互作用、相互选择和相互适应而形成的。因此，自然规律是自在的；它与人的活动无关，既不是因人而存在的，也不是为人而存在的。

社会历史规律则不同。"社会生活在本质上是实践的。"社会是人的社会，是人在自己的连续不断的历史活动中，通过与自然的交往并对

＊ 本文原发表于《福建论坛》1995 年第 1 期。

自然进行辩证扬弃的基础上形成的；历史是人的历史，是人通过自己的历史活动不断地扬弃社会的过去从而得到社会的现在和未来的历史。用马克思的话来说，整个世界历史不外是人通过人的劳动而诞生的过程。不同世代之间的人们的活动及其社会形成的继承关系，形成人们的历史中的联系，形成人类的历史。因此，从发生学的或人类总体的视角看，没有人的历史活动，就不会有人的社会，也不会有人类的历史，这一简单的道理可以在社会结构与人的活动结构之间的同构性中得到确证。人的活动可分解为感性活动和精神意识活动，生产活动和政治活动、意识形态活动；在社会结构中也可以划分出生产力、生产关系、上层建筑诸层面。其因果联系的顺序是，从感性实践到精神意识活动，从生产活动到政治活动和意识形态活动。与此相适应，社会结构因果联系的层次也是从生产力→生产关系→上层建筑。因此，对社会历史规律必须从人的活动的角度去加以把握和理解，因为，社会历史规律不过是在人的历史活动基础上形成的社会结构链条之间的本质联系和社会结构运动和演变的必然性趋势。

当我们循着马克思的"实践的唯物主义"提供的方法论思路，把在社会历史过程中形成的一切社会历史规律，科学地理解为是在人的历史活动基础上形成和实现的时候，人的主体性和自由与历史规律之间就不会处于一种彼岸和此岸的分离状态，人的主体性和自由就不是游离于历史规律之外，而是作为历史规律的一个重要方面包含在历史规律的规定之中。历史规律也不再是一种外在于人的和对人来说的一种异己的存在，而是一种属人的存在和为人的存在了。关于历史发展的必然性和人的自由内在统一的思想，在黑格尔的视野里，历史中行动的主体，其自由是通过其特定的结果才变成主体的必然性的；如果历史必然性是由主体的自由行动构成的，那么历史必然性也就能够产生。在《历史哲学》中，黑格尔曾写过这样一段富有启发性的文字："在历史里面，人类行动除掉产生它们目的在取得的那种结果——除掉他们直接知道欲望的那种结果之外，通常又产生一种附加的结果。他们满足了他们自己的利益；但是还有潜伏在这些行动中的某种东西，虽然它们没有呈现在他们的意识中，而且也并不包括在他们的企图中，却也一起完成了。"①在黑格尔的思路中，历史必然性作为人的活动中产生的附加结果，是潜伏在人的活动中的。如果没有自由和人的自由活动，那么历史必然性本身也就不能产生。正是人们的自由活动构成了不可避免事件的各个环节，即历史的和客观的规律。虽然黑格尔对人的自由和历史必然性概念本身的理解是客观唯心主义的，但他对历史必然性和人的自由的统一的论证却是合理与卓越的。

在马克思的"新唯物主义"的历史观中，人的主体性与自由之所以是作为历史规律的一个重要方面包含在历史规律的规定当中，深刻的原因在于，人的实践活动与动物的单纯适应性的本能活动不同，人的活动往往要遵循双重的尺度，一方面要遵循客观对象的尺度，另一方面又要遵循主体的内在尺度，主体的内在尺度也即是主体的价值尺度。人的社会、人的历史以及在社会历史过程中呈现出的社会历史规律，实际上是在人的历史活动过程中的双重尺度的相互作用、相互校正的基础上形成和实现的。因此，在历史规律中既以扬弃的形式包容着人与外部对象世界的必然性关系，也以扬弃的形式包容着人与外部对象世界的应然关系。在唯物主义历史观的思路中，生产力的发展必然引起生产关系的变革，经济基础的变化必然最终地导致全部上层建筑的革命；生产关系、上层建筑的性质一定要与生产力和经济基础的性质相适应，这既是社会结构演进的客观因果必然性，也是人类自身的一种价值要求。因为，在马克思看来，生产力不是别的，生产力就是人的价值的实现，是人的个性、本质的生成。而社会结构演进的因果必然性的实现，是人在自身的价值目标的引导下，通过一定的认识活动和革命性的变革活动实现的。毫无疑问，历史规律的实现，也是人的主体性和自由的实现与确证。

---

① ［德］黑格尔：《历史哲学》，生活·读书·新知三联书店 1956 年版，第 57 页。

二

　　社会历史规律是在人的活动的基础上形成和实现的，但人在现实中表现为类、群体和个体三种形态，族类、群体是由个体组成的，离开了个体，类和群体不过是一种空洞的抽象。以一定的方式进行活动的个人发生一定的社会关系，是从一定的个人的生活中产生的，这是唯物主义历史观的一条基本思路。因此，要真正揭示出社会历史规律形成与实现的内在机制，有赖于对个体活动的深层分析。

　　在社会历史的实际中，不同的活动着的个体所抱有的活动目的价值坐标，由于各自的认识水平和各自的利益差别的原因，彼此之间并不完全一致，甚至是完全相反的。那么，这抱有不同的活动目的的个人活动，是如何形成历史发展中的必然性联系的？历史规律又何以能与这众多的抱有不同目的的个人活动相容纳呢？对于历史上许许多多的哲学家们来说，这似是一个"斯芬克斯之谜"。然而恩格斯的"合力论"似为我们揭示历史规律形成与实现的内在机制，解开这一吃掉许多哲学体系的"斯芬克斯之谜"提供了一条富有启发性的思路。恩格斯认为："历史是这样创造的：最终的结果总是从许多单个的意志的相互冲突中产生出来的，而其中每一个意志，又是由于许多特殊的生活条件，才成为它所成为的那样。这样就有无数互相交错的力量，有无数个力的平行四边形，由此就产生出一个合力，即历史结果，而这个结果又可以看作一个作为整体的、不自觉地和不自主地起着作用的力量的产物。因为任何一个人的愿望都会受到任何另一个人的妨碍，而最后出现的结果就是谁都没有希望过的事物。所以到目前为止的历史总是像一种自然过程一样地进行，而且实质上也是服从于同一运动规律的。但是，各个人的意志——其中的每一个都希望得到他的体质和外部的、归根到底是经济的情况（或是他个人的，或是一般社会性的）使他向往的东西——虽然都达不到自己的愿望，而是融合为一个总的平均数，一个总的合力……"① 在恩格斯看来，正是由许多怀着不同目的的个人活动之间的相互作用、相互矫正，形成、融合为一个总的合力，并在这个总的合力作用的导向下形成一定的历史事变与历史过程。这个总的历史合力既不是单个人的活动所释放出来的能量的简单相加，也不是对个体活动的完全否定，而是以一种扬弃的形式将个人的活动目的和作用容纳于作为人的整体活动的对象化结果的历史中。

应该看到，恩格斯的"合力论"揭示的是社会历史形成的内在机制，而历史与历史规律是既有联系又有区别的，二者之间并不直接的同一。历史是实现了的现存，但现存的东西并不都是合理的。人们知道，在黑格尔和恩格斯的思路中，只有那些在历史中符合历史发展必然性的东西才是真正现实和合理的。在历史发展中起作用的既有必然性因素，也有偶然性因素；社会历史的联系是复杂多样的，既有本质的方面，也有非本质的方面；历史发展的总趋势虽然是螺旋式上升的，但有时也难免出现暂时的倒退。而历史规律虽然寓于历史发展的过程中，但它体现的却是历史发展过程中的必然性趋势和历史的本质联系。

那么，什么是历史发展的必然性和本质联系？这是一个常被人们忽视的环节。传统的思路由于对此做了一种外在于人的直观理解，因此总难以避免给人以一种外力强加的宿命论的感觉。实际上，在历史发展的过程中，并不是任何历史联系都可以称得上是本质的联系，只有那些对人的种族的生存和发展具有肯定意义的联系，才是本质的联系，而一切不利于人的种族的生存和发展，对人的种族的生存和发展具有否定性的负面价值的联系则不属于历史的本质联系，而属于非本质的历史联系。人类总是在不断地追求自身生存的方式和环境的不断改善，以使自己的自由度越来越大，这是必然的，是历史进步的源泉，也是历史发展的本质。对于具体的个体来说，这是一个难以遏制的必然趋势。

从对历史发展的必然性和本质联系理解的上述思路中不难看出，历

---

① 《马克思恩格斯文集》第 10 卷，人民出版社 2009 年版，第 592、593 页。

史规律作为社会历史发展的必然性和本质联系，它体现的是整个人类的发展要求。然而，历史规律毕竟寓于历史发展的过程中，它并不是以直线与纯粹的方式实现的，也不是以直观的方式呈现出来的，而是通过生活于社会历史中的各阶级与个人间的相互作用和斗争迂回曲折地实现和表现出来的。历史的必然性与本质联系正是通过无数的偶然历史事件和复杂的历史联系为自己开辟道路，并且通过后者表现出来。人的种族的利益和需要虽然不是个体利益和需要的简单相加，但它必须通过个体的活动得到贯彻。离开了抱有不同目的个人活动之间的相互作用，就既不可能有人类的历史，也不可能有历史规律的发生。

三

历史规律虽然是通过人的对象性的活动，尤其是通过人的生产实践活动实现的，但由于它作为历史发展的必然性的本质联系，体现的是人的族类的需要利益；而人的族类的需要与利益与个体的利益需要虽然具有统一性，但也包含着矛盾，因此，它相对于社会历史中现实的阶级和个体来说又具有自发性的一面。历史规律为人的个体活动提供可能性的空间的同时，也为人们的活动和意志自由规定着严格的界限。社会历史中活动的阶级与个人的活动目的有可能实现，也有可能部分实现，但也有可能完全地被历史的发展所否定。

社会历史规律是客观的，并不与社会历史中活动的阶级与个人的意志或活动目的无条件地相吻合。那么，对于社会历史中活动的阶级和个人来说，在历史规律面前还有没有自由？马克思的历史观在论及社会历史中阶级与个体同历史规律的关系时，不同于形形色色的宿命论的历史观，而是充满着辩证法精神。马克思的历史观一方面承认历史规律相对于社会历史中活动的阶级和个人的客观性和自发性，另一方面也承认历史中活动的阶级与个体自由的可能性，对于在社会历史中活动的阶级和个人来说，历史规律就好似一把双刃剑，它既限制人的自由，同时也是人们争取自由的锐利武器。当人们不能驾驭它时，它具有自发性，一旦人们驾驭了它时，它又能为人们所利用。

但对于社会历史中活动的阶级和个人来说，它的意志自由和活动自由的实现又必须具备一定的条件。人们在解决必然与自由的关系问题时，常常引证恩格斯的名言"自由不在于幻想中摆脱自然规律而独立，而在于认识这些规律，从而能够有计划地使自然规律为一定的目的服务"，"自由就在于根据对自然界的必然性的认识来支配我们自己和外部自然"。① 一般来说，遵循恩格斯的上述思路来把握人的自由和解决必然与自由的关系问题是对的。无论是自然界的规律也好，还是社会历史规律也好，都有一个共同点，即客观性。从这种意义上来说，"这两类规律，我们最多只能在观念中而不能在现实中把它们互相分开"②。因此，任何人要在自然规律与社会历史规律面前获得自由，首先必须认识，理解自然规律，并借助于对事物的认识而获得意志自由，然后在自由意志的支配和引导下，通过自己的实践活动改造并占有对象世界而获得自身的活动自由和存在的自由。但人们似乎忽视了重要的一点，即自然规律和社会历史规律的形成和实现的机制有着重要的差别。如前所述，社会历史规律是在人的实践活动中形成和实现的，它既以扬弃的形式包容着人与外部对象世界的必然性关系，也以扬弃共形式包容着人与外部对象世界把应然关系。社会历史规律在本质上体现的是人的族类利益和发展方向。因此，对社会历史规律的认识和利用，不同于对自然规律的认识和利用，它要受到社会中活动的阶级和个人的利益的影响和制约。一般说来，只有那些符合历史发展规律，即与人的族类利益的发展方向相吻合的阶级和个人的活动目的才有可能实现。而对那些与人的族类利益相违背的阶级和个人来说，历史规律则是他们无法逾越的障碍。

---

① 《马克思恩格斯文集》第 3 卷，人民出版社 2009 年版，第 120 页。
② 《马克思恩格斯文集》第 9 卷，人民出版社 2009 年版，第 120 页。

论个人活动的有目的性与
历史发展的无目的性 *

一

社会是人的社会，历史是人的历史，从人
出发去考察与分析人的社会与历史，将社会历
史的发展归结于人的发展，将社会历史的本质
归结于人的本质，应该说，这是西方近代以来
对社会历史诠释的占主导性的观点或思想的主
基调。马克思的历史观对社会历史的考察与分
析无疑也是从人出发的，或者说人同样是马克
思的历史观的出发点。然而，由于马克思的历
史观不仅将人视作是社会历史的剧作者，同时
也将人视作是社会历史中的演员，人在创造着
属人的社会与历史的同时，也受到自己所创造
的社会历史的约束与规范。在马克思历史观的
理论逻辑中，一方面将社会视作是人的社会，
历史是人的历史；另一方面也强调人是社会的
人，是历史的人。正是基于人与社会、历史的
这种辩证的、统一的理解，当马克思的历史观
对社会、历史诉诸以人作为出发点的理解时，

---

* 本文原发表于《哲学研究》2014 年第 11 期。

他所指向的人与西方近代以来的资产阶级思想家们所指向的人具有全然不同的含义。近代以来的资产阶级思想家，无论是西方近代以来的资产阶级哲学家，还是资产阶级经济学家，他们视野中的人都是一种抽象的人。这种抽象的人要么是属于费尔巴哈哲学中所假定的属于"一种抽象的——孤立的——人的个体"①，要么像亚当·斯密和大卫·李嘉图经济学著作中"当作出发点的单个的孤立的猎人和渔夫"。② 这种孤立的个人之所以是抽象的，因为在他们看来，"这种个人不是历史的结果，而是历史的起点"③。与近代西方思想家们从抽象的个人出发去把握人类社会及其历史的历史观不同，当马克思的历史观将人视作是社会历史的剧作者，主张应将人作为把握社会历史的出发点时，他所指向的人不是抽象的个人，而是"现实的个人"。

什么是"现实的个人"，考察与分析人类社会历史时为什么一定要从"现实的个人"出发？在马克思历史观的视野里，"这里所说的个人不是他们自己或别人想象中的那种个人，而是现实中的个人，也就是说，这些个人是从事活动的，进行物质生产的，因而是在一定的物质的、不受他们任意支配的界限、前提和条件下活动着的"。④"这是一些现实的个人，是他们的活动和他们的物质生活条件，包括他们已有的和由他们自己的活动创造出来的物质生活条件。"⑤ 从引述的经典作家上面有关"现实的个人"的论述中不难得出如下的推论，在马克思历史观的语境中，所谓"现实的个人"是由个人的现实活动与个人的现实的"物质生活条件"等两项内容构成与表达的，概括地说，所谓"现实的个人"是指受一定物质生活条件制约或支配下从事实际活动的个人。在马克思历史观的理论逻辑中，分析人类社会历史之所以要从"现实的个人"出

---

① 《马克思恩格斯文集》第 1 卷，人民出版社 2009 年版，第 501 页。
② 《马克思恩格斯文集》第 8 卷，人民出版社 2009 年版，第 5 页。
③ 《马克思恩格斯文集》第 8 卷，人民出版社 2009 年版，第 6 页。
④ 《马克思恩格斯文集》第 1 卷，人民出版社 2009 年版，第 524 页。
⑤ 《马克思恩格斯文集》第 1 卷，人民出版社 2009 年版，第 519 页。

发，深刻的原因不仅在于"全部人类历史的第一个前提无疑是有生命的个人的存在"①；更为深刻的原因是"以一定的方式进行生产活动的一定的个人，发生一定的社会关系和政治关系……社会结构和国家总是从一定的个人的生活过程中产生的"。② 因此，只要从"现实的个人"的现实活动出发，"只要描绘出这个能动的生活过程，历史就不再像那些本身还是抽象的经验主义者所认为的那样，是一些僵死的事实的汇集，也不再像唯心主义者所认为的那样，是想象的主体的想象活动"③。

分析社会历史应从"现实的个人"出发，即应从"现实的个人"的活动和"他们的物质生活条件"出发。而人的活动是一种"自由的自觉的活动"。人的活动所具有的这种"自由的自觉的"性质与可能性，不仅决定着任何个人的存在是一种有热情与有欲望的存在，同时也决定着"现实的个人"的活动是一种有目的的活动。在马克思历史观的理论逻辑中，不但不反对"现实的个人"活动中有热情与欲望的存在，更不反对个人活动的目的性的存在与作用，恰恰相反，认为正是由于个人活动中的热情与欲望，活动的意识性与目的性的存在，人的活动才与动物的纯粹性的本能活动区别开来。马克思的历史观反对的是那种将"现实的个人"的活动视作是一种像唯心主义者那样"是想象的主体的想象活动"，反对的是对"现实的个人"活动的目的性诉诸唯心主义非决定论的解释。在马克思历史观的视野里，个人的热情与欲望、个人活动的目的性，不仅受制个人的需要，受制于个人的认识能力，更受制于个人的"物质生活条件"。在社会历史中活动的个人之所以具有不同的活动目的，并且具有相反的、甚至是相互对立与冲突的活动目的，根本性的原因在于他们各自所赖以生存的"物质生活条件"的不同。不同时代的人们其活动目的诉求存在着历史性的差异，即使是生活在同一历史时代的个人之间其活动的目的诉求也千差万别。

---

① 《马克思恩格斯文集》第 1 卷，人民出版社 2009 年版，第 519 页。
② 《马克思恩格斯文集》第 1 卷，人民出版社 2009 年版，第 524 页。
③ 《马克思恩格斯文集》第 1 卷，人民出版社 2009 年版，第 525、526 页。

二

现实个人的活动是人类社会历史生成的基础，而"现实的个人"在自己的现实活动中不仅是充满着激情与欲望，而且有着各自的不同的活动动机与目的，蕴含着各自不同的价值诉求与取向。然而，我们能否从在社会历史中的"现实的个人"活动的有目的中，得出或推论出社会历史的发展过程也是一个蕴含有内在目的的过程，或社会历史的演进是一个合乎人的目的的过程？社会历史的发展与演进究竟是一种自觉性的合目的的过程，还是一种自发性的非合目的过程？对于历史上的许多哲学家们来说，尤其是对于那些持有神学历史观与唯心主义历史观的哲学家们来说，似乎不是一个问题，因为对于历史上的许多哲学家，尤其是对于那些具有神学历史观与唯心主义历史观的哲学家来说，赋予社会历史的发展与演进以一种有目的或合目的性的解释，似乎既无需争辩，也不是困难的问题。不仅如此，即使是在许多对马克思主义历史观持有肯定与认同立场的人们中，将社会历史的发展与演进视作是一种既合规律也合目的的过程的观点，也是得到广泛认同的。

对于一切具有神学世界观的哲学家们来说，不管他们头脑中的神具有什么样的形象，是具体的神，还是抽象的神，是上帝，还是真主，抑或是佛祖；也不管他们的神学世界观采取什么形式，是泛神论的形式，还是自然神论的形式，是非逻辑的，还是逻辑的形式，赋予自然界与社会历史的发展以有目的或合目的性的解释，理由既简单且充分。一切神学世界观的理论逻辑都是先在性地设定神存在，所不同的只是在于不同的神学世界观赋予神以不同的形象。但在所有的宗教神学的理论逻辑中，有一点是相同的，即所有的神都充当着造物主的角色。在一切神学世界观的理论逻辑中，神作为造物主是无所不能的，神是按照自己的意志与目的创造了世界上的一切事物与现象，而世界上的一切事物与现象的产生与存在完全服从的是造物主的目的与安排，因而是一种合乎神的目的性的存在。自然界也好，社会历史也好，之所以表现为一种有着确定的因果联系与秩序的链条，是因为造物主要以此证明自己的智慧。

对社会历史持有合目的论主张的并不仅仅存在于形形色色的神学世界观中，也存在于那些虽然反对神学，主张无神论，但属于形形色色的唯心主义世界观的哲学中。从哲学的理论逻辑上看，所有的唯心主义哲学世界观与历史观都蕴含有目的论的哲学底蕴与基因。深刻的原因在于：当唯心主义哲学家们认定人所面对的"对象、现实、感性"即人的感性世界的存在属于人的思想或精神的创造物与产物时，在本质上也就对"对象、现实、感性"赋予了一种合目的论的理解与解释。相对于形形色色的神学目的论来说，形形色色的唯心主义哲学目的论的不同在于，它将自然的合目的性与社会历史的合目的性从合乎神的目的转变成了合乎人的目的，或者说将目的由神意变成了人意，或是脱离人身的抽象的人类精神与理性。在持有唯心主义目的论的哲学家中，康德与黑格尔的目的论最具有典型性。康德历史观的理论基础是他的理性学说，在他的理论逻辑中，社会历史的发展与演进是有规律的，因为社会历史的发展与演进是以人的理性的存在为基础的，并受到人类理性的支配。康德认为，自由、平等、人权的理性原则既是支配社会历史发展的原则，也是人对历史发展的基本要求，因而，理性原则在社会历史发展过程中的贯彻与实现，即使社会历史的发展呈现出规律性，也表现为合目的性。在社会历史观上，黑格尔无疑也是一位历史的合目的论者，而且是一位更为影响重大的历史目的论的倡导者。说黑格尔是一位更为影响重大的历史的目的论者，不仅因为相对于康德的历史观而言，黑格尔的历史观对于马克思的历史观有着更为相近的亲缘联系，或者说在历史观上二者之间有着某种程度上的神非而形似的性质，同时，黑格尔的历史目的论较之于康德的历史目的论，无论是从逻辑表达的形式上看，还是从内容的深刻度上看都要更为精致与迷惑人一些。相对于康德，黑格尔是后继者，但正如黑格尔的哲学唯心主义不是康德哲学唯心主义的延续，黑格尔主义不是康德主义一样，在历史目的论上，黑格尔哲学的历史目的论也不是康德哲学的历史目的论的重复与翻版。相对于康德的历史目的论来说，黑格尔的历史目的论在形式与内容上都显示出自己的特点。黑格尔与康德虽然都认同理性支配世界的观点，对社会历史的发展都诉诸理性的外化与对象化的理解与解释，但康德对理性的理解与解释是确定与具体的，并不思辨与抽象，他所认定的理性即是由法国大革命过程中所表达出来的，反映近代以来产生的资产阶级为发展商品经济所要求的自由、平等、人权等；黑格尔对理性的理解与阐释虽然也打上了资本主义时代的烙印，但它被赋予了比康德思辨与抽象得多的性质与形式。黑格尔的理性是一种具有思辨与抽象色彩的绝对理性，这种绝对理性也叫作绝对观念或绝对精神。在黑格尔的视野里，理性、观念、精神之所以是绝对的，是因为"'精神'的实体或者'本质'就是'自由'"，"'自由'是'精神'的唯一的真理"。① 即是说精神的存在不是以他物的存在为前提与条件，它是一种不依赖于他物存在的存在，精神是依靠自身的存在的存在，这种自身的存在就是"自由"，自由既是精神的本性也是历史的"绝对的最后目的"。"绝对的最后目的黑格尔的'绝对观念'之先于世界的存在，在世界之前就有的'逻辑范畴的预先存在'，不外是对世界之外的造物主的信仰的虚幻残余……"② 黑格尔的历史目的论由于只是将绝对理性视作是社会历史中潜藏的支配者或主宰者，绝对理性或绝对精神要使自己的自由本性得以实现，使社会历史的发展表现为自己的目的，必须通过个人的活动，依赖于个人的主观意志，而推动个人活动与影响个人意志的因素包括人们的"需要、本能、兴趣和热情"，因而他对社会历史中的必然性与合目的性的阐释是有着巨大的历史感的。在黑格尔历史观的理论逻辑中，引领或主宰世界历史发展的是世界精神或世界理性，引领或主宰民族历史发展的是一个民族的民族精神或民族理性，世界精神与民族精神都是绝对理性与绝对精神在历史中的具体表

---

① ［德］黑格尔：《历史哲学》，王造时译，上海世纪出版集团 2006 年版，第 15、16 页。
② 《马克思恩格斯文集》第 4 卷，人民出版社 2009 年版，第 281 页。

现形式。只不过绝对理性非常狡诈，它自己通常并不直接登台表演，理性的目的是潜在的、隐藏的，它通过在历史活动中有着不同欲望、热情以及不同私利的个人之间的争吵、争夺、追求、力量的相互抵消来实现自己的目的。黑格尔把绝对理性利用个人的意志作为实现自己创造社会历史的目的的手段与工具的方式称之为"理性的狡诈"。

马克思曾经是黑格尔的学生与黑格尔主义者，这是马克思本人也承认的历史事实。但正如马克思通过政治经济学的研究与对"市民社会"的解剖，由黑格尔主义者嬗变为马克思主义者之后，他批判性地扬弃了黑格尔主义哲学一样，在社会历史观上，当马克思把黑格尔的那种头足倒置的哲学与哲学历史观颠倒过来，对人类社会历史拒绝诉诸意识、理性、精神一类的东西作为出发点进行把握与阐释，而是诉诸人的感性实践活动，社会物质生活的生产与再生产，以及对劳动的把握与理解时，便抛弃了黑格尔唯心主义历史观中的那种具有极其浓厚的神秘主义色彩的历史目的论思想。在马克思"新唯物主义"哲学历史观的理论逻辑中，人类社会及其历史是在人的感性实践活动、人的劳动基础上生成的，人的劳动发展史应是理解人类社会历史的一把钥匙。虽然"现实的个人"的实践、劳动及其一切活动都贯彻着一定的目的，但从社会历史发展与演进的结果看，它本身并不潜着一种目的，或者说社会历史并不表现为一种合乎目的的过程。社会历史发展与演进的过程是无目的的，这是马克思历史观的一个极其重要的基本观点，这一观点不仅是马克思唯物主义历史观的理论逻辑的必然推论，而且也能在马克思主义经典作家的哲学文本中找到明确的证据支持。在马克思历史观的视野里，"历史不外是各个世代的依次交替。每一代都利用以前各代遗留下来的材料、资金和生产力；由于这个缘故，每一代一方面在完全改变了的环境下继续从事所继承的活动，另一方面又通过完全改变了的活动来变更旧的环境"①。这是人的活动与人的历史之间的真实关系，这种真实的关系通常

---

① 《马克思恩格斯文集》第 1 卷，人民出版社 2009 年版，第 540 页。

构成社会历史演进的因果链条。这种真实的关系与因果链条并不像黑格尔一类的思辨哲学家"思辨地扭曲"地表达的那样："好像后期历史是前期历史的目的，例如，好像美洲的发现的根本目的就是要促使法国大革命的爆发。于是历史便具有了自己特殊的目的并成为某个与'其他人物'（像'自我意识''批判''唯一者'等等）'并列的人物'。"① 在马克思历史观的视野里，在人类社会历史演进的前后相继的历史阶段之间确实存在客观的因果关系，后继的历史阶段都是以先前的历史阶段为基础的，先前历史阶段的发展成果不可避免地要对后继的历史阶段发生作用与影响，并在一定程度上规定与制约着后继的历史阶段的发展轨迹与发展状况，但并不表现为后继的历史阶段是先前历史阶段的目的。"经济的社会形态"的演进是"一种自然史的过程"，每阶段所赖以存在的基础是它的物质条件，而不以人们的主观"意志为转移"，也不服从脱离人的"理性"或"绝对理性"的指引。"前期历史的'使命''目的''萌芽''观念'等词所表示的东西，终究不过是从后期历史中得出的抽象，不过是从前期历史对后期历史发生的积极影响中得出的抽象。"②

<h1 style="text-align:center">三</h1>

　　人类社会历史的生成与演进是以人的实践、生产、劳动为基础的，首先是个人的感性实践活动，而"现实的个人"的实践、生产、劳动，又是有着确定的目的，贯彻着一定的价值取向。但为何社会历史的发展与演进并不表现为一种合目的性的过程？对于社会历史中活动的许多个人来说，其活动的目的及其个人意志的完全实现通常是极其少见的事情，在绝大多数的情况下，个人目的不能实现，甚至出现与自己的目的

---

① 《马克思恩格斯文集》第 1 卷，人民出版社 2009 年版，第 540 页。
② 《马克思恩格斯文集》第 1 卷，人民出版社 2009 年版，第 540 页。

完全相反的情况。在人类社会历史的发展与演进的过程中，尤其是在私有制社会历史演进的过程中，许多个人，甚至是某些阶级为自身生活状况的改善与争取自身利益努力的目的不仅没有获得实现，甚至出现社会历史的进步与人类整体利益的增进以他们利益的牺牲为代价的情况，便是一个很有说服力的证据。那么，在社会历史活动中的个人的目的与意志为何通常不能在社会历史的发展与演进的结果中得到实现，个人的理性为何不能同时表现为一种社会历史的理性，使社会历史的发展表现为与个人的活动目的与理性的追求、要求相一致？在马克思历史观的理论逻辑中，深刻的原因在于，一方面，个人活动的目的与理性的实现要受到各种条件的制约，这条件既有客观方面的，也有主观或主体方面的，条件不具备，再好的愿望也难于实现。另一方面，也是更为重要的一方面，在社会历史中活动的个人尽管都有着自己活动的目的，但不同的个人之间由于在社会历史中各自所处的历史条件与环境的不同，利益诉求上的差异，加上个性特点与能力上的区别，其活动目的与价值取向也不尽相同，甚至存在着完全冲突与对立的情况。尤其是在私有制与阶级对立的社会中，个人是分属于不同阶级的，分属于不同阶级的个人的活动目的与价值取向不仅要受到自己所处社会历史时代的条件与环境的影响，打上自己所处时代的烙印，而且也受到自己所处阶级与阶层的生存条件的影响，打上自己所属阶级与阶层的烙印。正是由于在社会历史过程中活动的人们其活动目的与价值取向上存在着差异与不同，因而阻碍着社会历史发展结果与个人活动目的与价值取向上的连通与一致。因为不同的活动目的与价值取向之间存在着相互作用、相互阻碍与相互制约的情况，从而使社会历史发展的结果表现为各种力量的合力的结果，而不是某一活动目的与价值取向的单方向的实现。正如恩格斯所指出的："历史是这样创造的：最终的结果总是从许多单个的意志的相互冲突中产生出来的，而其中每一个意志，又是由于许多特殊的生活条件，才成为它所成为的那样。这样就有无数互相交错的力量，有无数个力的平行四边形，由此就产生出一个合力，即历史结果，而这个结果又可以看做一个作为整体的、不自觉地和不自主地起着作用的力量的产物。因为任何一个人的愿望都会受到任何另一个人的妨碍，而最后出现的结果就是谁都没有希望过的事物。"①在马克思历史观的视野里，社会历史的生成与发展虽然离不开个人的活动，而个人的活动又是抱有一定目的的，但社会历史发展所表现出来的结果则表现为"不自觉和不自主地起着作用的力量的产物"。社会历史的发展与演进也同自然史的演进一样，表现为一种"自然历史过程"，它既不合任何个人的目的，表现为个人意志的实现，也不合康德与黑格尔所说的理性与绝对理性的目的，表现为理性与绝对理性的实现。

"现实的个人"的活动是有目的的，而社会历史的发展是无目的的，不能从个人的活动的有目的性中推论出社会历史的存在是一种合目的性的存在，这是否意味着马克思的历史观会导致对个人活动目的与价值取向的价值与意义的否定与消解呢？当然不是。在马克思历史观的理论逻辑中，个人活动目的的存在，是区分人作为人存在还是属于一种动物性存在的楚河汉界，是人作为人存在的根据与条件，是人作为类存在物的必然表现。人作为人存在的活动都是有目的的，区别只在于不同的个人有不同的目的，毫无目的的个人活动只属于极其罕见的偶然性例外，这种偶然性的例外从性质上讲不属于真正意义上的属人的活动。对于马克思的历史观来说，一方面它否认社会历史发展的合目的性的性质，但另一方面又肯定个人活动目的存在的必然性。个人活动目的性的存在，即为个人活动提供奋斗的动力源泉，为个人的生活指引方向，也为个人的人生赋予价值与意义。一个人的活动没有目的，也就等于生活没有目标与方向，而没有目标与方向的生活既会是无味与空虚的，也是没有意义与价值的。个人的活动是如此，对于社会历史中活动的民族阶级与政党来说同样如此。没有奋斗目标与前进方向的阶级与政党是没有前途的，没有努力方向的民族，衰落与消亡只是迟早的事情。当然，个人活动的

---

① 《马克思恩格斯文集》第 10 卷，人民出版社 2009 年版，第 592、593 页。

目的"融合为一个总的平均数，一个总的合力，然而从这一事实中决不应作出结论说，这些意志等于零。相反，每个意志都对合力有所贡献，因而是包括在这个合力里面的"。① 即是说，不论人们抱有什么样的目的，只要他参与到社会历史过程中，他的活动都会对社会历史的发展与演进产生或大或小、或直接或间接的影响，都会在社会历史发展的结果中留下或深或浅的烙印，不同的只是在于有的活动对社会历史发展的作用与影响具有正面的积极的价值和意义，有的活动则具有消极与负面性的价值和意义。人类社会历史在其发展与演进的总趋势上呈现出向前的或上升的特点，但这种前进与上升通常又不是表现为直线式，更多的时候表现为一种螺旋式的曲线，有时甚至表现为暂时的停滞与倒退。深刻的原因在于，在社会历史发展过程中，对社会历史发展起作用与影响的不仅有积极性的正能量，也存在着保守性与消极性的负能量。正因为在社会历史中活动的个人的意志与目的都不等于零，"每个意志都对合力有所贡献"，马克思的历史观不仅不否定人的活动目的与意志在社会历史发展中的意义与价值，反而极为重视并对人的活动目的与意志的重要性给以充分的肯定。对人的活动目的的重视不仅体现在马克思"实践的唯物主义"理论的逻辑底蕴中，也体现在马克思主义经典作家毕生为无产阶级解放事业的斗争实践中。对于马克思的"新唯物主义"哲学世界观来说，它的全部问题或根本目的在于"改变世界"，在于"使现存世界革命化，实际地反对并改变现存的事物"。对于马克思主义经典作家们的毕生事业来说，其根本性的目的就在于深入地揭示无产阶级获得解放的条件，为无产阶级解放运动指明正确的目标与方向。总之，对于马克思的历史观来说，一方面它否认社会历史发展的合目的性的性质，另一方面又承认与强调活动目的的极其重要性。活动目的不仅对个人的生活是重要的，对一个民族的生存与发展是重要的，对社会中生存的阶级与政党的发展也同样是重要的。没有生活目的的人生是无味与空虚的人

---

① 《马克思恩格斯文集》第 10 卷，人民出版社 2009 年版，第 593 页。

生，也是没有价值与意义的人生，没有奋斗目标的民族是不会拥有未来的民族，同样没有奋斗目标与前进方向的阶级与政党也是没有希望的阶级与政党。正因为如此，恩格斯曾对伯恩斯坦宣扬的"目的是没有的，运动就是一切"的论调给予了严肃的批判，认为无产阶级政党一旦失去了自己的斗争目的，就会蜕为一个随波逐流的政党，无产阶级运动也会成为一种自发性的机会主义运动。

马克思的历史观为何一方面承认与强调人的活动目的与意志的存在和重要性，另一方面又坚决地否认社会历史发展的合目的性，否定社会历史本身存在着任何意义与形式的目的的存在呢？深刻的原因在于，社会历史的发展与演进有其自身的客观规律，而社会历史的发展规律同自然界的发展规律一样，也是不以人的意志为转移的。诚然，社会历史规律不是预成的，而是在社会历史中生成的。就其社会历史规律的生成方式而言，社会历史规律与自然规律的生成存在着明显的差别与不同。"在自然界中（如果我们把人对自然界的反作用撇开不谈）全是没有意识的、盲目的动力，这些动力彼此发生作用，而一般规律就表现在这些动力的相互作用中。在所发生的任何事情中，无论在外表上看得出的无数表面的偶然性中，或者在可以证实这些偶然性内部的规律性的最终结果中，都没有任何事情是作为预期的自觉的目的发生的。相反，在社会历史领域内进行活动的，是具有意识的、经过思虑或凭激情行动的、追求某种目的的人；任何事情的发生都不是没有自觉的意图，没有预期的目的的。"① 不仅如此，社会历史规律与自然规律的差别，还表现在其呈现方式的差异上。一般来说，自然界的运动虽然也表现为发展，但自然界的发展通常只能视作是一种进化，而不能理解是一种进步，而社会历史的发展则明显地可视作是一种进步。社会形态从低级到高级的依次演进、拾级而升的发展过程，既是一种必然性的过程，同时也是人类文明不断进展，人类生存与发展的状况获得不断改善的进步的过程。然而，

① 《马克思恩格斯文集》第 4 卷，人民出版社 2009 年版，第 501 页。

当人们注意与强调社会历史规律与自然规律在生成方式与呈现方式的差别时，不应忽视更为重要的地方，"不管这个差别对历史研究，尤其是对各个时代和各个事变的历史研究如何重要，它丝毫不能改变这样一个事实：历史进程是受内在的一般规律支配的"①。社会历史规律是在人的实践活动基础上生成的，而人的实践活动又是有目的的活动，因而社会历史规律的生成与表现无疑要通过人的思虑与激情、意志与目的为中介获得实现与表现，但社会历史规律不是人们目的与愿望的产物，而是人们的物质生活条件的产物。生产力与生产关系的关系，经济基础与上层建筑的关系的生成，以及它们之间的关系的变更都是有规律的，但这种规律的形成与表现并不依赖于人们的意志与愿望，而是依赖于人们的物质生活条件及物质生活条件的变化，正如马克思所曾经指出的："无论哪一个社会形态，在它所能容纳的全部生产力发挥出来以前，是决不会灭亡的；而新的更高的生产关系，在它的物质存在条件在旧社会的胎胞里成熟以前，是决不会出现的。"②社会历史规律生成与存在的基础是人类社会的物质生活条件，有什么样的社会物质生活条件就有什么样的社会历史规律。价值规律只能生成于商品生产方式与商品交换方式的基础上，而不能生成于其他的生产方式与交换方式的基础上，或者说只要存在商品生产与商品交换的情况，价值规律就一定要发挥作用，这是不以人们的意志为转移的。

当然，对于马克思的历史观来说，它否定社会历史发展的合目的性，但它并不否定人的活动目的性与社会历史发展方向之间存在着一致性或契合性的可能性的存在。人的活动目的存在着正确与否之分、合理与否之别，当人们的活动目的属于正确与合理的情况下，是能够得到实现的，否则的话，人们对活动目标的设定与前进方向的选择就会变得毫无意义。然而，人的活动目的与社会历史发展方向的一致与契合不能诠

---

① 《马克思恩格斯文集》第 4 卷，人民出版社 2009 年版，第 501 页。
② 《马克思恩格斯文集》第 2 卷，人民出版社 2009 年版，第 501 页。

释为社会历史发展与人的活动目的契合，而应视作是人的活动目的与社会历史发展的契合。人的活动目的正确与合理依赖于对社会历史规律的正确把握与认识，是否符合社会历史规律的要求，既是衡量人的活动目的正确与否、合理与否的坐标与尺度，也是决定人的活动目的实现与否的关键。人的活动应服从社会历史潮流与历史规律的要求，在社会历史潮流与历史规律面前是顺之者昌、逆之者亡，而不是相反，让社会历史潮流与历史规律适应人的意志与目的的需要。

总之，马克思的历史观作为一种"新唯物主义"历史观，它拒斥与反对一切形式的历史目的论，无论这种目的论是神圣的神学目的论，还是非神圣的理性目的论。深刻的原因在于，一切形式的历史目的论都是从意志、理性、精神出发去解释历史的生成与本质，要么强调的是神意支配世界的天命论，要么强调的是理性、意见支配世界的历史唯心论。而马克思的历史观作为一种唯物主义的历史观，它的理论逻辑的出发点是"现实的个人"，是从"现实的个人"的活动与"现实的个人"的"物质生活条件"出发去解释历史生成的规律与历史的本质。"这种历史观和唯心主义历史观不同，它不是在每个时代中寻找某种范畴，而是始终站在现实历史的基础上，不是从观念出发来解释实践，而是从物质实践出发来解释各种观念形态……"① 这种历史观认为："……历史的每一阶段都遇到一定的物质结果，一定的生产力总和，人对自然以及个人之间历史地形成的关系，都遇到前一代传给后一代的大量生产力、资金和环境，尽管一方面这些生产力、资金和环境为新的一代所改变，但另一方面，它们也预先规定新的一代本身的生活条件，使它得到一定的发展和具有特殊的性质。"② 即是说推动社会历史发展的，并使社会历史在特定历史阶段上"具有特殊性"的是社会的物质生活条件与人的活动，而不是神的"意向"或类似于康德哲学和黑格尔哲学中的理性与绝对理性的"意向"。

---

① 《马克思恩格斯文集》第 1 卷，人民出版社 2009 年版，第 544 页。
② 《马克思恩格斯文集》第 1 卷，人民出版社 2009 年版，第 544、545 页。

论人的实践活动与社会历史规律生成之关系 *

20世纪的80年代末到整个90年代，在中国的马克思主义哲学领域掀起了一场不大不小的有关历史规律问题的反思与重说的运动，其主旨是反思与批判传统马克思主义哲学教科书有关社会历史规律或历史决定论界说与阐释的自然主义的思维方式和思想倾向，试图从人的实践活动与社会历史规律生成的关系上，赋予社会历史规律的生成与性质以有别于自然规律的生成与性质的重说和重释。但进入到新世纪以后，这种有关社会历史规律问题的重说与重释的活动似乎热度不再，并有日渐淡出人们视野的趋向。是什么原因致使人们失去了对社会历史规律问题的兴趣？是人们认为要说的话都已经说完了，无话可说了？还是因为感觉到再说下去已无能为力？合理的解释应是后者。事实上，在社会历史规律的认识与阐释上，仍有不少问题需要进一步探讨。

---

* 本文原发表于《学术研究》2015年第3期。

一

一切社会历史观的实质无不关涉社会历史的本质与发展的问题，无论是唯物主义的历史观也好，还是唯心主义的历史观也好，历史的本质是什么？社会历史是如何发展的？都是难以回避与绕过的话题。不同的只是在于，不同性质的历史观对历史存在的本质与历史发展的实质有不同的理解与阐释。社会历史是发展的，对于思想史上绝大多数的哲学家来说，即使不能谓之是一种普遍性的共识，至少也是争议不大的。然而，社会历史的发展是杂乱无章的吗？完全是偶然性占支配地位，还是遵循一定的规律，在偶然性的背后存在着必然性的轨迹吗？哲学家们对此是有争论的。在思想发展史上，对于社会历史的发展有无规律的问题，通常有三种不同的看法或意见。一种意见认为，社会历史的发展也同自然界的发展一样，受到客观规律的支配，有着必然性的发展与运行的轨迹，持这种意见的人通常被人们称为历史的决定论者。一种意见认为，社会历史的发展与自然界的发展具有不同的性质，自然界的运动与发展是有规律的，而社会历史的运动与发展是无规律的，因为自然界是不依赖于人的存在的存在，而社会历史是依赖于人的存在的存在。自然界的规律表现为各种自然因素相互作用与矛盾的结果，自然界中存在的各种因素是相对确定与稳定的；但社会历史是在人的活动基础上生成的，人的活动通常会受到人的主观因素的作用与影响，在社会历史中存在的各种因素具有极不确定与稳定的特征，从而使各种因素相互作用而产生的历史性事件都具有一次性的特点，不可能有完全一样的历史事件的重复，在社会历史的发展与运行中，是不存在所谓历史规律的。持这种意见的人通常被人们称为历史的非决定论者。还有一种意见认为，自然界也好，社会历史也好，在它们的发展过程中究竟存不存在规律是无法知道与回答的，人们既无权肯认规律的存在，也无权否认规律的存在，正确的说法与回答应该是不知道。无论是对自然界的认识，还是对社会历史的认识，都依赖于人的感觉与经验，但人的感觉只能把握事物的现象，无法把握事物的本质，人们即使假定历史规律的存在，也不能给予确定性的回答，因为人们不可能知道规律究竟是什么。持这种观点的人通常被人们称为不可知论者。从思想史，尤其是哲学史上看，在自然观上占据主导地位的是决定论观点，非决定论与不可知论的观点在总体上是处于非主导性地位的。一个不争的事实是，承认自然界的发展是有规律的哲学家，显然要比否认自然界存在规律，或对自然界的规律持不可知论的哲学家要多得多。但在社会历史观上，情况则恰恰相反，在马克思的历史观诞生之前，敢于承认与谈论历史规律的思想家可谓寥若晨星，维科与黑格尔算是两位有代表性的持历史决定论的思想家。虽然，在维科之前，古希腊哲学中曾出现过"命运说"，在中世纪的奥古斯丁的神学里有所谓的以"上帝的计划"来表征整个历史过程的必然性的"前定论"，但那都具有神学的色彩，是基于造物主全能基础上的逻辑推论。真正将历史规律与历史必然性思想引入历史并解释历史的第一个思想家当属维科。维科认为，一切民族的历史都要经历"神的时代""英雄时代""人的时代"，这是一种普遍的必然性。为了论证这种必然性的存在，他不仅采用了大量民俗学的材料，而且还给予了逻辑上的论证。在维科的视野里，人类从野蛮进入到社会似乎是"天神意旨"，但实质上遵循的是人的本性的必然性，是出于人的社会性，一切社会制度的产生遵循的都是"部落自然法"。谈到历史发展的规律性与必然性思想，黑格尔无疑是不应被人们遗忘的最重要的思想家。黑格尔的历史观虽然具有唯心与思辨的性质，但同时也具有巨大的历史感。而作为一个有着巨大历史感的哲学家，他不仅肯定了历史必然性的存在，更为重要的是，在他的理论逻辑中表达着这样一个深刻的思想：历史必然性是通过人的活动得以实现的，或者说人的现实活动是历史必然性实现的形式。黑格尔的历史哲学中有两个核心范畴，一个是绝对观念，一个是人的热情，"绝对观念""绝对理性"与热情是构成世界历史的经纬线，二者缺一不可。一方面，世界历史表现为绝对理性的外化、对象化或异化，表现为自由，因为绝对精神的本质即是自由。另一方面，历史发展又离不开人的主观热情与欲望，因为绝对理性外化、对象化为世界历史是通过人的活动实现的，而人的活动是一种充满热情与激情的活动，人的需要与热情构成人的活动的原动力，也是绝对理性借以实现自己本质的手段与形式。不过人的活动的激情与热情也仅仅是绝对理性实现自己本质的手段与形式而已，因为主宰世界历史发展的是绝对理性，只有绝对理性才能表现为现实性与必然性，而人的活动的热情与激情、人的愿望通常是不能实现的。在大多数的情况下，历史发展的最终结果与人的愿望之间，不仅存在着差异，甚至是截然相反的。

马克思的历史观无疑是肯认历史规律、历史必然性存在的，属于一种历史决定论的历史观。在历史规律或历史必然性的问题上，马克思主义者之间的分歧不是在历史规律有无的问题上，而是在历史规律是如何生成的以及历史规律与自然规律之间的差别上。近些年来，人们针对传统马克思主义哲学教科书将社会历史规律自然规律化与预成论的倾向进行了深入的反思，并试图从人的实践活动出发，对社会历史规律的生成与性质诉诸人的实践活动的理解与阐释，揭示出社会历史规律与自然规律在性质与特点上的差异与区别。应该说，对社会历史规律与必然性诉诸人的实践活动的理解与阐释，将社会历史规律视作是在人的历史性的实践活动基础上生成的，因而是有别于自然规律的观点，是马克思历史观研究的一大进展。然而，也应该看到，在近些年有关马克思主义历史观的研究中，出现了另一种需要引起人们注意的倾向，有人以社会历史规律是在人的实践活动基础上生成的为根据与理由，试图给予社会历史规律以非客观性的理解与阐释。持此观点的人认为，社会历史规律既然不是预成的，而是在人的实践活动基础上生成的，那么社会历史规律与自然规律一样，不依赖人的意志而存在，人们既不能创造，也不能改变与消灭社会历史规律的观点在逻辑上是难于成立与圆通的。笔者认同社会历史规律不是预成的，而是在人的历史实践基础上生成的观点。一个不争的客观事实是，社会也好，历史也好，都不过是在人的实践活动基础上，适应人的实践活动的需要而得以展开与延续的，从而使社会历史规律在本质上表现为人的实践活动的结果。然而，肯认社会历史规律生成的实践性本质，并不意味着可以否认社会历史的发展同样是一种自然的历史过程的性质，更不意味着人们可以任意凭借自己的意志创造或改变，甚至取消社会历史规律，社会历史规律与自然规律一样，作为一种必然性的存在，同样具有客观性与不以人的意志为转移的性质与特点。原因在于，作为社会历史及其规律生成的基础的人的实践活动具有客观的、物质性的特点。虽然，任何人的实践活动都具有目的性，在人的活动目的中既渗透着人的认识与知识的成分，也贯彻着人的价值诉求，认识、知识、价值都具有主观性，但问题是决定人的目的生成的原因是客观的，决定人的实践活动的性质与水平的现实性因素与条件是客观的。

二

承认社会历史规律的存在，对于马克思的历史观，乃至全部马克思主义学说而言，具有极其重要的意义，甚至是生死攸关的意义。马克思主义就其本质来说是一种关于无产阶级革命与无产阶级解放条件的理论，它的理论核心是科学社会主义学说，但它的理论基础则是马克思的历史观。在马克思的历史观与科学社会主义的理论逻辑中，资本主义的必然灭亡与共产主义的必然实现之所以是不可避免的，原因在于它是资本主义社会生产力与生产关系矛盾发展的必然结果，是社会历史规律所决定的必然表现。否定了历史规律的存在，也就意味着从根本上颠覆了马克思科学社会主义学说的理论基础，挖掉了马克思思想体系赖以确立的理论基石，必然导致马克思主义思想体系大厦的坍塌。正因为如此，一些聪明的马克思主义的反对者，例如波普尔等人，对马克思主义的攻击与批评，几乎都是将矛头与火力首先指向马克思历史观中的规律观或决定论。而一些试图打着马克思主义旗号、从马克思主义阵营内部颠覆与瓦解马克思主义的人，虽然不敢明目张胆地否定历史规律的存在与直接地将矛头指向马克思主义规律观与决定论，但他们通常采取大谈历史偶然性在社会历史发展中的影响与作用的手法和方式，去间接地消解与弱化历史规律的影响和作用，从而达到形式上肯定、实际上否定马克思主义的目的。因此，我们对那些在所谓的研究与阐释马克思主义的文章与论著中，以反对自然主义决定论的名义，避谈历史规律或历史必然性，大谈历史偶然性与将历史偶然性作用加以片面膨胀的观点和倾向，要特别小心与警惕。对于马克思的历史观来说，社会历史的发展不仅有其规律性，而且社会历史规律无论是从生成的基础上看，还是从表现形态上看，都具有客观性与不以人的意志或目的而存在的特点。坚持历史规律的客观性的观点，对于马克思的历史观来说同样具有重要的意义。因为，并不是所有的历史决定者都是历史唯物主义者，对历史规律既可以做唯物主义的理解，也可以做维科、黑格尔的唯心主义的理解。

　　社会历史发展的过程是有必然性与规律性的，并且社会历史的规律性与必然性是具有客观性的，并不以任何个人的意志为转移，也不受类似于黑格尔所讲的绝对精神、绝对理性一类的客观化、神秘化的精神的支配。历史规律是历史发展过程持久性起作用的因素，也是历史发展过程中重复发挥作用的因素，一切规律都具有重复性的特点，不能重复，具有一次性的事物与事件不能称之为规律。虽然，人类社会历史的存在不是一种抽象的存在，社会历史的存在是由一个个具体历史事件构成的存在，把握历史规律及其本质不能离开一个个现实性的存在于社会历史中的具体的历史事件；但历史规律的存在并不能通过单个的历史事件获得证明，因为任何历史性的事件都具有一次性的、不可复制与重复性的特点，正如自然界中不存在相同的两片树叶一样，历史中也不存在完全相同的两个历史性的历史事件。历史事件为何具有不可复制、不可重复与一次性的特点？原因不仅在于，社会是发展的，历史是流动的，影响与作用于具体历史事件形成的因素既是复杂的，也是变化的，同时，具体历史事件的发生通常与制造历史事件的个人活动有着密切联系。在历史中活动的个人，由于各自所处的社会历史条件、所生活的具体环境、所处的社会地位的不同，使各自的个性、兴趣、思维方式、价值取向、认知能力等诸多方面具有个体性特征，在社会历史中也就不存在完全一样的两个历史性的个人。尽管在历史发展过程中"一切伟大的世界历史事变和人物，可以说都出现两次"，然而"第一次是作为伟大的悲剧出现，第二次是作为卑劣的笑剧出现"，① 因为历史事件与历史人物都具有不可复制与模仿的特性。对社会历史规律的把握与阐释，不能将历史规律等同于历史事件，不能从历史事件的不可复制与不可重复的特性中推论出不存在历史规律的否定性结论。但对历史规律的把握与阐释又不能完全脱离历史事件与个人的活动，因为社会历史毕竟是由无数个别的历史事件构成和以个人的历史活动为基础的。具体的历史事件虽然是个别的，但个别中存在着一般，不同的历史事件中通常也存在某些共同的方面。这些共同的方面通常显现为一种带有普遍性的历史现象。历史现象虽然也不能同历史本质或历史规律画等号，现象是表现于外的，能够被人的感觉能力所感知的，本质是深藏于事物之内的，人们看不见、摸不着，但历史的本质必然表现为历史的现象，历史现象也必然表现出历史的本质。类似的历史条件与环境必然产生出类似的历史现象，历史现象不同于单个的历史事件，单个与具体的历史事件是不可复制的，但历史现象是可重复的。历史现象的重复性既是历史规律作用的必然表现，也是历史规律存在的确证，人们正是在历史现象的重复性中获得对历史规律的认知与把握的。

在马克思历史观的视野里，社会历史的发展看似杂乱无章，历史事件的产生看似具有偶然性的特征，但偶然性的背后隐藏着必然性，杂乱无章的背后隐藏着历史规律。虽然，社会历史的生成是以"现实的个人"的现实活动为基础的，而从事现实活动的个人的存在又是一种主体性的存在，各个个人的活动目的并不相同，甚至是相互对立的，但"一

---

① 《马克思恩格斯文集》第 10 卷，人民出版社 2009 年版，第 99 页。

切历史上的斗争，无论是在政治、宗教、哲学的领域中进行的，还是在其他意识形态领域中进行的，实际上只是或多或少明显地表现了各社会阶级的斗争，而这些阶级的存在以及它们之间的冲突，又为它们的经济状况的发展程度、它们的生产的性质和方式以及由生产所决定的交换的性质和方式所制约"①。在马克思历史观的视野里，社会历史之所以是有规律的，原因在于，人类的实践能力与水平决定着人的实践活动方式，即人们的生产方式与交往方式，而人们的生产方式与交往方式的性质从归根到底的意义上看，决定着社会结构、社会关系，以及由社会经济关系决定的政治关系与思想关系。从静态的方面看，大致相同的生产方式与交换方式必然产生大致相似的生产关系，而在大致相同的生产关系的基础上必然产生大致相同的思想文化观念。从动态的方面看，人们实践能力与水平的提高，也会导致人们实践活动方式即人们生产方式与交换方式的改变，而生产方式与交换方式的改变，也会导致人们的生产关系以及与之相适应的思想文化观念的嬗变。这是马克思历史观蕴含的思想逻辑链条，也是社会历史发展过程中一再重复显现的历史现象与历史规律。在马克思历史观的思想逻辑中："社会关系和生产力密切相联。随着新生产力的获得，人们改变自己的生产方式，随着生产方式即谋生的方式的改变，人们也就会改变自己的一切社会关系。手推磨产生的是封建主的社会，蒸汽磨产生的是工业资本家的社会。"②不管哪一个民族与国家，只要它的实践能力与水平，即它的生产力水平还处于手工工具与手工劳动的阶段，它所建立的生产关系就一定是"封建主的社会"，当它使用机器进行工业生产时，它所建立的生产关系就一定是"工业资本家的社会"。而"在贵族统治时期占统治地位的概念是荣誉、忠诚"，"而在资产阶级统治时期占统治地位的概念则是自由、平等"。③因为，以手工工具为基础的生产方式与交换方式是一种农耕的生产方式，在农耕

---

① 《马克思恩格斯文集》第 2 卷，人民出版社 2009 年版，第 469 页。

② 《马克思恩格斯文集》第 1 卷，人民出版社 2009 年版，第 602 页。

③ 《马克思恩格斯文集》第 1 卷，人民出版社 2009 年版，第 552 页。

的生产方式与交换方式基础上生成的社会关系必然是奴隶制与封建制的等级制的社会关系，在等级制的社会关系中，必然强调的是等级的荣誉，是较低等级对较高等级的"忠诚"，这是维护等级制的生产关系与社会关系的需要。而以机器为基础生成的是一种商品生产与商品交换的方式，商品生产与商品交换的方式所导致的必然是资本家的统治。在资本家的统治占主导地位的社会中，占主导地位的观念之所以必然是"自由"与"平等"，这是资本主义社会发展商品经济的需要，因为没有"自由"与"平等"，既不可能有商品生产，也不可能有商品交换。不可否认，在世界历史进程中的各个民族，由于各自生活的社会的、自然的环境与条件并不完全一样，其历史的表现形态也就不一样。在世界历史进程中，不仅不存在完全相同的历史事件，也不存在完全相同的民族历史，不同民族的历史之间是存在着差异性的，正是这种差异性构成各个民族的历史性与特质。然而，对于所有民族的历史来说，其历史的发展虽然有着先进与落后之分，但在相同的历史阶段上，所呈现出来的历史现象或历史面貌特征是有着共性与相似性的。"工业较发达的国家向工业较不发达的国家所显示的，只是后者未来的景象。"① 相对于落后国家来说，先进国家的今天即是落后国家的明天，相对于先进国家来说，落后国家的今天，重复的不过是先进国家的昨天。不论什么样的民族与国家，只要历史发展纳入资本主义的发展轨道，它在享受资本主义发展的好处的同时，也必须承受资本主义发展所带来的各种灾难，这是一种铁的必然性与规律，一切民族与国家都不能幸免。

三

社会历史发展进程是有规律的，同时，社会历史规律的展开与显现

---

① 《马克思恩格斯文集》第5卷，人民出版社2009年版，第8页。

还表现为一种上升与进步的趋势。虽然，社会历史在其历史演进过程中，因某些偶然性因素的影响与作用，也会在某些时候与某些方面出现停滞，甚至是暂时倒退的现象，但就其社会历史发展的总趋势而言，它是上升与进步的，并且这种上升与进步具有不可逆的性质。只不过社会历史的上升与进步在其形式上表现为一种螺旋式上升的曲线，而不是规则均匀的直线。社会历史的进步性不仅表现在生产力从低到高的发展与社会物质财富的增加和物质文明的进展上，而且表现在人们的生产方式与交换方式的演进与社会形态的拾级而升上，也表现在社会文化的不断繁荣、人们从事精神生产能力的不断增强、人们精神程度的不断提高上。应该说，在社会历史演进是否为一种趋势性上升与进步的问题上，是没有疑问的，尤其是在马克思主义范围内，更是有共识的。

然而，社会历史的发展与社会历史发展的规律为何表现为社会历史趋势上的上升与进步，这种趋势上的上升与进步为何不能相同地表现在自然界的运动与自然界的规律的展开上？人们过去在对社会历史规律的表现与自然规律表现区别的阐释上，虽然也表达过自然界中只存在着进化而不存在着进步、社会历史的发展表现为进步的观点，但人们的阐释通常是描述与陈述式的，缺乏令人信服的原因说明与逻辑上的论证，至少是描述多于逻辑论证。我们过去的马克思主义哲学教科书在对社会历史的阐释上，虽然正确地将社会历史规律说成是社会历史的进步规律，但为什么说社会历史在基本趋势上是上升的与进步的？社会历史的运动何以能或何以会表现为进步？推动社会历史进步的原因与动力是什么？应该说，绝大多数马克思主义哲学教科书对社会历史进步的事实性描述是有说服力的，对社会历史演进实质的陈述与评价大多数是中肯的。然而，从总体上看，大多数马克思主义哲学教科书对社会历史进步的原因与动力的阐释与回答，给予人们的似乎有一种与马克思的历史观形似而神不似的感觉，缺乏严密的逻辑论证。通常的阐释是，社会历史的运动源自于社会历史本身的矛盾，社会历史本身的矛盾运动构成社会历史发展的深层原因与动力。社会历史本身的矛盾体系尽管是复杂的，但在社会历史的矛盾体系中，生产力与生产关系的矛盾、经济基础与上层建筑的矛盾，则是社会历史矛盾体系中的一切矛盾生成的基础，它们是存在于社会历史发展过程中的基本矛盾。正是由于生产力与生产关系、经济基础与上层建筑之间的这种既对立又统一、既统一又对立的矛盾关系，以及它们之间的矛盾的不断生成又不断解决、不断解决又不断生成的矛盾运动，既使社会历史运动呈现出规律性的特征，同时也构成社会历史发展与进步的根本或最终的原因与动力。在传统的马克思主义哲学教科书的理论逻辑的构架中，社会基本矛盾运动是构成社会历史发展的最终原因与根本动力，是推动社会形态从低级到高级不断演进的强大杠杆，但也承认，社会历史的进步离不开作为社会历史主体的人的作用与影响。一方面，承认社会历史中的基本矛盾及其运动不可避免地会导致社会成员的分化与矛盾，尤其在私有制与阶级社会中会导致不同阶级之间的分化与矛盾；另一方面，也承认旧的社会基本矛盾的解决与新的社会基本矛盾的生成，社会形态从低级到高级的演进是通过社会成员之间的冲突与斗争的方式实现的，在阶级社会中是以阶级冲突与斗争的方式实现的。在阶级社会中，阶级矛盾与阶级斗争是推动社会历史发展与进步的直接原因与动力，生产力与生产关系、经济基础与上层建筑的基本矛盾运动是推动社会历史发展与进步的根本动力或最终动力。可以说，这些几乎是过去所有马克思主义哲学教科书对社会历史发展与进步的原因与动力的经典性阐释。

以上人们对马克思历史观的阐释和论证，确实依据一定的经典文本并在一定程度上拥有经验事实作为根据。但从理论逻辑的自足性方面看，它又远非是彻底的，它无法避免与终结人们进一步的追问。如果生产力与生产关系、经济基础与上层建筑之间的矛盾及其运动是社会历史进步的最终原因与根本性的动力和杠杆，那么，生产力与生产关系、经济基础与上层建筑之间的矛盾又是在什么基础上生成的？社会基本矛盾的运动为何必然表现为社会形态从低级到高级的进步与上升呢？更为重要的是，为什么人类社会的物质文明与精神文明的水平与状态总体上是不断提升的，并与社会历史上的阶级斗争胜负结果缺乏直接的关联性呢？按照理论彻底性的要求，这些显然是需要进一步追问与回答的问题。在马克思历史观的理论逻辑中，生产力与生产关系、经济基础与上层建筑作为马克思历史的基本范畴，它们虽然是构成社会有机结构系统的骨骼，但社会结构不是一种无根的存在，不具有天然自成的性质，也不具有自我运动、自我发展的能动属性，更不蕴含有自主的目的性。在马克思历史观的理论逻辑中，社会也好，社会的历史也好，都是在人的劳动、实践活动基础上生成的。没有人的劳动、实践活动及其发展，既不会有社会的生成，更不会有社会历史的发展。正因为如此，在马克思历史观的视野里，生产力不是别的东西，生产力在本质上是人的本质力量的对象化，生产关系也不是什么别的东西，生产关系在本质上是"自主活动形式"，建立在社会经济基础之上的社会的政治上层建筑与思想上层建筑，本质上也是人们精神生产与精神交往的成果。在马克思历史观的理论逻辑中，实际上是从人类的物质生产活动与物质交往活动出发去解释社会的生产力与生产关系的生成的，是从人类的精神生产活动与精神交往活动去解释社会的精神生产力与精神生产关系的。不仅如此，马克思的历史观同时也对社会结构的运动诉诸人的实践活动的解释，在人的实践活动结构中，是人的物质生产活动决定人的物质交往活动，物质生产活动与物质交往活动决定精神生产活动与精神交往活动，相应的在社会结构中，是生产力决定生产关系，经济基础决定上层建筑；在人的实践活动的结构中，物质生产活动是引发实践活动结构变化的原初动因，相应的在社会结构中，生产力是引发社会结构变化的原初动因，二者在逻辑上具有完全一一对应的特征。在马克思历史观的理论逻辑中，劳动发展史是理解与阐释社会发展史的线索，马克思的历史观正是从人类的劳动发展史中找到了理解人类社会历史的钥匙，这样的推论的正确性应是无可争辩的。循着这样的思路，我们应对传统马克思主义哲学教科书关于社会历史根本动力与最终动力的观点做出适当的修正，因为人的社会及其历史是以人的劳动、实践活动为基础的，人的劳动、实践活动的发展及其劳动、实践活动能力的增强与提高才是推动社会历史发展的真正的、最终的动力，社会历史就其基本趋势而言是上升的与进步的现象也才能够获得令人信服的合理性阐释。人类社会历史的运动与变化之所以表现为向上的发展，社会历史规律之所以表现为社会历史进步的规律，原因在于人类的劳动、实践活动在广度与深度上是不断扩展的，人的劳动、实践能力是不断增强与提高的。虽然社会结构的某些方面也会出现暂时性的退化或倒退，但社会历史的总体面貌是呈现进步趋势的，因为人的实践活动能力的提高具有不可逆的性质，正如人类不可能从机器生产退回到刀耕火种的年代一样，人类社会也不可能从现代工业文明退回到原始状态。

四

人的社会、社会历史、社会历史规律，以及在社会历史规律的基础上展开的社会结构及其运动，都是在人的劳动、实践活动基础上生成与发展的，从生成论或发生学的维度看，没有人的劳动、实践活动及其发展，便既不会有人的社会历史的生成，也不会有社会历史规律的生成。但这只是人的劳动、实践活动与人的社会历史及其历史规律相互关系的一个方面，在其现实性上，人的劳动、实践活动与人的社会历史及其历史规律相互关系中还存在着另一方面的关系，即对人的现实的劳动、实践活动的规定与制约关系。人既是社会历史的剧作者，也是社会历史的剧中人。人作为社会历史的剧作者，人的劳动、实践活动是社会历史及其规律生成的客观基础；人作为社会历史的剧中人，现实的社会历史及其历史规律是其现实活动的舞台与空间，要受到现实的社会历史条件与历史规律的规定与制约。社会历史规律作为人的劳动、实践活动的结果，通常表现为一种历史的必然性或不可避免性，对于社会历史中活动的现实的个人与现实的人类来说，具有客观的、不以人的主观意志为转移的特性。对于处在一定历史阶段或时代的人们来说，无论是从个体的维度，还是从族类整体的维度来看，都不能超出历史规律的限制，都只能做历史规律所允许做的事情。所谓"人有多大胆，地有多高产""不怕做不到，就怕想不到""思想有多远，我们就能走多远"一类的口号与广告词，在社会历史发展过程中是没有经验事实根据的。一切无视历史必然性或历史规律的存在、否定历史规律的客观性与制约性、宣传与鼓吹唯意志论的观点，是对马克思历史观的背离，会在历史规律的南墙面前碰得头破血流。

　　社会历史规律较之于自然规律，虽然在生成的基础与生成的机制上是不同的，但都具有客观性与不以人的意志为转移的特性，正因为如此，马克思主义经典作家在谈到自然规律与社会历史规律的关系时，通常也将社会历史规律称之为"自然规律"，将"经济的社会形态的发展理解为一种自然史的过程"[1]。并以明确无误的语言告诉人们："一个社会即使探索到了本身运动的自然规律……它还是既不能跳过也不能用法令取消自然的发展阶段。"[2]时下，人们在谈到社会历史规律与自然规律的关系时，着意谈论的往往是社会历史规律与自然规律之间的差异与区别，很少有人愿意谈论社会历史规律与自然规律的相似性，更少见到人们称社会历史规律为"自然规律"，将社会历史过程视作是"自然史的过程"。是什么原因使人们不敢甚至是不愿再提历史的"自然规律"与社会历史过程也是一种"自然史的过程"？这或许是由于人们对历史的"自然规律"与社会历史过程的类似"自然史的过程"的误读引起的担心造成的。在有些人的思维逻辑中，如果社会历史规律类似于"自然规律"，社会历史过程类似于"自然史的过程"，社会规律与自然规律一样，都具有客观性与不以人的意志为转移的特性，那么，人在社会历史规律面前的地位何在？人们对客观性的历史规律的认识与把握的意义和

---

① 《马克思恩格斯文集》第5卷，人民出版社2009年版，第10页。
② 《马克思恩格斯文集》第5卷，人民出版社2009年版，第9、10页。

价值何在？人在社会历史规律面前岂不是成为任意受其摆布的奴隶与纯粹的受动者？其实，当马克思的历史观强调社会历史规律与自然规律之间、社会历史与自然史之间具有相似性时，并没有否定人的活动的能动性的存在与意义，更没有否定人们认识与把握社会历史规律的意义和价值。在马克思历史观的理论逻辑中，社会历史规律是客观的，有它自己运行的必然性轨迹，人们不能任意地改变社会历史运行的必然性轨迹。但在社会历史规律发挥作用的范围内，人的主体能动性的发挥与否，仍然具有重要的意义与价值。首先，正确地认识与把握历史规律，有助于人们因势利导地利用历史规律，促进社会历史的进步。处于同一社会的个人，为何有人对社会历史的发展影响较大，有人对社会历史的发展影响较小；有人被视为历史的英雄，有人被视为历史的阻碍者？不同的民族和国家为何有不同的历史？有的民族为何能在世界历史上成为先进民族，有的民族则成为落后民族？在经历相同的历史发展阶段时，不同的民族所经历的时间为何有长有短，社会发展的节奏与频率有快有慢？合理性的解释，只能是人们对社会历史规律的把握程度不同，对社会历史规律适应与利用的努力存在差别。个人也好，民族与国家也好，面对的历史规律是相同的，但对人类历史发展的意义与价值是不一样的，这种意义与价值上的差异，显然与个人、与民族和国家的能动性的发挥有着不可分割的联系。其次，正确地认识与把握社会历史规律，对于个人与社会减轻历史发展过程中的负效应也具有重要的意义。社会历史的发展虽然有不同于自然界运动的一面，在社会历史活动中的个人都是有激情有目的的，但社会历史的发展并不因个人的活动有目的性，也使自己的发展具有目的性。社会历史的发展并不完全服从于人的目的，有时社会历史发展的结果甚至与人们预期的恰恰相反。社会历史有自身的规律，而且社会历史发展的积极成果也是需要付出代价的，不仅如此，社会历史发展的积极成果通常与它所产生的负效应相辅相成，构成一个统一体，一方的存在以另一方的存在为前提与条件。社会历史中的负效应也是社会历史规律作用的结果，对这种负效应人们不应抱有像马克思曾经批评的蒲鲁东那样天真的想法，只要事物好的一面，不要事物坏的一面。人们即使探索到了社会历史本身的规律，也绝不能够轻易消除社会历史规律所产生的负作用。但这并不意味着，人们对社会历史规律的探索与对社会历史中产生的负作用的认识就失去了价值与意义。正如妇女的分娩不能完全没有痛苦，人们可以想办法，利用技术手段缩短和减轻分娩的痛苦一样，人们也能通过对社会历史规律的探索与把握，尽可能地限制与减轻社会历史的负效应。不管哪一个民族与国家，只要它的双腿迈进资本主义的门槛，它在享受资本主义制度所带来的好处时，也必须承受资本主义发展所造成的各种灾难或负效应，这是不可避免的。但这不是说人们在资本主义制度面前就无能为力了，人们虽然不能完全消除资本主义给自己带来的灾难，但可以限制灾难的范围与灾难给人们造成的痛苦程度。正如马克思在《资本论》第 1 版序言中曾经指出的那样：资本主义"将采取较残酷的还是较人道的形式，那要看工人阶级自身的发展程度而定"①。

---

① 《马克思恩格斯文集》第 5 卷，人民出版社 2009 年版，第 9 页。

历史规律若干问题探疑 *

一

　　规律即是事物发展的本质联系或必然趋势，有自然的规律、社会的与历史的规律、认识的规律。在马克思主义哲学中，自然规律、社会历史规律属于存在的规律，认识的规律属于思维的规律。思维的规律与存在的规律的差别是明显的。那么，属于同一系列，即同属于存在规律系列的自然规律与社会历史规律之间有没有差别？传统的历史唯物主义教科书以及许多研究社会历史规律的论著与论文虽然没有直接地否认二者之间的差别，但也没有做过认真的探讨与论证。相反，人们往往以马克思的"社会发展是一种自然历史过程"的名言为由，强调社会是自然界的一部分，社会历史过程是统一自然界中一种特殊的运动形式和过程。社会历史过程和自然界发展过程一样，都是一个客观的合必然性、规律性的发展过程，这样一来，社会历史规律与自然规律的差别，在实际上不是被取消了，就是被淡化了，至少是变得微不

＊　本文原发表于《浙江社会科学》1993 年第 6 期。

足道了。

忽视社会历史规律与自然规律的差别，其后果是严重的，它直接地导致了人们对马克思历史观理解的扭曲和表达上的误释。这即是人们常常抱怨的，在传统的历史唯物主义教科书中，人作为社会历史的剧作者的主体地位的丧失和主体性的失落。具体地讲，传统的历史唯物主义教科书对历史规律的把握和阐释具有两个较为明显的缺陷。首先，它离开人及人的活动去谈历史规律及社会历史的运动，所以往往给人们一种错觉，似乎社会历史的运动是社会客体系统的自我有规律的运动，历史规律变成了与人及人的活动相游离的东西。不管人们是有意的，还是无意的，它给人的印象是，历史规律不仅具有预成的性质，而且相对于人类来说还具有外在的和异己的性质。其次，传统的历史教科书虽然也不否认人在历史规律面前的能动性的存在，但由于它对历史规律做了与人及其人的活动相分离的理解，因此，人的能动性与历史规律的关系仍然是一种外在的，处于此岸与彼岸的分离状态中。这样一来，人的能动性不仅不是人在历史规律面前的主体性，倒像是人对历史规律自发性与外在命运安排的抗争。人在社会历史规律面前表现的似乎是一副无力摆脱其外在力量奴役，又不甘受奴役，只是力图使自己的处境有所改善的奴隶形象。

不能否认，自然规律与社会历史规律，作为规律存在，尤其是作为同一系列，即存在系列的规律存在，它们之间有着某些共同的特点和属性。然而，自然规律和社会历史规律毕竟是属于不同存在领域的规律，它们之间存在着重大的差别。社会历史规律与自然规律具有不同的性质，对社会历史规律的把握决不能单纯地诉诸感性的直观，而必须遵循马克思"新唯物主义"的思路，对社会历史规律在做客体的、直观的把握的同时，还应从主体的角度进行把握和理解。社会历史规律虽然与自然规律一样，都是事物发展过程中的本质联系和必然趋势，但社会历史过程中的本质联系和必然趋势是通过不同的方式实现的。

在自然界中，不存在着主体和客体的分离，自然界事物发展的本质联系和必然趋势是自然事物在完全自发的状态下通过相互作用、相互适应而形成的。因此，自然规律是自在的、自发的，它的形成与实现与人及其人的活动无关，也不是为人而存在的。

而社会历史规律则不同，"社会生活在本质上是实践的"。社会是人的社会，是人在自己的活动中，通过与自然的交往并对自然进行扬弃的基础上形成的属己的社会。历史是人的历史，是人通过自己的历史活动不断扬弃社会的过去从而得到社会的现在和未来的历史。从发生学或从人类总体的角度看，没有人及人的活动，就既不会有人的社会，也不会有人类的历史。因此，对社会历史规律必须从人的活动，特别是人的感性实践活动去加以把握和理解，这是由于，社会历史规律不过是在人的活动基础上形成的社会结构链条之间的本质联系和社会结构演进的历史必然性趋势。

当我们循着马克思的"实践的唯物主义"提供的方法论思路，把在社会历史过程中形成的一切历史规律科学地理解成是在人的实践活动的基础上形成和实现的时候，人与历史规律的关系就不再是外在的，人的主体性和自由与历史规律也不再处于彼岸和此岸的分离状态。人的主体性和自由不是游离于历史规律之外，而是作为历史规律的一个重要方面包含在历史规律的规定之中。历史规律也不再是一种与人对立的，对人来说是一种异己的存在，而是一种属人的存在和为人的存在。人类在历史规律面前，也不是一副只是表现为和命运抗争的奴隶形象，而是社会历史的主体或剧作者，历史规律的形成和实现也即是人的主体性的实现和确证。深刻的原因在于，人的实践活动往往要遵循双重的尺度，一方面要遵循客观对象的尺度；另一方面要遵循主体的内在尺度，贯彻着主体的价值目标。人的社会、人的历史，以及社会历史过程中呈现出的历史规律，实际上是在人类实践活动中的双重尺度的引导下，通过相互作用、相互校正而形成的。

二

　　社会历史规律研究中的另一个难题是，社会历史规律的形成和实现与人的意识的关系问题。更明确些说，即是社会历史规律的形成与实现能不能离开人的意识因素的作用？上面的分析表明，如果循着马克思的"实践的唯物主义"对"对象、现实、感性"在做客体的、直观的理解的同时，还应从主体的方面去理解；从人是社会历史的剧作者，社会历史规律是在人的实践活动的基础上形成和实现的，而实践又是一种有目的的感性物质活动的思路出发去把握历史规律的话，社会历史规律的形成和实现显然是不能离开人的意识因素的作用。然而，马克思在《资本论》第一卷中又曾说过这样一段话，必须把"把社会运动看作受一定规律支配的自然史过程，这些规律不仅不以人的意志、意识和意图为转移，反而决定人的意志、意识和意图"①。人们过去正是以马克思的这段话为根据，认为历史规律也同自然规律一样，是客观的、因而是不以人的意志和意识为转移的。

　　那么，这是否意味着马克思的思想本身中包含着矛盾呢？当然不是。只要我们把马克思在《资本论》中讲的那段话与马克思的"实践的唯物主义"的基本思路联系起来进行辩证地思考，二者之间并不存在着不可逾越的天然鸿沟。这是因为，在马克思"实践的唯物主义"的思路中，人既是历史的剧作者，又是历史的演员。从人在历史中的这种双重角色，必然要牵引出人的意识与历史规律的双重关系。从发生学的角度看，人是社会历史的剧作者，是社会历史的主体，社会历史是人创作的剧本。但从现实的关系看，每一具体历史时代的人又是历史的演员。历史规律一旦形成，它又作为人的活动的结果反转来对人的现实活动发生影响和制约作用。相对于具体时代的人来说，历史规律不仅是他的活动

---

① 《马克思恩格斯文集》第 5 卷，人民出版社 2009 年版，第 21 页。

赖以进行的可能性空间，而且是他的意志、意识和意图赖以产生的基础。笔者认为，马克思在《资本论》中讲的那段话中所论述的人与社会历史规律的关系，实际上指的是剧本与演员的关系，而不是指的剧作者与剧本的关系。

因此，人们关于历史规律与人的意识的关系的传统理解，只是从剧本与演员的关系的角度看才是合理的，但从发生学的角度，即从剧作者与剧本的关系的角度看则是不妥的。

其实，对于社会历史规律的形成与实现不能离开人的意识的思想，马克思主义经典作家曾作过明确的论述。恩格斯就曾写道："在自然界中（如果我们把人对自然界的反作用撇开不谈）全是没有意识的、盲目的动力，这些动力彼此发生作用，而一般规律就表现在这些动力的相互作用中。在所发生的任何事情中，无论在外表上看得出的无数表面的偶然性中，或者在可以证实这些偶然性内部的规律性的最终结果中，都没有任何事情是作为预期的自觉的目的发生的。相反，在社会历史领域内进行活动的，是具有意识的、经过思虑或凭激情行动的、追求某种目的的人；任何事情的发生都不是没有自觉的意图，没有预期的目的的。"① 很明显，在恩格斯看来，只有自然界的必然性才是不依赖于人的意识而存在的，因为它不仅在人的意识产生之前就已经存在，而且在人及其意识产生之后，也是与人的活动无关的，因而也与人的意识无关。但历史规律则不同，如果抛开人的意识则历史必然性既不能产生，也不能存在。只有当以意识为中介的物质财富生产出现以后，才能谈得上历史必然性的产生。社会历史规律是在人的实践活动的基础上形成和实现的，而人的实践活动又是一种合目的性的活动，它既要遵循客观对象世界的外在尺度，也要遵循自身的内在尺度。人的实践活动的合目的性，也就决定了社会历史发展及其发展规律的属人存在和为人存在的性质和特征。

---

① 《马克思恩格斯文集》第 4 卷，人民出版社 2009 年版，第 302 页。

承认社会历史规律的形成和实现不能离开人的意识的作用，这是不是意味着社会历史规律不再是客观规律，而是一种主观规律呢？当然也不是。只能说历史规律的形成和实现不能离开人的意志和意志的作用，但不能说历史规律本身是主观的，不是客观的。深刻的原因是人的实践活动虽然是有目的性的活动，人的活动目的的建构离不开人的意志和意识的作用，但无论是目的产生和实现都具有客观的性质，人的活动目的的产生、建构不仅要服从人本身的生存和发展的客观要求，而且要服从外部对象的客观尺度。人的活动目的实现只有通过感性的物质活动本身才有可能。活动目的一旦通过实践活动得以对象化或物化，它也就从观念形态变成了实在的形态，具有客观的性质。

三

肯定社会历史规律的形成与实现不能离开人的意识因素的作用，这是否能与马克思的"社会历史的发展是一种自然历史过程"的著名命题相容呢？按照人们传统的思维理路，这是一个决难相容的矛盾，因为在人们传统的理解中，"自然历史过程"是不可能包含着人意识的作用。一个广为人知的力证是，在绝大多数论及历史规律的文献中，往往都不约而同地强调：马克思主义历史观一方面强调"社会历史的发展是一种自然历史过程"，但另一方面又不否认人在社会历史规律面前的主观能动性。诚然，这种强调的意图在于要划清马克思的历史观与种种宿命论的历史观的界限，但同时也表明了，它的立论前提是，自然历史过程与人的主观能动性是彼此分离的。而导致这种分离的原因则是人们对"对象、现实、感性"通常只是从直观的方面去加以把握和理解的思维方式。

不错，在马克思主义经典作家的著作中，尤其是在马克思的著作中，在论及社会历史规律时，曾广泛的使用过"自然""自然规律"的概念，例如在《资本论》第 1 版序言里就曾写道："一个社会即使探索到了本身运动的自然规律……它还是既不能跳过也不能用法令取消自然的发展阶段。"① 对马克思主义经典作家著作中的"自然""自然规律""自然历史过程""自然的发展阶段"等用语，如果不是作望文生义的理解，而是把它纳入唯物主义历史观的基本思路去加以把握的话，那显然不是指的诸如"地质形成史""动植物器官的形成史、生长史"，而是说社会历史发展也同自然界的发展有着一致的方面，社会历史的发展也有着客观的必须性，是一个循序渐进、拾级而升的发展过程。

　　然而，如前所述，承认历史发展的客观必然性，并不意味着否定人的意志、意识在社会历史发展中的作用。如果循着"实践的唯物主义"的思路，对"对象、现实、感性"在做直观的、客体的把握的同时，也注意从主体的方面去理解，把"自然历史过程"理解成人为自身存在和发展而进行的活动发展史，从人的劳动发展中去寻找打开历史奥秘的锁匙的时候，"自然历史"过程作为人的创造性的物质活动的对象化产物与结果，它就不再是与人的主体性相分离的。因此，肯定社会历史规律的形成和实现不能离开意识的作用，不仅没有背离马克思的"社会历史的发展是一种自然历史过程"的著名命题，相反，只有把前者纳入后者的范围进行深层的辩证思考，才能对"自然历史过程"做出与马克思"实践的唯物主义"的基本思路相吻合的阐释。

四

　　社会历史规律是在人的实践活动的基础上形成和实现的，但当它一旦形成和实现，就又作为一种客观的存在，反转来对人的活动发生制约作用，成为人们活动的空间和人们活动自由与不自由的界限。社会历史规律与人的现实活动的关系，就由剧作者与剧本的关系转换成剧本与演

---

① 《马克思恩格斯文集》第 5 卷，人民出版社 2009 年版，第 9、10 页。

员的关系。

在社会历史规律的研究中，还有一个经常引起人们关注的热点问题，即是如何理解社会历史中活动的人在社会历史规律面前的自由问题。一般来说，很少有人否认人在社会历史中的自由。然而，究竟什么是自由？怎样才能获得自由？人们的理解并不一致。许多人把自由理解成对自己活动的自由选择。这是一种误解。诚然，马克思的历史观并不否认个人内在的精神世界，也不否认活动的主体的独立性及其在个人选择上的兴趣，但这并不意味着可以把人的自由归结为选择的自由。个人有权力对自己的行动做出选择是一回事，而能不能通过自己的选择获得自由则是另一回事。实际上，"自由选择"并不一定是一种实在的自由，往往包含着一定的虚假的成分。黑格尔在《小逻辑》中早就对"自由选择"的说法提出过尖锐的批评，并斥之为是一种虚假的自由。他写道："当我们说到意志的自由时，大都是指仅仅的任性或任意，或偶然性的形式意志而言。诚然，就任性作为决定这样或那样的能力而言，无疑地是自由意志的一个重要环节（按照意志的概念来说它本身就是自由的）；不过，任性却不是自由的本身，而首先只是一种形式的自由。那真正的自由意志，把扬弃了的任性包括在自身内，它充分意识到它的内容是自在自为地坚定的，同时也知道它的内容是完全属于它的……任性的内容是外界给予的，并不是基于意志本身，而是被意识到以外在环境为根据的。就这种给予的内容来说，自由只在于选择的形式，这种表面上的选择，也是一种形式上的自由，因此也可看成是一种主观假想的自由。试加以最后的分析，便可看到，那同样的外在环境，即那引起意志作任性的决定的环境也必须认作是使意志所以恰好作出这样决定而不是那样决定的原因。"①

黑格尔的自由观是建立在客观唯心主义的基础上的，他把人的自由看作是自由意志。然而，在黑格尔对"自由选择"的批评中，以及对自

---

① ［德］黑格尔：《小逻辑》，商务印书馆 1980 年版，第 302 页。

由与任性的区分中却包含着合理的因素。因为，黑格尔看到了自由是同可能性有关的一种选择，但是，并不是任何这样的可能性都是真正的自由。马克思的自由观无疑地吸取了黑格尔对自由理解的合理因素，但也扬弃了黑格尔自由观中的客观唯心主义成分。在马克思历史观的视野里，自由不仅建立在对历史必然性的把握和理解的基础上，而且还在于利用这种正确的认识对现存世界进行改造，变外在的存在为属人的存在，才是人的自由的真正实现。

关于历史决定论的两点误释 *

在哲学课堂、教科书及有关文章中我们常常听到或看到这样一段似成公式的文字：历史决定论和非决定论是两种根本对立的历史观。如何在坚持决定论的同时又超越历史机械决定论，和在超越机械决定论的同时又划清与非决定论的界限……这是当前我国历史唯物主义理论研究工作者所面临的重大任务之一。这段看起来既唯物又辩证的文字似乎是无懈可击的，但仔细地推究一下，便会发现它其中存在着两个需要澄清的疑点。其一，历史决定论和非历史决定论是否是两种对立的历史观？如果说是对立的，是否是唯物和唯心意义上的两大阵营的对立？在承认历史决定论的派别内部存不存在着对立？其二，在马克思主义以前究竟存不存在着机械的历史决定论？

从哲学发展史上看，历史决定论和非决定论的对立，早在马克思主义出现以前就出现和存在着了。决定论承认一切事物都具有规律性、必然性和因果制约性。而非决定论则强调"意志自由"，否认客观事物有任何规律。

决定论和非决定论虽然是对立的，但从发

＊ 本文原发表于《教学与研究》1994 年第 3 期。

生学的角度看，二者又都是源于这样一个事实和现象，即人的现实活动的能动和受动的双重特性。只不过决定论者把人的活动的受动方面推向了极端，从而只承认必然性、规律性的作用，而否认偶然性、多样性和人的意志自由的可能性；相反非决定论者则夸大了人的活动中的"意志自由"方面，只看到人的活动的能动方面，而否认了人的活动的受动方面。因此，在马克思主义诞生以前，一切决定论的最后归宿是宿命论，而一切非决定论的最后归宿则是唯意志论。

夸大人的意志自由，否认事物客观规律性的非决定论是一种唯心主义，这是无疑的。那么，是不是所有的唯心主义者都是非决定论者呢？或者说，是不是所有的决定论者都是唯物主义者呢？一些哲学教科书和哲学词典对此的回答似乎是肯定的。例如，国内颇具权威的工具书《辞海》（哲学分册）关于决定论条目中的解释就认为，决定论"一般地是唯物主义者的主张"。这其实是一种误释。实际上，在唯心主义哲学家中，也并不是所有的唯心主义哲学家都否认事物的规律性、必然性的存在。黑格尔这位声名显赫的客观唯心主义哲学家就是一个坚决地肯定自然界、人类社会历史发展中存在着规律性和必然性的哲学家。在黑格尔的眼里，"理性是世界的主宰，世界历史因此是一种合理的过程"①，历史不过是一个不以人的意志为转移的合乎规律的过程，它是世界精神在时间中的表现和实现。因此，我们不能简单地把所有的唯心主义者都排除在决定论者的行列之外。决定论不等于唯物论，唯心论也不等于是非决定论。在决定论问题上，除了有决定论与非决定论的分野之外，还存在着决定论内部的唯物论的决定论与唯心论的决定论的对立。所不同的是，由于唯物论与唯心论者对哲学基本问题的解决不同，这就使他们在对规律性与必然性的理解上也就不同。唯物论的决定论对规律性与必然性赋予唯物论的解释，而唯心论的决定论则对规律性、必然性赋予唯心主义的解释。如果说历史决定论与非决定论是对立的，那么这种对立也

---

① ［德］黑格尔：《历史哲学》，王造时译，商务印书馆1963年版，第47页。

不能简单地称之为历史观的对立，至少不能看成是唯物主义与唯心主义意义上的对立。因为像黑格尔这样的哲学家虽然是历史的决定论者，但却是一个唯心主义者。诚然，黑格尔的客观唯心主义与非决定论者的唯意志论或目的论之间存在着差别，但他们都试图用观念的、精神的、意识的东西去解释历史的发展，所不同的只是前者指向的是脱离个人的客观精神，后者指向的则是人的主观精神。

具有讽刺意味的是，在马克思主义哲学产生之前的哲学中，真正把决定论原则贯彻到底的只有黑格尔。而旧唯物主义者虽然在自然观和认识论上与非决定论是对立的，但当他们的视野延伸到社会历史领域时，便因决定论原则的贯彻遇到了不可逾越的障碍而最终地与非决定论的历史观合流了。其中，法国旧唯物主义的历史归宿最具典型意义。法国唯物主义者也曾试图把世界统一于物质的原则贯彻到底，提出了"人是环境和教育的产物"的命题，并试图用这一命题去解释人的活动和历史的发展。应该承认，法国唯物主义者的动机与命题不能说没有唯物主义味道。然而，当他们运用这一命题去解释社会现象时，立即遇到了一个相反的事实，即社会历史环境与那种原始的自然环境有着本质的不同，社会历史环境是由人的活动改变而来的，而改变历史环境的人的活动又是有意识、有意志自由的。这样他们又不得不从这一现象中牵引出一个相反的命题：即"意志支配世界"。那么，究竟是环境支配人，还是人支配环境呢？对于法国唯物主义者来说，这是一个解不开的"斯芬克斯之谜"。于是只好用环境去解释人的活动，用人的活动及其意志自由去解释环境，陷入一种循环论证的逻辑怪圈。为了在逻辑上摆脱这种循环论证的难堪局面，最终不得不把社会"分成两个部分，其中一部分人高出于社会之上"，滑进了英雄史观的唯意志论的泥坑。唯物主义的决定论与唯意志论的非决定论的对立也就最后在社会历史观上消解了。哲学发展史的史实表明，在马克思主义以前，在社会历史观上并不存在着所谓的机械唯物主义的历史决定论这一派别。所谓的机械唯物主义的历史决定论这一提法，不过是人们从自然观和认识论上的机械决定论演绎出来的一个误释。

关于社会形态的划分的再思考 *

　　社会发展形态应如何划分？这不仅是马克思主义历史观研究中最为折磨人的问题，也是历史发展的现实向我们提出的最为紧迫的课题。近年来，我国理论界对此虽做了一些有价值的探讨，提出了不少有启发性的见解，但在一些关键性的问题上尚需做进一步的深层思考。

一

　　唯物史观既是关于社会一般规律的观点，也是关于历史一般规律的观点。它既要研究社会的横断面，同时又要把握历史发展的纵线条。因此，历史发展过程的分期问题是马克思主义创始人毕生关注并进行过不懈探讨的重大课题。

　　然而，对马克思有关社会形态划分的理论，我国理论界存在着不同的看法。有人认为，就"世界历史而言，人类社会历史的发展表现为从原始社会、奴隶社会、封建社会、资本主义社会、共产主义社会的五种形态的依次更替"①。

---

　　*　本文原发表于《社会科学研究》1994 年第 6 期。

　　①　江丹林：《社会形态演进规律和东方社会发展道路》，《哲学研究》1988 年第 9 期。

有人认为，"人类社会的历史发展过程有三个大的阶段，原生的社会形态，次生的社会形态，原生的社会形态在新的基础上的复归"，即原始公有制、私有制、共产主义公有制三种社会形态，并认为只有这种划分图式才"真正科学地全面地揭示了人类社会历史发展的普遍规律"①。也有人主张应根据个人与共同体的相互关系、个别劳动与社会总劳动的关系排列社会形态依次递进的顺序，认为社会历史的发展是严格地按照自然经济、商品经济、时间经济诸形态依次更替与演进的。不管各民族的具体情况的差别有多么大，都必须合乎规律性的经过上述三个阶段。②还有人认为，社会发展是两重奏，社会形态具有双重构造的性质，是社会的经济形态与社会的技术形态的统一。从前者的角度出发则可把社会划分为五种社会形态，从后者出发则可分为渔猎社会、农业社会、工业社会、信息社会。③ 值得玩味的是，持上述几种观点者都声称自己的划分是唯一正确的划分，并且每一种观点又都能从马克思主义经典作家的著作中引证一些论述来使自己的观点得到支持。

笔者认为，上述几种观点中的每一种观点，都既具有合理性，又具有片面性。上述几种关于社会形态的演进图式之所以能在马克思主义经典作家的著作中找到理论根据，这是因为，在马克思主义经典作家的著作中，对社会历史发展形态的区分并不是一维的，而是多维的。但在马克思主义经典作家的著作中，诸种社会发展图式之间并不是绝对排斥的，而是既有差别，又有联系。并且这些图式之间的联系与差别丝毫不具有任何主观任意的性质，而是有其客观的根据。仅仅抓住经典作家某一著作中论述的社会演进的某一图式，并加以绝对化，这无疑是有害于对马克思主义社会形态理论的完整把握的。那么，对社会发展的历史形态作多维划分的客观根据何在呢？要回答这个问题，在思维的逻辑顺序中有必要首先弄清社会形态这一范畴在马克思主义经典作家著作中的

---

① 刘佑成：《马克思的社会发展三形态理论》，《哲学研究》1988 年第 12 期。
② 孟庆仁：《论人类社会发展的道路和动因》，《哲学研究》1987 年第 5 期。
③ 谢立中：《社会发展二重奏》，河北人民出版社 1988 年版。

涵义。

笔者同意这样的见解，即在马克思主义经典作家的著作中，社会形态与社会经济形态这两个术语只是表述的不同，而没有本质的区别，它们的内涵基本相同或相近。一个重要的理由是，在马克思主义经典作家的著作中，社会形态与社会经济形态的概念是经常在相同的意义上被相互代换使用的。

对社会形态或社会经济形态范畴的内涵应如何理解呢？马克思主义经典作家虽然没有为我们留下一个有关社会形态的教科书式的定义，但为我们留下了许多有关社会形态的经典性的论述。马克思在1857—1858年写的《经济学手稿》中认为："人的依赖关系（起初完全是自然发生的），是最初的社会形式，在这种形式下，人的生产能力只能是在狭小的范围内和孤立的地点上发展着。以物的依赖性为基础的人的独立性，是第二大形式，在这种形式下，才形成普遍的社会物质交换、全面的关系、多方面的需要以及全面的能力的体系。建立在个人全面发展和他们共同的、社会的生产能力成为从属于他们的社会财富这一基础上的自由个性，是第三个阶段。"[1] 显然，马克思在这里是用人的全面关系即社会的物质交换关系来划分社会形态的。在《〈政治经济学批判〉序言》中，马克思在论及社会形态范畴也写道："无论哪一个社会形态，在它所能容纳的全部生产力发挥出来以前，是决不会灭亡的；而新的更高的生产关系，在它的物质存在条件在旧社会的胎胞里成熟以前，是决不会出现的。"[2]"大体说来，亚细亚的，古希腊罗马的，封建的和现代资产阶级的生产方式可以看做是经济的社会形态演进的几个时代。"[3] 并且还认为"资产阶级的生产关系是社会生产过程的最后一个对抗形式，这里所说的对抗，不是指个人的对抗，而是指从个人的社会生活条件中生长出来的对抗；但是，在资产阶级的胎胞里发展的生产力，同时又创造着解决

---

[1] 《马克思恩格斯文集》第8卷，人民出版社2009年版，第52页。
[2] 《马克思恩格斯文集》第2卷，人民出版社2009年版，第592页。
[3] 《马克思恩格斯文集》第2卷，人民出版社2009年版，第592页。

这种对抗的物质条件。因此，人类社会的史前时期就以这种社会形态而告终"①。在上面三段话里，马克思好像既用生产关系来界定社会形态或社会经济形态范畴，又用生产方式来界定社会形态范畴，但如果我们不是拘泥于字面上的表述，而是从基本思路去把握的话，就应该看到，马克思实质上是用生产关系去界定社会形态的。因为，在马克思著作中，生产方式是一个多义性、用法灵活的概念，有时侧重于指生产力，有时侧重于指生产关系，有时是指劳动方式，有时是指生产力与生产关系的统一。显然，联系上下文的思路，马克思在这里讲的生产方式，实际上指的是生产的社会方式，亦即生产关系。在《资本论》中，马克思也同样把生产关系的总和看成是社会形态，他写道："这种生产的承担者同自然的关系及他们互相之间的关系，他们借以进行生产的各种关系的总和，就是从社会经济结构方面来看的社会。"②

笔者不同意传统哲学教科书关于"社会形态是经济基础和上层建筑的统一"的观点，也不同意那种认为"社会形态是由一定的生产力，生产关系，上层建筑等全部社会要素组成的统一的完整的社会体系"③的观点。因为，在马克思的视野里经济是社会的中心，把一种社会形态与另一种社会形态区别开来的，是作为一定时代的生产关系总和的社会经济结构，而不是社会的政治结构、法律制度，更不会是社会的精神结构。诚然，不同的社会形态自然有不同的上层建筑，但上层建筑的变更是以经济基础的变化为基础的。社会的上层建筑不过是经济的基础的派生物。当然生产力也不能作为划分社会形态的依据。社会的经济结构虽然是由生产力发展的性质与水平决定的，但它本身并不包含在社会的经济结构中。生产力的发展虽然决定着社会形态的性质与变更，但这种决定作用只能从归根到底的意义上去理解。

① 《马克思恩格斯文集》第 2 卷，人民出版社 2009 年版，第 592 页。
② 《马克思恩格斯文集》第 7 卷，人民出版社 2009 年版，第 927 页。
③ 赵家祥：《马克思主义的社会形态理论简论》，北京大学出版社 1985 年版，第 15 页。

二

认定马克思主义经典作家著作中的"社会形态"范畴是以生产关系进行界定的，划分社会形态是以生产关系为根据的，那又应如何理解在马克思主义经典作家著作中何以能够有多种社会演进图式的并存呢？要解开这个谜，还有必要对马克思主义经典作家著作中的生产关系范畴进行剖析。

何为生产关系呢？所谓生产关系即是指生产中人与人之间的相互关系，在这一点上理论界恐怕没有多大分歧。但在社会生产中人与人之间的关系的结构是一维的，还是多维的呢？问题的关键即在于此。实际上，人们在生产中的相互关系并不是一维的，而是一个多维的复合结构。在马克思主义经典作家的著作中，生产关系是一个多义性范畴，生产关系的结构至少由以下三个基本的层面构成。

一是，劳动关系。任何生产过程，首先是一个生产使用价值的过程，不管生产的社会性质如何，要生产一定的使用价值，生产资料和劳动力必须根据一定的比例与方式进行合理的配置与结合，这样必然地使生产者之间形成一定的相互关系，如分工协作关系，这种关系通常通过劳动组织等形式表现出来。人们在生产过程中形成的劳动的分工与协作关系虽然与生产中的所有权关系有一定的联系，但它的结构主要取决于生产资料的工艺性质和参与社会生产过程的劳动力的技艺与经验。正如马克思所说的那样："劳动的组成和划分视其所拥有的工具而各有不同。手推磨所决定的分工不同于蒸汽磨所决定的分工。"[1]因此，生产中的劳动关系也可看成是生产中物质的、技术的关系。一定的劳动关系形成一定的劳动形式。

在马克思的著作中虽然没有劳动关系的称谓，但劳动关系作为生产

---

[1] 《马克思恩格斯文集》第 1 卷，人民出版社 2009 年版，第 622 页。

关系的一个层面包含在生产关系中的思想应是确有无疑的。当马克思认为"资产阶级除非对生产工具，从而对生产关系，从而对全部社会关系不断地进行革命，否则就不能生存下去"①时，他所指的生产关系实质上就是指的劳动关系。因为资本主义所有权关系一旦确立以后，资产阶级不可能也不希望使之继续革命化，资产阶级唯一能够使之不断革命化的只能是社会生产中的物质技术关系。把劳动关系看成是生产关系的一个层面的观点还可以从马克思对那些企图混淆"物质生产关系和它的社会历史规定性"的人的尖锐批评中得到印证和支持。在马克思主义哲学发展史上，明确地把劳动关系纳入生产关系范畴的是普列汉诺夫。他认为生产者们在生产过程中的那些直接关系（例如，在工厂及作坊中的劳动组织），在比较的广义上也应当被称为生产关系。②应该说普列汉诺夫的这一见解是富有启发性的，是对唯物史观的一个贡献。

在传统的哲学教科书中，人们往往把劳动关系纳入生产力范畴，而不是生产关系范畴，这是一个很大的误解。劳动关系虽然主要是由生产力的工艺性质决定的，并且劳动关系的发展对生产力的发展有着直接的反作用，例如，有效的劳动分工能够提高劳动的社会生产力。但劳动关系本身不是生产力，而是一种生产关系。

二是，财产关系。在人们的生产过程中，除了劳动关系外，还存在着生产的社会关系，因为"为了进行生产，人们便发生一定的联系和关系；只有在这些社会联系和社会关系的范围内，才会有他们对自然界的关系，才会有生产。"③从而在人们生产的社会关系或社会的生产关系中，首先是指财产关系或所有权关系。生产的所有权关系是调整物质生产过程对生产力的控制和态度的关系。它包括人们通常所理解的生产关系的内容，即生产过程开始前对生产资料、劳动力的占有关系，以及由这种占有关系决定的，人们在生产过程中的职能分配关系和生产过程完

① 《马克思恩格斯文集》第 2 卷，人民出版社 2009 年版，第 34 页。
② 《普列汉诺夫哲学著作选集》第二卷，三联书店 1974 年版，第 601 页。
③ 《马克思恩格斯文集》第 1 卷，人民出版社 2009 年版，第 724 页。

成后的产品分配关系。一定的财产关系或占有关系形成一定的所有制形式。

三是，个别劳动与社会总劳动的关系。在人们的社会的生产关系中，除了财产关系或占有关系之外，还包括个别劳动与社会与社会总劳动之间的联系。"这种生产关系是劳动的社会物质变换过程的关系，在这种过程中人们对于个别劳动的占有转化为社会的占有。它包括生产条件在全社会的占有关系，不同具体劳动之间的关系和产品交换关系。"①个别劳动与社会总劳动的一定关系，形成历史上的一定的经济联系形式。

正因为生产关系范畴是由多层面构成的多维结构的复合体。因此，当马克思主义经典作家从生产关系不同的层面上去考察社会历史的发展时，在他们的视野里就呈现出历史演进的多种图式。当马克思以劳动关系为线索去考察人类社会历史的发展时，通常以劳动方式的不同为依据把人类社会划分为：渔猎社会、农业社会、工业社会。当马克思以个别劳动与社会总劳动的关系为线索，以社会经济联系的不同形式为依据去考察人类社会的历史发展时，通常把整个人类社会历史的发展划分为自然经济、商品经济、产品经济或时间经济三大社会形态。当马克思以所有制关系为线索去考察人类社会的历史发展时，一方面以所有制形式的不同为依据把人类社会划分为原始社会、奴隶社会、封建社会、资本主义社会、共产主义社会五大社会形态；另一方面又以所有制性质的不同为依据，把人类社会归结为原始公有制、私有制、共产主义公有制三大社会形态。

需要指出的是，上面几种社会历史演进图式，只是马克思主义经典作家从生产关系所包含的几个主要层面对人类社会历史发展进行考察时所做的区分。但马克思主义经典作家有时也以生产关系的一些派生关系作为划分社会形态的理论依据。例如，在《1844 年经济学哲学手稿》中，

---

① 刘佑成：《马克思的社会发展三形态理论》，《哲学研究》1988 年第 12 期。

马克思依照劳动与劳动主体的关系，把人类的历史进程具体划分为劳动异化和私有制产生以前的时期、劳动异化和私有制存在的时期、劳动异化和私有制消灭以后的时期。在《资本论》中马克思还曾把榨取剩余劳动的方式作为区分社会形态的依据，认为使各种经济社会形态，例如使奴隶社会与工资劳动社会互相区别的，只是对直接生产者（劳动者）榨取剩余劳动的形态。

正因为生产关系是一个多维结构的复合体，马克思主义经典作家中的多种社会发展图式不过是从生产关系的不同层面所概括出的社会发展的理论模式。因此无论是自然经济—商品经济—时间经济的图式也好；原始社会—私有制—共产主义公有制图式也好；渔猎社会—农业社会—工业社会的图式也好；还是原始社会—奴隶社会—封建社会—资本主义社会—共产主义社会的图式也好，相互之间既有联系，又有区别，都有其独立存在的根据。我们既不能像某些人那样，用原始社会—奴隶社会—封建社会—资本主义社会—共产主义社会的图式去消融、统一其他社会发展图式，把其他图式纳入五形态论的理论框架；也不能像另外一些人那样，错误地把五阶段图式纳入三阶段图式的理论框架，有自然经济—商品经济。

三

从生产关系的不同层面去考察社会历史的发展，何以能概括出社会发展的不同演进图式呢？这是探讨马克思社会形态理论时必须进一步回答的问题。而要回答这一问题，则必须进一步地从生产力与生产关系的相互关系谈起。众所周知，生产力的发展状况决定着生产关系的性质及其演变，生产关系的变化从归根到底的意义上讲，必须从生产力的发展中去获得解释，可以说这是历史唯物主义中一条最为人们熟悉的原理。但生产力的发展究竟是如何决定生产关系的发展呢？生产关系在适应生产力的发展而变化时，生产关系的诸层面的变化究竟是同步的，还是不同步的呢？问题的关键即在于此。根据历史唯物主义的基本原理，生产力的发展或早或迟地必然要导致生产关系的变化，但这决不应被理解为生产关系在适应生产力的发展时，生产关系的各个层面的变化是必然同步的。虽然，世界历史上确曾有过生产关系的各个层面同步变化的事实。例如，当机器代替手工工具，大机器生产方式代替手工劳动方式时，不仅导致了封建所有制形式到资本主义所有制形式的变更，而且也导致了社会生产中的劳动关系的变化和社会经济联系形式的变化。但历史上也曾有过生产关系各个层面非同步变化的事实。例如，从奴隶社会到封建社会，生产关系的所有制层面虽然发生了变化，但从劳动关系、从个别劳动与社会总劳动的关系看，或从社会经济的联系形式方面看，则没有发生根本性质的变化。在整个前资本主义社会的历史阶段，手工劳动是基本的劳动方式。在这种生产方式下，社会分工不发达，人们在具体的劳动过程中，只有简单的劳动协作，而没有明显的职能划分；在全社会范围内虽有简单的商品交换，但生产的直接目的是为了获得产品的使用价值，而不是为了交换。然而，在资本主义社会里，我们则看到另一类现象，即在所有制形式与社会经济联系形式保持着质的相对稳定性时，社会劳动中的物质技术关系或劳动关系却不断地发生革命化。

生产关系诸层面的变化之所以存在着既同步又不同步的现象，深刻的原因在于，生产力对生产关系的诸层面的影响是有差别的。一般说来，在生产关系的诸层面中，人们在具体劳动过程中的物质技术关系，以及个别劳动与社会总劳动的经济联系形式直接是由生产工具的性质和生产的社会化水平决定的。人们在具体劳动过程中采取何种劳动组织形式，个别劳动如何转化为社会劳动？这直取决于生产力的发展状况。而社会生产中的财产关系或所有制关系在本质上是一种物质利益关系。社会的所有制形式的选择与变更，从归根到底的意义上取决于生产工具的性质和生产的社会化水平，同时还受人们对劳动态度与劳动热情的制约，而人们的劳动态度与劳动热情与人们的物质利益有着极为密切的关系。当一种所制形式严重地压抑着劳动者的劳动热情时，也即意味着这种所有制形式丧失了生命力，或早或迟地要被新的所有制形式所代替。因此，即使在生产力发生部分质变时，生产关系的某些层面也可能发生质变或仍然处于相对稳定的状态。从历史上看，总的趋势是，当生产力的性质发生根本性的质变时，生产关系的诸层面大体上保持着同步变化的特征，当生产力的发展只发生了部分质变时，生产关系的变化一般具有不同步变化的特征。

上述进一步的分析表明，在马克思主义经典作家著作中既有联系又有区别的多种社会演进图式，不仅都有其独立存在的客观根据，而且都有其独立存在的理论价值。马克思主义经典作家著作中出现社会发展的多种演进图式，既不是马克思社会形态理论本身有什么矛盾，也不是故弄玄虚的文字游戏。多种社会形态的演进图式，不过是生产力与生产关系相互关系的复杂性在理论上的反映与概括。每一种社会形态的演进图式实际上是以直观的形式反映着生产关系的某一层面历史演进的基本趋势。社会形态演进图式的区别揭示的是生产关系各个层面历史演进和独特特点。

在马克思主义经典作家著作中多种社会形态演进图式并存的另一重大意义在于，马克思对社会进步的实质与标志的理解是全面的。它表明马克思既不是单纯地把所有制形式的变更与所有制性质的改变，社会中一部分人对另一部分人的胜利看作是社会进步的唯一标志，也不是抽象地谈论人的解放，而是从劳动形式、社会经济的联系形式、所有制形式和性质诸方面对社会历史的演进进行多维度的衡量。把人在劳动中，在社会关系中自由度的增长看作是社会进步的重要标志。既关心人类对整个生产过程和生活过程的控制与自由程度，也深切地关注被压迫、被剥削的劳动阶级的命运，尤其是无产阶级的命运。在马克思的社会形态理论中，人类个体、阶级的解放理论、阶级斗争理论、社会革命理论、人道主义理论和科学社会主义的理论是一个有机的统一体，无论单独强调哪一方面，都是一种片面性。

谈谈我对"社会存在"范畴的理解 *

　　《中国社会科学》1992 年第 1 期刊载了王荫
庭先生的《"社会存在"范畴释义》一文，同年
第 6 期又刊载了何祚榕先生与王荫庭先生的商
榷文章。拜读两位学界前辈的文章，颇受启发
与教益，但同时又觉得两位先生的观点似有进
一步探讨与磋商的地方。笔者初涉学界，特别
是作为曾受教于王荫庭先生的学生，不避浅陋
之嫌，谈谈对唯物史观中的"社会存在"范畴
的理解，以就教于王、何两位先生及学界同仁，
并冀使这一问题的讨论更进一步深入。

一

　　"社会存在"范畴是马克思历史观的一个极
为重要的范畴，然而，正如王荫庭先生所指出
的，国外长期以来对这一范畴的理解却存在着
重大的分歧，存在着所谓"紧派"与"宽派"的
争论。按照"紧派"的意见，"社会存在"范畴
的内容应该仅仅理解为经济，而按照"宽派"
的意见，这一范畴的内容则应进一步包括上层

＊　本文原发表于《学术月刊》1994 年第 2 期。

建筑现象。王荫庭先生的《"社会存在"范畴释义》一文显然是针对"紧派"与"宽派"的争论而发的，观点很明确：批评"紧派"，赞同"宽派"，认为传统的"紧派"之所以把"社会存在"概念的内容仅仅理解为经济，其失误在于仅仅从本体论的意义上去把握"社会存在"范畴，而实际上这一范畴不仅具有本体论的意义，而且具有现象论的意义。

为了论证"社会存在"范畴的内容不仅具有本体论的意义，而且也具有现象论的意义，王荫庭先生概述了我国近十年来有关"存在"范畴理解上的重大变化，指出哲学范畴的"存在"具有两种含义：一是与思维相对，是物质的同义语。在这个意义上，存在包括外部世界的一切具体客观实在。二是与无相对，是无的否定。在这个意义上，存在是对世界上所有事物的一般概括，包括世界上的一切物质现象和精神现象。王荫庭先生将"存在"范畴的上述两种理解概括为："不妨把第一种意义称为'存在'范畴的本体论意义，第二种意义称为它的现象论意义。"①

王荫庭先生通过分析对"存在"范畴仅作本体论意义理解的观点所包含的逻辑矛盾，引用马克思主义经典作家的论述，论证了"存在"范畴不仅具有本体论意义，而且具有现象论意义；并从对"存在"范畴的说明过渡到对"社会存在"范畴内容的说明，提出："现在的问题是：既然'存在'有本体论意义和现象论意义，为什么'社会存在'就只能有本体论意义，而不能同时有现象论意义呢？"②

笔者认为，即使王荫庭先生关于"存在"范畴既具有本体论意义也具有现象论意义的全部论证是无懈可击的，也难以从"存在"范畴同时具有本体论和现象论意义，推论出"社会存在"范畴同样兼具本体论与现象论意义。在马克思的历史观中，"社会存在"范畴不具有本体论意义，而是属于现象论意义的范畴。

在西方哲学史上，有关"本体"大致有三种含义：一是指世界的"本

---

① 王荫庭：《"社会存在"范畴释义》，《中国社会科学》1992 年第 1 期。
② 王荫庭：《"社会存在"范畴释义》，《中国社会科学》1992 年第 1 期。

原"。二是指"实体",而"实体"也有两义,一指"第一哲学",或哲学体系的出发原则;二是指"存在"的本质,共相。当"实体"意指"第一哲学"或哲学体系的出发原则时,也大致与"本原"相同。三是指"本体论"与形而上学同义,指一种以探求宇宙的终极原因为目的的哲学学说。

在马克思、恩格斯的著作中没有直接出现过"本体"的概念,但对"存在"范畴和"实体"范畴则有过直接和间接的论述。在《路德维希·费尔巴哈和德国古典哲学的终结》中,恩格斯谈到的"思维与存在的关系问题"即是西方传统意义上的本体论问题。对于"实体"概念,马克思主义创始人也有过间接或直接的论述。在《1844 年经济学哲学手稿》中,马克思曾写道:"黑格尔从实体的异化出发(在逻辑上就是从无限的东西,抽象的普遍的东西出发),从绝对的和不变的抽象出发,就是说,说得更通俗些,他从宗教和神学出发。"[1]马克思在谈到笛卡儿的"实体"概念时说,在笛卡儿的"物理学的范围内,物质是唯一的实体,是存在和认识的唯一根据"[2]。马克思在谈到斯宾诺莎的"实体"概念时说:"斯宾诺莎的实体……是形而上学地改了装的、同人分离的自然。"[3] 在《神圣家族》中,马克思、恩格斯在批判思辨哲学时写过这样一段话:"在梨和扁桃中看出了共同的东西,这就是'果品'。各种特殊的现实的果实从此就只是虚幻的果实,而它们的真正的本质则是'果品'这个'实体'"[4]。上述四段话中,第一、第二、第三段中谈到的"实体"概念基本上与"本原"的概念相同,第四段中谈到的"实体"概念,则大致相当于"本质""共相"或"普遍"的意思。王荫庭先生的文章也曾引证过上述第二、第三、第四段话,但他认为只有第二、第三两段话中的"实体"概念具有本体论意义,第四段话中的"实体"概念则不具有本

① 《马克思恩格斯文集》第 1 卷,人民出版社 2009 年版,第 200 页。
② 《马克思恩格斯文集》第 1 卷,人民出版社 2009 年版,第 328 页。
③ 《马克思恩格斯文集》第 1 卷,人民出版社 2009 年版,第 341、342 页。
④ 《马克思恩格斯文集》第 1 卷,人民出版社 2009 年版,第 277 页。

体论的意义。笔者认为，马克思在第四段中谈到的"实体"概念与古希腊的亚里士多德、近代的沃尔夫等人的"实体""本体"的概念是一致的。在亚里士多德那里，"实体"或"本体"的问题是关于本质、共相和个体事物的关系问题。沃尔夫试图建立的本体论体系就是"把一般、普遍看作是脱离个别，单一而独立存在的本质和原因"①。

综上所述，无论是从西方古代和近代哲学史上看，还是从马克思主义经典作家的有关论述看，作为哲学本体论意义上的"本体"概念，是指世界的本原或是意指"存在"的本质，本体论就是研究世界的本原或"存在"的本质的学说。以此为参照，马克思历史观中的"社会存在"范畴，具有本体论意义的观点是不能成立的。无论从"本体"即"本原"的意义上看，还是从"本体"指存在的本质的意义上看，"社会存在"范畴都不具有上述两种属性。深刻的原因在于：无论人们对"会存在"范畴作何理解，人、人的社会及一切社会现象毕竟不是开天辟地以来就有的，而是在人的劳动中形成和发展起来的，是人的劳动的结果。这里不妨引证马克思评价黑格尔哲学的一段话："黑格尔把人的自我产生看做一个过程，把对象化看做非对象化，看做外化和这种外化的扬弃；可见，他抓住了劳动的本质，把对象性的人、现实的因而是真正的人理解为人自己的劳动的结果。"② 当然，黑格尔对劳动做了唯心主义的解释，他"唯一知道并承认的劳动是抽象的精神劳动"。③ 在马克思看来，黑格尔"把劳动看作人的本质"，把"真正的人理解为他自己的劳动的结果"的思想是伟大和深刻的。

王荫庭先生认为，"从本体论意义看，'社会存在'相当于作为社会实体的人类及人所改造的、人的肉体之外的自然物"，通俗地讲，社会的人与人所创造的人化自然物即是社会的"本体"。笔者认为，当王荫庭先生把社会的人与他所创造的人化自然物理解为社会的"本体"时，

① 《中国大百科全书·哲学卷》上册，中国大百科全书出版社 1987 年版，第 35 页。
② 《马克思恩格斯文集》第 1 卷，人民出版社 2009 年版，第 205 页。
③ 《马克思恩格斯文集》第 1 卷，人民出版社 2009 年版，第 205 页。

他所理解的"本体"概念与西方哲学史上以及马克思主义经典作家们所理解的"本体"概念已经不相干了。在马克思历史观视野中，不仅人化自然是人的劳动的结果，而且即使是真正的、现实的人自身也是自己劳动的结果。没有人的劳动，人就不能将自然人化，因为人首先不能从史前的人向真正的人的生成。当人及他所创造的人化自然作为"社会意识"的对象和原因存在时，它首先并已经是作为结果而存在的。当然，马克思主义经典作家所说的劳动是指人的感性的物质的劳动，而不是黑格尔所讲的"抽象的精神劳动"。

诚然，在马克思的历史观中，"社会存在决定社会意识"是一条重要的原理。然而，这并不能作为把"社会存在"看作是"社会意识"的"本体"的依据，因为"社会存在"既不是"社会意识"的终极本原，也不是"社会意识"的本质。"社会存在"作为人的实践活动的结果，它自身的本质也要从人的实践活动得到解释。社会意识产生的更为深层的原因不是人及其人化自然，而是人的物质实践活动。

总之，在马克思的历史观中，"社会存在"范畴无论从何种意义上看都不具有本体论意义，而是一个属于现象论意义的范畴。

二

笔者虽然认为马克思历史观中的"社会存在"范畴只具有现象论意义，但又不赞成王荫庭先生与何祚榕先生关于"社会存在"范畴的现象论意义的解释。

王荫庭先生认为："现象论意义下的'社会存在'范畴是一个包罗十分广泛的概念。它包括社会人一切现实的活动和一切现实的社会关系。它包括一切社会实践，而且包括构成社会环境的一切因素，只要这些因素此刻仍然在社会活动的系统中起作用。"何祚榕先生对王荫庭先生关于"社会存在"范畴所作的现象论意义的界说基本上是赞同的，并认为王荫庭先生的解释是对他 1986 年发表的《有关唯物史观若干争论之管见》一文中提出的"全部人的生活、社会活动包括精神生活，思想交流活动都是社会存在"的观点的有力支持，如果说两者有什么差别的话，就在于相对于何先生的理解，王荫庭先生对"社会存在"范畴的界定所统括的内容要更宽泛一些。在何先生的理解中，"社会存在"主要包括人们的活动结构的一切形式，而在王荫庭先生的理解中，"社会存在"不仅意指人的活动结构的一切形式，而且包括在人的活动基础上形成和发展起来的社会结构的各部分，同时还包括在人的活动系统中起作用的一切社会环境的因素。

笔者认为对"社会存在"范畴的这种宽泛化与精神化的理解是大有疑问的。虽然人的物质实践活动上形成的一切社会现象有现象论的意义，但并不是具有现象论意义的社会现象都可以归结为"社会存在"。对"社会存在"范畴的理解必须依据马克思主义经典作家的论述，并纳入唯物史观的基本思维框架进行思考，不能随意泛化和精神化。

王荫庭先生与何祚榕先生关于"社会存在"范畴现象论意义的解释，都是以马克思、恩格斯在《德意志意识形态》中的一句被王荫庭先生称之为"具有纲领性"的话为根据的，即："意识在任何时候都只能是被意识到了的存在，而人们的存在就是他们的现实生活过程。"[1] 王荫庭先生认为，在马克思、恩格斯那里，"这些个人所产生的观念，或者是关于他们对自然界的关系的观念，或者是关于他们之间的关系的观念，或者是关于他们自身的状况的观念。显然，在这几种情况下，这些观念都是他们的现实关系和活动、他们的生产、他们的交往、他们的社会组织和政治组织有意识的表现"[2]。以此为根据，王荫庭先生做了三点推论：第一，"社会存在"包括社会人之间的现实关系，即不仅包括历史上不断演变的生产关系或"所有制关系"和家庭关系，而且还包括"它们的

---

[1] 《马克思恩格斯文集》第 1 卷，人民出版社 2009 年版，第 525 页。
[2] 《马克思恩格斯文集》第 1 卷，人民出版社 2009 年版，第 524 页。

社会政治组织"即他们的社会政治关系。第二,"社会存在"包括人们的一切现实活动,人的生产活动并不是仅限于物质财富的谋得方式,而是包括物质生产、精神生产、人自身的生产和社会关系的生产这四种生产的统一。交往活动既包括物质交往活动,也包括精神交往活动。第三,"社会存在"包括"社会环境"。

笔者以为,对人的"实际生活过程"做如上解释是值得怀疑的。因为王荫庭先生的推论是根据马克思、恩格斯在《德意志意识形态》手稿中被原著者删掉了的一段话为根据的。在笔者看来,马克思、恩格斯删掉那段话的原因不外以下两种:那段话是多余的;那段话表达不够准确或不妥。依据《德意志意识形态》的基本思路和论述看,后者的可能性较大。就在王荫庭先生引文的前、后两段,马克思、恩格斯屡次在活动、生产、交往、关系等概念的前面放置了一个至关重要的限制词"物质",反复强调只有人们的物质活动、物质生产、物质交往才是"思想、观念、意识"产生的基础。这一思想与《德意志意识形态》中的另一个著名论断是一致的:唯物史观"始终站在现实历史的基础上,不是从观念出发来解释实践,而是从物质实践出发来解释各种观念形态"①。王荫庭先生虽然也引证过这段话,但他却忽视了经典作家在实践一词前面加上的"物质"的这个特定的限制词,将实践解释为既是指物质实践活动,也是指精神实践活动。

下面我们再继续分析一下马克思的另一部被人们公认为是成熟时期的著作《〈政治经济学批判〉序言》中有关"社会存在"范畴的论述。在《德意志意识形态》中出现的只是"存在""人们的存在",在《〈政治经济学批判〉序言》中则明确地出现了"社会存在"的概念:"物质生活的生产方式制约着整个社会生活、政治生活和精神生活的过程。不是人们的意识决定人们的存在,相反,是人们的社会存在决定人们的意识。"②

---

① 《马克思恩格斯文集》第 1 卷,人民出版社 2009 年版,第 544 页。
② 《马克思恩格斯文集》第 2 卷,人民出版社 2009 年版,第 591 页。

在考察社会变革时，"必须时刻把下面两者区别开来：一种是生产的经济条件方面所发生的物质的、可以用自然科学的精确性指明的变革，一种是人们借以意识到这个冲突并力求把它克服的那些法律的、政治的、宗教的、艺术的或哲学的，简言之，意识形态的形式。我们判断一个人不能以他对自己的看法为根据，同样，我们判断这样一个变革时代也不能以它的意识为根据；相反，这个意识必须从物质生活的矛盾中，从社会生产力和生产关系之间的现存冲突中去解释"①。

《德意志意识形态》和《〈政治经济学批判〉序言》有关"人的存在"与"社会存在"的有关论述，其基本思路上是一致的，但表述上存在着差别。在前者中，马克思、恩格斯把"人们的存在"看成是人们的物质活动、物质生活、物质关系的总和。但在后者中，马克思则似乎更倾向于把人们的物质生活与物质关系看作是人们的"社会存在"。从马克思历史观的内在逻辑结构看，后者的表述似乎更合乎逻辑一些，因为"社会意识"在马克思的历史观中是属于社会结构系列的范畴，而不是属于人的活动结构的系列范畴，所以与"社会意识"范畴相对置的"社会存在"范畴在逻辑结构上也应该属于社会结构序列。

为了进一步说明唯物史观的"社会存在"范畴指的是人们的物质生活和物质关系，有必要再分析一下列宁的有关论述。这不仅是由于列宁对这一问题作了类似于马克思在《〈政治经济学批判〉序言》的论述，而且还因为王荫庭先生在他的文章中为了论证自己对"社会存在"泛化与精神化的理解，对列宁的思想作了不够恰当的解释。

列宁在《什么是"人民之友"以及他们如何攻击社会民主主义者？》一书中写道：马克思和恩格斯的"基本思想（在摘自马克思著作的上述引文中就已经表达得十分明确的思想）是把社会关系分成物质关系和思想关系。思想关系只是不以人们的意志和意识为转移而形成的物质关系

① 《马克思恩格斯文集》第 2 卷，人民出版社 2009 年版，第 592 页。

的上层建筑，而物质关系是人们维持生存的活动的形式（结果）"①。王荫庭先生的文章也引用了列宁的这段话。王荫庭先生除了指出"思想关系"的说法是一种误译，应译为"思想体系的社会关系"之外，"着重强调了列宁明确地把思想体系的社会关系"即"思想体系的关系（例如法律关系或宗教）"跟"社会关系的意识"对立起来了，他同时并列地提出了密切相关的概念：

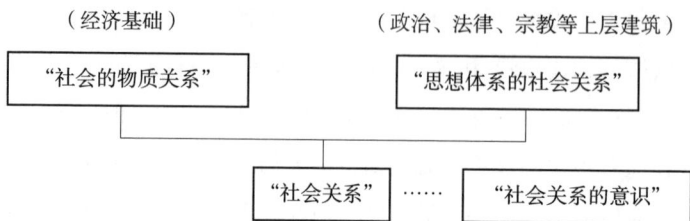

（经济基础）　　　　　　（政治、法律、宗教等上层建筑）

"社会的物质关系"　　　　"思想体系的社会关系"

"社会关系"　……　"社会关系的意识"

但根据笔者的理解，列宁在这段话中既没有把"社会的物质关系"与"思想体系的社会关系"看成是并列的，也没有把社会意识看成是"社会关系"的意识。列宁不过是重申了马克思在《〈政治经济学批判〉序言》中的思想，认为社会关系中存在着两个既对立又统一的层面："物质关系"层面和"思想关系"层面，并且认为这两个层面并不是并列的，物质关系决定思想关系，思想关系是物质关系。如果也用图式表示的话，则是一个更为简单的图式：物质关系决定思想关系。对列宁的上述那段话的这种理解，还可以用列宁在同一书中的另一段话来加以印证："这个假设之所以第一次使科学的社会学的出现成为可能，还由于只有把社会关系归结于生产关系，把生产关系归结于生产力的高度，才能有可靠的根据把社会形态的发展看作自然历史过程。"②

王荫庭先生曾在文中批评列宁的论述"物质的'社会关系'不以人们的意识为转移""即不通过人们意识而形成的社会关系"是不恰当的，与恩格斯《路德维希·费尔巴哈和德国古典哲学的终结》中的著名论断

---

① 《列宁选集》第 1 卷，人民出版社 2012 年版，第 18、19 页。
② 《列宁选集》第 1 卷，人民出版社 2012 年版，第 18、19 页。

"在社会历史领域内进行活动的，是具有意识的、经过思虑或凭激情行动的、追求某种目的的人；任何事情的发生都不是没有自觉的意图，没有预期的目的的"①是相矛盾的。王荫庭先生并得出结论："人的一切活动，不管是经济活动还是政治活动，立法活动，宗教活动，都是通过人的意志和意识而自觉地进行的。在这一点上，作为这种活动的产物（结果）或静态表现的经济基础和所谓'上层建筑'，它们之间是没有任何不同的。"②对此，笔者觉得有必要指出以下三点：第一，说物质的社会关系"不以人们的意志和意识为转移"，这并不是列宁的创新。马克思在《〈政治经济学批判〉序言》中早就有过这样的表述："人们在自己生活的社会生产中发生一定的、必然的、不以他们的意志为转移的关系，即同他们的物质生产力的一定发展阶段相适合的生产关系。"③第二，王荫庭先生把物质的社会关系"不以人们的意志和意识为转移"，转换成"即不通过人们的意识而形成的社会关系"，这种转换在逻辑上似乎也不够严密。物质的社会关系作为一种社会现象也是通过人的意识，通过有意识、有目的的活动而形成的，但通过人的意识形成是一回事，这种关系作为一种物质活动的结果而出现，与人们的意识或人的活动目的的初衷是否一致则是另外一回事。恩格斯说过："在历史上活动的许多单个愿望在大多数场合下所得到的完全不是预期的结果，往往是恰恰相反的结果。"④笔者以为，马克思、列宁所说的"不以人们的意志和意识为转移"就是恩格斯所说的与人们的预期结果不符或相反的意思，这里并不存在列宁与马克思、恩格斯之间的直接矛盾。第三，说一切社会关系（包括经济基础和所谓的"政治上层建筑"）都是人的活动的产物，除了只能证明王荫庭先生的"社会存在"具有本体论意义的观点是不能成立的之外，对于他的"上层建筑也是社会存在的所谓现象论意义"的论证

---

① 《马克思恩格斯文集》第 4 卷，人民出版社 2009 年版，第 302 页。

② 王荫庭：《"社会存在"范畴释义》，《中国社会科学》1992 年第 1 期。

③ 《马克思恩格斯文集》第 2 卷，人民出版社 2009 年版，第 591 页。

④ 《马克思恩格斯文集》第 4 卷，人民出版社 2009 年版，第 303 页。

则是无补于事的。物质的社会关系与思想的社会关系虽然都是人的活动的结果，但在马克思的历史观中，两者并不是并列的关系，而是决定与被决定的关系。

在马克思的历史观中，存在着两个相互联系又相互区别的结构：一个是人的活动结构，一个是作为人的活动的结果而存在的社会结构。从两个结构之间的关系看，马克思主义经典作家的基本思路是：从人的活动性质出发去揭示社会结构的生成和性质，人的活动结构是人的社会结构形成与变革的基础，人的社会结构是人的活动结果。在人的活动结构中，是物质的活动决定精神的活动，因此，在人的社会结构中也是物质的关系决定思想的关系。由于人们的物质关系是以人们的物质活动为基础的，所以"社会意识"归根到底是由人的物质实践决定的。显然，把人的"社会存在"归结为人们的物质关系，并用人的"社会存在"去解释人的"社会意识"，与用人们的物质实践去解释人的社会意识，在本质上也是一致的。

交往范畴与唯物史观 *

一

在马克思主义经典作家的著作中,"交往"范畴涵盖着丰富的内容。从一般的意义上讲,交往即是从事实际活动的主体之间,在一定的目的引导下,以一定的中介物为媒介的相互往来与交换、相互作用和制约、彼此联系的活动。从交往的主体间的联系看,既包含着个体与个体的交往,也包含着个体与群体和社会之间的交往,同时也意指社会集团间、不同地域间、不同国家间、不同民族间的交往。从交往活动的类型看,人们的交往活动又可分为物质交往和精神交往。与物质生产过程相联系的称之为物质交往,与精神生产过程相联系的称之为精神交往。

与物质生产劳动相联系的物质交往产生于人们的物质生产过程。物质交往是指从事物质生产劳动主体之间的活动和能力的交换,以及作为人们物质活动和能力的对象化结果的产品的交换。物质交往既是纵向的代际间物质联系

---

* 本文原发表于《江海学刊》1993 年第 5 期。

的历史纽带，也是横向的同代间物质联系的社会纽带。当分工和私有制出现后，物质交往也就从物质生产过程中游离了出来，变成一种相对独立的活动形态。而物质交往一旦成为一种相对独立的活动形态，也就立即与物质生产活动发生互为前提、互为制约和作用、彼此互动的关系。

与精神生产活动相联系的精神交往产生于人们的精神、生产过程。精神交往是指从事物质生产和精神生产的主体间的一种以语言为媒介的思想、观念、理论、风俗、习惯和信息的交流与交换。物质生产与精神生产的分离，使精神交往获得了相对独立的形态。

在马克思主义经典作家的著作中，劳动与生产属于相同意义的范畴，二者通常可互换着使用。劳动可分为物质劳动与精神劳动，与此相对应，生产也通常划分为物质生产与精神生产。物质劳动与物质生产的意义相同，精神劳动与精神生产的含义一致。物质生产与精神生产都是作为主体存在物的人作用与把握外部自然的方式，所不同的是二者在作用与把握的方式上存在着质的差别。物质生产是以感性的、物质的方式作用与把握外部自然，精神生产则以观念的方式作用与把握外部自然。物质生产与精神生产之间的关系表现为双重的性质：一方面物质生产决定精神生产，物质生产的发展不仅决定着精神生产的深度与广度，同时物质生产的性质也决定着精神生产的性质；精神生产的发展必须大致地与物质生产相适应和协调。另一方面精神生产往往通过思想、观念和意识对物质生产发生着正、负两方面的影响。

物质生产劳动与物质交往活动之间的决定与被决定的关系主要表现在：首先，物质交往产生于物质生产的需要。没有人与劳动对象之间的对象性的主客体关系，也就没有劳动主体之间的交往关系。其次，物质生产劳动发展的水平和规模决定着物质交往发展的广度和深度。一方面，物质生产的发展，生产力的提高，劳动工具的分化，使社会分工日益扩大化与细微化，而分工的发展产生着劳动主体间的产品交换扩大的需要。另一方面，物质生产水平和规模的扩大，生产力的发展，促进着物质交往手段的不断更新和发展，从而使物质交往活动的发展与扩大成为可能和现实。再次，物质生产的性质决定着人们的"交往形式""交往方式""交往关系"，一定的交往方式必须与物质生产在一定阶段上的发展水平相适应。

物质交往对物质生产也具有反作用。首先，就以分工为基础的物质生产而言，物质交往是物质生产得以进行与实现的必要前提。这不仅在于物质性的生产不是个人的孤立行为，需要有一定数量的个人共同活动与合作，而且更为重要的是，在以分工为基础的物质生产劳动中，要使社会物质生产与再生产的无限过程得以顺利进行而不致中断，必须保持流通、交换和消费诸环节的畅通。如果没有产品交换行为，人们生产出来的产品的价值就无法实现，社会生产与再生产的过程就不会顺利进行。其次，物质交往的历史延续，是物质生产保持历史性联系的重要条件。物质生产不仅具有社会性，而且具有历史性。对于特定历史时代的物质生产来说，都是以先前时代所形成的物质成果作为其活动前提的，而人们面对先前时代的物质成果的承继又是以物质交往为基础的。因为人们先前时代的物质生产成果和物质生产力是否能够被继承和保存，与人们的物质交往发展的广度和深度存在着密切的关系。再次，物质交往活动发展的深度与广度，对于处在同代的不同国家和民族之间的物质生产也有着巨大的作用与影响。不同国家和民族之间，由于存在着地理环境、文化发展和生产力发展水平的差异，使各自在物质生产发展上呈现出相对独立的特征和水平的差异。随着社会物质交往的扩大，地域性的生产日益向世界性的生产的转变，不仅使各个民族和国家之间的物质生产活动通过产品交换和经济联系实现相互间的互补性，同时也为相互间通过横向交流、互相学习、彼此借鉴提供了可能。此外，物质交往对物质生产的反作用还表现在，作为物质交往活动硬化的交往方式或交往关系，直接地促进或制约着物质生产的发展。当交往方式适合物质生产的发展时，它为人的自主活动以及生产力的发展提供有利的可能性空间；当交往方式不适合生产力发展时，它又来束缚和制约着生产力的发展。

精神生产与精神交往从归根到底的意义上看是在物质生产与物质交

往的基础上派生出来的，相对于后者来说前者处于从属的地位。若从精神生产与精神交往的关系看，二者之间也具有互动性。首先，精神交往的产生，既是根源于物质生产与物质交往的需要，同时也是根源于精神生产的需要。同物质生产一样，精神生产也不可能是孤立的个人行为，它不仅需要一定程度的社会合作，也需要人们之间思想、观念、信息以及思维方式的碰撞与交流。其次，精神生产的发展，推动着精神交往的扩大，同时精神交往对精神生产也有反作用。精神交往是否能满足精神生产的需要，直接地制约着精神生产发展的深度和广度。精神交往有利于精神生产成果的传播、保存与承继。

当精神交往从物质生产与物质交往中产生，并从精神生产中分离出来后，精神交往与物质交往之间也发生着一种互动关系。精神交往相对于物质交往来说，前者处于从属的地位。首先，物质交往是包括精神交往在内的其他一切交往的基础。精神交往乃至于从事精神交往媒介的语言的产生，都与物质交往的需要密切相关。其次，精神交往的深度和广度，依赖于物质交往的深度和广度。再次，物质交往的性质决定着精神交往的性质，精神交往对物质交往也具有反作用。精神交往既可以通过不同活动主体之间的思想、理论、观念特别是思维方式和文化传统的交流与碰撞，促进着物质生产和物质交往的发展，也可以因精神交往的落后，导致人们的思想、观念的僵化而阻碍着物质交往的发展。当然，马克思主义历史观也承认物质交往与精神交往发展的不平衡性的存在。

物质劳动与物质交往、精神劳动与精神交往虽然都是意指人的活动，但前者属于人的物质性活动，发生于人的物质活动领域中的行为；后者则属于人的精神活动，发生于人的精神活动领域中的行为。在马克思历史观的结构中，二者分属于不同层次的概念与范畴，通常用来揭示和反映人们的社会活动和社会生活的不同层面。

二

　　交往活动是人的活动一个重要方面，忽视人的交往活动的作用，人们就不能对建立在人的活动的基础上的社会结构的形成和发展做出合理的解释。马克思、恩格斯正是从物质生产劳动出发，通过人的物质生产与精神生产、物质交往与精神交往及其相互关系的研究和分析，建立起唯物史观的社会结构理论的。

　　唯物主义历史观是从物质生产活动与物质交往活动中牵引出生产力与生产关系范畴及其相互关系的辩证原理的。什么是生产力？依据马克思主义经典作家的论述，生产力作为一种客体性的物质存在，作为社会结构的一个物质层面，是指人通过自己的实践活动对象化或物化在劳动资料或生产工具中的一种物质力量。劳动资料或生产工具作为一种物质力量，是人同自然界进行物质、能量和信息交换的手段，但当它作为手段存在时，它已经是作为人的实践活动的结果而存在的。劳动资料或劳动工具虽然具有物的外观，但它作为人的劳动结果，则是人的本质力量的对象化。

　　如果说生产力作为人的本质力量的对象化的结果是从人的物质生产劳动范畴牵引出来的话，那么生产关系作为人们物质交往活动的硬化则是从物质交往范畴中牵引出来的。在《德意志意识形态》中，马克思、恩格斯曾用"交往方式""交往形式""交往关系"等概念来指称生产关系。在《哲学的贫困》《共产党宣言》等以后的著作中，马克思、恩格斯不再使用上述概念，而代之以生产关系的概念。这并不是马克思、恩格斯彻底否定了"交往方式""交往形式""交往关系"等概念，而是由于交往是一个涵盖面宽泛的概念，人们在生产中结成的交往关系仅是社会交往关系的一种，用"交往关系"指称生产关系确有不够准确的地方。但有一个基本思想没有变，即始终认为，交往关系或生产关系是在人的物质交往活动基础上形成的，是人的物质交往硬化的结果。传统的历史唯物主义教科书由于缺少了物质交往活动这个环节，所以不能科学地揭示人们的生产关系形成的内在机制。

马克思主义经典作家不仅是从人的物质生产活动与物质交往活动中牵引出生产力范畴与生产关系范畴，而且也是从物质生产活动与物质交往活动的辩证关系中牵引出生产力与生产关系的辩证关系。一方面，物质生产活动与物质交往活动之间的决定与被决定关系，是生产力与生产关系之间决定与被决定关系的深刻基础；另一方面，物质交往活动对物质生产活动的反作用，也决定了生产关系必然对生产力具有反作用。

从精神生产活动与精神交往活动中牵引出社会政治上层建筑与意识形态上层建筑范畴，以及通过精神生产、精神交往与物质生产、物质交往之间的内在联系，科学地揭示了上层建筑与社会经济结构之间的辩证关系。

在唯物史观中，社会结构包括三个层面：经济结构、政治结构和社会意识形式。而政治结构和社会意识形式又可以用上层建筑范畴来统括，所以社会结构又可以看成是两个层面：经济基础和上层建筑。在这两个层面中，上层建筑只能从归根到底的意义上来说是由经济基础决定的。经济基础对上层建筑的决定作用并不是直接实现的，而是通过一系列中间环节实现的，其中包括着精神生产与精神交往的作用。在传统的历史唯物主义教科书中，由于缺少精神生产和精神交往环节，所以导致一种对社会结构的形成及相互之间的内在联系的过于简单的理解与阐释。

社会政治结构即社会的政治法律制度。政治法律制度的产生与形成，从归根到底的意义上讲，它是社会经济结构的反映，并随着经济结构的变化而变化。但由于政治法律制度同时又是一种意志关系，是通过人们的意识而形成的，是在一定的思想、观点指导下建立起来的。而人们的意识、思想、观点的产生又离不开人们的精神生产和精神交往。一个国家的政治法律制度不仅与它历史上的政治法律制度有着千丝万缕的纵向联系，而且也和其他国家的政治法律制度有着或多或少的横向联系。这种联系的程度虽然主要是由经济发展的历史进程决定的，但其中也与政治法律思想通过互相交往而相互影响有关。

社会意识形式的产生与发展同精神生产与精神交往的关系更为密切。社会意识形式形成和发展的过程，即是精神生产的发展过程，社会意识形式作为精神产品，是精神生产的结晶。而精神生产的发展虽然根源于物质生产活动和物质交往活动，但是也离不开人们之间的精神交往。经济结构对社会意识形式的决定作用之所以不是直接的，而只能是从归根到底的意义上讲，深刻的原因是，这种决定作用要以人们之间的精神交往为中介环节才能实现。

不仅上层建筑的形成与发展、经济基础对上层建筑的决定作用要以人们的精神生产与精神交往为中介环节，而且上层建筑对经济基础的反作用也要以人的精神交往为中介环节。政治法律制度、社会意识形式必须通过人们之间的精神交往被人们理解、认可，并内化为人们的内心信念，才能对人们的行动发挥影响力与约束力，才能对经济基础发生反作用。

总之，马克思的历史观是从人的活动结构中牵引出人的社会结构。人的活动结构是从物质生产活动到物质交往活动、从物质生产活动与物质交往活动到精神生产与精神交往活动。社会结构相应的是从生产力结构层次到生产关系结构层次，从生产力和生产关系相统一的经济结构层次到上层建筑结构层次。人的活动结构中的作用与反作用的关系决定着人的社会结构中也存在着作用与反作用关系。社会结构各层面之间的辩证关系不过是人的活动结构各环节之间的辩证关系的结果。

三

交往活动范畴不仅是人们把握马克思的社会结构和理论的一个不可或缺的环节，也是把握社会发展的一个不可或缺的环节。

在马克思历史观的视野里，社会是向前发展的，社会形态演进的基本趋势是一个从低级到高级的自然历史过程；社会历史的演进并不是一条没有任何弯曲的直线；社会历史的发展和社会形态的演进，是普遍性和特殊性的统一，既强调在世界历史发展总的进程中，社会形态的演进有着拾级而升、依次演进的顺序性，又承认各个具体的民族和国家的社会形态的演进存在着跳跃的可能性。诚然，在传统的哲学教科书以及一些研究社会形态发展的论著中，也并不否认历史发展中的普遍性与特殊性的统一。但对这种统一的阐释只限于一般的举例，而不能深入到历史的深处揭示其内在机制。哲学虽然不一概反对举例，但哲学的分析不能依赖于举例来解决问题，它必须深入到事物的深层，科学地揭示它的形成机制和原因。

社会形态的历史演进是一个"自然历史过程"。作为一个普遍性的历史规律，主要表现在三个方面：其一，从世界历史的大尺度上看，人类的历史进程一般是按照原始社会→奴隶社会→封建社会→资本主义社会→共产主义社会的图式，或原始公有制→私有制→共产主义公有制的图式。拾级而上、依次演进的方式进行的。"一个现代社会的经济运动规律，——它还是既不能跳过也不能用法令取消自然的发展阶段。但是它能缩短和减轻分娩的痛苦。"①马克思这里所说的社会不是指个别的民族和国家的具体社会制度，而应从世界历史发展的总体意义去理解。其二，在历史上具有大致相同的自然条件、文化环境和生产力发展水平的民族和国家，其各自的社会形态也大致相同。其三，对于任何具体的民族和国家来说，如果是在完全封闭和孤立的情境下自我进化的话，那也必然是以极缓慢的速度去重复世界历史性的社会形态演进的进程。

社会形态的演进之所以是一个拾级而升、依次演进的自然历史过程，这并不是说社会历史的发展有着某种预成的性质。社会历史是在人的实践活动的基础上形成的，历史规律是通过人的实践活动而实现的。

————————

① 《马克思恩格斯文集》第4卷，人民出版社2009年版，第10页。

人的实践能力的发展的结果是生产力的发展，生产力的发展或迟或早地要导致生产关系及全部上层建筑的变革，以及社会形态的变更，这是一个具有内在逻辑的发展链条。然而，人的实践能力本身的发展是一个循序渐进的过程，人的实践能力发展的循序渐进性决定了社会历史演进的循序渐进性。

社会历史发展的特殊性主要表现为：其一，对于具体的民族和国家来说，生产力发展的速度是不平衡的，有的大致与世界水平的发展保持同步，有的则大大落后于世界水平。由于生产力发展的速度存在着差别，也就必然会带来社会形态演进的不同步性。其二，对于具体的民族和国家来说，社会形态的演进并不必然遵循世界历史演进的模式与路线亦步亦趋地依次重复世界历史的全部进程，在特定的历史条件下，有可能跨过世界历史发展的一个乃至几个发展阶段。

社会历史发展的特殊性的存在，与人们之间的社会交往活动的发展有着密切的关系。一般说来，社会交往发达、开放度大的民族和国家，较之处于封闭孤立状态、社会交往不发达的民族和国家在生产力和社会形态的发展上处于领先状态。同样，对于经济落后的民族和国家来说，在社会交往发达、整个世界日益联结成为一个有机整体的情况下，也有可能通过与其他民族和国家、特别是先进的民族和国家的物质交往和精神交往，吸取别的民族和国家发展生产力和经济的经验与教训，实现生产力和社会形态的跳跃发展。马克思晚年在谈到俄国农村公社的发展道路时曾对此作过深入的探讨和论述。

四

马克思历史观中的社会交往理论，也是理解马克思历史观中的人的本质和人的发展理论的一个重要环节。

什么是人的本质？马克思主义经典作家在论及这一问题时，曾提出两个著名的命题。在《〈黑格尔法哲学批判〉导言》中，马克思首先提出了"人是人的最高本质"的命题；在《关于费尔巴哈的提纲》中，马克思在谈到人的本质时又提出了"人的本质并不是单个人所固有的抽象物，在其现实性上，它是一切社会关系的总和"的命题。在我国理论界中，一种似成共识的看法是认为这两个命题是对立的，前一个命题是一个费尔巴哈式的命题，只有后一个命题才科学地回答了个人"怎样"和"如何"才能成为人的问题，因而是一个经典马克思主义的命题。笔者认为，把马克思在《关于费尔巴哈的提纲》中关于人的本质的命题，理解成是对个人本质的规定是不妥的，把它与"人是人的最高本质"的命题对立起来也是不妥的。

实际上，上述两个命题是从两种不同的角度，即大写的人的角度和小写的人的角度来对人的本质进行规定的。关于第二个定义，马克思的意思是：不能像费尔巴哈那样，把人的本质理解成是一种内在的、无声的，由许多纯粹的个人自然联系起来的共同性。显然，这里的人并不是人们通常所理解的小写的人，即作为个体存在物存在的人，而是大写的人，指的是人的类整体。马克思在这里谈的不是个人的本质应如何理解的问题，而是大写的人的本质应如何理解的问题。在马克思历史观的思路中，相对于大写的人来说，人的"社会关系的总和"并不是外在于人的彼岸世界，而是在人的物质生产劳动的基础上，并通过人的社会交往活动形成和发展起来的，它表现为人的交往活动的硬化或物化。人的社会关系是人的本质的生成，对人来说，它是人的"现实性"的一面镜子，人是通过这面镜子来反观自身的。人的本质只能从作为自己的生产活动和社会交往活动的结果的"社会关系的总和"的性质中得到间接的测度和反思。

当马克思说"人是人的最高本质"时，这里前一个"人"是指作为类整体存在的人，后一个"人"则是指的作为个体存在的人。马克思在这里显然谈的是作为个体存在物存在的人的本质应如何理解的问题。个体的本质不能从个体自身的直观中获得规定，而必须从个体与类整体的相互关系中去获得规定，也可以说只有在"社会关系的总和中去获得规定"。"人是人的最高本质"这个命题，也可以转换成"社会关系的总和"是人的最高本质。因为，从人类总体的角度看，相对于社会关系来说，人是主体，社会是客体，但社会又不是外在于人的，在历史中，作为主体的人与作为客体存在的社会是直接同一的。人的社会关系虽然是以人的个体的生产活动和交往活动为基础的人的类总体活动的结果或物化，但它一旦作为物质性的存在物存在时，又反转来成为个体自主活动的形式，对人的物质生产活动和社会交往活动产生巨大的影响。个人只能在他所处的社会关系中进行活动，而不能超出这种范围的限制，这即是马克思所说的："个人怎样表现自己的生命，他们自己就是怎样。因此，他们是什么样的，这同他们的生产是一致的——既和他们生产什么一致，又和他们怎样生产一致。因而，个人是什么样的，这取决于他们进行生产的物质条件。"① 个人通过自己与他人的交往活动使自己转变为社会的与世界历史性的存在，而"各个人的世界历史性的存在，也就是与世界历史直接相联系的各个人的存在"②。

人的社会交往活动也是理解人的发展，以及这种发展中的个体与类的矛盾与统一的重要环节。在人的发展中，个体的发展与种族的发展就其基本趋势讲，二者是统一的，但这种统一是包含着矛盾的统一，而不是不包含着对立的绝对吻合，而导致这种统一中的矛盾的深层原因则是人的交往活动。从人的种族的角度看，人的发展与他的交往活动的发展是大致相吻合的。以人的个体间交往活动为基础的社会交往不仅把相对分离的个体和群体联结成类整体，而且人的社会交往活动在深度和广度上的每一步拓展，都标志着人的物质生产的活动空间的新扩张，从而为人的本质力量即生产力的发展创造着条件。人是随着自己的物质生产活动和社会交往活动的不断发展而发展的。同样，人的物质生产活动和社

---

① 《马克思恩格斯文集》第 1 卷，人民出版社 2009 年版，第 520 页。
② 《马克思恩格斯文集》第 1 卷，人民出版社 2009 年版，第 539 页。

会交往活动每一个新的发展，同时也是人自身发展和丰富的确证。

人的种族的发展，离不开个体的发展，个体的发展也离不开种族的发展，但在分工和私有制存在的条件下，人的种族的发展与个体的发展不仅存在着矛盾和背离倾向，而且还表现在种族的利益和发展往往是以牺牲个体的利益和发展为代价的。社会分工造成了人的活动的分离，社会交往则以整合的方式把人的活动联结起来；社会分工通过使人的活动片面化的方式把个体身体的个别器官放大，社会交往则使这种片面放大的器官整合为一个全面放大了的类的有机体。社会分工与社会交往在私有制的条件下，一方面以否定人的方式肯定着人：分工和交往造成了人的发展的片面化，但在造成人的个体片面发展的同时，也导致了人的类能力即生产力的扩大；另一方面，分工与交往也以肯定人的方式否定着人：分工与交往在导致人的类能力即生产力扩大的同时，不仅使个体的身体器官和能力发展的片面化，而且使"这种扩大了的生产力"反转来变成"某种异己的、在他们之外的强制力量"①，即"异化"。

"人类的才能的这种发展，虽然在开始时要靠牺牲多数的个人，甚至靠牺牲整个阶级"为代价这一事实，对于个体来说是悲惨的和不幸的，但对于历史来说不仅是不可避免的，而且是必要的。因为"只有通过最大地损害个人的发展，才能在作为人类社会主义结构的序幕的历史时期，取得一般人的发展"。只有取得一般人的发展，即人的种族能力——生产力的发展，才能为人的种族和个体发展间对抗的消除，为人的个体的比较高级的发展创造物质前提和基础。在马克思的历史观看来，只有在消灭了分工和私有制的共产主义社会里，个体的发展与人的种族的发展才能取得和谐与一致。

---

① 《马克思恩格斯文集》第 1 卷，人民出版社 2009 年版，第 538 页。

"交往实践观"异议 *

自"哲学与文化"课题组在《哲学研究》1989年第1期发表的《实践与文化——"哲学与文化"研究提纲》一文中提出"生产和交往是实践活动不可分割的两个方面"的见解以来，似乎越来越多的研究者主张，马克思唯物史观的实践范畴中应涵盖着人的交往活动。江丹林同志在《论交往实践观与唯物史观的内在联系》（《哲学研究》1992年第1期）中十分明确地把马克思主义的实践观称之为"交往实践观"。笔者认为，忽视人的交往活动在马克思历史观中的地位与作用，这确实是我们过去在唯物史观研究中的一个重大缺陷，交往活动日益引起人们的关注，这既是马克思主义实践观研究向纵深拓展的必然结果，也是马克思的唯物史观研究深化的重要表现。然而，笔者又似乎觉得把马克思历史观中的实践观称之为"交往实践观"难以成立。马克思历史观意义上的实践范畴应该是特指人的物质劳动活动，而不应包括人的交往活动，其理由如下。

其一，在马克思、恩格斯的著作中，交往范畴是个涵盖面相当宽泛的范畴。《马克思恩格

* 本文原发表于《争鸣》1993年第1期。

斯选集》第 1 卷关于"交往"曾作过如下的注释："'交往'(Verkehr)这个术语在《德意志意识形态》中含义很广。它包括单个人、社会团体以及国家之间的物质交往和精神交往。"①把这样一个涵盖面如此宽泛的范畴纳入实践范畴，是难以让人接受的。笔者认为，不管人们对马克思历史观中的实践范畴做何理解，有一个基本点是不能动摇的，即必须把对实践范畴的界定奠定在唯物主义基础之上，应把人的实践活动理解成是一种感性的物质的活动，而不能像黑格尔那样，把实践活动精神化、观念化。动摇了这个基本点，即意味着在实践观上放弃和背离了唯物主义的基本原则。根据这个基本点，产生于精神生产领域，由物质交往和精神生产劳动派生和决定的精神交往活动无论如何是不能看作是人的实践活动的。

其二，根据马克思主义经典作家有关实践活动的论述思路来看，不仅精神交往活动应排除在实践范畴之外，即使是产生于物质生产领域，属于物质活动的物质交往活动，也不能称之为实践活动。因为，实践活动不仅是一种感性的物质活动，而且还是一种对象性的物质活动。实践活动作为一种对象性的物质活动，既是一种主体客体化的活动，也是一种客体主体化的活动。因此，从主体与活动对象之间的关系看，它是一种主客体关系。而人们的物质交往则是主体间的交往，是主体之间的互为对象的活动，因此，交往关系是一种主体间关系，如果从实践活动是一种对象性的物质活动，实践中主体与活动对象间的关系是一种对象性的主客体关系的角度看，实践范畴恰好与物质生产劳动范畴相重合，而不与物质交往活动相重合。

其三，把物质交往活动纳入实践范畴，在逻辑上存在着无法克服的困难。在马克思的历史观中，人的实践是人的一切历史活动与社会生活的出发点，也是自身理论系统的逻辑构架的出发点或起点，对于这一点，理论界恐怕再没有什么异议。如果把实践活动看成是物质生产劳动

---

① 《马克思恩格斯文集》第 1 卷，人民出版社 2009 年版，第 808 页。

与物质交往活动两方面的统一，那无疑地意味着，马克思的历史观既要以物质生产范畴作为逻辑起点，又要以物质交往范畴作为逻辑起点，但这是不可能的，这种不可能性，不仅在于马克思的历史观是一元论的历史观，其逻辑起点只能有一个，而不可能是两个；而且更为重要的是，不管物质交往活动在社会生产领域中有多么重要的地位和作用，但它毕竟是被物质生产活动即物质劳动决定的。一个在历史上是被决定的，并处于从属地位的东西，在逻辑系统的建构上是不能作为出发点或起点的。逻辑必须与历史发展相统一，作为逻辑起点的范畴，它必须是人们历史活动的出发点或起点，这是马克思、恩格斯在其自己的著作中所一再阐述与强调的基本原则和方法。如果把唯物主义历史观的实践范畴理解成是人的物质生产劳动，在逻辑上则不存在上述那样的矛盾和困难。其原因是，人的物质生产劳动作为人的社会历史活动与生活的出发点，当然也就是马克思历史观逻辑系统的出发点。

论劳动、交往、实践诸范畴及其相互关系 *

一

"任何人类历史的第一个前提无疑是有生命的个人的存在。因此第一个需要确定的具体事实就是这些个人的肉体组织，以及受肉体组织制约的他们与自然界的关系。""任何历史记载都应当从这些自然基础以及它们在历史进程中由于人们的活动而发生的变更出发。"①

分析人的历史必须以有生命的个人存在为前提。这是因为，现实的有生命的个人，是人作为族类的人存在的原子。没有个人也就没有人的类存在，人的类存在不过是以人的个体存在为基础的科学抽象。而分析个人的存在又必须首先分析作为个体而存在的人的生命的生产，这不仅是因为，"当人开始生产自己的生活资料，即迈出由他们肉体组织所决定的这一步的时候，人本身就开始把自己和动物区别开来"②。更为深层的原因在于，"人们为了能够'创造历史'，必须能够生活。但是为了生活，首先就需要吃

---

* 本文原发表于《求索》1994 年第 1 期。
① 《马克思恩格斯文集》第 1 卷，人民出版社 2009 年版，第 519 页。
② 《马克思恩格斯文集》第 1 卷，人民出版社 2009 年版，第 519 页。

喝住穿以及其他一些东西。因此第一个历史活动就是生产满足这些需要的资料，即生产物质生活本身"①。

"生产物质生活本身"的活动即是人的感性的、物质的、对象性的劳动。作为人的个体"生命的生产"是通过人的物质劳动或物质生产活动与自然界进行物质、能量和信息的交换，从而从自然界获得满足自身生存需要的生活资料而实现的。因为"人们生产自己的生活资料，同时间接地生产着自己的物质生活本身"②，所以在马克思唯物主义历史观的运思理路中，人的物质生产劳动既是人的一切历史性活动与社会生活的出发点，也是自身逻辑系统建构的起点和思维辐射的轴心。

二

作为个体"生命的生产"的物质劳动或物质生产活动要得以进行，首先就必须以自己的劳动活动为中介建立起与自然界的联系。劳动必须有劳动对象，劳动对象是劳动作为一种对象性的物质活动的客体，没有劳动对象，劳动也就会因没有客体而难以实现。另一方面，作为个体"生命的生产"的劳动要得以进行，还必须以主体与主体之间的相互交往为前提。人的物质劳动或物质"生产第一次是随着人口的增长而开始的。而生产本身又是以个体彼此之间的交往为前提的"③。任何生产都不是个体的孤立行为，鲁宾逊式的生产只存在于小说家们的幻想中，而不存在于现实中。因此，人的生命的生产从一开始就"表现为双重关系：一方面是自然关系，另一方面是社会关系；社会关系的含义在这里是指许多个人的共同活动，不管这种共同活动是在什么条件下、用什么方式

① 《马克思恩格斯文集》第 1 卷，人民出版社 2009 年版，第 531 页。
② 《马克思恩格斯文集》第 1 卷，人民出版社 2009 年版，第 519 页。
③ 《马克思恩格斯文集》第 1 卷，人民出版社 2009 年版，第 520 页。

和为了什么目的进行的"①。

三

在马克思主义经典作家的著作中，"交往"范畴涵盖着丰富的内容。从一般的意义上讲，交往即是从事实际活动的主体之间，在一定的目的的引导下，以一定的中介物为媒介的相互往来与交换、相互作用或制约、彼此联系的活动。从主体间的联系看，交往既包含着个体与个体的交往，也包含着个体与群体和社会之间的交往；同时也意指社会集团间、不同地域间、不同国家间、不同民族间的交往。从交往活动的类型看，人们的交往活动又可分为物质交往和精神交往。与物质生产过程相联系的称之为物质交往，与精神生产过程相联系的称之为精神交往。

与物质生产劳动相联系的物质交往产生于人们的物质生产过程。物质交往是指从事物质生产劳动主体之间的活动和能力的交换，以及作为人们活动和能力的对象化结果的产品的交换。物质交往既是纵向的代际之间物质联系的纽带，也是横向的同代之间物质联系的纽带。物质交往最初表现为个人与个人之间的交往，随后是个人与氏族、氏族与氏族之间的交往。只是随着生产力的提高，生产工具的分化，以及由此产生的分工和私有制的出现，才产生了集团间、民族间和国家间的物质交往。当分工和私有制出现后，物质交往也就从生产过程中游离了出来，变成了一种相对独立的活动形态。而物质交往一旦成为一种相对独立的活动形态，也就立即与物质生产活动发生互为前提、互相制约、互相作用、彼此互动的关系。

与精神生产相联系的精神交往产生于人们的精神生产过程。精神交往是指从事物质生产和精神生产主体之间的一种以语言为媒介的思想、

---

① 《马克思恩格斯文集》第 1 卷，人民出版社 2009 年版，第 532 页。

观念、理论，乃至于风俗、习惯和信息的交流与交换。在人类的最初阶段上，精神交往包含在物质生产和物质交往的本身中。马克思、恩格斯曾对此作过明确的论述："思想、观念、意识的生产最初是直接与人们的物质活动，与人们的物质交往，与现实生活的语言交织在一起的。人们的想象、思维、精神交往在这里还是人们物质行为的直接产物。"[①] 只是在物质生产与精神生产分离以后，精神交往才获得了相对独立的形态。

四

在马克思主义经典作家的著作中，劳动与生产属于相同意义的范畴，二者通常可互换着使用。劳动可分为物质劳动与精神劳动，与此相对立，生产也通常划分为物质生产与精神生产。物质劳动与物质生产的意义相同，精神劳动则与精神生产的含义一致。物质生产与精神生产都是作为主体存在物的人作用与把握外部自然的方式，所不同的是，二者在作用与把握的方式上存在着质的差别。物质生产是以感性的、物质的方式作用于自然，精神生产则以观念的方式作用与把握自然。

在人类发展的最初阶段上，物质劳动与精神劳动属于同一个过程。"思想、观念、意识的生产最初是直接与人们的物质活动，与人们的物质交往，与现实生活的语言交织在一起的。"[②] 只是随着生产力与分工的进一步发展，精神劳动才从物质生产劳动过程中分离出来。也只有"从这时候起意识才能现实地想象：它是和现存实践的意识不同的东西；它不用想象某种现实的东西就能现实地想象某种东西。从这时候起，意识才能摆脱世界而去构造'纯粹的'理论、神学、哲学、道德等等"[③]。当

---

① 《马克思恩格斯文集》第 1 卷，人民出版社 2009 年版，第 524 页。
② 《马克思恩格斯文集》第 1 卷，人民出版社 2009 年版，第 524 页。
③ 《马克思恩格斯文集》第 1 卷，人民出版社 2009 年版，第 534 页。

精神生产从物质生产中分离出来后，物质生产与精神生产之间的关系就表现为双重关系：一方面表现为决定与被决定的关系，即物质生产决定精神生产，物质生产的发展不仅决定着精神生产的深度与广度，同时物质生产的性质也决定着精神生产的性质；精神生产的发展必须大致地与物质生产相适应和协调。另一方面又表现为作用与反作用的关系。精神生产往往通过思想、观念和意识对物质生产发生着正面与负面的双重作用与影响。

五

当物质交往从物质生产劳动中游离出来并成为相对独立的物质活动之后，物质生产劳动与物质交往活动在现实形态上表现为互为前提、互为因果的互动关系。可以说，没有物质生产劳动，也就没有物质交往以及由此产生的物质交往方式或交往关系。也可以反过来说，离开了人的物质交往活动，物质资料的生产与再生产也不可能顺利的进行。但如果从发生学的意义上看，人们的物质生产劳动与物质交往活动之间的关系，则是一种决定与被决定的关系。所以，马克思、恩格斯一方面指出，生产本身是以个人之间的交往为前提；另一方面又指出"这种交往的形式又是由生产决定的"[①]。

物质生产劳动与物质交往之间的决定与被决定的关系主要表现在：首先，物质交往产生于物质生产的需要。即是说，没有人与劳动对象之间的对象性的主客体关系，也就没有劳动主体之间的交往关系。其次，物质生产劳动发展的水平和规模决定着物质交往发展的深度和广度。一方面，物质生产的发展，生产力的提高，劳动工具的分化，使社会分工日益扩大化与细微化，而分工的发展产生着劳动主体间的产品交换扩大

[①] 《马克思恩格斯文集》第 1 卷，人民出版社 2009 年版，第 520 页。

的需要。另一方面，物质生产水平和规模的扩大，生产力的发展，促进着物质交往手段的不断更新和发展，从而使物质交往活动的发展与扩大成为可能和得以实现。此外，物质生产的性质决定着人们的"交往形式""交往方式""交往关系"，一定的交往方式必须与物质生产的发展水平相适应。

物质交往对物质生产劳动也具有反作用。首先，就以分工为基础的物质生产而言，物质交往是物质生产得以进行与实现的前提。这不仅在于，物质性的生产不是个人的孤立行为，需要有一定数量的个人的共同活动与合作，而且更为重要的是，在以分工为基础的物质生产劳动中，要使社会物质生产与再生产的无限过程得以顺利进行而不致中断，必须保持流通、交换和消费诸环节的畅通。如果没有产品交换行为，人们生产出来的产品的价值就不能实现，社会生产与再生产的过程就不会顺利进行。其次，物质交往的历史延续，是物质生产保持历史性联系的重要条件。物质生产不仅具有社会性，而且具有历史性。对于特定历史时代的物质生产来说，都是以先前时代所形成的物质成果作为其活动前提的，而人们对先前时代的物质成果的承继又是以物质交往为基础的。因为人们先前时代的物质生产成果和物质生产能力是否能够被继承和保存，与人们的物质交往的深度和广度存在着密切的关系。当人们的物质交往被限制在狭窄的活动领域和地域的情况下，先前时代的物质生产成果和能力就有可能因诸如自然灾害、战争或外敌入侵等偶然事件而毁灭或失传，从而形成物质生产历史联系的中断。再次，物质交往活动发展的深度与广度，对于处在同代的不同国家和民族之间的物质生产也有着巨大的作用与影响。不同国家和民族之间，由于存在着地理环境、文化发展和生产力发展水平的差异，使各自在物质生产发展上呈现出相对独立的特征和水平的差异。随着社会物质交往的扩大，地域性的生产日益向世界性的生产的转变，不仅使各个民族和国家之间的物质生产活动通过产品交换和经济联系实现相互间的互补性，同时也为相互之间进行横向交流，互相学习，彼此借鉴提供了可能。此外，物质交往对物质生产的反作用还表现在：作为物质交往活动硬化的交往方式或交往关系，直接地促进或制约着物质生产的发展。当交往方式适合物质生产的发展时，它为人的自主活动以及生产力的发展提供有利的可能性空间，当交往方式超前或滞后于物质生产力时，它又束缚和制约着生产力的发展。

六

精神生产与精神交往从归根到底的意义上讲是在物质生产与物质交往的基础上派生出来的，相对于后者来说前者处于从属性的地位。若从精神生产与精神交往的关系本身看，二者之间也具有互动性。首先，精神交往的产生，既根源于物质生产与物质交往的需要，同时也根源于精神生产的需要。同物质生产一样，精神生产也不可能是孤立的个人行为，它不仅需要一定程度的社会合作，而且需要人们之间在思想、观念、信息以及思维方式上的碰撞与交流。其次，精神生产的发展，推动着精神交往的扩大。精神交往对精神生产也有反作用。精神交往是否能满足精神生产的需要，直接地制约着精神生产发展的深度和广度、质量和速度。精神交往有利于精神生产成果的传播、保存与承继。

七

当精神交往从物质生产活动与物质交往中分离出来后，精神交往与物质交往之间也发生着一种互动关系。在马克思的历史观中，一方面认为，精神交往相对于物质交往来说，前者处于从属的地位。首先，物质交往是包括精神交往在内的其他一切交往的基础。精神交往乃至于从事精神交往媒介的语言的产生，都与物质交往的需要密切相关。其次，精神交往的深度和广度，依赖于物质交往的深度和广度。再次，物质交往的性质决定着精神交往的性质。另一方面又不否认精神交往对物质交往具有反作用。精神交往既可以通过不同活动主体之间的思想、理论、观念特别是思维方式和文化传统的交流与碰撞，促进着物质生产和物质交往的发展；也可以因精神交往的落后，导致人们的思想、观念僵化而阻碍物质交往的发展。当然马克思主义历史观也承认物质交往与精神交往发展的不平衡性的存在。

八

综上所述，物质劳动与物质交往、精神劳动与精神交往虽然都是意指人的活动，但前者属于人们的物质性活动，发生于人们物质活动领域中的行为，后者则属于人们的精神活动，发生于人们精神活动领域中的行为，在马克思历史观的结构中，二者分属于不同层次的概念与范畴，通常用来揭示和反映人们的社会活动和社会生活的不同层面。

正因为人的劳动有物质劳动与精神劳动的划分，所以在马克思的历史观中，劳动范畴与实践范畴之间既相互同一，也有差别。马克思的历史观不同于黑格尔的历史观，黑格尔贬低人的物质劳动，看重人的精神劳动，在黑格尔的思路中，只有人的精神劳动才有资格称之为人的实践活动。而马克思则站在唯物主义立场上，认为人的物质劳动才是人类社会生活的基础，精神劳动是从物质劳动中游离出来的，并从属于物质劳动。因此，在马克思历史观的思路中，实践作为一种感性的物质活动，主要是指人的物质劳动。无论是把实践范畴作为唯物史观的出发点，还是把劳动范畴作为唯物史观的出发点，二者在本质上是一致的。只不过应明确，与实践范畴重合的是指人的物质性劳动，而不包括精神性劳动。

实践作为一种感性的物质活动，它在社会历史领域中表现为物质生产劳动。而物质劳动与物质交往不仅产生于同一活动领域，同属于物质活动系列，而且存在着互动关系。那么，实践范畴是否应该涵盖人们之间的物质交往活动呢？自刘奔等在《哲学研究》1989 年第 1 期发表的《实践与文化——"哲学与文化"研究提纲》一文中提出："生产和交往是实践活动不可分割的两个方面"的见解以来，似乎越来越多的人们认为马克思唯物史观的实践范畴应涵盖生产和交往两个层面。近来有人则更明确地提出了"交往实践观"的概念。笔者以为，忽视人的交往活动在唯物史观中的地位和作用，这确实是过去在唯物史观研究中的一大缺陷，但又觉得把马克思的实践观称之为"交往实践观"似乎难以成立。唯物史观意义上的实践范畴应该是特指人的物质劳动活动，而不应包括交往活动于其中。其理由在于：

其一，如前所述，在马克思、恩格斯的经典著作中，交往范畴是个涵盖面相当宽泛的范畴。它既包括物质交往，也包括精神交往，同时还包括其他形式的交往。我们即使假定在实践范畴中涵盖着交往活动，那么从语义的角度考虑，也存在着是否准确的疑问。不管人们对实践范畴作何理解，有一个基本点是不能动摇的，即实践是一种感性的物质活动。动摇了这个基本点，即意味着在实践观上放弃和背离了唯物主义原则。根据这个基本点，由物质交往和精神生产劳动派生和决定的精神交往活动无论如何不能看作是人的实践活动的。

其二，根据马克思主义经典作家有关实践活动的论述思路，即使是产生于人们的物质生产劳动领域的物质交往活动，也不能称之为实践活动。因为，实践活动不仅是一种感性的物质活动，而且还是一种对象性的物质活动。实践活动作为一种对象性的物质活动，既是一种主体客体化的活动，也是一种客体主体化的活动。因此，从主体与活动对象之间的关系看，它是一种主客体关系。而人们的物质交往则是主体间的交往，是主体之间的互为对象的活动，因此，交往关系是一种主体间关系。如果从实践活动是一种对象性物质活动，实践关系是一种人与外部世界的对象性的主客体关系的角度看，实践范畴恰好与物质生产劳动范畴相重合，而不与物质交往范畴相重合。

其三，把物质交往活动纳入实践范畴，在逻辑上存在着无法克服的困难。在马克思的历史观中，人的实践活动既是人的一切历史活动与社会生活的出发点，也是自身理论系统的逻辑构架的出发点，对于这一点，理论界恐怕再没有什么异议。如果把实践活动看成是物质生产劳动与物质交往活动两方面的统一，那无疑意味着，马克思的历史观既要以物质生产范畴作为逻辑起点，又要以物质交往范畴作为逻辑的起点，但这是不可能的。这种不可能性，不仅在于马克思的历史观是一元论的历史观，其逻辑起点只能有一个，而不可能是两个；而且更为重要的是，不管物质交往活动在社会生产领域中有多么重要的地位和作用，但它毕竟是被物质生产活动即物质劳动决定的。一个在历史上是被决定的，并处于从属地位的东西，在逻辑系统的建构上是不能作为出发点或起点的。逻辑必须与历史发展相同，作为逻辑起点的范畴，它必须是人们历史活动的出发点或起点，这是马克思、恩格斯在其著作中所一再阐述与强调的基本原则。如果把唯物史观的实践范畴看作是人的物质生产劳动，在逻辑上则不存在上述那样的矛盾和困难。理由是，人的物质生产劳动既是人的社会历史活动与生活的出发点，当然，也就是马克思历史观逻辑系统的出发点。

也谈生产力范畴应如何理解的问题 *

读了江丹林同志发表的《进一步深化生产力范畴的研究》①颇有启发。笔者对生产力范畴的理解在某些方面与江文的观点大致相同，但又觉得江文也有一些需要补正和值得磋商的地方。

一

笔者同意江丹林同志的看法，不能把对生产力范畴的理解宽泛化。在过去几年的生产力理论的研究中，尤其是在生产力经济学的研究中，一些同志在其论著和论文中，不仅把与物质生产过程有关的所有因素纳入生产力范畴的内容，出现了教育是生产力、管理是生产力的提法，而且还把上层建筑中的许多因素也都纳入生产力的内容，出现了艺术是生产力、文学也是生产力的提法，就差没有说宗教也是生产力。笔者认为，这种将生产力范畴日益宽泛化与精神化的理解是没有根据的。诚然，在马克思主义经典作家的著作中，也有过"精神生产

---

* 本文原发表于《争鸣》1993 年第 3 期。
① 江丹林：《进一步深化生产力范畴的研究》，《光明日报》1992 年 1 月 5 日。

318 • 林剑文集 · 唯物主义历史观研究卷

力"的提法，但人们必须注意，"精神生产力"是属于精神生产的生产力。精神生产力也有转化为物质生产力的可能，而在现实形态上是在物质生产力的基础上派生出来的，并从属于物质生产力的。马克思主义经典作家从来没有将物质生产力与精神生产力相提并论，更没有将精神生产力纳入物质生产力之中。

笔者同意江丹林同志的意见，必须反对将生产力宽泛化与精神化的倾向，把属于上层建筑中的一些因素从生产力中排斥出去，并作进一步的补正。不仅艺术、文学等上层建筑的因素不是现实的物质生产力，就是诸如教育、管理等与物质生产过程密切相关的，并对生产力的发展有着巨大影响的因素也不是现实的生产力。教育和管理是一种活动，生产力是一种物质存在，教育和管理可以转化为物质生产力，但它本身不是物质生产力。

在生产力理论的研究中，必须把影响生产力发展的因素与生产力本身区别开。如果把影响生产力的因素都看成是生产力，生产力范畴就会变成一个大口袋，一切社会历史因素都可以往里装，因为各种社会历史因素之间都存在互相联系和相互作用。但这样一来，社会历史发展中的起决定作用的因素与被决定作用的因素的界限也就消失了。唯物史观也就完蛋了。

二

在生产力理论的研究中，不仅应把影响生产力发展的因素与生产力本身区别开来，还应把生产力本身与生产力的发挥区别开来。在生产力的理解上，之所以出现日益宽泛化的倾向，除了上述原因之外，还与人们把物质生产力范畴与劳动生产力范畴混为一谈有关，即把生产力与生产力的发挥相混淆有关。

人们把生产力范畴作宽泛化理解的一个重要根据是，马克思在《资本论》中说过："劳动生产力是由多种情况决定的，其中包括：工人的平均熟练程度，科学的发展水平和它在工艺上应用的程度，生产过程的社会结合，生产资料的规模和效能，以及自然条件。"①这显然是把生产力与劳动生产力相混淆了。实际上，在马克思主义经典作家的著作中，物质生产力与劳动生产力是两个既相联系又相区别的范畴。劳动生产力即是劳动生产率，马克思在《资本论》的另一个地方说得很清楚，"劳动生产力的提高，我们在这里一般是指劳动过程中的这样一种变化，这种变化能缩短生产某种商品的社会必需的劳动时间，从而使较小量的劳动获得生产较大量使用价值的能力"②。不可否认，劳动生产力的高低与物质生产力的性质和水平有着直接的关系，前者主要是由后者决定的，但二者又不是完全等值的。劳动生产力除了与物质生产力的发挥有关，还与生产过程的其他因素有关。物质生产力有可能转化为劳动生产力，也有不能转化为劳动生产力的可能。因此，把生产力范畴等同于劳动生产力范畴是没有根据的，把影响劳动生产力的因素纳入生产力范畴也是没有根据的。

三

如果说在反对将生产力范畴宽泛化与精神化上，笔者的看法与江丹林同志的看法有其相通之处，但在对于生产力本身应如何理解和界定上，则与江文存在着明显的分歧。

诚然，笔者也不同意把生产力看成是所谓的"两要素""三要素"或"多要素"组合而成的观点。在马克思主义经典作家的著作中，虽然讲过生产过程的要素、"劳动过程的要素"，但从来没讲过生产力的要

---

① 《马克思恩格斯文集》第 5 卷，人民出版社 2009 年版，第 53 页。
② 《马克思恩格斯文集》第 5 卷，人民出版社 2009 年版，第 366 页。

素。人们通常指的所谓生产力的要素，不过是从马克思所讲的"劳动过程的要素"做牵强附会的借换而来的。

但笔者对江文关于"不能把生产力范畴实体化"的观点也不敢苟同。江丹林同志对生产力的界定是：生产力本质上是人类对自然和社会能动关系的过程，是人类使自己本质力量对象化以创造和发展生活条件的能力。我们姑且不去讨论人的本质力量与人的能力之间是什么关系。把生产力看成是人创造和发展其生活资料的能力的看法，与人们传统的理解基本一致，也并不错。问题在于，人的这种能力究竟是以什么样的方式或形态存在着？是以主观的方式存在着，还是以客观的方式存在着？如果认为生产力作为人的一种能力是以主观的方式存在于人的自身的身体中，那就要问生产力究竟是不是一种物质性的力量？它如何进行测度？一种主观性的存在，又何以能成为衡量客观性存在的他物的标准？更为重要的是，它又如何能成为社会经济结构的一个层面？如果认为生产力作为人的一种能力是以客观的方式存在着的，那它就必须对象化、物化或实体化（不是本体论意义上的，而是作为实物存在意义上的）。只有对象化了或实体化了的东西，才是感性的、物质性的存在；也只有作为感性的、物质性的存在才是可测度的。因为人的能力的测度不能通过人自身的直观中获得，只有通过他的"作品"，即在他的实践活动的结果中，通过反思的途径才能获得。笔者以为，生产力作为社会结构的一个物质性层面，作为一种社会客体并不是指的以主观形式存在于人自身身体的那种能力，而是指的那种通过人的实践活动对象化、外化、物化或实体化了的本质力量或能力。

那么，作为人的本质力量或能力的对象化或物化、实体化存在的生产究竟指的是什么呢？笔者以为，这种对象化或实体化的存在不是别的，是作为人与自然界进行物质、能量和信息交换的手段而存在的"劳动资料"或"生产资料"，更具体地说是指生产工具。这可以在马克思主义经典作家的一系列经典性的论述中得到印证。马克思在《致巴·瓦·安年柯夫的信》中把生产力看成是"一种既得的力量，是以往的活动的产物"①。在《共产党宣言》中,马克思、恩格斯把生产力明确地称之为生产工具,并把生产工具作为生产力的同义语替换使用。在《〈政治经济学批判〉序言》中,马克思在谈到生产力时,特地在后面用括号注明生产资料。马克思在《资本论》中则更明确地写下了一段人所共知的著名论断:"各种经济时代的区别,不在于生产什么,而在于怎样生产,用什么劳动资料生产。劳动资料不仅是人类劳动力发展的测量器,而且是劳动借以进行的社会关系的指示器。"②依据马克思主义经典作家的上述论述,可以有充分的理由认为生产力作为一种客体性的物质存在,是指人通过自己的实践活动,对象化或物化在劳动资料或生产工具中的一种物质力量,没有对象化的人的本质力量并不是现实的生产力。

劳动资料或生产工具作为一种物质力量,是人同自然界进行物质、能量和信息的交换手段,但当它作为手段存在时,它已经是作为人的实践活动的结果而存在的。劳动资料与劳动工具虽然具有物的外观,但在实质上则是人的本质力量的对象化。劳动资料、劳动工具的发展标志着人自身的力量与能力即人的本质力量的发展,这即是马克思所说的"测量器"的意思。笔者以为,只有对生产力作这样的理解,才能在实践的基础上,将人的发展与生产力的发展统一起来,而无需一方面说生产力是人的一种能力,另一方面又不得不加上"马克思有时又把机器等生产工具称作生产力"的话,使生产工具变成与人的本质力量发展分离的东西。更为重要的是,只有将生产力理解成是一种对象化的存在,即劳动资料或劳动工具,才能对社会发展做出顺理成章的解释。社会的发展是从生产工具有分化和发展开始的。工具的分化必然引起分工的发展;分工的发展引起人们劳动组织的变化,从而引起人们的生产关系乃至于人的全部社会关系的变化。而且通过生产工具的代际遗传,形成人们的社会历史联系。试问,生产力如果只是一种能力,而不同时是一种物质性

① 《马克思恩格斯文集》第 10 卷,人民出版社 2009 年版,第 43 页。
② 《马克思恩格斯文集》第 5 卷,人民出版社 2009 年版,第 210 页。

的实体存在，生产力如何能够进行代际传递，人们的历史联系何以能够维系？

四

江丹林同志对生产力范畴理解的另一个重要观点是，生产力不仅体现的是人与自然之间的关系，而且也体现着人与人之间的社会关系。笔者以为，江文的这一观点也是值得推敲的，因为它存在着如下的重要疑点。

首先，江文的立论依据存在着疑点。江文之所以认为生产力不仅体现着人与自然的关系，也体现着人与人之间的社会关系，其立论的依据主要是马克思、恩格斯在《德意志意识形态》中讲的一段话："这样，生命的生产，无论是通过劳动而生产自己的生命，还是通过生育而生产他人的生命，就立即表现为双重关系：一方面是自然关系，另一方面是社会关系；社会关系的含义在这里是指许多个人的共同活动。"① 但笔者想提请人们注意的是，马克思主义经典作家在这里明明讲的是人的生活的生产，而不是讲的生产力。说人的生产活动表现为双重的关系无疑是正确的，因为人的生产活动要得以进行，一方面要与自然界打交道，另一方面还必须在主体之间进行合作与交往，任何生产都必须是社会的行为。但生产力只是表现为生产的结果和生产的手段，并不是人的"生活的生产"本身。把物质生产表现为双重的关系，推演成生产力也体现为双重的关系，如果要避免牵强附会的嫌疑，似乎应该对这种推演做出合乎逻辑的论证。

其次，江文的推演将带来对马克思历史观内在逻辑联系解释的困难。人们知道，人与自然的关系、人与人之间的社会关系虽然不能绝对

---

① 《马克思恩格斯文集》第 1 卷，人民出版社 2009 年版，第 532 页。

的分割开，但在思维的抽象中，毕竟是属于两种不同性质、不同层次的关系。在这两种关系中，从发生学的意义上看，是一种第一位与第二位的、或决定与被决定的关系。如果认为生产力本身体现着人与自然、人与人的社会的双重关系，这不仅容易使人造成二者之间是一种并列的关系的误解，而且还会对生产力与生产关系的关系的解释造成困难。既然生产力本身就体现着人的社会关系，那又何须还要用生产力去解释社会关系呢？当人们用生产力去解释人们的社会关系时，究竟是在解释他物呢，还是在解释生产力自身呢？在逻辑上这是一个不可忽视的疑点。事实上，马克思主义经典作家从来没有说过生产力体现生产关系或社会关系的话，倒是一再强调生产力决定人的生产关系乃至全部社会关系，生产力是劳动借以进行的社会关系的指示器。"决定"与"体现"之间究竟是一种字面的差别，还是包含着本质的差别，这似乎也值得我们深思。

诚然，在《德意志意识形态》中，马克思、恩格斯确实讲过这样一段话："一定的生产方式或一定的工业阶段始终是与一定的共同活动方式或一定的社会阶段联系着的，而这种共同活动方式本身就是'生产力'。"① 笔者对这段话的看法是，在《德意志意识形态》中，马克思、恩格斯虽然提出了生产力与生产关系的概念，但正像那时对生产关系的理解这不够准确一样，对生产力范畴的理解也有不够准确的地方。但要提请人们注意的是，从 1846 年马克思《致巴·瓦·安年柯夫的信》以后一系列的重要著作中，再也没有出现诸如人们的"共同活动方式本身就是'生产力'"的表述。

笔者虽然不同意人们对生产力范畴的传统理解与界定，但仍然同意把生产力看成是人与自然关系的反映。理由是，生产力作为一种既得的物质力量，作为人的本质力量对象化的结果，表现为人对自然力的占有和人对自然的能动关系。

---

① 《马克思恩格斯文集》第 1 卷，人民出版社 2009 年版，第 532、533 页。

生产力范畴新论 *

关于生产力范畴的定义、结构及结构内部各要素间相互关系等问题，我国理论界近几年已进行了一些探讨。本文试图就生产力范畴中尚须进一步澄清的几个问题谈几点想法。

一

在马克思主义经典作家的著作中，生产力的提法与物质生产力的提法具有同一意义，二者是经常在相同的意义上相互代替使用的。生产力之所以称为物质生产力，根据在于"任何生产力都是一种既得的力量，以往活动的产物。可见，生产力是人们应用能力的结果，但是这种能力本身决定于人们所处的条件，决定于先前已经获得的生产力，决定于在他们以前已经存在，不是由他们创立而是由前一代人创立的社会形式"①。人们通常把生产力称为社会生产力，这是值得商榷的。在马克思、恩格斯的著作中，社会生产力的概念是有广义、狭义之分

---

* 本文原发表于《江西社会科学》1986 年第 2 期。

① 《马克思恩格斯文集》第 10 卷，人民出版社 2009 年版，第 43 页。

的。从广义上看，单个的人是不能从事生产的，任何生产都是社会性质的生产，任何形式的生产力都是一种社会性的生产力。但社会生产力还有一种狭义的用法。作为狭义的社会生产力，是由"科学，发明，劳动的分工和结合，交通工具的改善，世界市场的开辟，机器等等"①。此外，狭义的社会生产力还包括由社会劳动所产生的精神生产力，由人口的增长而产生的生产力。狭义的社会生产力虽然与物质生产力有密切的关系，但与以沉淀的、物化的形式存在于劳动主体及其劳动手段中的能力具有不同的性质，它并不构成劳动主体的能力的要素。

关于生产力是什么的问题，经典作家们虽没留下教科书式的定义，但留下了经典性的论述。马克思说："劳动首先是人和自然之间的过程，是人以自身的活动来中介、调整和控制人和自然之间的物质变换过程。"②"在劳动过程中，人的活动借助劳动资料使劳动对象发生预定的变化。"③马克思还指出："劳动主体所组成的共同体，以及以此共同体为基础的所有制，归根到底归结为劳动主体的生产力发展的一定阶段，而和该阶段相适应的是劳动主体相互间的一定关系和他们对自然界的一定关系。"④马克思上述经典性论述，对于探讨生产力定义，具有十分重要的方法论意义。第一，劳动既然是劳动主体以自身的活动来引起、调整、控制人和自然之间的物质变换过程，毫无疑问，作为此种变换能力的生产力反映的是人与自然的关系。第二，在"人和自然之间的物质变换的过程"中，人是劳动的主体，自然属于劳动的客体。自然包括原始的自然和人化的自然。科学的生产力范畴应反映这种人与自然间的主客体关系。第三，生产力作为一种创造性的物质力量，只能属于主体，即马克思称之为的"劳动主体的生产力"，不能属于消极的、被改造的客体。

① 《马克思恩格斯全集》第 46 卷（上），人民出版社 1979 年版，第 268 页。
② 《马克思恩格斯文集》第 5 卷，人民出版社 2009 年版，第 207、208 页。
③ 《马克思恩格斯文集》第 5 卷，人民出版社 2009 年版，第 211 页。
④ 《马克思恩格斯文集》第 8 卷，人民出版社 2009 年版，第 146 页。

根据马克思的上述论述，可以把生产力定义为：具有一定体力和智力水平的劳动主体运用一定的劳动手段作用于各种不同的劳动客体创造物质财富的能力。这里所说的劳动手段，是指狭义的生产资料。它是劳动主体的生理器官的延长，包括人体的肢体延长部分的生产的脉络系统，肌肉系统和脉管系统，体力延长部分的动力系统。在现代科学技术条件下，人工智能机作为人的大脑延长部分，也应包括在劳动手段之内。

需要指出的是，不少教科书常把生产力中物的因素称为劳动资料，严格地说是不确切的。马克思认为："广义地说，除了那些把劳动的作用传达到劳动对象、因而以这种或那种方式充当活动的传导体的物以外，劳动过程的进行所需要的一切物质条件也都算作劳动过程的资料。它们不直接加入劳动过程，但是没有它们，劳动过程就不能进行，或者只能不完全地进行……这类劳动资料中有的已经经过劳动的改造，例如厂房、运河、道路等等。"① 在马克思看来，那些不是作为人的生理器官延长形态而存在，只是作为劳动得以进行的条件的劳动资料，"不是表现为过程内部起作用的因素"②，因而不构成"劳动主体的生产力"要素。我们认为用劳动手段表示狭义的劳动资料，能避免引起作为劳动手段的劳动资料与作为劳动条件的劳动资料的混淆，使生产力范畴更鲜明地反映劳动过程的主客体关系。

二

根据上面的生产力定义，生产力要素表现为劳动主体与劳动手段的统一，劳动对象作为劳动客体是排除在生产力要素之外的。我们之所以不赞成那种把劳动对象作为生产力要素的视点，不仅在于这种观点与经

---

① 《马克思恩格斯文集》第 5 卷，人民出版社 2009 年版，第 211 页。
② 《马克思恩格斯全集》第 47 卷，人民出版社 1979 年版，第 97 页。

典作家有关生产力的论述相悖，还由于这种观点不能自圆其说。

主张劳动对象是生产力的一个要素的同志常引马克思关于"劳动过程的简单要素是：有目的的活动或劳动本身，劳动对象和劳动资料"①的话，作为其观点的论据，武断地认为马克思所说的劳动过程的简单要素，就是生产力。这实属一种莫大的误解。生产是一种以沉淀的、物化的形式存在于劳动主体及其手段中的能力，这种能力与劳动力对象一样，在劳动过程开始之前，就各以独立的形态存在着，彼此并不发生直接的联系，只是因人们的某种需要和特定目的，才使处于外在关系的生产力和劳动对象彼此结合起来，构成生产过程中不可分割的两方面。现实的劳动过程既是劳动对象改变自己形态的过程，也是"劳动主体的生产力"消费、对象化和自我确证的过程。只是在劳动过程结束时"劳动主体的生产力"和劳动对象由潜在的物质财富变成新的生产资料或生产资料等现实物质财富时，生产力和劳动对象才失去各自的独立形态而融为一体。在劳动过程的结果中，劳动对象的资料得到了保存，"劳动主体的生产力"得了确证与反思。因此，生产力是对劳动过程中能动的劳动主体改造被动的劳动客体的关系的反映，但不是劳动过程本身。依某些同志的意见，视劳动对象为生产力要素之一，那毋宁说生产力作为一种能动的创造能力既属于劳动主体的特性，又属于劳动客体的属性，这在逻辑上必然遇到无法逾越的困难。试问如果生产力包括劳动对象，自然是不是劳动对象？自然若是劳动是劳动对象且包括在生产力要素之内，就有两个问题需回答：其一，消极的、被动的自然的创造能力从何而来？其二，如果人和自然一起构成生产力要素，那么，生产力作一种征服和改造的能力，它征服谁？改造谁？

主张劳动对象是生产力要素的同志，还常用的另一论据是：劳动对象的质量……对生产出来的使用价值的数量和质量有着重要影响。所谓劳动对象的质量影响生产出来的使用价值的数量和质量问题，实质是一

---

① 《马克思恩格斯文集》第 5 卷，人民出版社 2009 年版，第 208 页。

个生产效率问题。我们不否认劳动对象的质量对生产效率的影响，但生产效率在经典著作中属于劳动生产力即劳动生产率所研究的问题。在经典作家们看来，物质生产力与劳动生产力是两个既相联系又相区别的范畴。物质生产力作为生产过程的主要因素当然对劳动过程的效率发生重大作用，但生产力又不是生产过程的唯一要素，因而劳动过程效率的高低又不完全由生产力决定。生产过程中，在生产条件相同的情况下，生产效率的高低与生产力的大小成正比例变化；相反，在生产力水平相对稳定的情况下，生产效率也可能因生产条件的改变而向高低两个方向变化。这说明，生产效率既同生产力的水平有关，也同劳动对象的质量有关，同时还同生产过程的其他生产条件有关。如同我们不能因生产效率同生产过程的社会结合有关，而说生产过程的社会结合本身就是生产力的要素一样；也不能因生产效率同劳动对象有关，就说劳动对象构成物质生产力的要素。

主张劳动对象是生产力要素的同志认为：许多新的原材料具有特殊的性能，它们正在取代迄今工业中使用的原材料，而成为制造更先进的生产工具、机器体系和技术设备与采用新工艺的前提。我们既承认劳动手段与劳动对象在不同的劳动过程中地位的转化，也承认劳动对象转化为劳动手段或改进劳动手段的可能性。但是，第一，从具体的劳动过程看，此一劳动过程是劳动对象者，在彼一劳动过程中成为劳动手段的现象大量存在。而在一个确定的劳动过程中，同一物不可能既是劳动手段，又是劳动对象；它作为劳动手段时，是从属于劳动主体而存在；它作为劳动对象时，则作为被改造的客体而存在。第二，劳动对象无论是因广度的扩大和质量的提高而直接地转化为新劳动手段，还是改进着原有劳动手段的性能，都有赖于生产力的提高。这非但不能证明劳动对象是生产力的要素，倒是生产力创造能力提高的一种确证。第三，从动态的观点看，改造了的劳动对象一旦转化成新的劳动手段，它也就改变了自己在劳动过程中的地位和作用，这时则以劳动手段的存在而与新的劳动对象处于对立的地位。

三

在生产力范畴的研究中，另一个长期不为人们重视的薄弱环节是生产力结构中的诸要素间的相互关系问题。下面我们试从两个层次上对生产力结构中诸要素间的关系展开分析。

在劳动主体与劳动手段的关系上，传统观点认为：生产力中人的因素即劳动者占有特殊重要地位。劳动者是生产过程的主体，是首要的生产力。我们认为对生产力中的主体与手段的关系应从生产力发展史的角度和特定时代的生产与现实的生产过程的角度做具体分析。从生产力发展史看，人类最初的生产过程只有劳动主体和劳动对象的对立，人本身构成生产力的唯一要素，人作用于自然的手段是自身的生理器官。只是在生产发展的基础上，人才使自己的生理器官得到了延长。马克思指出："自然界没有造出任何机器、没有造出机车，铁路，电报，自动走锭精纺机等等。它们是人的产业劳动的产物，是转化为人的意志驾驭自然界的器官或者说在自然界实现人的意志的器官的自然物质。它们是人的手创造出来的人脑的器官，是对象化的知识力量。"① 只是从人创造了劳动手段，劳动手段作为人的器官的延长而随属于主体的意义上，主体才比手段更有首要的意义。但若从每一特定时代的现实生产和具体的劳动过程看，劳动手段相对于劳动主体在下述意义上处于重要地位。首先，劳动手段作为既得的力量和以往活动的产物，决定着特定时代的生产和劳动过程中劳动主体的群体结合方式与个体的操作方式，即人们以何种方式进行生产和怎样生产；其次，在具体劳动过程中，劳动者的脑体力并不是都能得到发挥，其发挥程度取决于劳动过程中主体所用的劳动手段的性质。

在考察劳动主体与劳动手段内部的各因素的关系时也不能简单化和绝对化。

---

① 《马克思恩格斯文集》第 8 卷，人民出版社 2009 年版，第 197、198 页。

传统观点只把劳动主体看成是：具有一定的科学技术知识、生产经验和劳动技能的劳动者。没有看到劳动主体也是具有一定体力的劳动者，这无疑是失之偏颇。劳动主体是由智力与体力构成的结合体。要确定劳动主体的智力因素与体力因素的主从地位，须结合特定时代的社会生产与具体的劳动过程进行考察。一般说来，人类早期阶段的生产，体力因素相对于智力因素更为重要；而在科技发达的今天，在劳动过程中劳动主体的智力则比体力更具决定意义。但这只能从一般的意义上讲，并不能一概而论。即使在今天的情况下，也还存在着知识密集型行业与劳动密集型行业的差别。

在考察劳动手段诸因素的关系时，也须改变讲劳动手段似乎就是指生产工具的传统观点。马克思就曾指出："在人类历史的初期，除了经过加工的石块、木头、骨头和贝壳外，被驯服的，也就是被劳动改变的、被饲养的动物，也曾作为劳动资料起着主要作用。"[1] 此外，马克思至少是把动力系统的改进与工具系统的改进看成具有同样重要的意义。历史上由于生产的动力系统的改进导致生产力划时代变革的事例并不鲜见，在英国工业革命初期，蒸汽动力取代人体动力，不仅使同样性能的珍妮纺织机的效率提高许多倍而且促进了纺织机本身的改进和整个工业的工具机的变革。此说明，在一定的条件下，即不改变动力系统就不能改变。

生产力状况的条件下，动力系统的改进可能比工具本身的改变更具重要性。不仅动力系统在一定条件下能在劳动手段中居主导地位，其他因素也可能在劳动手段中居主导地位。如以电子计算机为代表的人工智能机的出现，不仅大大改善和扩展了人类大脑的智力功能，并彻底改变了生产力的整个面貌，在今天的情况下、难道我们不应认为控制整个劳动手段及整个生产过程的电脑系统难道不比它所控制的工具系统处于更重要的地位吗？当然我们并不想否认工具在劳动手段中的地位和作用，只是强调不应把这种地位和作用片面化、绝对化。

---

① 《马克思恩格斯文集》第5卷，人民出版社2009年版，第210页。

经济学的生产力范畴与历史唯物主义的生产力范畴辨 *

一

翻开传统的生产力经济学教科书、政治经济学教科书和历史唯物主义教科书，人们不难发现一个令人不解的事实，这三门研究对象并不相同且学科性质各异的学科，竟然都把生产力看成是"人类征服和改造自然界，生产物质资料的能力，社会赖以存在和发展的物质基础"。更令人费解的是，这样一个奇怪的现象，却长期地被我国理论界接受或默认了。

只是到了最近几年，随着生产力经济学的发展，一些从事生产力经济学研究的人们，才开始感觉到传统的生产力定义，并不适合自己所研究的学科。于是，一些人认为有对生产力范畴进行重新探讨和定义的必要。有人认为，传统的生产力定义的不合理之处在于：生产力被理解成了潜在的生产能力，而不是实际地发挥着作用并正在带来物质成果的现实力量。作为马克思主义哲学——经济学范畴的社会生产力，

---

* 本文原发表于《生产力研究》1988 年第 1 期。

应当是实际地实现着职能并生产经济成果的力量。① 应该说，这种把生产力看成是实际地发挥着作用并正在带来物质成果的现实力量的观点，从生产力经济学的角度看是有其合理性的。但它的失误在于：由于仍然把作为经济学研究的生产力与作为唯物主义历史观研究的生产力看成是同一个范畴，因此，从方法论上看，仍没有跳出传统观点的思想；从理论上看，它既不能科学地标示出经济学与历史唯物主义各自在研究生产力问题上的侧重点，也不能为人们确切地把握马克思主义经典作家有关生产力的众多提法提供一条科学的思路；从实践上看，它实际上是把作为历史唯物主义的生产力范畴降低为生产力经济学的生产力范畴。

理论界也有人认为："生产力既属于经济学范畴，也属于哲学范畴。"主张应该把生产力范畴的这两重性质加以区别，认为"从其实物形态，构成要素方面看，它主要属于经济学范畴；从其实质，自然力内在关系方面看，则主要属于哲学范畴"②。笔者认为，这种主张把作为经济学研究的生产力与哲学研究的生产力在范畴上应加以区别的见解是正确的，但其区分的原则与方法则是值得磋商的。第一，说经济学只研究生产力的实物形态、要素，哲学只研究生产力的实质、自然力的内在关系，从逻辑上看是难以成立的。试问，离开了生产力的实物形态，生产力的实质何以揭示？撇开了生产力的要素，自然力的内在关系何以确立？第二，这种观点有悖于马克思主义经典作家在《德意志意识形态》《哲学的贫困》《共产党宣言》《〈政治经济学批判〉序言》等哲学著作中对生产力问题的论述。众所周知，在上述哲学著作中，经典作家们既研究了生产力的形态与要素的构成，又揭示了生产力的实质及其各要素间的相互关系。第三，按照这种观点，似乎经济学研究的生产力与哲学研究的生产力仍是同一个东西，区别在于各自考察的角度不同。这种观点，从表面上看好像超越了传统观点，但从实质上看，则仍没有摆脱传

---

① 熊映梧：《生产力经济概论》，黑龙江人民出版社 1983 年版，第 30—35 页。
② 郑新桐：《生产力与物质运动形式》，《哲学研究》1987 年第 3 期。

统观点的思路的束缚。

近来还有一种观点认为，马克思关于生产力的提法虽然是多种多样的，但大致可以归为两个主要的相互联系的层次：经济学意义上的生产力与历史唯物主义意义上的生产力。作为经济学中的生产力理论研究的主要是劳动生产率问题，研究生产力自身的结构、生产力的布局、劳动力、资金、材料能源在各个生产部门的分配。作为历史唯物主义意义上的生产力则主要研究生产力与人的发展、生产力与社会变革的关系。①笔者认为，此种观点新颖的地方在于：第一，把历史唯物主义意义上的生产力看成是高于经济学意义上的生产力的见解是富有启迪性的。第二，初步地概括了经济学意义上的生产力与历史唯物主义意义上的生产力的某些特征。但此种观点也有不尽如人意的地方：首先，作为经济学意义上的生产力与作为历史唯物主义意义上的生产力究竟是属于既相联系又相区别的两个范畴，还是对同一个生产力范畴的不同角度或不同层次的考察呢？此种观点的回答似乎是不太明确的。从提法上看似乎是两个范畴。从具体论述上看，似乎又是对同一个生产力范畴的不同层次的考察。其次，此种观点并没有明确地指出，在马克思主义经典作家关于生产力的多种多样的提法中，究竟何种提法是经济学意义上的生产力，何种提法属于哲学意义上的生产力呢？如果说经济学研究的主要是劳动生产力，那么，历史唯物主义的生产力范畴又是指的什么呢？此外，此种观点虽然概括了作为经济学意义上的生产力理论与作为历史唯物主义意义上的生产力理论的某些区别，但并没有进一步阐述造成这一区别的内在原因，因而也就没有明确地揭示出作为历史唯物主义意义上的生产力为什么不同于经济学意义上的生产力。

---

① 储小平：《马克思的生产力范畴与历史唯物主义》，《哲学研究》1987 年第 3 期。

二

笔者不同意把生产力经济学研究的生产力、政治经济学研究的生产力和历史唯物主义研究的生产力不加区别地混为一谈。笔者认为，这种不加区别地混为一谈，至少在逻辑上是难以成立的。诚然，从生产力经济学、政治经济学、历史唯物主义相互之间的关系看，彼此之间并不是完全孤立、毫无联系的。从思想史上看，生产力的概念也并不是马克思主义创始人首先提出来的，而是英国古典政治经济学家最早提出来的。并且，在古典政治经济学家那里，生产力基本上是一个经济学概念，马克思主义创始人的功绩在于，对这一概念进行了辩证地扬弃和丰富。此外，马克思主义创始人在自己思想发展的进程中，也是首先从对经济问题的研究开始，走向以至建立起唯物主义历史观的。尽管如此，生产力经济学、政治经济学、历史唯物主义毕竟是既有联系又有区别的相对独立的不同学科。毫无疑问，从逻辑上看，作为这种既有联系又有区别的相对独立的不同学科的范畴，也就必然地具有相对独立的界说。

那么，如何对生产力进行区分呢？笔者认为，进行辨别和区分的唯一科学的方法，应是从分析上述三门学科的性质和研究的对象入手，在把握其各自学科的性质和研究对象的基础上去把握生产力的不同涵义。因为，范畴的涵义、性质是由它所构成的学科的研究对象和性质规定的。

毫无疑问，生产力经济学是必须研究生产力的。但是，生产力经济学对生产力的研究，既不同于政治经济学对生产力的研究，也不同于历史唯物主义对生产力的研究。生产力经济学首先是一门经济科学，其研究的侧重点主要是生产力自身各要素间的相互关系及其组合方式的优化，生产力自身的结构、功能及其运动。即是说生产力经济学作为一门经济学科，主要是从技术的角度探讨如何组织生产力，如何使生产力变成一种具体的、有用的劳动生产力，以便用尽可能小的人力和物力的消耗去换取更大的经济效益。可以认为，生产力经济学的着眼点，是劳动生产力的提高，是物质财富的数量增加的问题。

关于政治经济学的研究对象，马克思主义经典作家曾作过明确的论述。恩格斯在《反杜林论》中指出："政治经济学，从最广的意义上说，是研究人类社会中支配物质生活资料的生产和交换的规律的科学。"①"政治经济学本质上是历史的科学。它所涉及的是历史性的即经常变化的材料；它首先研究生产和交换的每个个别发展阶段的特殊规律，而且只有在完成这种研究以后，它才能确立为数不多的、适用于生产一般和交换一般的、完全普遍的最普遍的规律。"②概括地讲，政治经济学是一门以生产关系为研究对象，研究人和人之间的经济关系的科学。

那么，这是不是说，政治经济学作为一门以生产关系为研究对象的科学，与生产力毫无关系呢？当然不是。政治经济学也是必须研究生产力的。因为一定的生产关系的性质是由一定的生产力的性质决定的，一定的生产关系的变革也只有到一定的生产力的变革中去寻找原因。离开了对生产力的把握，就生产关系研究生产关系，那就既不可能科学地把握生产关系的性质，也不可能合理地解释生产关系的运动与变更。换句话说，政治经济学是为了研究生产关系而研究生产力的，它的着眼点是生产力与生产关系之间的关系。

众所周知，历史唯物主义是以社会发展的客观规律为其研究对象的。然而，历史唯物主义也必须研究生产力，其深刻的原因在于，生产力的发展是社会历史发展的基础，对生产力的把握是对社会历史发展规律把握的一把钥匙。正如列宁指出的那样："只有把社会关系归结于生产关系，把生产关系归结于生产力的高度，才能有可靠的根据把社会形态的发展看做自然历史过程。"③因此，历史唯物主义不仅必须研究生产

---

① 《马克思恩格斯文集》第9卷，人民出版社2009年版，第153页。
② 《马克思恩格斯文集》第9卷，人民出版社2009年版，第153、154页。
③ 《列宁选集》第1卷，人民出版社1975年版，第89页。

力，而且，生产力问题是历史唯物主义探讨的最基本最核心的问题之一。所不同的是，历史唯物主义对生产力的考察，其眼光比生产力经济学更深邃，其视野比政治经济学更广阔。不仅要研究生产力自身的内在结构及其发展规律，更侧重于探讨生产力的发展与人的发展，生产力的发展与社会运动，生产力的发展与历史进步的相互关系，概括地讲，历史唯物主义是站在探讨历史发展规律性的高度去对生产力进行思考和探讨的。

概括上面的考察，我们似乎又可以把生产力区分成两种既相联系又相区别的生产力，即经济学意义上的生产力与历史哲学意义上的生产力。所谓经济学意义上的生产力，是指生产力经济学所研究的生产力，而不包括政治经济学研究的生产力。所谓历史哲学意义上的生产力，则即是指历史唯物主义所研究的生产力，又包括政治经济学所研究的生产力。因为，历史唯物主义对生产力的考察虽然与政治经济学对生产力的考察有所不同，但二者也有重合的地方，即与政治经济学一样，历史唯物主义同样要考察生产力与生产关系的关系，二者都要从生产的历史发展中去寻求对生产关系的运动与变革的科学解释。因此，作为历史唯物主义研究的生产力涵盖了作为政治经济学研究的生产力。与生产关系相对应的生产力，既是政治经济学研究的对象，更是历史唯物主义考察的对象。

三

既然可以把生产力区分成相互联系的经济学意义上的生产力范畴和哲学意义上的生产力范畴，那么，在马克思主义经典作家的著作中，何种提法的生产力是属于经济学意义上的生产力范畴？何种提法的生产力是属于历史哲学意义上的生产力范畴呢？

有人认为，在马克思主义经典作家的著作中，作为历史唯物主义的生产力范畴就是劳动生产力。持这种观点的同志，不仅有部分从事生产力经济学研究的同志，也有部分从事历史唯物主义研究的同志。[①] 持这种观点的一个主要论据是马克思在《资本论》中的一句话："生产力当然始终是有用的、具体的劳动的生产力。"[②]笔者认为，这样的理解不免有些牵强。首先，马克思在这句话的后面接着写道："它事实上是决定有目的的生产活动在一定时间内的效率。"其次，《资本论》的另一个地方，马克思在谈到劳动生产力时更明确地指出："劳动生产力的提高，我们在这里一般是指劳动过程的这样一种变化，这种变化能缩短生产某种商品的社会必需的劳动时间，从而使较小量的劳动获得生产较大量的使用价值的能力。"[③] 马克思的上述两段话有两点值得注意：其一，是把劳动生产力等同于劳动生产率的；其二，劳动生产力是指劳动者在劳动过程中生产使用价值的生产效果或能力，这里所说的能力实际上也就是效率。或者说，马克思主义经典作家提出劳动生产力的概念，主要是着眼于劳动过程的效率，以及作为这种效率表现的产品的量。显然，这样一个主要是反映劳动过程的经济效率和产品的量的范畴，不可能是历史唯物主义的生产力范畴。因为，从劳动生产力范畴出发，我们不仅无法理解全部社会结构的性质，也难以把握社会生产关系的性质及其变革，更难以判断劳动主体的多重素质和关系。虽然，马克思在分析资本主义生产过程时，也常常使用劳动生产力概念，但需要强调的是，马克思的着眼点总是为了科学地说明生产过程的效率的高低，以及这种效率的高低对提高资本主义相对剩余价值量的意义。笔者认为，劳动生产力范畴，不是一个哲学范畴，而是一个经济学范畴。因为生产力经济学的着眼点恰恰是有用的具体的劳动生产力，是物质财富的数量问题。

笔者认为，在马克思主义经典作家的著作中，作为历史唯物主义意义的生产力范畴，不是劳动生产力，而是物质生产力。根据在于：

① 赵光武等：《历史唯物主义原理》，北京大学出版社 1982 年版，第 86 页。
② 《马克思恩格斯文集》第 5 卷，人民出版社 2009 年版，第 59 页。
③ 《马克思恩格斯文集》第 5 卷，人民出版社 2009 年版，第 366 页。

第一，在马克思主义经典作家的著作中，与生产关系相对应的生产力与物质生产力的提法，往往在同一意义上替换使用。马克思的《〈政治经济学批判〉序言》就为生产关系对应的生产力与物质生产力在同一意义上相互替换使用，提供了一个最令人信服的确切例证。

第二，从马克思的物质生产力范畴出发，可以为我们提供一条理解社会运动与历史发展规律的钥匙。关于什么是物质生产力的问题，马克思在《致巴·瓦·安年柯夫的信》中指出："人们不能自由选择自己的生产力——这是他们的全部历史的基础，因为任何生产力都是一种既得的力量，是以往的活动的产物。可见，生产力是人们的应用能力的结果，但是这种能力本身决定于人们所处的条件，决定于先前已经获得的生产力，决定于在他们以前已经存在、不是由他们创立而是由前一代人创立的社会形式。"① 把生产力看成是遗留下来的既得的力量或人们实践能力的结果，同样的思想在《德意志意识》和后来的《哲学的贫困》中都有所阐述。在《共产党宣言》中，马克思、恩格斯把生产力说成是生产手段和交换手段。马克思在《经济学手稿（1857—1858）》中，则在"生产力"后面的括号里注明"生产资料"。综上所述，马克思主义经典著作中的"物质生产力"范畴，可以看成是由人们的生产活动或实践活动所创造的，物化或沉沦在劳动资料（主要是指劳动工具）中的一种征服自然，同自然进行物质能量变换、创造物质财富的能力。在马克思主义经典作家看来，从劳动资料的发展演变史中，不仅可以准确地把握不同时代的生产力的性质及其变化发展的清晰线索，并且可以准确地把握社会生产关系的演变和人类自身能力发展的历史索要。因为，"各种经济时代的区别，不在于生产什么，而在于怎样生产，用什么劳动资料生产。劳动资料不仅是人类劳动力发展的测量器，而且是劳动借以进行的社会关系的指示器"②。

① 《马克思恩格斯文集》第 10 卷，人民出版社 2009 年版，第 43 页。
② 《马克思恩格斯文集》第 5 卷，人民出版社 2009 年版，第 210 页。

略论生产力范畴与劳动生产力范畴的联系与区别 *

《齐鲁学刊》1984 年第 5 期登载了韩洪章同志的《劳动生产力之管见》一文。韩文的基本观点是："生产力就是劳动生产力，也就是人们通过具体劳动改变自然物使之采取适合人们需要的形态即产品形态的能力。"理论界的部分同志，也如该文一样，把生产力等同于劳动生产力。我认为，这种观点不仅与马克思主义经典作家有关生产力与劳动生产力的经典性论述相悖，而且也无益于指导生产实践。本文不打算就劳动生产力范畴的内容进行详细的考察，只准备就生产力范畴与劳动生产力范畴的相互关系谈几点不成熟的看法，兼与韩洪章同志商榷。

先谈生产力范畴与劳动生产力范畴的区别。我们认为生产力范畴与劳动生产力范畴的区别主要表现在下述五个方面。

一、生产力范畴与劳动生产力范畴各自具有不同的定义。在马克思主义经典作家的著作中，生产力也称物质生产力，二者经常在同一意义上代替使用。关于什么是生产力或物质生产力的问题，马克思主义经典作家们虽然没有

＊　本文原发表于《齐鲁学刊》1985 年第 2 期。

给我们留下一般教科书式的定义，但给我们留下了经典性的论述。马克思认为："劳动首先是人和自然之间的过程，是人以自身的活动来中介、调整和控制人和自然之间的物质变换过程。"①"在劳动过程中，人的活动借助劳动资料使劳动对象发生预定的变化。"②根据马克思的论述，概括地讲，可以把生产力定义为：生产力就是人们征服自然和改造自然的能力。具体地讲则可以把生产力定义为：具有一定体力和智力水平的劳动主体运用一定的劳动手段作用于各种不同的劳动客体创造物质财富的能力。

劳动生产力也称劳动生产率，二者在同一意义上互相代替使用的例子，在马克思的著作中屡见不鲜。马克思在《资本论》中说："劳动生产力的提高，我们在这里一般是指劳动过程中的这样一种变化，这种变化能缩短生产某种商品的社会必需的劳动时间，从而使较小量的劳动获得生产较大量使用价值的能力。"③马克思的这段话有两点值得注意：其一，马克思是把劳动生产力等同于劳动生产率的；其二，劳动生产力是指劳动者在劳动过程中生产使用价值的生产效果或能力，这里所说的能力实际上也就是效率。

二、生产力范畴与劳动生产力范畴各自反映的关系不同。物质资料生产过程中人与自然之间的关系是人与自然之间的物质变换关系，但这种物质变换关系又可以从不同的角度和侧面进行考察。在《资本论》中，马克思正是从不同的角度对生产过程的物质变换关系进行考察，制定了涵义不尽相同的生产力范畴，使马克思的生产力学说形成一个有机的整体。在生产过程中，生产力作为一种能动的、创造性的物质力量，只能属于劳动主体，而不属于波动的、消极的劳动客体。因此，它反映的是劳动主体与劳动客体之间的主动与被动、改造与被改造的关系。劳动生产力作为劳动者在具体劳动过程中生产使用价值的生产效果和能力，它

---

① 《马克思恩格斯文集》第5卷，人民出版社2009年版，第207、208页。
② 《马克思恩格斯文集》第5卷，人民出版社2009年版，第211页。
③ 《马克思恩格斯文集》第5卷，人民出版社2009年版，第366页。

不仅与生产过程中的劳动主体的生产力有关，而且与生产过程中的一切要素都有关，它们都以不同的程度影响生产过程的生产效果。因此，劳动生产力不仅仅是对劳动过程中的主客体关系的反映，而且是对构成生产过程的一切要素之间的相互作用关系的反映。

三、生产力范畴与劳动生产力范畴各自构成的要素不同。生产力作为一种能动的创造性的物质力量，它表现为劳动主体与劳动手段的统一。劳动主体主要由劳动者的体力因素与智力因素构成；劳动手段则主要由生产的骨骼系统、肌肉系统、脉管系统、动力系统等构成，在科学技术高度发达的今天还包括对生产过程进行自动控制的控制系统。

劳动生产力由于它反映的是生产过程中的一切要素间相互作用的关系，因而构成生产过程的一切要素也就是构成劳动生产力范畴的要素。这些要素主要表现为劳动主体、劳动手段和劳动条件、劳动对象（包括天然的自然和人化的自然）、生产过程的社会结合、科学技术等，即马克思所说的："劳动生产力是由多种情况决定的，其中包括：工人的平均熟练程度，科学的发展水平和它在工艺上应用的程度，生产过程的社会结合，生产资料的规模和效能，以及自然条件。"①

四、物质生产力与劳动生产力各自的存在方式不同。生产力作为一种创造性的物质力量，在具体的劳动过程开始之前就以一种沉淀的、物化的形式存在于劳动主体及其劳动手段之中，只是由于人们的某种主观目的，才使"劳动主体的生产力"与其他一些诸如劳动条件、劳动对象相结合才构成现实的、具体的劳动过程。有人认为，生产力离开了劳动过程，离开了劳动对象，就不是一种现实的生产力，这种说法是不正确的，试问，每一特定时代的人们从他的前人那里继承的生产力是不是现实的生产力？

劳动生产力或劳动生产率由于是劳动过程中的诸要素相互作用、相互结合所产生的一种生产效果，因此，它不像生产力那样以一种现实的

① 《马克思恩格斯文集》第5卷，人民出版社2009年版，第53页。

能力和潜在的物质财富的形式存在，而是作为一种现实的物质财富的形式存在于劳动过程的结果中，它是现实的劳动过程的产儿，因而它不能离开现实的生产过程而存在。

五、生产力与劳动生产力发展水平的测度方法不同。生产力作为劳动主体征服和改造劳动客体的一种能力，其发展水平的高低主要通过生产工具的发展水平进行质的判定。正如马克思所指出的："各种经济时代的区别，不在于生产什么，而在于怎样生产，用什么劳动资料生产。劳动资料不仅是人类劳动力发展的测量器，而且是劳动借以进行的社会关系的指示器。"①

劳动生产力通常是用劳动者在单位劳动时间内所生产的产品数量表现出来的。因此，对劳动生产力的高低不仅能够用数学的方法进行精确的测度，并且还可以用百分比的形式表达这种测度。

分析了生产力范畴与劳动生产力范畴的相异点，也就为分析二者之间的相互联系提供了方便。我们认为生产力范畴与劳动生产力范畴的相互联系主要表现在下述三个方面。

一、生产力范畴与劳动生产力范畴虽然各自是从不同的侧面与角度反映着人与自然之间的物质变换过程，但二者毕竟都是以这种物质变换过程作为自己的反映对象的。劳动生产力既然是对劳动过程中所有要素间的相互作用和相互结合的关系的反映，当然也就包括劳动主体与劳动客体之间的主动与被动、改造与被改造关系的反映。

二、虽然劳动生产力的要素不仅仅包括生产力要素，但生产力毕竟作为生产过程的一个主要要素包括在劳动生产力的要素之中。生产力作为劳动过程中的一个能动的、具有创造能力的要素，一旦与劳动过程中的劳动对象发生作用时，必然要产生一定的劳动效果，即马克思所说的"生产力当然始终是有用的、具体的劳动的生产力"②。因此，生产力虽

① 《马克思恩格斯文集》第 5 卷，人民出版社 2009 年版，第 210 页。
② 《马克思恩格斯文集》第 5 卷，人民出版社 2009 年版，第 59 页。

然不是决定劳动生产力的唯一要素，但劳动生产力的高低毕竟主要由生产力的发展水平来决定。

三、生产力的发展水平与劳动生产力的发展水平在生产和再生产的无限循环中是互相影响、互相制约的。从现实生产的角度看，生产力的发展水平决定和影响着劳动生产力的水平；从未来的再生产的角度看，劳动生产力的高低又决定和影响生产力的发展水平。因为前一劳动过程表现为结果即表现为生产资料的东西，在后一劳动过程中有可能转化为生产手段，这种转化的规模完全取决于前一生产过程的劳动生产力的高低。

以上分析表明，生产力与劳动生产力是马克思生产力学说中的两个既有联系又有区别的范畴。只看到二者的区别，看不到二者的联系固然不是辩证的思维所允许的；但是像韩洪章同志那样只看到二者的联系，而抹杀二者之间的区别，把二者完全等同起来的观点同样是不正确的。

弄清生产力范畴与劳动生产力范畴的联系与区别，具有十分重要的理论意义。长期以来，理论界之所以在生产力的定义、要素等问题上争论不休，有些同志还在主张劳动过程的全部要素就是生产力的全部要素，撇开劳动对象，生产力就不是现实的生产力等观点，问题的症结就在于这些人混淆了马克思的生产力范畴与劳动生产力范畴。我们上面的分析表明，劳动过程的全部要素是构成劳动生产力的要素，而不能等同于生产力的要素。

弄清生产力范畴与劳动生产力范畴的联系与区别，也具有十分重要的实践意义。既然生产力是构成劳动生产力的重要要素，劳动生产的高低首先是由生产力的发展水平决定的，因此，为着创造日益增多的物质财富，用以满足人们日益增长的物质和文化的需要，我们首先必须发展物质生产力。也就是说，首要的任务是发展人们的智力和体力，提高人口的质量，并在智力发展的基础上不断革新生产工具、生产工艺和其他生产手段，建立强大的物质技术基础。但是，劳动生产力的高低，又不完全由生产力的发展水平的高低来决定，劳动生产力的高低对生产力的发展水平的反映只具有相对的意义。劳动过程的其他因素，也对劳动生产力的发展水平起着重要作用。因此，在重视发展物质生产力的同时，还必须注意生产条件的改善、自然资源的合理开发与利用，在企业内部和企业与企业、地区与地区、部门与部门之间搞好生产过程的社会结合，加强劳动过程的人员和物资管理。忽视物质生产力的发展，而一味地追求较高的劳动生产力，这是舍本逐末，其结果必然是本末皆损。片面追求发展物质生产力，一味地铺新摊子，增入新设备，而忽视生产过程中合理的分工与协作以及管理水平的提高，其结果必然是高浪费、低效率。

关于"旧式分工"范畴理解上的几个问题 *

　　本着学术争鸣的精神，笔者在《哲学研究》1986 年第 8 期的《也论旧式分工及旧式分工的消灭》一文中，就秦庆武、郝振省等同志有关"旧式分工"及"旧式分工"消灭的某些观点，阐述了自己的不同见解。在《哲学研究》1987 年第 5 期上，秦庆武同志的《关于旧式分工和职业分工的几个问题》对其观点又作了进一步的引申和答辩。应该说，经过答辩，秦庆武同志的思路与观点得到了进一步的阐明，更为清晰了。但如秦庆武同志一样，笔者也认为在"旧式分工"范畴问题上，分歧仍然存在，某些问题尚须进一步澄清。

一、经典作家把分工划分为"旧式分工"与新式分工的思路和依据是什么？

　　秦的答文指出，马克思和恩格斯在研究分工现象时，"把分工划分为旧式分工和新式分工，这种划分方法通常是侧重于对主体分工进行研

＊　本文原发表于《哲学研究》1998 年第 7 期。

究，目的是探索人类在社会历史进程中的解放程度。从这个角度研究分工，则往往是对分工从道德伦理方面进行评价"。公正地讲，从把握马克思主义经典作家研究分工的思路入手，来把握经典作家对分工的划分，这种探索是富有启迪性的。因为"旧式分工"范畴与新式分工范畴是马克思、恩格斯首先划分的，只有把握了他们划分的基本思路和依据才有可能达到对这两个范畴的科学把握。

令人遗憾的是，秦庆武同志对经典作家把分工划分成"旧式分工"与新式分工的思路的把握是大有疑问的。首先，认为"把分工划分为'旧式分工'和新式分工，这种划分方法通常是侧重于主体分工进行研究"的说法是难以成立的。人们熟知，在马克思、恩格斯的著作中，同把分工划分成"自然分工""旧式分工""新式分工"相对应的，或者说是具有同一意义的还有另外一种划分法，即把整个人类历史上的分工划为：原始社会的分工、奴隶制分工、封建制分工、资本主义分工、共产主义分工。试问，这样的划分是否也是依据主体的不同进行划分的呢？人们恐怕谁也不会反对把物质劳动与精神劳动的分工看作是一种"旧式分工"。试问，当马克思、恩格斯把物质劳动与精神劳动的分工看作是"真实的分工"时，是否也"是侧重于主体分工进行研究"的？物质劳动与精神劳动之间的分工，是不同劳动形态的分工，还是主体分工的不同形式呢？其次，"把分工划分为'旧式分工'和新式分工，往往是对分工从道德伦理方面进行评价"的说法，更是值得推敲的。笔者不禁要问，当马克思、恩格斯在《德意志意识形态》中谈到"分工的各个不同发展阶段，同时也就是所有制的各种不同形式"①时，是否也可以认为是在进行伦理道德的评价呢？（关于"旧式分工"范畴是否是一个纯伦理学范畴的问题，后面再展开讨论。）

那么，马克思主义经典作家把分工划分为"旧式分工"与新式分工的思路和依据究竟是什么呢？要解答这个问题，有必要分析一下经典

---

① 《马克思恩格斯文集》第 1 卷，人民出版社 2009 年版，第 521 页。

作家考察分工的思路。笔者认为，马克思、恩格斯对分工的考察是循着两条相反相成的思路进行的，一条是沿着生产力—分工—生产关系的思路进行的；另一条是沿着生产关系→分工→生产力的思路进行的。马克思、恩格斯认为，现实的生产活动表现为一种双重的关系："一方面是自然关系，另一方面是社会关系；社会关系的含义在这里是指许多个人的共同活动，不管这种共同活动是在什么条件下、用什么方式和为了什么目的进行的。"① 在马克思、恩格斯看来，在生产力—分工—生产关系的链条中，分工是连接生产力和生产关系的中间环节，分工既受生产力的制约，又受生产关系的制约。

马克思、恩格斯对分工的考察首先是从生产力的发展出发的，更具体地说，"是以生产工具为出发点"的 ②。首先，从分工的历史起源看，马克思、恩格斯认为，分工的产生是以生产效率的提高和人口的增长为其前提条件的。其次，生产力的发展决定着分工的发展规模和程度。马克思、恩格斯认为："一个民族的生产力发展的水平，最明显地表现于该民族分工的发展程度。任何新的生产力，只要它不是迄今已知的生产力单纯的量的扩大(例如，开垦土地)，都会引起分工的进一步发展。"③ 马克思、恩格斯还认为，从生产工具的进化中可以清晰地看到分工的历史演变，因为"劳动的组织和划分视其所拥有的工具而各有不同。手推磨所决定的分工不同于蒸汽磨所决定的分工"④。

马克思、恩格斯还进一步认为，生产力的发展不仅决定着分工的发展，而且生产力的发展以分工的发展为中介决定着生产关系的发展。在《德意志意识形态》中，马克思、恩格斯曾明确指出："分工的各个不同发展阶段，同时也就是所有制的各种不同形式。"⑤ 他们还以分工的发展

---

① 《马克思恩格斯文集》第 1 卷，人民出版社 2009 年版，第 532 页。
② 《马克思恩格斯文集》第 1 卷，人民出版社 2009 年版，第 556 页。
③ 《马克思恩格斯文集》第 1 卷，人民出版社 2009 年版，第 520 页。
④ 《马克思恩格斯文集》第 1 卷，人民出版社 2009 年版，第 622 页。
⑤ 《马克思恩格斯文集》第 1 卷，人民出版社 2009 年版，第 521 页。

为线索，把历史上所有制关系的发展划分成"部落所有制""古代公社所有制和国家所有制""以劳动和交换为基础的所有制"，即资本主义所有制、共产主义公有制等五种所有制类型；并根据分工发展的规模和程度，把人类社会划分成原始公有制、私有制和共产主义公有制三大社会形态。

此外，在生产力发展的一定阶段上，分工和私有制还是阶级划分的社会条件。分工作为劳动关系，不直接就是阶级划分，但分工是促成阶级划分的重要因素。马克思主义经典作家认为，阶级形成的物质基础，首先是生产力的一定发展水平提供出剩余产品，使一部分人有可能无偿占有别人的劳动。但一定的生产力发展水平不能自发引起阶级划分，而必须借助一定的社会条件，其中最主要的是分工和私有制。当社会生产力水平已经达到可以划分阶级的时候，分工所造成的差别必然地导致私有制出现，而私有制的出现既标志着阶级的形成，也是阶级对立的经济根源。因此，恩格斯认为"分工的规律就是阶级划分的基础"①。

但是，马克思、恩格斯同时又认为，在生产力—分工—生产关系的链条中，不仅存在着前者对后者的决定作用，而且也存在着后者对前者的反作用。这种反作用，不仅表现在一种新的生产关系的确立和巩固都使分工进一步得到拓展，从而引起生产力的扩张；反之，一种生产关系已经过时，也势必阻碍分工的进步，压抑和破坏生产力的发展。同时，它还表现在，特定的所有制关系一旦产生，又必然地反转来制约着一定分工关系的社会性质和劳动者在分工中的地位。笔者认为，马克思、恩格斯正是从生产关系对分工的反作用的意义上，依据所有制的不同性质，把分工划分为原始社会分工、奴隶制分工、封建制分工、资本主义分工、共产主义分工等；并依据原始公有制、私有制和共产主义公有制的不同性质，把分工划分成"自然分工""旧式分工""新式分工"或"自觉分工"等三类不同社会性质的分工。

---

① 《马克思恩格斯文集》第3卷，人民出版社2009年版，第562页。

二、究竟应如何理解"旧式分工"范畴的内涵与外延？

秦庆武同志的答文认为，在对"旧式分工"范畴的理解上，他与我和郝振省同志的第一个重要分歧在于："他们认为'旧式分工'范畴是社会分工的某种或某几种形态；我则认为'旧式分工'是指分工的旧有性质。"笔者有必要在此指出，说郝振省同志把"旧式分工"看成是社会分工的某种形态，多少还有些根据，因为他毕竟认为"旧式分工"只是职业分工的特殊形态，即是指私有制下的职业分工。（我也不免要问，难道秦庆武同志把"旧式分工"等同于职业分工，不也是把"旧式分工"看成是社会分工的某种形态吗？）至于说到笔者也是把"旧式分工"看成是社会分工的某种或某几种形态，至少是一种误解。笔者不但没有而且还反对把"旧式分工"看成是社会分工的某种形态；不但没有而且也反对把"旧式分工"看成是社会分工的某几种形态。在此不妨重述一下拙作对"旧式分工"的表述："马、恩制定的'旧式分工'范畴，首先是一个历史唯物主义范畴，其着眼点是联系分工的具体历史形态和历史的社会条件，研究各类分工形式所反映的社会关系，分工的社会意义，社会作用及其对人的发展的影响。其次，'旧式分工'范畴主要是相对于共产主义社会分工或自觉自愿的分工而言的。'旧式分工'范畴的实质在一个旧字上。此外'旧式分工'具有历史的性质，是社会生产力有了一定的发展，但又发展得不够的产物，它是一种行将被消灭或将改变其性质的分工。概括地讲，'旧式分工'实质上是指与私有制、商品交换和阶级存在及其对抗相联系的各类分工形式。"诚然，为了反驳秦文把"旧式分工"仅仅看成是职业分工的观点，笔者列举了在经典作家的著作中，至少可以找到的五种"旧式分工"形式，也可能正是根据这一点，秦的答文认为，笔者是把"旧式分工"看成是社会分工的某几种形态。但秦庆武同志忽略了一个事实：笔者在举例之前，特别注明"至少包括下列诸种主要形式"的字样，在举例之后又做了专门的强调："上述几种形式只是'旧式分工'的几种主要形式，但决非全部形式。"如果秦庆武同志稍微仔细地阅读过拙作的话，无论如何是不可能说我把"旧式分工"范畴看成社会分工的某种或某几种分工形态的。

显然，我对"旧式分工"范畴的理解，是直接根源于我对马克思主义经典作家研究分工思路的把握。从拙作对"旧式分工"范畴的概括中可以明显地看出，在对"旧式分工"范畴的理解上，我与秦庆武同志的分歧在下列两点上。第一，对"旧式分工"范畴内涵的理解不同。不错，笔者与秦庆武同志都认为，"旧式分工"的实质是指分工的旧有性质。分歧在于我们对分工的旧有性质的理解不同。秦文认为，分工的旧有性质主要是指分工的固定性和谋生性。而我则认为，从外部特征上看，"旧式分工"更主要地表现为自发性、奴役性、对抗性和不平等性。但造成"旧式分工"的这些外部特征的最深刻的经济根源在于私有制。正是基于这样的思路，笔者认为只有把"旧式分工"与私有制联系起来，才有可能把握"旧式分工"的内涵和本质。因此，笔者认为"旧式分工"的实质在一个"旧"字上，而这个"旧"字就"旧"在它与私有制相联系，才由此造成了它的自发性、奴役性、对抗性和不平等性。在笔者看来，秦庆武同志对分工的旧有性质的把握是不准确的，他把握的不是旧有性质本身，而是由旧有性质派生出来的"旧式分工"的某种个别形式的外部特征。

第二，由于对"旧式分工"范畴的理解不同，也就导致了笔者与秦文对"旧式分工"范畴外延的理解上的分歧。秦文认为，分工的固定性和谋生性主要体现在主体分工中，即体现在职业分工中，因此，"旧式分工"也就是指职业分工。笔者则认为，自发性、奴役性、对抗性和不平等性是由私有制派生出来的，因此，在私有制条件下，它们不仅存在于职业分工上，而且存在于一切分工形式上。在笔者看来，"旧式分工"范畴概括了私有制下的一切分工形式，既包括私有制下的各种形式的劳动主体或劳动者分工在内，也包括私有制下的各种形式的劳动分工在内。笔者不能同意秦庆武同志把"旧式分工"仅仅看成是劳动主体的分工或劳动者分工的观点，按照这种观点必然地要把私有制下的各种形式的劳动分工排斥在"旧式分工"范畴之外。不错，从工艺学的角度看，劳动分工主要受制于生产力的发展水平，不管社会生产关系的性质如何，随着生产力水平的提高，科学技术的进步，各种劳动分工必然是越来越趋于发达和复杂，即使是在消灭了私有制和劳动者分工的共产主义社会也不例外。但是，秦庆武同志忽略了一点，"旧式分工"作为一种历史暂时性的分工，一方面是由生产力的性质决定的；另一方面也是受一定的社会生产关系的性质制约的。尽管在任何社会经济形态下都有劳动分工存在。然而，由于各个社会经济形态下的社会生产关系的性质并不相同，因此，不同社会经济形态下的劳动分工的社会性质存在着质的区别。在马克思、恩格斯看来，在未来的共产主义社会中，根据生产力发展趋势的必然要求，社会劳动中不仅仍将存在着社会物质生产和精神生产的划分；同时还将存在着社会物质生产内部各领域、各行业、各部门之间的划分和精神生产内部的分门别类；而且各种社会劳动分工还会越来越细，门类日趋复杂。但是，在共产主义社会里，由于消灭了私有制关系，生产资料和社会物质财富受联合起来的社会成员共同占有和控制，社会劳动分工必将失去它的自发性和对抗性的特征，社会将能够根据生产力发展的客观规律和社会全体成员的共同需要，自觉地和自主地控制与调节各种劳动分工的协调发展。总之，共产主义的劳动分工是一种自觉自愿的"新式分工"或"自觉分工"。

三、究竟应如何理解分工与私有制的关系？

在对"旧式分工"范畴的理解上，笔者与秦庆武同志的观点之所以相差甚远，关键恐怕在于对分工与私有制的相互关系有不同的理解。在秦庆武同志看来，"把私有制看作是旧式分工的根源则是本末倒置了"，他认为："私有制存在是旧式分工存在所决定的。私有制并非旧式分工存在的根源，而旧式分工恰恰是私有制产生和存在的基础。"因为"分工的发展取决于生产力的水平，分工发展的结果则'产生了所有制'。分工是活动本身，私有制是'活动的产品'"。而笔者则认为，分工既受生产力的制约，同时也受所有制关系及其性质的制约。把"旧式分工"概括为与私有制相联系的一切分工形式，不仅不是对分工与私有制之间真实关系的颠倒或"本末倒置"，恰恰是坚持了历史辩证法的基本精神。

笔者并不否认，从劳动发展史的角度看，分工表现为私有制产生的原因，私有制表现为分工发展的结果。因为分工是"活动"本身，私有制则是"活动的产品"。但若从既成形态上看，分工与私有制则表现为一种相互作用的双向关系。一方面，私有财产是私有制条件下分工借以实现的条件，分工的关系受到私有财产关系的制约，私有制导致了分工的自发性、对抗性和奴役性；另一方面，分工的自发性、对抗性和奴役性又反转来强化了私有制。对分工与私有制的相互关系，如果不做上述辩证理解的话，那么，我们很难理解下述问题。第一，我们无法理解在原始公有制的条件下，劳动的分工为什么会表现为劳动的协作；为什么同是以大机器工业为基础的工厂内部分工，在资本主义条件下表现为资本与劳动的对抗，而在社会主义条件下表现为劳动的协作。第二，我们也无法理解，在私有制下，有些家庭及其成员为什么终生地甚至世代地从事那些高贵的、荣耀的职业，而另外一些家庭及其成员又为什么只能终生地甚至世代地从事某些卑贱的、屈辱的职业。这既无法从分工本身得到解释，也无法从人的天赋和后天才能的差别中得到解释。因为，人的天赋才能的差别是微不足道的，至于后天的才能差别，它表现为分工的结果，而不是表现为分工的原因。第三，我们还无法理解，马克思、恩格斯在《德意志意识形态》中为什么强调："各个人必须占有现有的生产力总和，这不仅是为了实现他们的自主活动，而且从根本上说也是为了保证自己的生存。"① 并认为，如果不消灭私有制，实现对现有生产力的总和进行占有，个人的活动和发展就仍然不能摆脱有限的生产工具、活动范围和交往形式的强制和束缚。同样也无法理解恩格斯在《共产主义原理》中在谈到消灭"旧式分工"的条件时为什么指出："由社会全体成员组成的共同联合体来共同地和有计划地利用生产力；把生产发展到能够满足所有人的需要的规模；结束牺牲一些人的利益来满足另一些人的需要的状况；彻底消灭阶级和阶级对立；通过消除旧的分工，通过产业教育、变换工种、所有人共同享受大家创造出来的福利，通过城乡的融合，使社会全体成员的才能能得到全面的发展，——这就是废除私有制的主要结果。"②

显然，如果我们撇开了分工与所有制的相互作用关系，仅仅从生产力决定分工、分工决定所有制，对分工与私有制的关系进行单向度的思维与把握的话，那只能得出私有制的扬弃须以"旧式分工"的消灭为前提的结论，而不能得出"旧式分工"的消灭"是废除私有制的最主要的结果"的结论。笔者认为，只有循着经典作家的思路，对生产力、分工、生产关系三者之间的相互关系，既做唯物论的把握，又做历史辩证法的把握，才能正确地理解马克思、恩格斯为什么在把私有制看作是分工的结果的同时，又把消灭私有制看作是扬弃"旧式分工"的必备前提与条件。

四、"旧式分工"范畴到底是一个伦理学范畴，还是一个唯物主义历史观范畴

在对"旧式分工"范畴的把握上，笔者与秦庆武同志的另一个重大

---

① 《马克思恩格斯文集》第 1 卷，人民出版社 2009 年版，第 580、581 页。
② 《马克思恩格斯文集》第 1 卷，人民出版社 2009 年版，第 689 页。

的分歧在于：在秦庆武同志看来，"旧式分工"范畴本身是一个比较抽象的，而且是从道德伦理角度进行评价的概念。而笔者则认为，"旧式分工"范畴是一个十分丰富和具体的范畴，既不仅仅是一个工艺学范畴，也不仅仅是一个伦理学范畴，而更重要的是一个唯物主义历史观范畴。

首先，笔者不能同意把"旧式分工"仅仅看成是一个没有内容的、抽象的范畴。事实上，马克思主义经典作家不仅从来没有对分工作抽象的理解，而且反对任何人对分工作抽象的理解。当蒲鲁东把分工看成是一个永恒的、抽象的范畴时，马克思曾表示过极大的愤慨和无情的嘲笑。马克思在《哲学的贫困》中指出："在蒲鲁东先生看来，分工是一种永恒的规律，是一种单纯而抽象的范畴。所以，抽象、观念、文字等就足以使他说明各个不同历史时代的分工。种姓、行会、工场手工业、大工业必须用一个分字来解释。如果你们首先将'分'字的含义好好加以研究，将来你们就不必再研究每个时代中赋予分工以某种特定性质的诸多影响了。"① 马克思认为，蒲鲁东对分工作这样抽象的理解，未免把问题"看得太简单了"。由此可见，我们很难想象，一贯反对别人对分工作抽象理解的马克思本人却制定了一个抽象的"旧式分工"范畴。

笔者更不能同意把"旧式分工"仅仅看成是一个"对分工从道德伦理方面进行评价的概念"。分工理论发展史表明：对分工现象诉诸道德的审判，这项工作不仅被空想社会主义思想家们所完成，而且即使在重视功利的古典经济学家们那里也已经开始了，马克思在《哲学的贫困》中就向蒲鲁东指出了这一点。诚然，对先前思想家们在分工问题上所作的道德审判，马克思、恩格斯并没有简单的否定，而是采取了扬弃的态度。马克思、恩格斯并不满足于先前思想家们的那种软弱无力的价值谴责与道德愤慨。马克思和恩格斯在谈到"旧式分工"时，使用过诸如"谋生的手段"的劳动、人的片面发展、"奴隶般地服从分工"等这样一些概念或术语，描述过"旧式分工"对劳动主体的损害。但马克思、恩格

---

① 《马克思恩格斯文集》第1卷，人民出版社2009年版，第618页。

斯决不是仅仅满足于"旧式分工"对劳动主体损害的现象描述，更为重要的是，他们总是力图透过人们"奴隶般地服从分工"的事实和现象，揭示出它深刻的经济根源和社会根源。笔者并不否认，马克思、恩格斯在创立"旧式分工"范畴时，有着一定的价值取向和道德评价，但这种价值取向和道德评价是建立在对分工的科学分析和科学评价基础上的。在马克思、恩格斯的分工理论中，价值评价与科学评价是紧密地结合在一起的，决不可能有离开科学评价的单纯价值评价，这正是马克思、恩格斯的分工理论优越于先前思想家们的分工理论的地方。笔者更不否认，在马克思、恩格斯的分工理论中，内在地包含着人的发展问题与人的解放问题。但人的发展问题和人的解放问题，难道纯粹是一个伦理学问题吗？难道不也是马克思主义唯物主义历史观的重要问题，甚至是一个核心问题吗？

笔者认为，"旧式分工"范畴的创立是分工理论发展史上的一个有着巨大意义的革命。由于马克思、恩格斯把私有制下的各种分工形式概括为"旧式分工"，不仅第一次使私有制下的各种分工形式与人类社会初期的"自然分工"和共产主义社会的自觉劳动分工或"新式分工"从质上区别开来了。更重要的是，它鲜明地显示出造成人们"奴隶般地服从分工"的经济根源、社会根源与消灭"旧式分工"的现实途径。如果仅仅把"旧式分工"范畴看作是一个"从道德伦理角度进行评价的概念"，"旧式分工"范畴创立的巨大革命意义便被不公正地一笔抹杀了。

总之，笔者认为，只有站在唯物主义历史观的高度，从生产力和生产关系的辩证发展关系中，才能科学地把握住"旧式分工"范畴的社会性质。

也论"旧式分工"及
"旧式分工"的消灭 *

《哲学研究》1985 年第 6 期刊登的秦庆武
同志《论新技术革命与旧式分工》一文（以下
简称"秦文"），探讨了新技术革命对职业分工
的影响，认为新技术革命的发展将导致职业分
工的消灭。《哲学研究》1985 年第 10 期又刊登
了郝振省同志与秦庆武同志商榷的文章（以下
简称"郝文"），提出了同秦文截然相反的看法，
认为"新技术革命深化了职业分工"。本文也试
图就"旧式分工"的外延与内涵以及新技术革
命对职业分工的影响谈谈自己的看法，并就秦、
郝二文的某些观点提出一些不同的意见，以就
教于秦、郝二同志。

一、"旧式分工"范畴的内涵和
外延究竟是什么?

秦文认为，马克思主义经典作家所讲的"旧
式分工"实质上就是指"社会成员活动固定化的，
劳动成为谋生手段的职业分工"。郝文则认为，

＊ 本文原发表于《哲学研究》1986 年第 8 期。

职业分工并不等同于"旧式分工","职业分工是存在于各个社会形态内劳动者的一般分工",而"旧式分工"只是职业分工的特殊形态,即是指私有制下的职业分工。笔者认为这两种观点都有片面性。

要科学地把握"旧式分工"范畴的内涵,必须正确地理解"旧式分工"范畴制定者本人关于"旧式分工"范畴本质的论述。在《1844年经济学哲学手稿》中,马克思就已指出:"断言分工和交换以私有财产为基础,不外是断言劳动是私有财产的本质。"① 在《德意志意识形态》中,马克思、恩格斯在谈到劳动的个人之间的分工时指出:"这种种细致的分工的相互关系是由农业劳动、工业劳动和商业劳动的使用方式(父权制、奴隶制、等级、阶级)决定的。"还强调指出:"分工和私有制是相等的表达方式,对同一件事情,一个是就活动而言,另一个是就活动的产品而言。"② 上面三段论述明确地告诉我们,私有制既构成分工的本质,同时也决定着分工中的相互关系,分工和私有制讲的是同一件事情,对于私有制来说,分工是它的表现形式;对于分工来说,私有制是它的基础和本质。可见,马克思、恩格斯制定的"旧式分工"范畴,首先是一个历史唯物主义范畴,其着眼点是联系分工的历史具体形态和历史的社会条件,研究各类分工形式所反映的社会关系、分工的社会意义、社会作用及其对人的发展的影响。其次,"旧式分工"范畴主要是相对于共产主义社会的新型分工或自觉自愿的分工而言的。"旧式分工"范畴的实质在一个"旧"字上。此外,"旧式分工"具有历史的性质,是社会生产力有了一定的发展,但又发展得不够的产物,它是一种行将被消灭或将改变其性质的分工。概括地讲,"旧式分工"实质上是指与私有制、商品交换和阶级存在及对抗相联系的各类分工形式。

秦文撇开社会的生产关系和阶级关系对分工的制约,片面强调劳动者的活动性质,并且把"旧式分工"归结为劳动主体的分工,这表明他

---

① 《马克思恩格斯文集》第1卷,人民出版社2009年版,第241页。
② 《马克思恩格斯文集》第1卷,人民出版社2009年版,第536页。

并没有从根本上把握住"旧式分工"范畴内涵的实质。郝文看到了社会生产关系和阶级关系对分工的制约,应该说在这一点上比秦文前进了一步,但他仍把"旧式分工"片面归结为劳动主体的分工,也没有能把握住"旧式分工"范畴内涵的实质。

从马克思主义经典作家对"旧式分工"的有关论述看,"旧式分工"至少包括下列诸种主要形式:

一、作为"旧式分工"最重要形式的脑力劳动和体力劳动的分工。在马克思、恩格斯看来,体脑劳动分工之所以是"真实的分工",根据在于,这种分工虽确是在自然分工的基础上发展起来的,但当它作为一种独立的形态出现时,便从质上与自然分工区别开来。体脑劳动分工,不仅表现为劳动本身的两个本质环节——精神活动和生命活动的分离;还表现在,它是社会整体的分工结构,是把社会总劳动分离为生产者和非生产者的分工。在私有制下,体脑劳动的分工必然会使社会划分为阶级的形式;阶级之间的关系,在一般情况下,大多会成为劳动剥削关系。因此,体脑劳动的分离,同时也表现为劳动的对抗。

二、城市和乡村的分离和对立。经典作家曾说过:"物质劳动和精神劳动的最大的一次分工,就是城市和乡村的分离。城乡之间的对立是随着野蛮向文明的过渡……而开始的,它贯穿着全部文明的历史并一直延续到现在。"① 恩格斯在《反杜林论》中还把城乡分离称为真正的"第一次社会大分工"。恩格斯晚年还肯定了倍倍尔把城乡之间、工农之间的分离称为"旧式分工"的说法②。城乡的分离,造成了人口、生产工具、资本、享乐和需求集中在城市中,造成了乡村生活的孤立性、分散性和愚昧性。同时,在私有制下,城乡的分离还表现在城市对乡村的剥削和统治,表现为城乡的对立。因此,马克思、恩格斯强调,实现共产主义必须消灭城乡的分离与对立,并认为"消灭城乡之间的对立,是共同体

---

① 《马克思恩格斯文集》第 1 卷,人民出版社 2009 年版,第 556 页。

② 马克思、恩格斯:《〈资本论〉通信集》,郭大力译,生活·读书·新知三联书店 2012 年版,第 557 页。

的首要条件之一"①。

三、以商品交换为前提的社会分工。在商品生产和交换的条件下，社会分工的总体联系以商品交换为媒介，社会劳动时间在各生产领域和行业之间的分配由价值规律通过市场自发地调节；对于劳动者个人来说，劳动职业的选择和劳动内容的安排并不服从自己的爱好和意愿，在很大程度上要受到交换价值的强制。这种与商品交换相联系的社会分工必将随着商品经济的消灭而不复存在。

四、资本主义工厂内部的分工形式。这种分工之所以是一种"旧式分工"，是因为，第一，它使脑力劳动与体力劳动的对立达到前所未有的尖锐程度。正如马克思所指出的，"生产过程的智力同体力劳动相分离，智力转化为资本支配劳动的权力，是在以机器为基础的大工业中完成的"②。第二，它以生产资料资本家个人占有为基础，整个生产过程服从资本的意志；生产劳动与管理劳动的分工，变成了生产劳动与管理劳动之间的尖锐对抗。第三，它使完整而独立的劳动过程肢解为许多相互关联的环节，机器表现为劳动的主体，工人反而表现为受机器支配的被动客体。劳动过程对工人来说毫无内容，工人的智力和体力、精神上和肉体上受到严重摧残。

五、使劳动个体的活动范围固定化的职业分工。职业分工的"旧式分工"性质表现在：人们职业的选择是由他对生产资料的占有状况决定的，他是一个工人，还是一个律师，或是一个资本家，这是社会给他规定好的。职业分工限定劳动者的活动范围，固定劳动者的劳动职能，使劳动者的身心发展片面化和畸形。

上述几种分工形式只是"旧式分工"的主要形式，但决非是全部形式。它们既互相联系又互相区别，其联系主要表现在：它们有共同的前提和基础；在内容上存在着互相渗透、彼此包含的现象；在特征上，也

---

① 《马克思恩格斯文集》第 1 卷，人民出版社 2009 年版，第 557 页。
② 《马克思恩格斯文集》第 5 卷，人民出版社 2009 年版，第 418 页。

有某些相似之处。区别则主要表现在：从分工发展史看，它们各自产生的时间顺序有先后之分；从它们各自在整个分工体系中的地位和作用看，也有主次和大小之分；从它们各自的特征看，彼此之间除相似之处外，也有独特之处。看不到它们之间的联系是片面的，而抹杀它们之间的区别也是非辩证的。秦文把"旧式分工"等同于职业分工，这不是犯了扩大职业分工范畴外延的片面性，就是犯了缩小"旧式分工"范畴外延的片面性。郝文把职业分工看成是一般分工，把私有制下的职业分工等同于"旧式分工"，这不仅犯了如秦文相同的片面性，而且还造成了"旧式分工"与职业分工之间的一般和个别关系的颠倒。

二、如何看待"旧式分工"的消灭

秦文与郝文对当前蓬勃发展的新技术革命对职业分工的影响的看法也大相径庭。秦文认为："随着新技术革命引起的职业变换和职业流动，职业分工将会走向消亡。"郝文则认为："新技术革命深化了职业分工。"即使我们抛开对"旧式分工"范畴理解上的分歧不谈，秦、郝二人关于新技术革命对职业分工发展趋势的影响的看法也不能令人苟同。

不可否认，秦文关于职业分工必将消亡的观点有其理论上的根据，然而对消灭职业分工的前提条件的理解则是片面的。秦文撇开生产关系的变革和阶级关系的消灭，仅仅强调作为社会生产力发展的直接表现的新技术革命对职业分工消灭的决定性作用，好像职业分工的发展只取决于社会生产力的发展水平，而与生产关系的性质毫不相干；似乎随着新技术革命的蓬勃发展，职业分工会自然而然地归于消灭，而无需变革旧的生产关系和消灭现存的阶级关系。

在马克思主义经典作家看来，高度发展的社会生产力虽然是消灭职业分工的必要条件，但决不是充分条件。作为"旧式分工"的特殊形式的职业分工的消灭，既有赖于社会生产力和科学技术的高度发展，同时也有赖于旧的私有制关系、阶级关系的彻底消灭。因为，社会生产力的发展水平只能决定职业分工的结构，而不能决定单个的社会成员在社会生产中所处的地位和充当的固定职能。在私有制条件下，对于特殊的社会成员来说，他是一个经理、律师、资本家还是雇佣工人，这是由社会的生产关系决定的。生产力和科学技术的发展只能为消灭包括职业分工在内的"旧式分工"创造物质前提；而不可能直接地导致它的消灭。不管社会生产力的发展水平有多高，新技术革命所产生的力量多么大，只要这种力量还没有消灭旧的私有制生产关系和阶级关系，包括职业分工在内的"旧式分工"不仅不可能消灭，相反地，新技术革命所产生的生产力还会作为资本的力量反过来强化职业分工。如果秦文的观点能够成立，那么，对于"旧式分工"的消灭来说，进行无产阶级革命，变革旧的生产关系就将成为多余的事情。然而，这种观点，无法解释这样一个事实：为什么在资本主义社会，职业分工的发展存在着两种不同的趋势：一方面"大工业的本性决定了劳动的变换、职能的更动和工人的全面流动性。另一方面，大工业在它的资本主义形式上再生产出旧的分工及其固定化的专业"①。

不错，在蓬勃发展的新技术革命的推动下，当代主要发达资本主义国家的职业结构正在发生深刻的变化；也不能否认发达资本主义国家存在着某种程度的职业变换和流动的客观现象。但需要指出和强调的是，职业结构的变化是一种普遍的历史现象，只要社会生产力在发展，职业结构就不可避免地发生变化。然而，职业结构的变化并不等同于职业分工的消灭。也不能认为，当代发达国家中存在着的某种程度的职业变换和流动现象就是新技术革命对"旧式分工""否定的开始"。秦庆武同志没有看到，资本主义制度下的职业流动和职业变换与经典作家预测的未来共产主义社会的职能流动和劳动变换具有完全不同的性质。第一，在资本主义制度下，不管新技术革命多么发展，决不可能造成劳动者职业

①《马克思恩格斯文集》第 5 卷，人民出版社 2009 年版，第 560 页。

的全面流动和变换；第二，在资本主义制度下，劳动者的职业变换和流动，完全服从资本追求和增值剩余价值的需要和强制，完全不具有自觉自愿和自主的性质。对于雇佣工人来说，这种职业的变换和流动不仅不会给他带来幸福和自身的全面发展，反而给他造成了新的束缚和痛苦。

郝文关于当代主要发达资本主义国家，随着"分工的空间越大，职业分工变得愈细密"的观点中包含着某种真理的颗粒，因为郝文毕竟注意到了被秦文所忽略的资本主义社会职业分工发展的另一趋势。但我认为，与其说发达资本主义国家职业分工的强化是新技术革命造成的结果，倒不如说是技术革命的资本主义应用的结果，因为新技术革命就其本性来说，决不可能造成职业分工的强化。笔者不否认新技术革命的发展必然地带来职业的分化和深化，但是，职业分化和深化与职业分工并不是一回事：在经典作家的著作中，职业分化是指劳动分工而言的，而职业分工是指劳动者的分工而言的。职业的分化与职业的分工并不必然地存在着逻辑上的对应联系，如果认为新技术革命越发展，职业分工越强化，显然有悖于马克思关于"大工业的本性决定了劳动的变换、职能的更动和工人的全面流动性"的思想。

至于郝文谈到共产主义社会仍将存在着职业分工的观点，笔者认为更是值得商榷。这种观点在很大程度上是根源于他对职业分工的特征和历史作用的理解。因为，郝振省同志认为，"职业分工一开始就包含着发展自身的内容即自我选择的因素，并且随着历史不可遏止地前进，自我选择的因素不断增强"，"职业分工既是存身之本，又是发展根据"，因此，在他看来"即使到了共产主义，人们的选择虽有完全的自由，但却不能没有职业"。这种说法，笔者确实不敢苟同。因为很难想象，人们在职业选择和活动内容的安排上存在着自我选择的可能性的条件下，有谁还愿意去终生地从事某种唯一固定的职业；更难相信，奴隶、农奴、雇佣工人的职业是出于他们自愿选择的结果。事实上，原始社会中猎人、渔人和牧人之分是自然条件的强制的结果，奴隶社会的艺术家和革命时期的职业革命家也是社会的历史条件造成的。唯其如此，才可以真正解释原始社会中的猎人为什么出现在山区，渔人出现于有河流的地方，牧人出现在沙漠与草原地区，艺术家出现在奴隶主阶级中，职业革命家出现在革命时期。职业分工有两个最根本的特性，一是自发性（或曰强制性）、非自觉自愿和非自主性；二是固定性。一旦人们有可能按照自己的意愿选择活动内容和进行劳动变换、职能更动和人本身的全面流动时，职业分工便不可能存在。不可否认，职业分工包含着发展自身的内容，但更应该看到，职业分工限定劳动者的活动范围，固定劳动者的劳动职能，这种发展带有片面化和畸形的性质，因此，职业分工以否定人的方式肯定着人的同时，也以肯定着人的方式否定着人。

郝振省同志之所以认为共产主义社会仍将存在着职业分工，还在于他把职业分工和劳动者在某个知识、艺术和活动领域的专业混为一谈了。我们不否认，在未来的共产主义社会中，从事各种活动的劳动者之间由于性别、年龄、天赋的自然差别不可避免地会存在着某些能力的差别；也不认为，共产主义社会的人们个个都是万能博士，没有自己喜爱的专业。需要指出的是，在共产主义社会里，由于社会生产力和社会财富受联合起来的个人共同控制，因此，人们在选择自己的专业和安排自己的活动时具有自觉自愿的和自主的性质，而不会受到任何外部的强制；同时，由于共产主义社会的人们具有渊博的知识和全面发展的能力，因而有可能按照自己的愿望和社会需要改变各种活动形式。在共产主义社会里"每一个人都不会离开特殊的活动范围，每一个人都能在任何劳动部门发展自己"。每一个人都有自己的专业，但每一个人将不再作为"只承担一种社会局部职能的局部个人"即作为诸如律师、工程师、工人、农民等具有特殊的职业身份的个人而存在，这就是问题的实质。

关于生产力自身尺度的几个问题 *

一

作为唯物史观分析社会结构，把握生产关系与上层建筑是否合理的基本坐标系；作为一定历史阶段的人们确定自己所处的历史方位的坐标；作为检验人们的认识（其中主要是指理论、观念、纲领、路线、方针、政策）是否正确的标准；作为评价人们的社会实践以及社会现象是否合理的准绳的生产力，其本身的发展也必须是可以得到准确衡量与测度的，否则它就不能作为检验与评价社会历史发展、人们的认识与实践、社会生活与社会现象的标准。因为一个本身无法得到测度与衡量的东西，是决不可能成为检验和评价他物的手段的。正如黄金如果本身不具有价值或它的价值无法得到测度的话，它就不能在商品流通中充当衡量其他商品价值的尺度一样。

生产力的发展是快还是慢，究竟以什么为标志，以什么作为衡量与测度的尺度？对这个问题的解决，是回答是"否有利于生产力发展"

＊　本文原发表于《淮北煤炭师范学院学报》1997 年第 2 期。

这一问题的必要条件是生产力标准赖以确立并能实际操作的前提与基础。如果人们不首先确立生产力的自身尺度，那么，生产力标准就会因在实践中无法操作而失去它的意义。

然而，近几年有关生产力自身尺度的探讨表明，要科学地确立衡量与测度生产力发展的尺度，首先必须对生产力的本质做正确的理解，对生产力的内涵与外延进行科学的界定。

关于什么是生产力的问题？马克思主义经典作家虽然没有为我们留下教科书式的定义，但为我们留下了许多经典性的论述。在《德意志意识形态》和《致巴·瓦·安年柯夫的信》中，马克思、恩格斯曾首先把生产力说成是遗留下来的一种既得的力量。尤其是在《德意志意识形态》一书中，马克思、恩格斯极其明确地把生产力与生产工具相提并论，并常常在相同的意义上将二者替换使用，有时从生产力出发去考察所有制的变更，有时又从生产工具出发去考察所有制的变更。在《哲学的贫困》一书中，马克思除了继续把生产力称为遗留下来的既得的力量之外，还把生产力称之为"文明的果实"。这种"既得的力量"和"文明的果实"，究竟是指谓的什么呢？为了不至于引起人们的误解，马克思写下了一段人们熟知的名言："手推磨产生的是封建主的社会，蒸汽磨产生的是工业资本家的社会。"[①] 很明显，这种"既得的力量"和"文明的果实"是指生产工具。在《共产党宣言》中，马克思、恩格斯也把生产力说成是生产手段和交换手段。马克思在《1857—1858年经济学手稿》中谈到生产力概念时，则在后面的括号中注明"生产资料"。依据马克思主义经典作家的上述论述，不难看出，作为历史唯物主义基石的生产力范畴本质上是以劳动资料或生产工具进行界说的。如果我们要给生产力范畴下一个学理性的定义的话，则可以把生产力看成是由人们的生产活动或劳动所创造的物化或对象化在劳动资料（主要是指劳动工具）中的一种征服和抗衡自然界的物质性力量。

---

① 《马克思恩格斯文集》第1卷，人民出版社2009年版，第602页。

根据笔者对马克思历史观中的生产力范畴的上述理解，既然在马克思主义经典作家的著作中，生产力是以劳动资料或生产工具进行界说的，我们也就有充分的理由认为，劳动资料或生产工具是衡量与测度生产力发展的唯一科学与合理的尺度。每一特定时代的生产力的性质与水平只有通过该时代的生产工具的发展水平才能鲜明地反映出来。

　　劳动资料或生产工具之所以是衡量与测度生产力发展水平的唯一尺度，深刻的理由则在于：

　　其一，劳动资料或生产工具是人类劳动力的测量器。在马克思主义历史观的视野里，劳动资料在其实体形态上，虽然具有物的外观，但就其内在本质上，与一般自然物又有着根本的区别。劳动资料这种物不是一种外在于人的天赐自然物，与人的活动毫无关系的物，而是一种经过了人类劳动滤过了的物，是一种打上了人的印迹的人化自然物。因为"自然界没有制造出任何机器，没有制造出机车、铁路、电报、走绽精纺机等等。它们是人类劳动的产物，变成了人类意志驾驭自然的器官或人类在自然界活动的器官的自然物质。他们是人类的手创造出来的人类头脑的器官；是物化的知识力量"①。这种人化自然物从外观上看，表现为机器的物理的、化学的属性，从本质上看，却是人的本质力量的对象化、物化和积极展现。"工业的历史和工业的已经产生的对象性的存在，是一本打开了的关于人的本质力量的书。"②这就是马克思主义的历史观对劳动资料与劳动工具的深刻把握与理解。

　　劳动资料或生产工具不仅是人的自由自觉活动与活动对象之间的传导器，更为重要的是，它本身就是人的本质力量发展的测量器。因为"人的劳动能力的发展特别表现在劳动资料或者说生产工具的发展上"③。因此，当我们说劳动资料或生产工具是测度生产力发展的客观尺度时，实际上是说劳动资料或生产工具是衡量人的劳动能力或人的本质

---

① 《马克思恩格斯全集》第46卷（下），人民出版社1979年版，第219页。
② 《马克思恩格斯文集》第1卷，人民出版社2009年版，第192页。
③ 《马克思恩格斯全集》第32卷，人民出版社1998年版，第62页。

力量发展的尺度。生产力在实质上是人的本质力量的对象化，而人的本质力量的对象化具体地体现在劳动资料或生产工具的发展上。人类通过自己的活动与智慧创造出劳动工具，劳动工具则以自身的发展及其威力展现着人类劳动能力的发展。在过去的生产力标准的讨论中，我们经常听到有人大声疾呼，评价生产的发展不能见物不见人，不能仅仅以物的发展为坐标，而应当主要以人的发展为坐标。这种观点似乎很有道理，也的确与人们过去对生产力范畴的传统理解相吻合。在人们过去的理解中，生产力无非包括两个因素，一个是人的因素，一个是物的因素，而在上述两个因素中，人的因素是一个决定性的因素。因为生产工具既是由人创造的，也要由人去掌握与使用。然而，循着马克思"实践的唯物主义"的思路，上述观点其实是一种缺乏深刻性的表现。按照马克思"实践的唯物主义"历史观的思想，对生产力本质的把握不能诉诸简单的思维直观，而必须从主体与客体的辩证统一上去进行把握。在人与劳动资料或生产工具的关系上，既不能离开人及其活动去直观劳动资料，也不能离开劳动资料的发展去直观人的发展。离开人及其活动去直观劳动资料，劳动资料只不过是表现为一种与原始自然物没有本质性区别的僵死物；离开劳动资料的发展去直观人的发展，人的本质力量便是一个无法确证和测度的空洞性的抽象物。生产力当然始终是主体的生产力，但人的能力必须物化或对象化为生产工具才是现实的生产力，以主观形式存在的非对象化的劳动能力只能是一种潜在的生产力，而不是现实的生产力。

其二，劳动资料或生产工具是社会关系的指示器。在《资本论》第1卷中，马克思曾经写道："各种经济时代的区别，不在于生产什么，而在于怎样生产，用什么劳动资料生产，劳动资料不仅是人类劳动力发展的测量器，而且是劳动借以进行的社会关系的指示器。"[①] 在唯物主义历史观的视野里，劳动工具的不断分化与革新，不可避免地要导致人的劳

---

① 《马克思恩格斯文集》第 5 卷，人民出版社 2009 年版，第 210 页。

动方式的不断变革；而人的劳动方式的不断变革，也必然导致人们的社会关系的不断变革。这是一个必然性的规律与历史进程。"劳动工具由简单的工具，工具的积累，合成的工具；仅仅由人作为动力，即由人推动合成工具，由自然力推动这些工具；机器；有一个发动机的机器体；有自动发动机的机器体系"①的发展史，既是人类智慧与能力，即人的本质的发展史的对象化显现，也是人类社会关系历史演进阶梯上所出现的不同形式的必然性基础。因此，在马克思历史观的视野里，正如同动物的残余骨骼对于研究灭绝了的物种有价值一样，劳动工具的"残余片断"对于判断人类各种"过去的社会经济构造"也具有极其重要的价值；而且劳动资料的现实形态也是人们把握自身所处的现实的社会经济构造的一条线索。

二

在探讨生产力及其自身的尺度问题时，我们还需澄清以下两个极其重要的问题：

首先，应把潜在的生产力与现实的物质生产力区分开来。在近年来的生产力与生产力标准的讨论中，有一种似应引起人们特别加以关注与纠正的倾向，即人们对生产力范畴内涵与外延的理解似乎有一种越来越扩大化与精神化的趋势。人们不仅把劳动对象、管理等直接纳入生产过程，作为生产要素存在的东西纳入生产力范畴；而且还把科学、教育、信息、社会制度、自然环境等因素也纳入到生产力范畴；更有甚者，有人还提出"文学是生产力""艺术是生产力"，就差有人说宗教也是生产力了。生产力范畴好像是一个大口袋，一切与生产力的发展有直接与间接联系的因素似乎都可装进这个大口袋。这实际上是把潜在的生产力与

---

① 《马克思恩格斯文集》第 1 卷，人民出版社 2009 年版，第 626 页。

现实的生产力混为一谈了。诚然，劳动对象、管理、科学、教育、信息、社会制度、自然环境等因素都对生产力的发展具有程度不同的意义与作用，但它们本身并不是生产力本身，充其量只是一种潜在的生产力，从潜在的生产力转变为现实的生产力还需要一系列的中介条件。例如，科学对生产力发展的促进作用是极为显著的，在现代社会中还可以把它看成是促进生产力发展的第一推动力，但科学理论本身并不是现实的生产力，科学转变成生产力就必须将科学理论对象化与物化，再好的科学理论如果不经过一定的中介环节加以对象化，就只能是一种潜在的生产力，而不是一种现实的生产力。将生产力范畴的内涵做任意的诠释，将外延做任意地外推或扩大化与精神化的理解，不仅有可能导致唯物主义历史观的瓦解与完结，而且还会使生产力成为无法把握与测度的东西。

其次，必须把生产力本身与生产力的实现和发挥区分开来。在生产力标准的讨论中，一种有代表性的意见认为，生产力即是劳动生产力。因此，生产力的尺度只能在生产力实现的过程中，这就是"劳动生产率"。笔者认为，把劳动生产力看成是生产力的尺度的观点是不能成立的。在马克思主义经典作家的著作中，生产力范畴与劳动生产力范畴是两个既有联系又有区别的概念，生产力是由人们的生产活动或劳动的历史过程中形成的，是人的本质力量对象化或物化在劳动资料中的一种征服与抗衡外部自然界的物质力量。而劳动生产力即是指劳动生产率，它表现为人们在劳动过程中单位时间内的劳动效率。虽然，劳动生产率的高低主要是由生产力决定的，使用手工具生产与使用机器生产，其劳动效率的不同是显而易见的，但二者之间并不是完全等价的，不能在物质生产力与劳动生产力之间简单地画等号。劳动生产力至多只能看成是物质生产力发挥或实现的程度，但不是衡量生产力本身的绝对尺度。因为生产力转化为劳动生产率并不是无条件的，而是必须经过一系列的中介环节并具备一定的前提条件。生产力可能被正常的、充分的发挥与实现，但也可能没有被充分的发挥与实现。但没有发挥与实现出来的生产力仍然是一种生产力，并不等于不存在。一台机器，按设计本身在一天中具有生产一百件产品的能力，但由于某些其他的原因，实际上只生产出 60 件产品，人们能否用它实际生产的 60 件产品的效率去衡量这台机器本身所具有的生产能力呢？显然不能。因为"劳动生产力是由多种情况决定的，其中包括：工人的平均熟练程度，科学的发展水平和它在工艺上应用的程度，生产过程的社会结合，生产资料的规模和效能，以及自然条件"①。

---

① 《马克思恩格斯文集》第 5 卷，人民出版社 2009 年版，第 53 页。

生产力标准三议 *

一

对生产力标准可以从各个不同的层次与角度进行把握。由于人们思考问题的角度不同，对生产力标准含义的理解自然就难免产生分歧。有人认为，生产力标准是评价客体的标准；有人认为，生产力标准是检验一切政策和工作的标准。此处，笔者无意就有关生产力标准含义的各种现存理解进行一一评价，仅从唯物主义历史观的角度对生产力标准的基本含义试作初步的界说。

如果站在唯物主义历史观的高度来把握生产力标准的话，那么生产力标准显然应包括这些基本的含义。

第一，生产力标准是唯物史观分析社会结构，把握生产关系与上层建筑的基本坐标系。一方面，生产力是社会结构的最深刻的基础，生产力的性质和发展水平决定和支配着社会结构中其他的社会因素，并且规定着社会结构形式的实质内容和基本特征。因此，当人们透过一定时代的生产力发展的性质与水平，就有可能找到一个把

* 本文原发表于《湖北社会科学》1988 年第 11 期。

握该时代的社会生产关系与上层建筑特质的坐标。离开了生产力这个基本的坐标，人们不但难以准确地判断与把握一定时代的生产关系与上层建筑的特质；更难以对具体的生产关系与上层建筑的特质做出科学的说明。另一方面，生产力标准也是唯物史观评价生产关系、上层建筑、社会制度（包括社会的经济、政治、文化制度）及其具体体制进步与否的最高准绳。生产关系也好，上层建筑也好，社会制度也好，都具有历史的性质。历史上每一种特定的生产关系和上层建筑或社会制度都要经历一个从进步到落伍的转化过程，都有一个是否合理的问题。那么如何判断特定的生产力与生产关系或社会制度是否进步与合理呢？根本的标准只有一个，这就是看生产关系、上层建筑或社会制度是否能促进生产力的发展。凡是有利于生产力发展的，就具有进步、合理的性质。反之，那些不利于生产力发展的，甚至阻碍生产力发展的生产关系和上层建筑或社会制度，无论是滞后的还是超前的，都不具有进步与合理的性质。

第二，生产力标准也是一定历史阶段的人们确定自己所处的历史方位的坐标。一个社会究竟处在人类历史发展的哪一阶梯，它是否已经超越或能否超越某一历史发展阶段，这对于特定历史阶段的人们来说，具有头等重要的意义。只有准确地判断出自己所处的历史方位，才能清醒地确定自己的前进方向与奋斗目标，对自己的实践活动进行自觉的控制与调整，避免盲目性。然而，人们应建立一个什么样的坐标系来准确地确定自己所处的历史方位呢？问题的关键即在于此。唯物主义历史观为人们提供了一个坐标，这个坐标就是生产力发展的性质与水平。按照唯物主义历史观的思路，把社会发展的历史区分为不同阶段的根本原因与标准是生产力发展的性质与水平，生产力发展的性质与水平决定着社会发展的性质与水平。在马克思主义经典作家的视野里，不仅如同动物的残余骨骼对于研究灭绝了的物种有价值一样，劳动工具的"残余片断"对于人们判断人类各种"过去的社会经济构造"也具有极其重要的价值；而且劳动资料的现实形态也是人们把握自身所处的现实的社会经济构造的一条线索。

第三，生产力标准也是检验人们的认识（其中主要是指理论、观念、纲领、路线、方针、政策）的标准。当然生产力作为人们认识的检验标准，主要不是着眼于人们的认识是否符合实际的方面，而是着眼于人们认识的社会作用方面，即它的后果是否有于社会的进步。一种理论，一种观念，一个政党的纲领、路线、方针、政策是否合理，既不在于它能在经典作家的著作中找到多少论据，也不在于它能在多大程度上符合人们的理想与道德目标，更不在于它是否符合某个政治权威的言论或指示，关键在于它是否有利于促进生产力的发展。理论、观念的是否合理必须由生产力标准去裁决；纲领、路线、方针、政策是否合理也必须由生产力的发展去检验。当理论、观念、纲领、路线、方针、政策与生产力发生矛盾时，应该加以修正或抛弃的是前者，而决不能为了某些抽象的原则与空想的模式而置生产力的发展于不顾。

第四，生产力标准还是评价人们社会实践的标准。生产力标准既是评价人们的革命、建设、改革以及各项具体工作的标准，也是评价人们的社会政治生活、文化生活和道德生活的标准。人们的革命、建设、改革与各项具体工作成功与否，有没有进步的意义，最主要地还是要看究竟是促进了生产力发展，还是阻碍了生产力的发展？凡是有利于生产力发展的实践或行为，就具有进步的意义，就应坚决地予以肯定。反之，就应予以否定，并以生产力标准为准绳予以校正。诚然，像诸如社会的政治生活、文化生活、道德生活等领域的发展并不是直接由生产力的发展决定的。对这些领域的进步，不能简单地用生产力标准直接衡量，但这些领域的发展归根到底要受到生产力发展水平的制约。社会的政治生活、文化生活、道德生活诸领域的工作归根到底也要为生产力的发展服务。因此，评价社会的政治生活、文化生活、道德生活进步与否，最终还是要用生产力标准去衡量。

概括地讲，生产力标准既是唯物主义历史观把握与评价社会历史发展的基本坐标系，也是评价人们的认识与实践、社会生活与社会现象的基本坐标系。

二

对生产力标准的基本含义作了上述界说之后，还必须进一步地回答这样一个更深层的问题：即生产力何以能成为人们把握社会历史发展的坐标呢？又何以能成为检验、评价人们的认识和实践、社会生活与社会现象的标准呢？

在唯物主义历史观的视野里，生产力之所以能成为人们把握社会历史发展的基本坐标，是检验、评价人们的认识与实践、社会生活与社会现象的标准，首要的原因在于：生产力本身具有体现社会进步的现实品格，生产力的发展是社会进步的最高标准。一个本身不具有体现社会进步品格的东西，是决不会成为评价和检验他物是否进步的标准的。

一方面，生产力的发展是社会进步的最高历史尺度。

一部生产力的发展史，也就是一部广义的文化史，一部伟大的人类文明史。生产力的发展标志着人类文明的进展。当人们促进着生产力发展时，实际上也就是在创造着自己的文化，推动着人类文明的繁荣。

一部生产力的发展史，也就是一部社会结构从低级到高级的演变史。诚然，生产力的发展与社会结构的演变不能简单的画等号，但从社会发展的动力角度看，生产力毕竟是人类社会发展的最高动因。正是由于生产力的发展，人类历史才从一种社会生活结构发展到另一种更高级的结构。马克思在《哲学的贫困》中写道："随着新生产力的获得，人们改变自己的生产方式，随着生产方式即谋生的方式的改变，人们也就改变自己的一切社会关系。"① "手推磨产生的是封建主的社会，蒸汽磨产生的是工业资本家的社会。"② 在《资本论》第 1 卷中，马克思同样写道："各种经济时代的区别，不在于生产什么，而在于怎样生产，用什

---

① 《马克思恩格斯文集》第 1 卷，人民出版社 2009 年版，第 602 页。
② 《马克思恩格斯文集》第 1 卷，人民出版社 2009 年版，第 602 页。

么劳动资料生产。劳动资料不仅是人类劳动力发展的测量器，而且是劳动借以进行的社会关系的指示器。"① 如果人们的眼光不是停留在历史的某一瞬间，也不去纠缠各民族历史发展的某些差别，而是站在人类历史发展的高度上，从一个广阔的历史跨度去统揽社会历史发展的全局或反观人类社会的历史发展的话，那么呈现在人们面前的社会结构演变史必然表现为从低级到高级的阶梯发展形态。生产力的发展→生产方式的发展→生产关系、社会结构的发展或演变，这就是社会历史发展规律的基本图式或真实链条。

另一方面，生产力的发展同时又是社会进步的价值尺度。

生产力作为社会进步的价值尺度，首先表现在：生产力作为人类与自然界从事物质、能量和信息交换的手段，作为人们谋取物质资料的一种物质力量，它的发展必然地伴随着社会物质财富的增长，标志着人类整体的物质生活条件或慢或快地改善。

生产力作为社会进步的价值尺度，还表现在：生产力的发展既是人类追求解放的结果，是"人类文明的果实"。同时又是人类永不满足地追求自身解放的一种手段。生产力发展的性质与水平标志着人类获得解放的程度。生产力发展的每一进展或革命，实际上就是主体的人抗衡与征服外部自然力量的新扩张，标志着人在自然界面前的主体地位的加强和自由度的扩大，归根到底也是人在与外部自然的斗争中争得的一次解放。人类正是通过永无止境的追求着自身解放的过程中，促进着生产力的发展，又在生产力的永无止境的发展中，从外部自然界的必然性中逐步获得解放的。生产力的发展史本质上是一部人从自然界中争得自由与解放的历史。

生产力的发展也是人类从社会关系中不断获得解放的途径与手段。马克思曾经指出：为了不致丧失已经取得的成果，为了不致失掉文明的果实，人们在他们的交往方式不再适合于既得的生产力时，就不得不改

----

① 《马克思恩格斯文集》第 5 卷，人民出版社 2009 年版，第 210 页。

变他们继承下来的社会形式。在唯物主义历史观看来，生产力与社会形式的冲突，同时也是人与社会形式之间的一种价值冲突。因为在生产力与交往形式或个人活动与交往形式相适应或相协调的情况下，交往形式的性质在一定程度上是符合个人的个性发展的；反之，交往形式对于个人就成了一种外在的、偶然的东西。因此，改变过时的交往形式或社会形式使之适应于生产力的发展，这不仅是历史发展的必然规律，而且也是作为历史主体的人的一种内在的价值要求。正是在"已成为桎梏的旧交往形式被适应于比较发达的生产力，因而也适应于更进步的个人自主活动方式的新交往形式所代替"① 的历史发展过程中，人类逐步争得自身的社会解放。

生产力的发展也是人类获得劳动解放的途径与手段。劳动工具的不断分化和发展，不可避免地要导致人的劳动方式的不断变革；而人的劳动方式的不断变革，即是人的劳动不断获得解放的显著标志。"劳动工具由简单的工具，工具的积累，合成的工具；仅仅由人作为动力，即由人推动合成的工具，由自然力推动这些工具；机器；有一个发动机的机器体系；有自动发动机的机器体系"② 的发展史，也就是人从劳动过程中逐步得到解放的历史进程。

更为重要的是，生产力的发展对于人的价值，不仅仅表现在手段上，而且直接就是目的本身。生产力虽然具有物的外观，但又不是一种外在于人的纯粹自然物，在本质上是人的对象性活动的结果，是人的本质力量的对象化。发展生产力之所以表现为人的目的本身，因为"为生产而生产，不外是指人类生产力的发展，从而不外是指人类天性的财富以自身为目的的发展"③。如果我们不是用直观的、纯客体的眼光去看生产力，而是从主体的眼光或人的眼光去辩证地把握生产力的话，那么，生产力的发展过程就是人的主体潜能得到不断地唤醒、发挥和创造，主

---

① 《马克思恩格斯文集》第 1 卷，人民出版社 2009 年版，第 575、576 页。
② 《马克思恩格斯文集》第 1 卷，人民出版社 2009 年版，第 626 页。
③ 《马克思剩余价值学说史》第 2 卷，人民出版社 1978 年版，第 121 页。

体的素质得到不断地发展和提高，主体的个性得到逐步丰富和完满的过程。生产力的发展既是对人自身的一种肯定，也是人的本质力量发展的一种确认和主体价值的实现。

三

诚然，生产力标准本来是马克思主义的一条最基本的原理，是唯物主义历史观的一个最根本的观点。遗憾的是，这个最基本的原理与最根本的观点长期被误解、甚至歪曲和阉割。开展生产力标准大讨论，重申生产力标准，从理论的视角看，这无疑有助于人们对唯物主义历史观乃至整个马克思主义思想体系的准确把握；有助于理论领域的拨乱反正和已被损害了的马克思主义名誉的恢复。

需要特别强调的是，当前的生产力标准的大讨论，其目的并不仅仅是为了维护马克思主义的纯洁性，更主要地是针对当代中国的实际生活而发的，是为了解决实践问题的。因此，开展生产力标准的讨论，重申生产力标准的意义，与其说主要在它的理论方面，不如说主要在它的实践方面。

在当前的情况下讨论生产力标准，有助于我们进一步加深对党在新时期基本路线与社会主义初级阶段理论的理解与把握。党的十一届三中全会坚决地抛弃了"以阶级斗争为纲"的"左"倾错误路线，实现了党的工作中心与战略重点的转移，把发展生产力作为党在新时期的主要任务和基本路线。党的十三大又提出了我国仍处在社会主义初级阶段的科学论断。党在新时期的基本路线也好，社会主义初级阶段论也好，其理论的根本依据与基石都是历史唯物主义的生产力标准。因此，把握了生产力标准就意味着把握了党在新时期的基本路线与社会主义初级阶段论的实质。

开展生产力标准大讨论，重申生产力标准，也有助于进一步深化社会主义初级阶段的改革。生产力标准是社会主义初级阶段进行改革与指导改革的一条基本思路。一方面，发展生产力是社会主义初级阶段改革的根本目标与根本任务。尽管当代中国的经济体制与政治体制改革所要达到的目标是多方面的，所面临的任务也是多方面的。但是，在这些目标与任务中，最根本的目标与任务都是发展生产力，其他的目标或任务必须服从发展生产力这个中心目标，并为这个中心目标与任务创造条件。在生产力与当代中国改革的相互关系中，生产力始终是旋转的轴心，它规定着一切改革的基本方向。在社会主义初级阶段中，离开发展生产力这个主旋律去谈社会主义改革就难免使改革迷失方向。另一方面，开展生产力标准大讨论，有利于我们分清改革过程中的是非，当代中国的经济体制与政治体制改革是一项极其复杂的系统工程，是一项伟大的探索活动。在改革中，我们既没有现成的成功经验可以借鉴，更没有某种现成的模式可以仿效，全靠在改革的实践中摸索。因此，在改革的过程中难免出现不同意见的争论，甚至是冲突与对抗。那么，如何澄清改革中的是与非呢？这就要靠生产力标准。改革的思路与方向是否对头，改革的成功与否，评价的尺度既不是某些抽象的理论原则，更不是理想的道德模式，最高的尺度是生产力：凡是能促进生产力发展的改革，不管它是否与传统的理论原则或道德模式相抵触，都应该受到肯定与鼓励。

开展生产力标准大讨论，还是当前发展商品经济与扩大对外开放的一个不可或缺的环节。中国曾经是一个闭锁的大国，同时也是一个商品经济极不发达的国家，在要不要发展商品经济与对外开放等问题上，我们曾有过严重的挫折与失误。痛苦的反思与严峻的现实虽然使大多数人认识到：商品经济是一个不可逾越的阶段，以及搞商品经济离不开对外开放的道理。然而，在发展商品经济与对外开放的现实过程中，人们仍然胆子不大，步子不快，瞻前顾后，畏首畏尾。究其原因，一方面固然是因传统与习惯的束缚，但更重要的则在于人们的心理障碍，在于人们常常受到诸如道德的进步与退步、姓"社"还是姓"资"等类问题的困扰。

开展生产力标准大讨论，将有益于我们在发展社会主义商品经济与对外开放的过程中，解放思想，开阔思路，克服姓"社"还是姓"资"等一类心理障碍的纠缠。

马克思历史观视野中的生产力、
生产关系及其矛盾运动 *

　　什么是生产力？生产力以什么样的形态存在，其发展的标志是什么？生产力的本质应如何理解？传统的马克思主义哲学教科书对马克思主义生产力理论的理解与阐释，有着不少的存疑与误读。从马克思主义经典作家的论述中，可以得出劳动资料或生产资料、生产工具即为马克思历史观视野中的生产力的结论。生产关系相对于活动着的人们来说，不是别的什么东西，它"不过是他们的物质的和个体的活动所借以实现的必然形式罢了"。将生产力理解成人的生产实践活动的结果与人的本质力量的对象化，将生产关系理解成人的"自主活动形式"，那么生产力与生产关系的关系即是人的物质生产活动与人的"自主活动形式"的关系，生产力与生产关系的矛盾本质上表现为物质生产活动与"自主活动形式"的矛盾。

---

*　本文原发表于《江海学刊》2005 年第 6 期。

一

生产力作为推动社会历史发展的基础性因素，在马克思唯物主义历史观逻辑系统的构架中具有基础性的地位，这应该是一个无可怀疑的共识。然而，什么是生产力？生产力以什么样的形态存在，其发展的标志是什么？生产力的本质应如何理解？将版本众多的马克思主义哲学教科书与马克思主义创始人的有关论述进行细心的研读与对照辨析，人们也许会发现，传统的马克思主义哲学教科书对马克思主义生产力理论的理解与阐释，有着不少的存疑与误读。

什么是生产力？传统的马克思主义哲学教科书将之界定为："生产力就是人们在劳动生产过程形成的解决社会和自然之间矛盾的实际能力，是改造自然和影响自然并使它适应社会需要的物质力量。""它由劳动资料（以生产工具为主）、劳动对象和劳动者等三个要素所构成。"①到目前为止，几乎所有的马克思主义哲学教科书都在沿用这一似乎是"经典性"的界定。然而，仅就这一界说本身看，也存在难以令人信服与自我圆融的疑点。其一，这种界说一方面将生产力指认为人们解决社会和自然之间矛盾的实际能力，这种能力是一种既得的物质力量，它存在于劳动力、生产资料与劳动对象三者之中并通过三者体现出来，那么，我们不妨做如下追问，人的能力是否能无可怀疑地视作是一种既得的物质力量？劳动对象，尤其是那些天然生成的劳动对象又何以构成人的能力的部分？我们不否定劳动对象的优劣对人的劳动效率有着不可忽视的影响，但它本身并不构成人的能力的一个内在因素。其二，将马克思关于劳动过程的三要素直接地视为生产力的三要素，不仅在思维逻辑运行的规则上缺乏令人信服的自足性，给人们一种牵强附会之嫌；而且将人们的生产力所指向的劳动对象纳入到生产力本身，会不会导致一种

---

① 肖前、李秀林主编：《历史唯物主义原理》，人民出版社 1983 年版，第 84、85 页。

难以圆融的自相矛盾。其三，劳动力、劳动资料、劳动对象三者并列为生产力系统的三个要素，那么谁是生产力的主体？人作为生产力的主体地位何在呢？也许人们会说，在生产力的传统界说中，人们并没有赋予上述三者以平等的地位与相同的重要性，而是强调了劳动力相对于劳动资料与劳动对象的重要性。然而，这样的申说，对于上述的追问是毫无意义的，因为人作为生产力的主体不是由他的重要性而加以确立的，而是在一定的具有对象性的主客体关系中加以确定的。在要素论的维度中，劳动力相对于其他两个因素无论具有多么高的地位与多么大的重要性，人的主体地位仍然被消解了。

生产力的传统界说不仅存在着上述逻辑上的疑点，也与马克思主义经典作家有关生产力的论述相背离。在关于生产力是什么的问题上，马克思主义经典作家虽然没有为我们留下一个有关生产力的教科书式的定义，但为我们留下了足够我们明白生产力究竟指向的是什么的许多论述。在《德意志意识形态》中，马克思、恩格斯在谈到生产力时曾写下过如下的两段话："一定的生产方式或一定的工业阶段始终是与一定的共同活动方式或一定的社会阶段联系着的，而这种共同活动方式本身就是'生产力'。"[1]"生产力与交往形式的关系就是交往形式与个人的行动或活动的关系。"[2] 从上述话语的内在逻辑看，马克思、恩格斯视野里的生产力范畴最初指向的是人们的个人活动与共同活动方式。但在《德意志意识形态》以后的著作中，马克思主义经典作家在谈到生产力范畴时，更多地指向生产资料。1846 年，马克思在《致巴·瓦·安年柯夫的信》中谈到生产力时曾写下过如下的一段著名的话语："人们不能自由选择自己的生产力——这是他们的全部历史的基础，因为任何生产力都是一种既得的力量，是以往的活动的产物。可见，生产力是人们应用能力的结果……"[3] 很显然，在马克思历史观的视野里，生产力是一种

---

[1] 《马克思恩格斯文集》第 1 卷，人民出版社 2009 年版，第 532、533 页。

[2] 《马克思恩格斯文集》第 1 卷，人民出版社 2009 年版，第 575 页。

[3] 《马克思恩格斯文集》第 10 卷，人民出版社 2009 年版，第 43 页。

"既得的力量"，是"以往活动的结果""人们的实践能力的结果"。这种
"既得的力量"以什么样的方式存在呢？以劳动资料，更准确些说是以
生产资料的方式存在。一个有说服力的证据是，在《〈政治经济学批判〉
序言》中，马克思在生产力的后面曾明确地注明为"生产资料"。将生
产资料认定为生产力的存在方式，还可以从马克思的下述系列论断中
获得支持："手推磨产生的是封建为首的社会，蒸汽磨产生的是工业资
本家为首的社会。"①"各种经济时代的区别，不在于生产什么，而在于
怎样生产，用什么劳动资料生产。劳动资料不仅是人类劳动力发展的
测量器，而且是劳动借以进行的社会关系的指示器。"②"资产阶级除非
对生产工具，从而对生产关系，从而对全部社会关系不断地革命，否
则就不能生存下去。"③在马克思历史观的视野里，决定生产关系采取
什么形式，并推动生产关系变革的是生产力，这应该是一个常识性问
题。"手推磨""蒸汽磨""劳动资料""生产工具"如果不是指向生产
力，它又何以能够充当生产关系的指标器，并推动生产关系的变化或演
进呢？

　　将劳动资料或生产资料、生产工具指认为马克思历史观视野中的生
产力，不仅有马克思主义经典作家的大量论述作支撑，而且也为理解马
克思论及生产力的如下话语提供了便利，生产力是一种"既得的力量"，
是一种"物质力量"，是一种"物质生产力"。不可否认，生产力当然指
向的是人们生产自己所需的物质生活资料的能力，但这种能力不是以主
观的形式存在于人的身上，而是以客观的形式存在于人的实践活动对象
化的结果的生产资料中，所以它才具有"既得性"与"物质性"的特征。

　　将劳动资料、生产资料、生产工具指认为马克思历史观视野中的生
产力，这是不是见物不见人，贬低劳动力在生产力中的地位，从而导致
人相对于生产力的主体地位的消解呢？如果对劳动资料、生产资料、生

---

①　《马克思恩格斯文集》第 1 卷，人民出版社 2009 年版，第 602 页。

②　《马克思恩格斯文集》第 5 卷，人民出版社 2009 年版，第 210 页。

③　《马克思恩格斯文集》第 1 卷，人民出版社 2009 年版，第 560 页。

产工具诉诸一种纯客体、直观的思维方式的理解的话，确实会如此。但若循着马克思"实践的唯物主义"思路，对上述物质性的存在诉诸实践的理解，则这些担心完全是多余的。劳动资料、生产资料、生产工具不是天然存在的，是人通过自己的劳动、实践活动才生成的，是"人们实践能力的结果"，它们虽然具有物化的外观，但在本质上是人的本质力量的对象化。人作为劳动资料、生产资料、生产工具的创造者，其主体性地位是不言自明与无可争辩的。笔者认为，唯有循着"实践的唯物主义"思路，从人与生产资料的对象性的实践关系中，才能使人作为生产力的主体的地位得到确认。

二

生产关系范畴也是马克思主义历史观视野里的一个非常重要的范畴。传统的马克思主义哲学教科书对这一范畴的理解与阐释，如同对生产力范畴的理解与阐释一样，具有纯客体、直观的性质。笔者认为，对生产关系范畴的理解同样需要循着马克思"实践的唯物主义"思路，从人的实践活动的维度去加以把握。

生产关系范畴在《德意志意识形态》中被马克思、恩格斯曾称之为交往关系、交往形式，虽然有不够准确的地方，因为从字面上看人们的交往形式与交往关系显然比生产关系的涵盖域要宽广些，人们的交往既有物质的交往，也有精神的交往，生产关系显然不包括人们在精神交往活动中形成的精神交往关系。但如果我们将马克思、恩格斯所说的交往形式或交往关系定格在物质生产活动所形成的物质交往形式或物质交往关系的层面上，那么就应该认为交往形式、交往关系即是人们在物质生产活动中形成的生产关系。那么交往形式指向的是什么？在《德意志意识形态》中，马克思、恩格斯曾明确地指向"市民社会"，他们明确地写道："受到迄今为止一切历史阶段的生产力制约同时又反过来制约生产力的交往形式，就是市民社会。"①从上面的这段文字不难看出，在马克思主义经典作家的著作中，生产关系、交往形式、市民社会是彼此相通的概念。那么，"市民社会"又指认的是什么呢？它指向人们的一切物质交往，"市民社会包括各个人在生产力发展的一定阶段上的一切物质交往。它包括该阶段的整个商业生活和工业生活……"②。同时也包括从人们在生产和交往中发展起来的社会组织。"'市民社会'这一用语是在18世纪产生的，当时财产关系已经摆脱了古典古代的和中世纪的共同体。真正的市民社会只是随同资产阶级发展起来的；但是市民社会这一名称始终标志着直接从生产和交往中发展起来的社会组织，这种组织在一切时代都构成国家的基础以及任何其他的观念的上层建筑的基础。"③从上面引证的马克思主义经典作家有关"市民社会"的论述看，"市民社会"应该是理解生产关系概念不可或缺的概念。人们在生产过程中结成的生产关系无疑涵盖着人们之间的财产关系、交换关系、分配关系、消费关系等丰富的内容，但它都是依赖于一定的社会组织而生成，并通过这种社会组织加以实现的。因此，人类社会一定历史阶段上的社会组织是构成社会经济结构的内核，它构成一定社会的政治结构与观念结构的基础。

生产关系当然是一种物质关系，这不仅在于作为生产关系生成基础的物质交往活动具有感性的特征，而且还在于作为人们物质交往活动结果的"社会组织"也具有物质性的特征和性质。但对生产关系的物质性我们不能仅作直观性的理解，不能视作是外在于人的东西。生产关系作为人的物质交往活动的对象化结果，表现为人的创造物或作品，因此，生产关系的主体是人。生产关系采取不同的形式，不仅使人类社会的发展区分为不同的阶段和形态，而且也体现着人们的交往活动能力的发展与演进水平的不同。生产关系作为一种客观的、物质性的存在，对在社

① 《马克思恩格斯文集》第1卷，人民出版社2009年版，第540页。
② 《马克思恩格斯文集》第1卷，人民出版社2009年版，第582页。
③ 《马克思恩格斯文集》第1卷，人民出版社2009年版，第582、583页。

会中进行实际生产活动的个人来说，无疑具有规定性与不可任意选择的一面，它规定着人们物质活动的范围和性质。但另一方面，我们也应看到，生产关系相对于个人的活动来说并不仅仅具有规定性、制约性的消极意义与价值，同时还具有积极性的价值和意义。在马克思历史观的视野里，生产关系相对于活动着的人们来说，不是别的什么东西，它"不过是他们的物质的和个体的活动所借以实现的必然形式罢了"①。当生产力与生产关系的矛盾还没有发展到对抗性的矛盾的时候，"个人相互交往的条件，是与他们的个性相适合的条件，对于他们说来不是什么外部的东西；在这些条件下，生存于一定关系中的一定的个人独立生产自己的物质生活以及与这种物质生活有关的东西，因而这些条件是个人的自主活动的条件，并且是由这种自主活动产生出来的"②。

三

对马克思历史观中的生产力与生产关系范畴要从人的实践交往活动去理解，对生产力与生产关系的矛盾运动同样需要从人的实践交往活动方面去理解。只有我们从人的实践交往活动的维度去把握生产力与生产关系的矛盾运动时，它们才不至于表现为一种外在于人的、纯粹客体的运动，社会历史也才不会表现为一种没有主体的历史，而是表现为"个人本身力量发展的历史"③。

在生产力与生产关系的关系中，生产力通常被人们视为是最活跃的革命因素，一般说来，这样的理解也许没有错，但问题是生产力何以会是最活跃的革命因素。传统的马克思主义哲学教科书给予人们的只是一个抽象的结论，却没有给出过令人信服的合理论证。实际上，生产力作

---

① 《马克思恩格斯文集》第 10 卷，人民出版社 2009 年版，第 43 页。
② 《马克思恩格斯文集》第 1 卷，人民出版社 2009 年版，第 575 页。
③ 《马克思恩格斯文集》第 1 卷，人民出版社 2009 年版，第 576 页。

为人们物质生产活动的结果，作为人的本质力量的对象化，推动它发展的原动力不是它自身，而是人的生产实践活动。人的实践活动在深度和广度上是不断拓展的，实践活动能力是不断增强的，这是人的实践活动发展的一个必然性规律。正是人的实践活动的不断发展与实践能力的不断增强，才使得作为人的本质力量对象化的生产力不断发展与进化。当然，人们的物质生产活动要得以展开并不是无条件的，而是需要以一定的社会组织形式作为前提，因为人们的劳动或物质生产活动不可能是单个人的孤立活动，这种社会组织形式一方面表现为人们生产和交往活动发展的结果，另一方面又表现为人们自主活动的条件。一般说来，人类社会历史一定阶段上的生产关系在其产生的最初是与人的自主活动相适应的，能够促进生产力的发展，因而它表现为"自主活动的条件"。然而，任何一种社会组织形式一旦形成即具有相对的稳定性，也即相对的保守性，这样，随着人的实践活动的发展和作为人的实践活动结果的生产力的发展，生产力和生产关系的矛盾便会由潜在到显露、到尖锐，一旦生产关系不能满足人的实践活动与生产力的发展时，这时生产关系就会成为生产力的桎梏，从而成为人们自主活动的桎梏。当生产关系成为人们自主活动的桎梏时，人们便会变革生产关系，建立新的自主活动形式，以适应人的自主活动的需要。正如马克思、恩格斯曾经指出的："这些不同的条件，起初是自主活动的条件，后来却变成了自主活动的桎梏，这些条件在整个历史发展过程中构成各种交往形式的相互联系的序列，各种交往形式的联系就在于：已成为桎梏的旧交往形式被适应于比较发达的生产力，因而也适应于进步的个人自主活动方式的新交往形式所代替；新的交往形式又会成为桎梏，然后又为另一种交往形式所代替。"①

在传统的马克思主义哲学教科书里，由于对生产力、生产关系诉诸了一种直观性的理解，因而对生产力与生产关系的矛盾运动的阐释也具

① 《马克思恩格斯文集》第1卷，人民出版社2009年版，第575、576页。

有直观的性质。这种直观性的阐释通常给人们一种误导，似乎人们改变生产关系以适应生产力的发展是在追求一种外在于人的物质财富的增长。实际上，如果我们循着马克思"实践的唯物主义"的思维理路，将生产力理解成人的生产实践活动的结果与人的本质力量的对象化，将生产关系理解成人的"自主活动形式"，那么生产力与生产关系的关系即是人的物质生产活动与人的"自主活动形式"的关系，生产力与生产关系的矛盾本质上表现为物质生产活动与"自主活动形式"的矛盾。人们改变过时的生产关系实质上是改善自己的"自主活动形式"，追求一种新的"自主活动形式"，而追求新的"自主活动形式"的根本目的在于追求一种"更进步的个人自主活动类型"，以实现个人本身力量的更好发展。

对"科学技术是第一生产力"
意义的多维思考 *

近年来，邓小平同志在谈到科学技术的作用时，曾一再强调，科学是了不起的事情，要重视科学，最终可能是科学解决问题，并提出了"科学技术是第一生产力"的科学论断。对这一科学论断所蕴含的重大理论价值和实践价值，我们不能简单地看作是一个经济发展问题，而应该从一个多维度的视角进行深层的思考。

一

把科学技术看作是"一种在历史上起推动作用的革命力量，而且是'一种最高意义的革命力量'"①，这是马克思主义唯物史观的一条重要原理，也是马克思主义科学技术观的核心与精髓。

马克思主义经典作家们极其重视科学技术的发展，尤其是关注科学技术在实际的生产过程中的应用与推广。在谈到蒸汽机的社会作用

---

*　本文原发表于《福建论坛》1992 年第 3 期。

①　马克思：《机器、自然力科学的应用》，人民出版社 1978 年版，第 208 页。

时，马克思曾经指出，蒸汽机、水力和分工，是推动当时社会发展的三个伟大杠杆，并认为，蒸汽机是比拉斯拜尔等诸位公民更危险万分的革命家。

在马克思、恩格斯看来，科学技术的发展最终会转化为生产力，因此科学技术与社会生产力的发展是密切相联的。在《资本论》中，马克思在谈到科学技术的发展与生产力的关系时就指出，以机器大工业为特征的近代生产方式的建立，"第一次使自然科学为直接的生产过程服务"①，第一次达到使科学的应用成为可能和必要的那样一种规模，从而"第一次把物质生产过程变成科学在生产中的应用"②，同时也把科学变成"应用于生产的科学"，使科学"成了生产过程的因素即所谓职能"。恩格斯在谈到科学技术与生产力的关系时，也持与马克思相同的看法。恩格斯在论述蒸汽机的社会作用时也曾指出："蒸汽机教我们把热变成机械运动，而电的利用将为我们开辟一条道路，使一切形式的能——热、机械运动、电、磁、光——互相转化，并在工业中加以利用。"这一发现"使工业彻底摆脱几乎所有的地方条件的限制，并且使极遥远的水力的利用成为可能"，"生产力将因此得到大的发展"③。

科学技术的发展，必将转变为生产力的内在要素，从而推动生产力的发展；而生产力的发展必将或迟或早地最终导致社会结构及社会关系的革命化。这就是马克思唯物主义历史观中关于科学是生产力和"最高意义的革命力量"的内在逻辑思路。

邓小平同志提出的"科学技术是第一生产力"的科学论断，从理论发展的渊源上看，是对马克思、恩格斯的上述思想的继承。然而，"科学技术是第一生产力"的论断又不是马克思、恩格斯的科学技术观和生产力理论的简单发挥与重复，而是在继承的基础上做出了重大的发展。因为，在马克思、恩格斯的思路中，由于时代发展的原因，他们虽然看

---

① 马克思：《机器、自然力科学的应用》，人民出版社 1978 年版，第 208 页。
② 马克思：《机器、自然力科学的应用》，人民出版社 1978 年版，第 212 页。
③ 《马克思恩格斯文集》第 10 卷，人民出版社 2009 年版，第 499、500 页。

到了科学技术必然要转化为生产力，但科学技术本身还没有上升到头等重要的位置。所以他们还不可能提出"科学技术是第一生产力"的思想。邓小平同志不仅把科学技术直接地看成是生产力，而且看成是比生产力中其他要素更为重要的首要因素。这是对马克思主义科学技术观和生产力理论发展史上的一个重要贡献。

二

"科学技术是第一生产力"的科学论断，不仅是马克思主义科学技术观和生产力理论的内在逻辑的合理延伸，更为重要的，它是第二次世界大战结束后，当代世界范围内的科学技术革命浪潮和生产力发展的基本趋势和特点的总结和概括。

在马克思、恩格斯的时代，科学技术虽然已经在一定程度上进入生产过程，成为大工业生产力的重要因素，但无论是在广度和深度上，科学技术对生产力的影响远没有今天这样显著。二战以后，随着当代理论自然科学的发展，一大批诸如原子能技术、航天技术、生物工程技术、海洋工程技术，尤其是微电子技术的崛起和迅猛发展，从而导致了科学技术在生产力中的地位与作用发生了根本性的革命变革。

当代新科学技术对生产力的作用主要体现在：

第一，当代新科学技术的发展，彻底改变了科学、技术、生产等相互关系及发展的因果互动链条。如果说，马克思的时代，社会生产过程的链条表现为：物质生产—技术—科学—物质生产，那么，当代社会生产过程的链条则突出地表现为：科学—技术—物质生产。后者与前者的明显不同在于生产要求科学走在前面，科学成为社会生产发展的因果互动链条的中心环节，是推动社会生产发展进步的最强有力杠杆。

第二，当代科学技术革命的发展，导致了传统机器体系结构的变化。代表传统工业生产力水平的机器体系基本上是由三个相互联系的部分构成的，即工具机系统、动力系统和传递系统（或称脉管系统）。而当代的机器体系由于微电子技术在机器上的应用，增加了一个崭新的电脑系统，或叫作自动控制系统。自动控制系统在机器体系中的出现，显然是生产力一次质的飞跃。如果把传统的机器体系看作是"人手的延长"，是机械对人的体力的代替，那么，新的机器体系的出现，则不仅是"人手的延长"，而且是人脑的扩张，不仅是对人的体力的代替与解放，而且是对人的脑力的逐步代替和解放。

第三，当代科学技术的发展及其在生产中的应用，必然导致劳动对象的变化。在传统的手工劳动和机器劳动过程中，人们从事劳动的对象基本上是以自然提供的劳动对象为主。现存的生存空间和自然资源制约着人们的活动范围和活动方式。当代科学技术的发展不仅扩展了人类的活动空间，使越来越多的自然资源进入人的劳动过程，成为人类的劳动对象，而且人们越来越自觉地利用科学技术提供的优势改造和创造新的劳动对象，使在以前人们认为是不可能的事变为可能，甚至在以前被当作废物扔掉的东西，现在变成了人们宝贵的劳动对象和物质财富。

第四，当代科学技术革命的发展，改善了劳动者的素质，造就了全新的劳动主体。在传统的生产方式下，作为生产力主体的人主要是从事体力劳动的手工业者或工人。而在新科学技术与生产力相结合的条件下，传统的体力型劳动者已经越来越不能适应劳动过程的需要，代之而起的是一支主要从事脑力劳动的工业大军。

第五，当代新科学技术革命的发展，还不断地导致劳动过程的自动化和管理的自动化。随着科学技术革命的不断进展，产业结构不断地向高技术和知识密集化的方向发展，生产过程的自动化和管理的自动化水平越来越高。在传统的工业劳动过程中，劳动者既是机器的操作者，同时又是被束缚在机器上和生产过程中的奴隶。而在现代高科技和高自动化的劳动过程中，劳动者逐渐地从对机器的直接操作与控制转变为对整个生产过程的自动控制系统的控制或操作。

第六，当代新科学技术的发展，已经越来越成为提高劳动生产率和获取社会物质财富的主要手段。在手工劳动的条件下，由于人们的劳动主要依靠自己的经验和技巧，科学和技术的因素比重很小，所以，劳动生产率的提高极其缓慢，社会物质财富的增加，主要依靠人力、物力投入的增加。进入工业社会后，由于科学技术的不断发展，并且由于科学变成了应用于生产的科学，而生产也日益变成了科学应用的过程，劳动生产率的提高和社会物质财富的增加在很大程度上依靠科学技术水平的提高。而在当代科学技术革命蓬勃发展的今天，随着产业结构不断地向高技术和知识密集的方向发展，劳动生产率也以加速度的特点提高，社会物质财富的增加已经不是仅仅依靠大量的人力物力的投入而获得，而主要地依赖于科学技术的进步。

上述事实，充分证明了邓小平同志关于"科学技术是第一生产力"的论断，是当代科学技术和生产力发展的真实写照和总结。

三

"科学技术是第一生产力"这一科学论断，不仅是当代世界范围内兴起的新科学技术革命的基本趋势和特点的概括和总结，而且也是社会主义革命和建设的历史经验的概括和总结。邓小平同志提出这一论断的出发点，不是学究式的为理论而理论，而是为了社会主义现代化建设。因此，在思考这一命题时，必须把这一论断与邓小平同志建设有中国特色的社会主义的总体思路与党的基本路线联系起来进行深层的思考。

中国共产党的第十一届三中全会纠正了以阶级斗争为纲的"左"的倾向，重新确立了以经济建设为中心的基本路线，这是我们党以沉重的历史代价换取的宝贵成果。社会主义制度可以在经济落后的国家首先诞生，但社会主义制度的巩固并取得最终的胜利，就必须迅速地发展生产力，贫穷是与社会主义的本质不相容的。社会主义先进的生产关系不可能长期地建立在落后的生产力基础上，这是马克思主义唯物史观的一条基本原理，也是社会主义的历史实践提供给我们的一条重要经验。怎样才能使社会主义生产力与社会主义经济迅速地得到发展呢？在经济落后的国家如何从事社会主义建设的问题？从列宁开始，人们就曾进行了不懈的探索。早在社会主义制度刚刚诞生时，列宁就曾提出了一个著名的公式：共产主义＝苏维埃政权＋电气化。中华人民共和国成立后的一段时间里，毛泽东同志也较为重视生产力和科学技术的发展，遗憾的是，这一正确思想在后来的实践中并没有得到切实的坚持与贯彻。

从经济建设的角度来看，单纯地依靠大量的人力物力的投入也难以实现国家的富强和经济的起飞。诚然，要增加社会的物质财富，没有一定的人力物力的投入是不行的，但如果生产力水平不提高，高投入导致的可能是高浪费。特别是像我们这种人口众多、人均自然资源占有率很低的国家，试图通过人力物力的投入来求得经济的繁荣与振兴，更是行不通。要使生产力得到较快的发展、社会物质财富真正地不断增加，唯一正确的途径就是要花大力气抓科学技术和教育的发展，并尽可能地使科学技术和教育较快地应用于生产过程，迅速地转化为生产力，除此之外，别无他途。

四

邓小平同志强调"科学技术是第一生产力"，也是我们党在新的历史条件下，坚持社会主义道路，反对当代国际资产阶级和各种反社会主义势力对社会主义国家推行和平演变战略的需要。

世界社会主义制度诞生以来的七十余年的历史实践，特别是苏联、东欧的演变，提出了一些值得马克思主义者深思的问题。严酷的历史现实告诉我们，社会主义革命虽然能够在经济落后的民族和国家首先爆发并取得胜利，但在经济落后的国家巩固和建设社会主义则是一件艰巨的事情。由于经济落后的国家生产力不发达，社会主义生产关系赖以确立的物质基础不牢固，这就使资本主义势力在这些国家随时都有复辟的可能。而国际资产阶级往往也正是利用这一点，与社会主义国家内部的反社会主义势力互相勾结，密切配合，进行反对社会主义的大合唱。国际资产阶级对待社会主义国家使用的战略无非是这样几手，一是军事侵略；二是依仗着暂时的经济和科技优势，对社会主义国家进行经济封锁和包围；三是是从政治上和思想上推行和平演变战略，这是他们目前采取的主要战略。

那么如何才能粉碎国际资产阶级的和平演变战略呢？在当前社会主义事业受到严重挫折，国际共产主义运动处于低潮的历史条件下，这是摆在马克思主义者面前的一个严峻挑战。历史的经验证明，要粉碎国际资产阶级的和平演变战略，进行意识形态方面的斗争，持续不懈地向人民群众灌输马克思主义，以提高人们反对和平演变的自觉性和能力是必要的，但这还远远不够。我们还必须贯彻邓小平同志的战略思想，一方面在政治上坚持四项基本原则，坚定不移地反对形形色色的资产阶级自由化思潮；另一方面，也是最重要的方面，要把主要精力放在经济建设这个中心上，加快改革开放步伐，大力发展科学技术，依靠科学技术的进步促进生产力的发展，尽快把经济建设搞上去。只有社会主义生产力提高了，综合国力增强了，人民生活水平提高了，社会主义生产关系有了稳固的物质基础，社会主义制度的优越性充分显示出来并被广大的人民群众深深地感受到时，国际资产阶级的和平演变战略才能不攻自破。在对干部进行反和平演变教育时，我们应遵循邓小平同志的总体思路，既不能忽视意识形态的斗争，又不能回到我们过去的老思路上去，应从战略的高度上去认识最终还是要靠科学技术解决问题的深刻含意，把反和平演变的战略重点放在发展科学技术和生产力上。

科学本身是中性的吗？ *

　　拜读了赖金良同志在《哲学研究》1986年第5期上发表的《关于科学的社会功能》一文，受到不少有益的启发。不过，对该文所持的"科学本身是中性"的观点却不敢苟同。

一

　　公正地讲，"科学本身是中性"的观点并不是赖金良同志首先提出来的。著名的科学家A.厄尔英家就曾提出：马克思主义认为，科学技术是中性的，科学本身无生命，到底有利于压迫或有利于解放，不是科学本身的属性。在西方，"科学技术中性论"者，除A.厄尔英家之外，还大有人在。笔者认为，"科学本身是中性的"这一说法，既是一个非马克思主义的观点，也是一个非科学的观点。尽管有些人曾试图把这一观点涂上马克思主义色彩，并试图与马克思的科学技术观一致起来，然而，从本质上看，"科学技术中性论"与马克思的科学技术观毫无共同之处。那种把"科学技术中性论"

＊　本文原发表于《社会科学评论》1987年第12期。

与马克思的科学技术观一致起来的试图完全是一个白费力气的努力。

科学的社会功能是什么？换句话说，科学的社会作用是什么？对于这一严肃的科学课题，马克思主义的创始人曾进行过不懈地思考与探索，并站在唯物主义历史观和科学社会主义理论的高度，给予了科学的回答。在这里，我们无需对马克思主义经典作家有关科学技术的社会功能的浩繁论述一一赘述，只要引证一下恩格斯对马克思一生所作的概括性评价中的两段话，便可透视出马克思关于科学的社会功能的基本观点。在《马克思墓前悼词草稿》中，恩格斯曾经概括地指出："没有一个人能像马克思那样，对任何领域的每个科学成就，不管它是否已实际应用，都感到真正的喜悦。但是，他把科学首先看成是历史的有力杠杆，看成是最高意义上的革命力量。"① 在《卡尔·马克思的葬仪》一文中，恩格斯同样认为："在马克思看来，科学是一种在历史上起推动作用的、革命的力量。任何一门理论科学中的每一个新发现——它的实际应用也许还根本无法预见——都使马克思感到衷心喜悦，而当他看到那种对工业、对一般历史发展立即产生革命性影响的发现的时候，他的喜悦就非同寻常了。"②

上面引证的两段话，既是恩格斯对马克思的科学技术观的科学概括和热情赞颂，同时，也可以看成是恩格斯本人对科学技术的社会作用的一般观点的自我表白。显然，把科学技术本身看成是"在历史上起推动作用的革命力量""历史的有力杠杆""最高意义上的革命力量"，这才是马克思主义关于科学的社会功能的最一般的观点，同时也是构成马克思主义的科学技术观的实质和核心。需要强调的是，马克思主义经典作家，不仅把那些"立即会对工业，对一般历史发展产生革命影响"的科学发现，看成是"最高意义的革命力量"；而且就是对那些"即使它的实际应用甚至无法预见"的科学发现，同样看成是"最高意义的革命力

---

① 《马克思恩格斯全集》第 19 卷，人民出版社 1963 年版，第 372 页。
② 《马克思恩格斯文集》第 3 卷，人民出版社 2009 年版，第 602 页。

量"。正因为马克思主义创始人，把科学技术首看先成是"最高意义的革命力量"，所以，才对任何领域的任何科学发现都表现出欢迎的态度和"衷心的喜悦"。

二

在马克思主义经典作家看来，科学技术作为"最高意义的革命力量"首要地表现在，它是人类历史发展和社会变革的强大推动力。

关于科学技术的发展对社会变革的巨大革命意义，马克思主义经典作家们曾作过许多经典性的论述。马克思就曾指出："蒸汽、电力和自动纺机甚至是比巴尔贝斯、拉斯拜尔和布朗基诸位公民更危险万分的革命家。"恩格斯在论述 18 世纪各门科学的发展对社会的推动作用时也指出："科学和哲学结合的结果就是唯物主义、启蒙时代和法国的政治革命科学和实践结合的结果就是英国的社会主义革命。"在《英国工人阶级状况》中，恩格斯更鲜明地指出："分工，水力特别是蒸汽力的利用，机器装置的应用，这就是从上世纪中叶起工业用来摇撼世界基础的三个伟大的杠杆。"[1]同马克思、恩格斯一样，列宁也充分肯定了科学技术在社会变革中的作用。他在论述科学技术的发展对于破坏资本主义社会内的小生产基础的作用时就指出："科学和技术每向前发展一步，就必不可免地，毫不留情地，破坏资本主义社会内的小生产基础……"[2]

把科学技术的发展看成是社会变革的强大推动力，这并不是马克思主义经典作家们的毫无根据的主观设定，而是对"科学是生产力"这一科学命题逻辑展开的必然结论。在马克思主义经典作家们看来，生产力从它的最初形态看，就潜含着技术的本质，从它的发达和发展了的形态

---

[1] 《马克思恩格斯文集》第 1 卷，人民出版社 2009 年版，第 406 页。
[2] 《列宁全集》第 15 卷，人民出版社 1988 年版，第 17 页。

上看则本质上是科学技术的物化。科学技术，当它作为一种知识形态存在时，虽然还不是一种现实的生产力，但它已经内在地包含着物化或转化为生产力的革命本性。一定的社会条件只能加速或延缓科学技术向生产力的转化进程，却不能从根本上阻挡它的转化。作为一种知识形态存在的科学技术能物化为直接的生产力，虽与特定时代的"生产过程的状况和性质，亦即由特定时代生产体系的具体结构和功能特点"① 有着密切的关系，"但科学技术的发展不仅要必然地提出变革不适应它的生产过程的状况和性质"的要求，而且本身又是改造过时的生产过程的强有力手段。这正是马克思"对任何领域的每个科学成就，不管它是否已经实际应用，都感到真正喜悦"的根本原因。科学技术从它的物化形态上看，其本身就是直接生产力。科学技术既是生产力发展的一定表现，同时又是推动生产力发展的内在动力。科学技术的发展，必然带来劳动资料（劳动工具）的革新，劳动资料（劳动工具）的革新，必然要求和伴随着生产过程的工艺革命，生产过程的工艺革命在本质上就是生产力的革命。而表现为工艺革命的生产力革命，又不可避免地导致生产关系的革命和整个社会的革命变革。正因为"科学是生产力"，因此，说科学技术的发展是历史进步和社会变革的强大推动力，这与说生产力的发展是历史进步与社会变革的强大推动力，是同一意义的两种不同说法。总之，从科学技术的发展—劳动资料（主要是劳动工具）的变革—生产方式的变革—历史的发展和社会的进步，这既是历史发展的真实链条，同时也是马克思唯物主义历史观和科学社会主义理论的基本原理。当然，对科学的发展与社会变革的一致性、同步性，不能做机械的、形而上学的理解，不能把它们看成是立竿与见影的关系。尽管在历史上存在着"某些科学高度发达的国家，社会制度却是相对落伍的"事实，但是，我们的眼光若不是停留在某一历史的瞬间，而是鸟瞰人类历史的全过程的话，呈现在我们面前的则是："手推磨产生的是封建主的社会，蒸汽

----

① 赖金良：《关于科学的社会功能》，《哲学研究》1986 年第 5 期。

磨产生的是工业资本家的社会。"①

把科学技术的发展看成是历史发展和社会变革的强大推动力，这并不是对社会活动的主体——人类本身作用的否定，而恰恰是在更深层次和更高意义上的肯定。社会主体的现实活动、科学技术和生产力三者，在其现实性上是胶着在一起的，人们只能在思维中，借助于抽象才能加以区分。科学技术和生产力按其本质讲是人类的智慧之果和人的本质力量的积极展现。一方面，人的本质力量能在科学技术和生产力的发展中得到确证与反思；另一方面，科学技术和生产力又推动着人的本质力量的发展。撇开了科学技术和生产力的发展，人的本质力量便是一个无法确证和测度的抽象物。因此，把科学技术和生产力看成是历史发展和社会"进步的动力"与把人类本身看成是历史发展和社会进步的"真正动力"并不存在着什么矛盾。正如马克思所指出的："科学这种既是观念的财富同时又是实际的财富的发展，只不过是人的生产力的发展即财富的发展所表现的一个方面，一种形式。"

科学技术作为"最高意义的革命力量"还表现在：科学技术不仅作为人的智慧结晶和人的本质力量的积极展现肯定着人，而且它本身又是推动人的劳动解放和本身的全面发展与彻底解放的巨大杠杆。

首先，科学技术的发展通过不断地物化为生产力，必然推动着人类劳动方式的不断革命并化为人的劳动解放提供前提和条件。人和自然之间的关系是一种物质变换关系，在人和自然之间的物质变换过程中，劳动工具起着极其重要的中介作用。劳动工具决定着人们怎样生产，即劳动工具的性质决定着人们劳动方式的性质，因此，劳动工具的发展史，同时也就是人们的劳动方式的演变史、变革史。当科学技术的不断发展导致劳动工具的不断发展时，也就必然地会导致劳动方式的不断革命化和劳动的最后解放。马克思曾经预言，当整个"生产过程变成应用科学的领域"以后，"就会产生出这样的劳动方式"，"劳动表现为不再像以

----

① 《马克思恩格斯文集》第 1 卷，人民出版社 2009 年版，第 602 页。

前那样被包括在生产过程中,相反地,表现为人以生产过程的监督者和调节者的身份同生产过程本身发生关系……工人不再是生产过程的主要作用者,而是站在生产过程的旁边"①。结果就是其生产过程中人和物的关系将发生彻底改变。一旦人从传统的生产过程中解放出来,从而也就会导致人的劳动本身的解放,对人来说"个性的劳动也不再表现为劳动,而表现为活动本身的充分发展"②。

其次,科学技术的发展通过不断地物化为生产力,必然导致人类本身的充分发展和人自身的彻底解放。科学技术的充分发展不可避免地促进生产能力的充分发展,而生产能力的充分发展将使"整个社会只需用较少的劳动时间就能占有并保持普遍财富"③。这就使得"直接劳动及其数量作为生产即创造使用价值的决定要素就在怎样的程度上失去作用;而且,如果说直接劳动在量的方面降到微不足道的比例,那么它在质的方面,虽然也是不可缺少的,但一方面同一般科学劳动相比,同自然科学在工艺上的应用相比,另一方面同产生于总生产中的社会组织的、并表现为社会劳动的自然赐予(虽然是历史的产物)的一般生产力相比,却变成一种从属的要素。"④ 这就为"整个社会提供越来越多的自由时间",所谓自由时间"就是人们能自由地从事科学和艺术活动的时间"。⑤而自由时间的增多和人的各种能力的全面而又充分地发展,这既是人自身获得彻底解放的条件,同时也是人类自身获得解放的重要标志。综上所述,我们只有把科学技术的发展同历史的发展/社会的进步和人的解放联系起来进行深入地思考,才能真正把握科学技术作为"最高意义的革命力量""历史的有力杠杆"科学命题的真实涵义,也才能真正掂量出"科学的社会功能"这一命题的巨大价值。

---

① 《马克思恩格斯文集》第 8 卷,人民出版社 2009 年版,第 196 页。
② 《马克思恩格斯文集》第 8 卷,人民出版社 2009 年版,第 69 页。
③ 《马克思恩格斯文集》第 8 卷,人民出版社 2009 年版,第 69 页。
④ 《马克思恩格斯文集》第 8 卷,人民出版社 2009 年版,第 188—191 页。
⑤ 《马克思恩格斯全集》第 46 卷(下),人民出版社 1980 年版,第 225 页。

三

笔者认为，赖全良同志的"科学本身是中性"的观点不仅明显地与马克思主义的科学技术观相悖，而且它所赖以确立的主要基础也难以成立。如果说本文的前面主要是试图以马克思主义科学技术观的基本观点为指导，从正面阐述科学的社会功能，进而证明"科学本身是中性"的观点的非马克思主义性质的话，那么，本文的下面则试图通过对赖文观点所赖以确立的主要基础的分析，进一步揭示其非科学性。

赖金良同志的"科学本身是中性"的观点，从根本上说，是建立在这样的认识基础上的，即"科学发展寻求的是合规律性，而社会进步寻求的则是合理性。这合规律性与合理性之间，是有着不能忽视的重要区别的。某一认识是否称得上'科学'，主要看它是否符合客观规律性；而某一科学成果的实际运用是否促成了'社会进步'，则主要看它是否符合人类社会生存和发展的整体需要（即是否具有整个社会意义上的合理性）。社会的进步需要科学的发展，但科学的发展并不能保证社会的进步——科学发展虽说是社会进步的必要条件，但并不是社会进步的充分条件。"① 这段话明显地存在着三点错误。

第一，所谓科学发展寻求的是"合规律性"，社会进步寻求的是"合理性"，而两者之间有着不可忽视的重要区别的论点是站不住脚的。应该肯定，把科学发展与社会进步联系起来，试图对历史发展的合理性和合规律性的关系问题做更深层次思考的思路是富有启迪性的，但对问题的解决却是令人遗憾的。把"合规律性"与"合理性"割裂开来，且又把"合理性"作为社会进步寻求的唯一目标和社会进步与否的尺度，这就意味着，"合规律性"的不一定是"合理性"的；而"合理性"的也不必是"合规律性"的。对历史唯物主义来说，这样的见解是无法接受

---

① 赖金良：《关于科学的社会功能》，《哲学研究》1986 年第 5 期。

的。客观的逻辑往往是，科学发展追求的是目标与社会进步追求的目标具有内在的一致性，"合规律性"与"合理性"之间是不可分割的。

诚然，科学的任务是在于揭示自然界和社会运动与发展的规律性。然而，人们发展科学的目的并不是为科学而发展科学，真正的主旨是，通过对自然界运动和发展规律的揭示，从而获得人对自然的自由，自觉地运用自然规律，推动社会文明的进步；通过社会运动与发展规律的揭示，使社会的发展更趋于合理性。因此，从根本上说，科学发展不仅不排斥对"合理性"的寻求，而且还以"合理性"作为自己寻求的最终目的。科学在寻求"合规律性"的同时，也就内在地包含着对"合理性"的寻求。同样，社会进步也并不排斥对"合规律性"的追求。社会进步不仅意味着社会的更趋合理，而且更意味着社会的"合规律性"。社会进步之所以不排斥对"合规律性"的追求，深刻的原因在于，社会的"合理性"是以社会的"合规律性"为基础的。只有"合规律性"的东西、必然的东西，才可能是"合理性"的东西，而"合理性"的本质就在于是"合规律性"的，在于是必然的，马克思主义创始人曾把这一原理称之为黑格尔辩证法思想的合理内核。离开"合规律性"来谈"合理性"，不仅会给"合理性"涂上神秘的色彩，而且还很难与唯心主义历史观划清界限。

正因为科学发展与社会进步之间的目标一致性、"合规律性"与"合理性"的不可分割性，才决定了科学发展与社会进步之间的同步性。科学发展不仅是社会进步的前提、动力，同时也是社会进步的标志。科学发展既是社会进步的历史尺度，也是社会进步的价值尺度。

第二，用"某一科学成果的实际运用是否促成了'社会进步'，则主要看它是否符合人类社会生存和发展的整体需要"来论证"科学中性论"也是错误的。

并不否认"科学通过世界战争，居然变成了大规模残杀人类自身的手段"这是一个历史事实；也并不否认，在当代西方社会存在着"一方面是各种科学技术的高度发展和广泛运用，另一方面是各种社会问题或文化道德问题变得愈益突出和严重"的矛盾；更不否认"以高技术为基础的核军备竞赛的不断升级，已经使整个人类的生存和发展受到了严重的威胁"。问题在于，这些客观事实和现象并不能成为"科学中性论"的理论根据。把科学技术看成是"最高意义的革命力量"，这是就科学技术本身所固有的革命本性而言的。这并不是说，科学技术没有被剥削阶级利用去达到自己阶级私利的可能性，也并不是说，科学技术在特定的社会条件下不存在着阻碍历史前进和给人类自身带来灾难的可能性。但是，科学技术所固有的革命本性与科学技术在特定的社会条件下的具体运用，是两个内涵不同的问题。

马克思主义经典作家认为"要把机器和机器的资本主义应用区别开来"，要"把自己的攻击从物质生产资料本身转向物质生产资料的社会使用形式"①上去。马克思主义经典作家的这一经典性的论述，对于我们把握科学的社会功能具有极为重要的方法论意义。在马克思主义经典作家看来，科学技术的具体运用不同于科学技术本身，科学技术的具体运用要受到特定社会条件，尤其要受到特定社会生产关系的制约。当特定的社会条件适应科学技术的发展时，科学技术所固有的革命本性便能得到充分地展现；反之，科学技术的革命本性不仅有被削弱的可能，甚至还会导致科学技术的异化。在资本主义制度下，科学技术这个在人的劳动过程中创造出来的人的智慧之果，却变成了"资本的生产力"，成为对劳动者来说表现为一种敌对的统治力量；科学技术这个本来是推动人类社会进步和人类获得解放的"最高意义的革命力量"，却变成了大规模残杀人类自身的手段？在本质上，便是科学技术在资本主义条件下的异化。而造成这种异化的根源并不在科学技术本身，而在于科学技术应用的资本主义制度，即马克思所说的"科学分离出来成为与劳动相对立的、服务于资本的独立力量，一般说来属于生产条件与劳动相分离的范畴"。赖金良同志把科学技术在资本主义条件下的异化，看成是科学

---

① 《马克思恩格斯文集》第5卷，人民出版社2009年版，第493页。

技术的社会功能之一，并进而又把它作为"科学中性论"的理论根据，这实际上是把科学技术本身与科学技术的具体运用这样两个内涵完全不同的问题混为一谈了，把科学技术的资本主义"使用形式"，错以为科学技术本身。正是由于这一不应有的"理论错觉"，因而从根本上导致了对科学技术革命本性的否定。

其实，即使在科学技术异化的情况下，科学技术的革命本性也仍然以扭曲的形式表现出来。首先，在资本主义社会的生产力与生产关系的矛盾中，已经内在地包含着科学技术与资本主义生产关系的深刻矛盾。如果说，在公有制条件下，科学技术的发展推动着社会的进步和促进着人类自身的发展和解放，是对科学技术革命本性的正面确证的话；那么，科学技术与产生资本主义关系的这种深刻矛盾，则是从另一个方面对科学技术革命本性的反证。其次，在资本主义制度下，科学技术一方面被资本家阶级用作榨取利润的手段与统治劳动者的工具，科学技术异化了；但另一方面，科学技术被资本家阶级用作榨取利润的手段的同时，客观上又促进了劳动生产力的提高和物质生产力的进步。而劳动生产力的提高和物质生产力的进步，不仅会创造出变革资本主义生产关系的革命要求，并且还从客观上为科学技术异化的扬弃，或者说为科学技术具体运用的资本主义形式的扬弃创造出物质前提和条件。资本主义运用科学技术的目的与结果之间的截然对立的悲剧，则又从更深一层的意义上确证着科学技术的革命本性。

第三，用"社会的进步需要科学的发展，但科学的发展并不能保证社会的进步——科学发展虽然是社会进步的必要条件，但并不是社会进步的充分条件"来论证"科学中性论"也是难以成立的。

说"社会的进步需要科学的发展"是正确的，然而，它非但不是对"科学技术中性论"的肯定，而恰恰是对"科学技术中性论"的否定。既然承认"社会进步需要科学的发展"，那无异于承认科学的发展是推动社会进步的必不可少的力量，否则"需要"也就会成为不需要。至于赖金良同志用"科学发展虽说是社会进步的必要条件，但不是社会进步的充分条件"来证明"科学的发展并不能保证社会的进步",并进而论证"科学技术中性论"的论证逻辑则更是不能成立。不错，科学发展只是社会进步的必要条件而非充分条件，科学技术只是推动社会进步的"最高意义的革命力量"，而不是推动社会进步的唯一力量。但探讨科学的发展能不能推动社会进步，只要指出科学的发展是不是"社会进步的必要条件就足够了"，而无需去讨论科学发展是不是"社会进步的充分条件"。因为赖金良同志探讨的客体是"科学的社会功能"，而不是"社会进步的充分条件"。显然，用科学发展不是"社会进步的充分条件"，作为对科学技术的革命作用的否定和对"科学技术中性论"的确证，在逻辑上的错误也是明显的。

《共产党宣言》关于资本主义的
三个预测及其历史验证 *

　　《共产党宣言》关于资本主义的历史发展趋势曾做过三点预测：其一，资本主义的发展必然导致资本主义社会阶级结构与阶级对立状况日益简单化的趋势，整个社会日益分裂成两大对立的阶级——资产阶级与无产阶级，而其他的中间阶级则随着资本主义的发展日益走向消灭或消亡。其二，资本主义创造了庞大的生产力与社会物质财富，但社会财富却日益地向少数人手上集中，社会贫富分化的鸿沟将呈现出日益扩大的趋势。其三，资本主义生产方式所固有的生产的社会化与生产资料私人占有的矛盾，必然导致资本主义经济的周期性的经济危机，这种周期性的经济危机对于资本主义制度来说，是无法治愈的癌症。《共产党宣言》从诞生到今天，已经历了 170 年的风雨历程，那么，《共产党宣言》关于资本主义发展趋势的上述预测，是否经受住了资本主义的历史发展的考验而得到验证，抑或是被资本主义发展的历史所证伪或破产了呢？答案应是不争的，即资本主义的历史延续得愈久，愈加证明了马克思、恩格斯预测的科学性与有效性。

---

　　* 本文原发表于《马克思主义与现实》2017 年第 5 期。

一

1883 年恩格斯在为《共产党宣言》所写的德文版"序言"中，曾对《共产党宣言》的基本思想作了科学概括："贯穿《宣言》的基本思想：每一历史时代的经济生产以及必然由此产生的社会结构，是该时代政治的和精神的历史的基础；因此（从原始土地公有制解体以来）全部历史都是阶级斗争的历史，即社会发展各个阶段上被剥削阶级和剥削阶级之间、被统治阶级和统治阶级之间斗争的历史。"①在马克思、恩格斯的视野里，一个社会的社会结构是由社会的经济生产决定的，有什么样的经济生产与经济关系就不可避免地会生成什么样的社会结构。当社会的生产方式与交换方式发生变更时，社会的经济结构以至全部社会结构也会或快或慢地发生变化与变更。原始公有制的解体与私有制的产生，导致了社会结构的重大改变。由于社会的生产与消费、劳动与享受是由社会中不同的个人承担的，因而社会不仅分裂成为不同的阶级，而且还分裂成为剥削阶级与被剥削阶级、统治阶级与被统治阶级。私有制社会的经济生产是以私有制的存在为基础的，私有制社会的社会结构是以阶级分离与阶级对立的形式为基础的，因此，私有制产生以来的人类社会历史在本质上都是"阶级斗争的历史"。人类社会在私有制存在的历史阶段上，其各个历史时代的区别只是在于因社会生产力的发展水平及其与之相适应的私有制形式的不同，使社会的阶级结构与阶级斗争呈现出不同的状况而已。"在过去的各个历史时代，我们几乎到处都可以看到社会完全划分为各个不同的等级，看到社会地位分成多种多样的层次。在古罗马，有贵族、骑士、平民、奴隶，在中世纪，有封建主、臣仆、行会师傅、帮工、农奴，而且几乎在每一个阶级内部又有一些特殊的阶

---

① 《马克思恩格斯文集》第 2 卷，人民出版社 2009 年版，第 9 页。

层。"①古代的奴隶社会、中世纪的封建社会，社会人群的结构是以阶级的分裂为特征的，社会的历史是以阶级斗争的形式展现出来的，现代的资产阶级社会呢？"从封建社会的灭亡中产生出来的现代资产阶级社会并没有消灭阶级对立。它只是用新的阶级、新的压迫条件、新的斗争形式代替了旧的。"②那么，以商品的生产方式与交换方式为基础的现代资产阶级社会的阶级结构相对于农耕文明时代的阶级结构有何新的特征呢？《共产党宣言》向我们预测与描述的是这样的一幅图景："我们的时代，资产阶级时代，却有一个特点：它使阶级对立简单化了。整个社会日益分裂为两大敌对的阵营，分裂为两大相互直接对立的阶级：资产阶级和无产阶级。"③在马克思、恩格斯的视野里，那些在古代与中世纪的社会中曾广泛存在的游离于统治阶级与被统治阶级、剥削阶级与被剥削阶级之间的中间等级与阶级将随着资本主义的发展日趋消失与灭亡。资本主义发展的必然趋势与最终结果是，整个社会成员的角色定格要么是资产者，要么是无产者，游离或独立于资产者与无产者之间的中间阶级将不复存在，也不可能存在。

《共产党宣言》诞生以降的历史究竟对《共产党宣言》的上述预测做出了什么样的证明？是肯定性的，还是否定性的？或者说马克思、恩格斯的上述预测是被证明了，还是被证伪了？在一些具有资产阶级立场的人们的认识中，马克思、恩格斯的上述预测不是被证明了，而是被证伪了。其理由与根据是，当代发达资本主义社会的阶级结构并不是马克思、恩格斯所预测与描绘的那种两极分离与两军对立的社会，而是一种两头小、中间大的橄榄型社会，极富的资产者与极穷的无产者越来越成为社会的少数，介于资产者与无产者之间的是人数众多的所谓中产阶级。他们认为中产阶级不仅没有随着资本主义的发展而式微与消失，反而越来越壮大。需要指出的是，西方学者制造出来并大力推销的"中产

---

① 《马克思恩格斯文集》第 2 卷，人民出版社 2009 年版，第 31、32 页。
② 《马克思恩格斯文集》第 2 卷，人民出版社 2009 年版，第 32 页。
③ 《马克思恩格斯文集》第 2 卷，人民出版社 2009 年版，第 32 页。

阶级"概念也为不少国内经济学学者与社会学学者所接受，并为不少的从事马克思主义研究与教学的人们所认同。西方学者眼中的"中产阶级"究竟指称的是当代资本主义社会中的什么样的人群？简单地说，指称的是那些收入中等，通常穿着西装与白衬衣，打着领带，坐在办公室从事脑力劳动的所谓"白领职员"。这些人既不是资产者，但也不同于穿着蓝色粗布工作服、干着粗笨重活的蓝领体力劳动者，他们是介于资产者与蓝领工人之间的中间阶级。然而，所谓的"中产阶级"不过是资产阶级学者捏造出来用以反对马克思主义阶级观，掩盖资本主义社会阶级对立的实质，模糊资产阶级关系，离间与分化无产阶级队伍的一个似是而非的理论与概念。诚然，在马克思主义历史观的视野中，阶级是一个经济范畴，但阶级的划分并不仅仅是由收入的多少加以确定；阶级范畴更不是一个职业概念，不能依据人们的衬衣是白领还是蓝领，人们从事的劳动是体力的还是脑力的去确定人们的阶级身份；确定人们阶级身份的是人们从事的劳动的性质与人们在社会经济关系中的地位。在《共产党宣言》中，马克思、恩格斯曾为界定资产者与无产者给出过两条明确的标准，所谓资产者是指那些占有社会生产资料且使用雇佣劳动的人，而不是仅指那些有钱且不劳动的人；所谓无产者是指那些既不占有社会生产资料且从事雇佣劳动，或者说依靠出卖自己劳动力维持自己生命存在的人，而不仅指那些一无所有的穷人。如果马克思、恩格斯有关资产阶级与无产阶级的界定是明确而正确的，那么，《共产党宣言》关于资产阶级时代"整个社会日益分裂为两大敌对的阵营，分裂为两大相互对立的阶级：资产阶级与无产阶级"的预测与论断就应是不争的。在当今发达的资本主义社会中，资本的力量与竞争的规律使社会成员日益分裂成属性不同的两部分人群，一部分是人数渐趋减少的资产者，一部分是人数渐趋增加的现代意义上的无产者。在资本主义体系下，无论是从事制造业的蓝领工人，还是从事服务业的白领职员，抑或是从事农业、科学、教育、医疗、卫生、文化等领域的劳动者，不同的只是在于各自的职业身份，相同的则是他们的阶级属性，因为他们都丧失了对从事独立劳动所需的生产资料控制权，而不得不从事雇佣劳动，变成受雇于资本的阶级。在资本主义社会中，资本不仅使农民变成了农业工人，而且"它把医生、律师、教士、诗人和学者变成了它出钱招雇的雇佣劳动者"①。一个不争的事实是，在当今发达的资本主义社会中，在所有的社会成员中，要么是雇佣劳动的使用者，要么是雇佣劳动者，游离或独立于二者之间的人群已不复存在，即使偶尔能见，也不具有独立阶级的性质。

二

在《共产党宣言》中，与上述预测在逻辑上形成相连关系的另一个预测是，资本主义愈发展，资本愈集中，资本的权力与力量越大，社会贫富分化愈加剧与严重，社会财富在日趋增加的同时，也越来越向少数人手中积聚与集中。关于资本与财富集中的情况，马克思、恩格斯在《共产党宣言》中是这样预测的："资产阶级日甚一日地消灭生产资料、财产和人口的分散状态。它使人口密集起来，使生产资料集中起来，使财产聚集在少数人的手里。"②

在超过一个半世纪的资本主义持续发展与延续的历史中，马克思、恩格斯在《共产党宣言》中所做的资本主义发展使生产资料日益集中起来，使财产日益向少数人手中聚集的预测是否继续适用与有效？上述历史的趋势是被终止、延缓、逆转了，还是日益加剧与严重了？历史的事实是极为清楚的。不可否认，由于"资产阶级除非对生产工具，从而对生产关系，从而对全部社会关系不断地进行革命，否则就不能生存下去"③的原因与内在机制的作用，资本主义创造了庞大的社会生产力与

① 《马克思恩格斯文集》第 2 卷，人民出版社 2009 年版，第 34 页。
② 《马克思恩格斯文集》第 2 卷，人民出版社 2009 年版，第 36 页。
③ 《马克思恩格斯文集》第 2 卷，人民出版社 2009 年版，第 34 页。

庞大的社会物质财富，但另一个同样突出与明显的事实与现象是，社会仿佛用法术创造出来的生产力与物质财富并没有为全体社会成员所分享，而是为人数越来越少的本的占有者所占有和垄断。虽然，相对于《共产党宣言》诞生的时代，今天在发达的资本主义社会中，绝对贫困化的程度确实在降低，饿死、冻死在街头的情况实属少见，但相对贫困化的程度却在日趋加深，大多数人在整个社会中所占份额越来越小确是不争的事实。不是每个人对历史呈现出的表象都能做出敏锐的判断，但对历史已呈现出的现象做出客观性的描述也不是特别困难的事情，看到资本主义发展所导致的社会贫富分化现象的并不仅仅限于马克思、恩格斯，在他们之前与之后，都有人表达过类似的看法，并发出过各种各样的警告。然而，不是停留在对历史呈现出来的现实表象的描述，而是透过历史的表象，从资本运行的逻辑中，对资本主义发展的必然趋势做出科学而准确的预测，将生产资料的集中、财富向少数人手里集中视作资本运行逻辑的必然结果，无疑是属于马克思、恩格斯的，或者说是属于马克思主义历史观的。唯有从唯物主义历史观出发，才能对资本主义发展的历史趋势做出科学的预测。在马克思主义历史观的视野里，资本主义的发展趋势之所以是生产资料日趋集中，社会物质财富日趋聚集在少数人手里，社会的富人的人数虽然日趋减少，但拥有财富的总额却日益增加，社会的穷人虽日趋增加，占有财产的份额却日趋缩小，社会相对贫困化程度日趋恶化，这样一种情况既不是偶然的现象，也不是人为的现象，而是资本运行的逻辑与资本力量的必然结果，无论是在什么样的政府与领导人的统治下，只要社会经济在资本的统治下运行，它就是一个必然的、无法改变的历史趋势。原因在于，资本是逐利的，而且在通常情况下，资本是要获得平均利润的，资本是一只会下金蛋的鸡，这些金蛋又会变成能下更多金蛋的鸡，这既是一个螺旋过程，也是无法停止的过程。这个过程的中止，也即意味着资本主义历史的终结。当然，资本与财富的积累和聚集通常是以市场竞争的形式实现的，一个不容否认的逻辑是，谁拥有了资本，谁就享有了获得利润的权力与力量，拥有资本的数量与获取利润的权力与能力在通常的情况下是成正比的。"占领华尔街"运动期间，运动的参加者喊出的一个口号是，反对占美国总人口 1% 的人占有美国 90% 的财富。1% 的人群占有美国 90% 的财富，占社会 99% 的群众却只占有 10% 的财富，这是一个多么巨大与惊人的鸿沟。不论"占领华尔街"运动者们有关 1% 与 99% 比例是否准确，但有一点却是不容置疑的，即当代资本主义社会的富人一方面是越来越少，另一方面是占有的社会财富的份额越来越大，富人愈来愈富。如果说，在马克思、恩格斯写作《共产党宣言》时，拥有百万英镑能被视作值得炫富的话，那么今天，拥有百万美元或英镑或许就不值得一提了。在当下的资本主义社会中，富可敌国的现象，不再是文学作品的语言，而是现实客观情况的真实表达与描述，拥有数千亿美元的富豪巨商并非神话式的夸张。当下的资本主义社会资本与社会财富日益向少数人手里集中与聚集的情况，社会贫富两极分化的鸿沟日趋扩大与加深的现实，既被那些生活在资本主义现实境况中的普通民众所感受到，也被某些没有被资本主义表面繁荣所陶醉，还没丧失独立观察与思考能力的资产阶级学者们所感受到。一个值得一提的例证是，《21 世纪资本论》的作者托马斯·皮凯蒂对当代资本主义贫富分化与对立的描述。《21 世纪资本论》虽然引起轰动，吸引了不少眼球，但其实它并没有什么特别的地方，无论是就其基本的立场对资本主义内在矛盾的分析，还是为资本主义摆脱困境所开出的药方，书中内容都是言过其实的，更不用说与马克思的划时代性著作《资本论》相比较。它只是用客观的事实证明了资本主义两极分化的趋势，这是其主要特点与主基调，也是它的价值所在。在市场经济竞争的汹涌波涛中，大船与小舟谁的优势更大？这是无须多说的。

需要指出的是，资本的集中与财产向少数人手里聚集，这对于资本主义的生产方式与交换方式来说是一种不可逆转的必然性趋势，或者说是资本主义固有的经济规律。资本主义只要仍然是资本主义，上述趋势就会必然显现，不能期望换一个政府、换一个总统就能改变这种趋势。任何试图在不改变资本运行逻辑，不超越资本主义的范围去克服上述病症、逆转上述趋势的理论与药方最后都会归于破产与失败。《21 世纪资本论》其实也只是众多必然破产与无效的理论和药方中的一种。要改变与终止资本与财产向少数人手中集中与聚集的趋势，唯有终结资本主义的历史。

三

在《共产党宣言》中，马克思、恩格斯还根据资本运行的基本逻辑与资本主义所固有的不可克服的内在矛盾，对资本主义的发展趋势做出了另外一个极其重要的预测，即资本主义始终伴随着周期性的经济危机。在马克思、恩格斯历史观的视野里，资本主义周期性重复爆发的经济或商业危机，既是资本运行逻辑的必然结果，也是以大工业为代表的现代生产力反抗以资本为代表的现代生产关系的现实表现。正如马克思、恩格斯所指出的："几十年来的工业和商业的历史，只不过是现代生产力反抗现代生产关系、反抗作为资产阶级及其统治的存在条件的所有制关系的历史。"[1]

所谓周期性的经济危机，即是指资本主义周期性发生的商业性危机，这种危机的实质是一种生产过剩的危机。虽然，在马克思、恩格斯写作《共产党宣言》时，资本主义经济危机还只是爆发过一次，即1825 年席卷资本主义欧洲的危机。但由于马克思、恩格斯对资本主义生产关系内在矛盾与资本运行逻辑的深刻把握，使他们即使在资本主义经济危机的序幕刚刚上演时，便能敏锐与准确地认识与预测到，1825年爆发的经济危机，并不是资本主义经济发展过程中的偶然现象，而是一种带有周期性的、不断重复发生的必然性的历史趋势。在马克思、恩格斯的视野里，资本主义必然发生的周期性的经济危机，不仅是资本主

---

[1] 《马克思恩格斯文集》第 2 卷，人民出版社 2009 年版，第 37 页。

义创造或用法术呼唤出来的现代生产力对资本主义所有制关系的反抗，更是对资本主义生产关系的打击与对资本主义统治的威胁。因为"在商业危机期间，总是不仅有很大一部分制成的产品被毁灭掉，而且有很大一部分已经造成的生产力被毁灭掉。在危机期间，发生一种在过去一切时代看来都好像是荒唐现象的社会瘟疫，即生产过剩的瘟疫。社会突然发现自己回到了一时的野蛮状态；仿佛是一次饥荒、一场普遍的毁灭性战争，使社会失去了全部生活资料；仿佛是工业和商业全被毁灭了。这是什么缘故呢？因为社会上文明过度，生活资料太多，工业和商业太发达。社会所拥有的生产力已经不能再促进资产阶级文明和资产阶级所有制关系的发展；相反，生产力已经强大到这种关系所不能适应的地步，它已经受到这种关系的阻碍；而它一着手克服这种障碍，就使整个资产阶级社会陷入混乱，就使资产阶级所有制的存在受到威胁"①。

　　经济危机的实质是"文明的过度"，是生产力与产品的过剩，这种"过度"与"过剩"通常有两种表现形式，一是结构性的过度与过剩，一是总体性的过度与过剩。结构性的过度与过剩是经常发生的，并不具有周期性的特征，也不带有全局的性质；总体性的过度与过剩则具有周期性的性质，它是一种全面性的过度与过剩，是经济危机的典型形式。生产的全面过剩之所以被称为经济危机，是因为大量的商品卖不出去，其严重的后果是生产无法正常进行，一方面使资本丧失了增值利润的能力，另一方面是工人的大量失业与丧失生活来源，从而使社会生活发生混乱与社会矛盾趋于激化。资本主义为何会发生"文明过度"与"生产过剩"现象？这是否意味着社会成员的消费需求已得到充分的满足而不需要如此多的产品？当然不是。生产过剩的实质不是人们不需要这些产品，而是产品的总供给超过了人们能够购买这些产品的能力。"生产过剩"的危机对于资本主义的生产方式来说，之所以是不可避免的，并呈现出周期性的特征，深刻的原因在于，生产是社会性的，而生产资料是

---

① 《马克思恩格斯文集》第 2 卷，人民出版社 2009 年版，第 37 页。

私人占有的，资本的本性是逐利的，资本家作为资本家存在，他必须使自己的资本不断地实现增值，否则他就不能作为资本家的身份存在，这是资本运动的规律，也是资本的宿命。资本家必须将自己占有的资本所获得的利润的大部分再转化为资本，用来扩大再生产，因而社会生产的能力与规模会越来越大。另一方面，社会成员或雇佣工人的工资并不能随着社会生产的能力与规模相应增加，或者说资本扩张的速度与工人工资增加的幅度之间并不是一种成正比的关系。资本主义经济的每一次复苏与短暂的繁荣是以上一次的大萧条为条件与前提的，而每一次的复苏与繁荣意味或预示的是一次更大的危机与萧条的即将来临。因此资本主义周期性的过剩危机不是人们物质需求充分满足所引起的过剩，而是因为"资产阶级的关系已经太狭窄了，再容纳不了它本身所造成的财富了"①。或者说，造成资本主义危机周期性发生的原因在于资本扩充生产的冲动与能力相对于资本主义生产关系容纳能力的有限性的深刻矛盾所导致的一种过剩性危机。

资本主义生产方式必然伴随着周期性爆发的经济危机。不论是什么样的民族与国家，也不论这些民族与国家具有怎样的历史，只要它的经济制度纳入资本主义的轨道，周期性的经济危机就是不可避免的。可以说，《共产党宣言》以后的资本主义发展的历史对马克思、恩格斯在当年对资本主义发展趋势的这个预测的验证是不争的。即使是最顽固的资本主义制度的辩护者与马克思主义的反对者，也不得不承认上述预测的准确性。尤其是 2008 年以来，由美国次贷危机引发并还在持续的最近一次的经济危机，其规模之大、范围之广、延续时间之长，对整个世界的震动之烈，无不再一次证明或验证了资本主义不可能避免周期性经济危机，危机的幅度与烈度一次比一次更猛烈的预测的科学性与力量。周期性的过剩危机对于资本主义制度与资产阶级来说是一个无法治愈的顽疾，因为它是资本主义制度内生的。资产阶级既无法最终克服它，也不

---

① 《马克思恩格斯文集》第 2 卷，人民出版社 2009 年版，第 37 页。

可能有克服它的意愿。资产阶级不可能克服它，是因为"资产阶级用什么办法来克服这种危机呢？一方面不得不消灭大量生产力，另一方面夺取新的市场，更加彻底地利用旧的市场。这究竟是怎样的一种办法呢？这不过是资产阶级准备更全面更猛烈的危机的办法，不过是防止危机的手段越来越少的办法"①。资产阶级不可能真正有克服经济危机的意愿，是因为生产过剩危机的根本原因在于资本主义所有制关系容纳不下它们创造出的生产力。要真正克服生产过剩的顽疾，必须解决生产关系的容纳问题，即必须改变资本主义占有制本身，而这种"使资产阶级所有制的存在受到威胁"的做法，资产阶级无疑是不愿意的。可以说，直到今天，资产阶级用来对付或克服经济危机的办法仍没有超出马克思、恩格斯在《共产党宣言》中指出的范围，因此，人们所看到与经历的经济危机自然就是一次比一次更猛烈。要真正克服资本主义周期性的危机，唯有改变资本主义所有制形式，这是《共产党宣言》的结论，也是历史的必然。

也许人们会问，从 1825 年欧洲爆发第一次经济危机到今天已近 200 年了，其间爆发过多次的经济危机，但资本主义的历史为何仍在延续？而且在二战以后，以美国为首的主要资本主义国家还经历了一个近半个世纪的繁荣期，这是否意味着周期性的经济危机并不必然地导致资本主义历史的终结，或许它还是资本主义螺旋式发展的条件？对于某些资产阶级的学者来说，他们确实是通常利用人们的这种疑问去为资本主义辩护。然而，面对这样的疑问与辩护，需要指出的是，周期性的经济危机必然导致资本主义历史的终结是就资本主义演进的历史趋势而言的，资本主义的历史演进与奴隶制与封建制的历史演进一样，也是一个漫长的历史过程，奴隶制与封建制的历史存在都有超过千年的时间跨度，而资本主义的历史只不过存在了几百年。资本主义周期性的经济危机就其发展趋势而言，必然导致资本主义制度的灭亡，但必然灭亡不等于说马

---

① 《马克思恩格斯文集》第 2 卷，人民出版社 2009 年版，第 37 页。

上灭亡，要经历一个或短或长的过程。对于马克思的历史观来说，资本主义制度究竟何时灭亡，确实是难以预测的，但有一点却是可以确定的，即当资本主义所有制关系对生产力的容纳能力充分释放，再也不能促进，甚至阻碍生产力发展的时候，资本主义将到达它的历史终点。今天，我们虽然不能盲目乐观地认为资本主义已接近了它的历史终点，但却可以自信地认为，世界历史离资本主义历史终点的距离已越来越近了。一个不争的与可靠的根据是，资本主义周期性的经济危机发生的频率越来越高，周期循环的时间越来越短，造成危害的范围越来越大，深度越来越深，资本主义应对经济危机的办法却越来越少。更为重要的是，资本主义社会生产力的发展与增长突飞猛进的高速增长时代已彻底结束，1%—2%的低增长甚至是负增长已成为常态。有人将当代资本主义社会的病态归咎于全球化浪潮，于是便有了反全球化浪潮与贸易保护主义、民粹主义的逆袭。然而这是误判与错诊，开出的是一个与资本运行逻辑相互矛盾的药方。因为"不断扩大产品销路的需要，驱使资产阶级奔走于全球各地。它必须到处落户，到处开发，到处建立联系"[1]。全球化对资本主义来说，是一柄双刃剑。一方面充分利用旧的市场，开拓新的市场，是资本的本性与资本生存的条件，离开了对市场的利用与开拓，资本是无法生存的，从这个意义上说，人们不必过分担忧当下的反全球化浪潮，因为它有悖于资本的本性与利益；另一方面，它又进一步加深了资本主义固有的生产社会化与资本主义私有制之间的矛盾，使资产阶级应付周期性经济危机的办法越来越少。这是资本逻辑的必然困境，也是在资本主义范围内无法摆脱的困境。

---

[1] 《马克思恩格斯文集》第 2 卷，人民出版社 2009 年版，第 35 页。

一个被深度歪曲与误释的概念和理论 *

一

　　无论是在当代西方的理论界，还是在当下中国的理论界，一个似乎带有普遍性的共识是：社会的合理性与社会的健全有序性是同社会阶级、阶层的构成结构的合理性密切相关的。一个健全有序的合理性社会依赖于社会成员结构构成的合理性，只有在社会成员的阶级、阶层结构的构成上具有合理性的条件下，社会的运行才可能是有序的与可持续的，因而才可能是健全与合理的。那么，什么样的社会阶级、阶层的构成结构是一种合理性的结构？什么样的社会成员的构成结构属于失衡的结构？普遍与共识性的结论是，橄榄型或椭圆型的社会成员的构成结构是一种理想的、合理性的结构，富人少，穷人多的倒 T 字型的社会构成结构则是一种失衡的结构。所谓橄榄型的社会结构，具体指的是：一个社会的阶级、阶层的构成结构的分布应呈现为两头小、中间大的形态。所谓"两头小"是指社会中最富裕的人群与社会中最贫

　　*　本文原发表于《马克思主义研究》2012 年第 1 期。

穷的人群在社会总人口中所占的比例小，所谓"中间大"即是指社会中拥有中等财富的人在社会总人口中的比例大。对这些拥有中等财富的人群，西方学者通常称之为"中产阶级"。在美国学者约翰·J.麦休尼斯看来，中产阶级可以划分为两个阶层：上层中产阶级和普通中产阶级。"上层中产阶级的平均年收入在80000—170000美元之间，而普通中产阶级家庭的年收入为40000—80000美元，跟全国平均收入差不多。"①

"中产阶级"的概念在西方学术界是一个被极其看重的概念，这一概念通常是学者们分析当代社会中的许多问题的重要参考坐标之一。第一，"中产阶级"的发展状况及其在社会总人口中占比的大小，通常是学者们用来衡量社会发展程度的重要标尺。在许多西方学者的视野里，社会的发展状况与程度，与社会财富在社会成员之间的分配有着密切的关联性。在社会经济处于相对不发达的状况下，社会财富通常是向少数人手上集中，社会成员的阶级、阶层结构呈现出一种倒T字型或金字塔型。而在相对发达的社会状态中，社会财富的分布与阶级、阶层结构的分布通常是呈现出橄榄型状态，即社会中最富有的人数与最贫穷的人数在整个社会总人口中的占比都比较小，而拥有中等财富的人数在社会总人口中占比较大。因此，在不少西方学者的视野里，社会的阶级、阶层的分布是呈倒T字型或金字塔型分布，还是呈橄榄型分布，是判别一个社会是否发达的重要坐标之一。第二，"中产阶级"概念也是不少西方学者用来衡量社会合理性的坐标之一。许多西方学者认为，合理的社会状况应该是一种有序与稳定的社会状况，而社会的有序与稳定是与社会财富的分布与阶级、阶层结构的分布状态相关的。当社会财富集中在少数人手里，社会中绝大多数人处于普遍贫穷的情况下，社会阶级矛盾通常会比较尖锐、阶级斗争会比较激烈，而在阶级矛盾与阶级斗争尖锐、激烈的情况下，社会发展的稳定性与发展的可持续性会受到威胁。

---

① ［美］约翰·J.麦休尼斯：《社会学》，风笑天等译，中国人民大学出版社2009年版，第328页。

只有"中产阶级"的人口在社会总人口中占比处于多数的情况下，才能使社会的阶级矛盾得到缓和，社会的稳定与发展的可持续性才是有可能的或有保障的。由于"中产阶级"在社会中占有中等的社会地位，拥有中等的收入与财富，因而他们既不像富人那样极端的自私与保守，也不像穷人那样对社会充满敌意与极端，而是通常会表现为中庸与平和，"是政治领域起缓和作用的力量"①。第三，"中产阶级"也被一些西方学者视作是推动社会民主化有序发展的中坚力量。民主虽然被西方社会视作是具有普遍性的价值观念，但也有学者认为民主的推行与实现也需具备一定的条件，其中一个社会的中产阶级是否发展到足够的强大，是一个必要的条件。人们通常认为，当社会财富主要集中在少数富人手里时，有助于集权与专制的产生，而当社会的"中产阶级"占社会总人口的大多数时，民主就是一种必然性的趋势。正是基于这样的思路，一些寄希望于中国自由主义化或资本主义化的人们，也把希望寄托在所谓的中国"中产阶级"力量的发展壮大上。此外，"中产阶级"的概念，也是一些西方经济学家们分析社会经济发展时所看重的概念。不少人认为，经济的发展与增长依赖于社会消费的增长，没有社会消费的增长就不可能有经济的真正增长。而社会消费的增长既不能依赖于穷人，也不能依赖于富有的阶级，而只能依赖于社会"中产阶级"的发展与壮大。因为穷人想消费，没有消费能力，富人有消费能力，而没有消费的意愿，他们的消费通常处于一种饱和的状态，社会消费的动力只有依赖于既有消费需求又有消费能力的"中产阶级"，如此等等。"中产阶级"的概念在西方学者眼中对当代社会的意义与价值远远不只这些。

当然，"中产阶级"的概念被西方学者所看重所鼓吹，也有其意识形态方面的原因。在一些西方学者的视野里，当代资本主义社会"中产阶级"的崛起与壮大，意味着马克思、恩格斯在《共产党宣言》中对资

---

① ［美］塞缪尔·亨廷顿：《变革社会中的政治秩序》，李盛平等译，华夏出版社1988年版，第283页。

本主义社会阶级结构演变的历史趋势所作的结论的被否定，认为资本主义社会阶级结构历史演进的真实图景，并不是像马克思、恩格斯所预言的那样："我们的时代，资产阶级时代，却有一个特点：它使阶级对立简单化了。整个社会日益分裂为两大敌对的阵营，分裂为两大相互直接对立的阶级：资产阶级和无产阶级。"① 在西方学者们看来，当代资本主义发展不仅没有导致资本主义社会中的"中产阶级"的消亡，反而是促进了"中产阶级"的发展与壮大，当代资本主义社会的阶级结构也不是日趋简单化了，呈现出资产阶级与无产阶级的两军对垒，而是呈现出资产阶级与无产阶级的相对萎缩和"中产阶级"的渐趋发展的态势。而正是"中产阶级"的崛起改变了当代资本主义社会的阶级结构和阶级斗争的特点，使资产阶级与无产阶级之间的矛盾与对立得到了相对性的缓和。有人甚至认为，第二次世界大战以后，尤其是 20 世纪 70 年代以后，发达资本主义国家之所以没有发生大规模的工人运动，"中产阶级"的崛起是其中重要的原因之一。应该说，所谓"中产阶级"的概念，也是某些对马克思主义心怀敌意的西方学者砸向马克思主义的一块石头。

"中产阶级"的概念在 20 世纪 80 年代后开始传入中国，最先引进这一概念的恐怕要属社会学领域，随后也逐渐地传染到其他一些学科。而在时下，"中产阶级"的概念不仅进入了报纸杂志，上了广播电视，同时也进入了大学的政治课课堂，这一概念似乎在由学术性话语转化为百姓话语。一些国内学者自觉不自觉地模仿西方学者，不仅试图对中国当前的阶级、阶层结构进行新的分类，而且试图借用"中产阶级"的概念去解读与阐释社会经济、政治、文化中出现的一些新现象。面对"中产阶级"概念迅速扩散的情况，不仅鲜见人们对这一概念的科学性的质疑，而且还有人认为，这一概念是对当代社会的新发展与新变化的概括与表达。甚至还有人主张，我们应根据当代社会发展的新情况与新特点，对马克思主义经典作家的有关阶级的概念与阶级划分理论进行必要

---

① 《马克思恩格斯文集》第 2 卷，人民出版社 2009 年版，第 32 页。

的反思与修正，在对马克思主义的有关理论进行创新的基础上，实现马克思主义的与时俱进。

<h1 style="text-align:center">二</h1>

那么，当代西方学者所创造的所谓"中产阶级"的概念是否是一个科学的概念？当代西方发达的资本主义社会的阶级结构究竟是一种两极对立的结构，还是橄榄型的结构？马克思、恩格斯在《共产党宣言》中对资本主义社会阶级结构发展的必然性趋势的分析与预测，是否真的被当代资本主义发展的实际进程所否定了？将"中产阶级"的概念引进马克思主义的理论体系中，是否是对马克思主义与时俱进的发展与创新？当然都不是。如果人们不是有意对《共产党宣言》中有关阶级与阶级斗争的论述与理论进行歪曲，或者是做了误读与误释的话，就应该得出如下的结论：当代资本主义社会发展的现实不仅不是对《共产党宣言》中有关资本主义社会阶级与阶级斗争论述的否定，而是对他们所做预测的科学性的印证与肯定。所谓"中产阶级"的概念是一个非马克思主义的，也是非科学性的概念。

在《共产党宣言》中，马克思、恩格斯曾以明确而无疑的话语揭示了资本主义社会阶级结构演进的必然性趋势是，整个社会日益分裂为两大对立的阶级：资产阶级与无产阶级，而历史上那些曾经存在的中间阶级随着大工业与资本主义的发展其不可逆转的趋势是逐渐地走向没落与自然性的消亡。《共产党宣言》的诞生，离现在已经有 160 多年了，在这 160 多年的时间里，资本主义社会可以说是发生了巨大的变化，然而，马克思、恩格斯在《共产党宣言》中所做出的有关资本主义社会阶级结构演进的历史趋势的论断，究竟是被证实了，还是被证伪了？要回答这个问题，似乎有必要先弄清什么是资产阶级，什么是无产阶级，什么是资本主义社会中的中间阶级或"中产阶级"。什么是资产阶级？什么是无产阶级？恩格斯在 1888 年英文版的《共产党宣言》加上了一个注："资产阶级是指占有社会生产资料并使用雇佣劳动的现代资本家阶级。无产阶级是指没有自己的生产资料，因而不得不靠出卖劳动力来维持生活的现代雇佣工人阶级。"[①] 很显然，在马克思主义经典作家的视野里，无论是资产阶级也好，还是无产阶级也好，或者是别的什么阶级也好，其判别的标准是相同的。其一，是看人们与生产资料的关系，资产者作为资产者存在首先是他占有社会的生产资料，这是他成为资产者的前提条件，而无产者作为无产者存在的前提条件是不占有社会的生产资料。其二，是看人们与雇佣劳动的关系，人们如果只是占有社会的生产资料，而不运用自己占有的生产资料去使用雇佣劳动，他还不是资产者；人们如果仅仅是不占有生产资料，而不同时从事雇佣劳动，他也不是真正意义上的或现代意义上的无产阶级。除此之外，没有其他的判别或衡量的标准。那么，什么样的阶级属于中间阶级或"中产阶级"呢？从一般的意义上说，介于资产阶级与无产阶级之间的阶级被称为中间阶级或"中产阶级"，具体地说，那些虽然占有少量的生产资料，但既不使用雇佣劳动，也不从事雇佣劳动，而是运用自己占有的生产资料，并依靠自己的劳动获取生活资料来维持自己生存的人为中间阶级或中产阶级。在资本主义发展的早期社会中，那些拥有小块土地，过着自给自足生活的农民，拥有简单的劳动工具、依靠自己的手艺谋生的手工业工人，拥有少量资本或少量物业的小业主、小商人，即是马克思主义经典作家视野中的中间阶级或"中产阶级"，有时也被称为小资产阶级。在澄清了《共产党宣言》中有关资产阶级、无产阶级、中间阶级等概念的确切含义后，我们再来看看由西方学者首先提出来，并被国内许多人所认同的所谓当代社会的"中产阶级"的概念。根据西方学者的流行性解释和人们对"中产阶级"概念的理解和认同看，所谓"中产阶级"通常也有两个显著特征或判别的标准。其一，从收入与拥有的个人财富的方

---

① 《马克思恩格斯文集》第 2 卷，人民出版社 2009 年版，第 31 页。

面看，属于"中产阶级"的人群在收入上处于中等水平，在财富的拥有上不富也不穷。其二，从职业特征上看，被西方学者视为"中产阶级"的人群通常受过较高程度的教育，从事的主要是科学研究、教育、管理一类的脑力劳动的工作，这些人也通常被称为与从事体力劳动的蓝领工人相区别的所谓白领职员。然而，从马克思主义经典作家所提供的观点看，西方学者提出的所谓"中产阶级"的概念完全是一个似是而非的概念。诚然，在马克思主义历史观的视野里，阶级是一个经济范畴，阶级的划分通常是与财富的拥有状况分不开的，但需要特别强调的是，决定阶级性质的是人们占有生产资料的状况。因为随着科技的进步与生产力的发展，社会各阶级、阶层的收入状况在趋势上是不断增长的，人们的生活水平在总体上是逐渐改善与提高的，但这种增长、改善与提高并不能改变各阶级、阶层在社会中的地位以及它的阶级属性。今天开着汽车上班的工人，在收入与生活质量上可能并不比19世纪的小工厂主低与差，但却改变不了这样一个事实，开汽车上班的工人仍是工人。阶级的划分与职业的划分具有一定的联系，但职业的划分只是阶级划分的基础，职业的划分本身并不是阶级划分，在当代发达的资本主义社会，律师与教师并不分属于不同的阶级，工人与农民并没有本质性的区别，农民在本质上是一种干农活的农业工人。至于当代西方社会中"蓝领"与"白领"的区别，则更是形式上的，不是本质上的。"蓝领"也好，"白领"也好，在下面两个方面是相同的，其一，他们都不占有生产资料，他们所拥有的除了自己的脑力与体力，或者说拥有自己的劳动力之外，别无他物；其二，他们都受雇于资本，依靠自己的收入来维持自己及家人的生活。依据马克思主义经典作家关于阶级的界定与阶级划分的标准，西方学者所指认的"中产阶级"并不是当代资本主义社会发展过程中新形成的一个独立性阶级，这个所谓的"中产阶级"中绝大多数成员其实仍然属于无产阶级。

当然，对西方学者提出的"中产阶级"概念作上述解读，确也存在着下面两个需要进一步澄清与申述的问题：其一，在当代西方社会中，许多从事雇佣劳动的人的收入中，除了工资收入以外，确也有一部分来自企业与公司的小额配股的股权收入或股票投资的收入。有人将这种情况说成是资本的普遍化。面对这一情况，人们需要深思的是，少得可怜的股权收入与股票投资收入能否改变劳动者被雇佣的地位与性质？更为重要的是，劳动者所获得的这种股权收入与投资收入是从哪里来的，换句话说，这种收益是谁创造的？从本质上看，少量股权收益也好，股票投资的收益也好，不过是资本以另一形式付给劳动者的工资。资本将应付给劳动者的工资采取两种不同的方式，即货币与股权的方式进行给付，除了制造出一种欺骗劳动者的假象之外，对劳动者来说并不存在着任何实质意义的改变。其二，在被雇佣的人群中，也并非所有的受雇佣者都具有无产阶级的属性。例如，在当代发达资本主义社会中的某些企业或公司的高级管理人员，尤其是那些高级的首席执行官，这些人虽然也不是资本的占有者，而是资本的管理者与使用者，他们的职位也有受雇佣的性质，那么，这类在某些方面符合马克思主义经典作家有关无产阶级的界定与特征的人，是否属于无产阶级的范畴？当然不能。根据与理由是，在这些高收入人群中，他们的收入远远超过了他们的劳动所应获得的工资，在他们的工资收入中，除了部分所应获得的劳动报酬外，也参与了资本对劳动者所创造的剩余价值的分配。因此，从他们占有了剩余价值的方面看，这些人应归属于资产阶级的范畴。

在分析与澄清了西方学者提出的"中产阶级"概念的似是而非的虚假性质后，一个被西方学者所歪曲，被国内学者所误读与误释的理论也就无可争辩地得到了证明：即在资本主义社会中，阶级对立简单化了，"整个社会日益分裂为两大相互直接对立的阶级：资产阶级和无产阶级"①。在资本主义历史发展的进程中，中间阶级或"中产阶级"不是日趋兴盛与强大，而是日趋式微与没落。在当代资本主义社会中，农民作为一个阶级不复存在了，农民变成了农业工人；手工业工人，在大工

---

① 《马克思恩格斯文集》第2卷，人民出版社2009年版，第32页。

业的重压与竞争的排挤下，不断流落到雇佣工人的队伍中来；先前的小业主与小商人也在大工业发展中发生了分化，除极少数人晋升到资产阶级的队列之外，绝大多数都成了工人阶级的一员；而在旧时还享受一定尊敬的自由职业者，在发达的资本主义社会中也转变成领取工资的雇佣劳动者。总之，资本主义的发展，使失去生产资料与依靠工资生活的雇佣劳动者越来越多了，而不是越来越少了，一些原有的中间阶级或"中产阶级"作为阶级整体也现实性地不复存在了。

三

对西方学者提出的所谓"中产阶级"概念的似是而非性质的澄清，对马克思主义经典作家有关资本主义社会阶级结构与阶级对立发展趋势的必然性理论的理解与论争上的正本清源与拨乱反正，对于坚持与发展马克思主义，对于正确认识当代资本主义发展及其趋势来说，不但有不可轻视的理论意义，更有不可轻视的现实意义。

究竟如何看待西方学者提出的"中产阶级"概念，并不仅仅是一个学术之争的问题，对这一概念进行必要的辨析与澄清更不仅仅是在玩一种文字上的概念游戏，而是牵涉着对马克思主义阶级与阶级对立理论的理解，牵涉着对资本主义社会发展趋势与规律的把握与阐释，甚至也牵涉着对马克思主义历史观与科学社会主义的理解与把握。当代西方资产阶级学者处心积虑地制造出"中产阶级"的概念，并以此为母体衍生出"橄榄型社会"的概念，并不遗余力地大肆宣传和到处推销，人们不能简单地视之为一种纯粹的学术争鸣与学术创新，而是有着极其鲜明的意识形态色彩，其目的指向既明确也具体，它是一块砸向马克思主义的大石头，是一副试图消解马克思主义的化学药剂。他们试图用这个新的"中产阶级"概念去否定与颠覆马克思主义经典作家关于资本主义社会"使阶级对立简单化了"的论断。在他们看来，马克思主义关于资本主义社会阶级对立与阶级斗争的发展规律与表现特点、资本主义社会演进的历史趋势与必然归宿，以及共产主义前景的论述都是奠基于资本主义社会阶级对立状况的分析与判断的基础上的，一旦否定与颠覆了马克思主义关于资本主义社会阶级对立状况的分析与判断，也就等于否定与颠覆了建立在这个分析与判断基础上的一切理论与结论。在西方学者们的思维理路中，既然当代资本主义的发展不仅没有循着马克思主义创始人预测的方向发展，反而是呈现出相反的趋势，即"中产阶级"在资本主义社会不是呈现出日趋没落与消亡的景象，反而是呈现出日益发展与壮大的趋势；资本主义社会的阶级与阶层结构不是趋向简单化，而是复杂化了；资本主义社会的阶级构成结构不是表现为对立的两极，而是表现为两头小、中间大的橄榄型；马克思主义创始人曾经做出的预测与预言也就无可争辩性地失效了。因此，对于马克思主义者来说，澄清西方资产阶级学者的"中产阶级"概念的似是而非的性质，既是一种重大的理论挑战，同时也具有重大的理论意义。当代资本主义社会的阶级结构是否发生了趋势性的改变，关涉着马克思的历史观与科学社会主义学说的历史命运。人们只有对当代资本主义发展的内在逻辑与必然趋势有着正确而清醒的把握时，才有可能建立起对马克思主义历史观与科学社会主义学说的坚定信心。

澄清西方学者的"中产阶级"概念的似是而非的性质，还所谓的"中产阶级"以本来的原貌，对于我们认清当代西方资本主义发展的本质，坚定对社会主义发展的前景也具有重要的现实意义。当代西方学者以对人们收入状况的分析去替代对生产资料的占有状况的分析，以所谓的"白领"与"蓝领"的职业划分去替代阶级的划分，制造出所谓的"中产阶级"发展壮大的假象，并以这个似是而非的虚假概念为工具，去分析当代资本主义社会的一系列经济、政治与社会现象，试图在意识形态上做出一些有利于资本主义的辩护性结论，其目的很明确，即是要模糊当代资本主义社会的阶级界限，掩盖资本主义的内在矛盾，论证资本主义制度的合理性与永恒性。应该承认，当代西方学者的这一套手法确有很大的欺骗性，这种欺骗性对于那些缺乏马克思主义基本理论素养的人们来说，所起的作用尤为明显。近年来，西方学者提出的"中产阶级"概念，以及以这一概念为母体衍生出来的诸如"橄榄型社会"的概念与理论在国内学术界，甚至是我们的大学课堂中迅速扩散与蔓延的情况就是一个有说服力的证明。因此，科学解读马克思主义历史观与科学社会主义理论中的有关阶级、阶级对立、阶级划分的理论，正确地把握与阐释马克思主义经典作家有关资本主义发展趋势的科学预测，澄清西方学者的"中产阶级"概念的似是而非的性质，对于人们正确地把握当代资本主义的本质与发展趋势，科学地解读当代资本主义发展过程中所出现的新现象与新特点，提高对西方资产阶级意识形态的误导与欺骗的免疫力，都具有极其重要的现实意义。

当代资本主义社会中工人阶级收入相对性的提高与物质生活条件相对性的改善，并不意味着工人阶级地位的改变；当代资本主义社会由于科技革命与产业转型而导致的职业结构的变化并不意味着工人阶级的消失或队伍的萎缩，卷入无产阶级队伍的人数不是越来越少了，而是越来越多了；当代资本主义的阶级结构不是越来越复杂了，而是越来越简单了；当代资本主义社会阶级对立与阶级斗争暂时性的缓和，并不意味着资本主义阶级矛盾的消除；当代资本主义社会暂时性的经济繁荣也并不能掩盖它所蕴含的更加深刻的危机。这不仅是我们从马克思、恩格斯曾做出的论断中推论出来的结论，而且更是当代资本主义社会发展的客观现实的真实写照。

马克思历史观视野中的剥削问题[*]

一

"（从原始土地公有制解体以来）全部历史
都是阶级斗争的历史，即社会发展各个阶段上
被剥削阶级和剥削阶级之间、被统治阶级和统
治阶级之间斗争的历史。"① 这一论断既是马克
思主义创始人对私有制社会历史发展本质的经
典概括，也是构成《共产党宣言》的基本思想
的核心精髓。那么，人类社会在私有制社会的
发展阶段上，历史何以表现为阶级斗争的历史？
一个有说服力与合乎历史实际的解释是：自人类
社会进入私有制社会发展阶段之后，社会不仅
分裂与划分成不同的阶级，阶级结构与阶级关
系是构成社会结构与社会关系的骨骼与基础；更
为重要的是，在全部私有制社会的历史发展过
程中，剥削阶级与被剥削阶级之间、统治阶级
与被统治阶级之间，剥削与被剥削、统治与被
统治的矛盾，剥削与反剥削、统治与反统治的
斗争，始终构成整个社会矛盾与斗争的焦点与

＊　本文原发表于《中南民族大学学报（人文社会科学版）》2017 年第 5 期。

①　《马克思恩格斯文集》第 2 卷，人民出版社 2009 年版，第 9 页。

主线，构成社会发展与历史进步的动力与杠杆。然而，剥削作为私有制社会中一种必然性的历史现象，它对私有制社会的历史发展究竟起着一种什么样的历史作用？它是私有制社会发展与历史进步借以实现的必然形式，还是阻碍社会发展与历史进步的巨大障碍？应给予它诉诸必然性的还是非必然的、合理的还是非合理的历史评价与价值评价？尤其是在马克思主义思想体系的逻辑架构中，经典作家们对剥削究竟诉诸的是什么样的历史评价与价值评价？站在马克思主义历史观的立场上应该给予剥削的是否定，还是肯定，抑或是客观、理性的辩证思考与分析？

对于剥削，不同阶级的人们存在着不同甚至是对立的态度与评价。对于历史上处于剥削地位的阶级与人们来说，他们在对待剥削的态度上，通常的情况要么是否定剥削的存在，对剥削的客观事实进行尽力的掩盖与淡化，要么对剥削诉诸正当性与合理性的辩护。在奴隶主阶级、封建地主阶级、现代资产阶级等处于剥削地位的阶级的思维认知中，奴隶、土地、资本是属于他们的私有财产，私有财产是一种资源，拥有私有财产就是拥有了一种资源，而一切资源都应该是有收益与回报的。在奴隶主的认识中，奴隶是他的私有财产，奴隶就应为他劳动与受他役使；在地主的认知中，农民耕种自己出租的土地，就应向自己交纳地租；在资本家的认知中，他出资雇佣了工人，工人依靠他的雇佣而得以生存，工人就应该为他创造利润。这种私有制社会里必然通行的思维认知的逻辑，只要私有制存在，其代表者与拥护者就一定会始终遵循。在一切私有者与剥削者的潜意识中，他们并不愿意承认自己所获得的收益与财富来源于对他人的剥削，更愿意将其说成是财产出让所得到的合法性报酬，即使有时被迫承认是一种剥削时，也会为自己的剥削进行合理性与正当性的辩护。当然，从历史的维度看，某些特定的剥削阶级对某种特定的剥削形式也诉诸过反对或反抗的态度，例如新兴地主阶级对奴隶制剥削的反对，新兴资产阶级对封建式剥削的反对，没落的地主阶级对资产阶级剥削的批评，等等，但不应忽视的事实是，剥削阶级反对的只是某些特定的、损害自身利益的剥削形式，而不是剥削本身。对于被剥削阶级来说，虽然他们并不十分清楚自己为何处于被剥削、被统治的地位，对自己所受的压迫也不总是采取反抗的态度；他们有时也把自己的贫困与恶劣的生活环境归于命运的安排，并将自己的未来寄望于救世主的恩典；但当被剥削阶级一旦觉悟时，他们也会对剥削阶级的剥削进行反抗。历史上的被剥削阶级对剥削通常都诉诸于一种否定性、非正义性的评价，这是由他们的阶级地位和实际生活状况决定的。从思想发展史上看，不同阶级的意识形态对剥削的评价也是充满着对立的，有为剥削的正当性、合理性辩护与张目的，也有对剥削诉诸不满与愤怒的。虽然，直接与旗帜鲜明地为剥削阶级的具体剥削行为进行辩护与张目的思想家并不多见，在许多情况下，思想家们更愿意人们将自己视作是社会正义的守护者、社会道德与良心的代言人，因而，在对待剥削的问题上，外观上表达出来的更多的是批判，而不是辩护。然而，一个不争的事实是，阶级社会的占主导地位的意识形态在其实质上仍然是为剥削制度辩护的，因为"统治阶级的思想在每一时代都是占统治地位的思想"①。需要指出的是，在思想发展史上，即使是那些对剥削与剥削制度持批判与否定态度的思想家们，其观点与思想也大多是情感甚于理性，愤怒多于冷静，诉诸的大多是道德性的批判与应该性的价值评判；很少有人对剥削诉诸历史必然性的审视与科学理性的冷静分析，在马克思主义之前，黑格尔也许算是鲜见的杰出例外。黑格尔作为一位有着强烈历史感的思想家与哲学家，唯有他才从历史的必然性与历史的现实性和历史的合理性的辩证统一性出发，给予了剥削这一私有制社会的普遍必然性现象以富有历史感的辩证评价。在黑格尔的历史理论中，虽然"一切依次更替的历史状态都只是人类社会由低级到高级的无穷发展进程中的暂时阶段"，但"每一个阶段都是必然的，因此，对它发生的那个时代和那些条件说来，都有它存在的理由；但是对它自己内部逐渐发展起来的新的、更高的条件来说，它就变成过时的和没有存在的理由了；它不

---

① 《马克思恩格斯文集》第1卷，人民出版社2009年版，第550页。

得不让位于更高的阶段,而这个更高的阶段也要走向衰落和灭亡"①。

面对私有制社会中普遍存在的剥削现象,马克思的历史观的认知与评价又是怎样的呢?这样的提问或追问的方式也许会使人感到不解与惊讶,因为在许多人的认知中马克思主义作为一种无产阶级革命与无产阶级解放条件的理论,对于私有制社会中的统治阶级与剥削阶级对被统治、被剥削阶级的统治与剥削诉诸批判与否定应是无疑或无可争辩的。剥削与压迫都是非正义与非道德的,也是阻碍社会历史进步的,甚至是罪恶的,一切反抗剥削与压迫的斗争都具有正义与进步的性质,在受过马克思主义教育并对马克思主义持有信念的人们的思维认知中,虽然不是全部,但至少对于相当大的一部分人来说,这近乎是一种不可动摇的信念。在我们过去的,甚至是到目前为止的各个不同学科的马克思主义教科书与思想史的教科书中,在关涉着剥削与压迫现象的评价时,人们看到的更多的是否定性与批判性的评价,能够对剥削与压迫现象诉诸历史的肯定与辩证分析的极为少见,即使能够见到,通常也是逻辑与抽象意义上的一笔带过,很难见到深入的辩证分析与科学的逻辑阐释与论证。然而,对剥削现象的这种普遍性的根深蒂固性的认知,对马克思主义有关剥削的理论的传统的单向度批判与否定性的解读是大有疑问的。我们姑且不论对以私有制为基础所产生的剥削现象的作用做绝对的否定是否符合历史的真实,也姑且不论将马克思主义创始人视作是一切被剥削、被压迫的代言人的看法是否符合马克思科学思想体系,尤其是马克思的唯物主义历史观的固有实质,仅就社会历史发展本身的逻辑阐释而言,遵循上面的认知,也会在理论的逻辑上遇到难以克服的困境。其一,剥削现象的产生与存在,是与私有制社会的产生与存在密切联系的,只要社会历史还没有超出私有制社会的性质,剥削现象的产生与存在就是不可避免的,剥削现象的产生与存在同私有制社会产生与存在的这种因果关系,并不仅仅是一个纯粹理论上的逻辑推论,而是历史发展

---

① 《马克思恩格斯文集》第4卷,人民出版社2009年版,第270页。

过程中所呈现出来的任何人都得承认的经验事实。诚然，马克思的历史观并不认为任何私有制都会导致剥削现象的产生，在私有制社会的历史中，的确也存在着一种"以自己的劳动为基础的私有制"，存在着"孤立的、自主的劳动者同劳动的外部条件结合在一起的私有制"①。不可否认，这种"以自己的劳动为基础的私有制"或私有财产的产生与存在的确不会导致对他人的剥削与对他人劳动的支配。但问题是，这种以自己的劳动为基础的私有制"在私有制社会中并不是占据主导地位的私有制形式，更为重要的是，随着资本主义的发展，这种以自己劳动为基础的私有制"不可避免地会被资本主义私有制所排挤掉。在私有制社会中，占统治地位的是奴隶制的、封建制的、资本主义的私有制，而这种占统治地位的私有制的生成与存在是以对他人的剥削与对他人的劳动的支配为基础的。因此，在私有制社会的历史发展中，剥削是必然性的历史现象，不存在剥削有无的问题，区别只在于，在私有制社会的不同发展阶段上剥削的形式与程度的不同而已。人们虽然不能说一切形式的私有制都会产生剥削，但剥削的根源在于私有制，没有私有制就不会有剥削这样的推论应是无可争辩的。如果一切形式的剥削都是不合理的存在，那么，一种不合理的存在何以会表现为社会历史发展过程中的历史必然性呢？其二，如果认定一切剥削行为都是非正义、非道德的，都应给予负面的、否定性评价，一切反抗剥削的行为都无条件地具有道德与正义的价值，都应给予正面的、肯定性评价，那么，人们就无法对如下的一个经验性事实做出合理性的逻辑解释：不道德的、非正义的剥削阶级在私有制社会中通常都处于统治与主导地位，而拥有道德与正义优势的被剥削阶级反倒通常处于被统治地位，属于社会的弱势群体。在思维的逻辑的维度中，赋予剥削的非道德、非正义的评价，赋予被剥削与反抗剥削的以道德与正义的价值辩护，一方面喻意着人类在私有制社会历史中的存在是一种非道德、非正义的存在，因为，在私有制社会历史中居于主

---

① 马克思：《资本论》，中国社会科学出版社 1983 年版，第 825 页。

导与统治地位的始终是剥削阶级，而不是被剥削阶级；另一方面，也喻意着人们坚信不疑的真理终将战胜谬误、正义终将战胜邪恶信条的无效。如果从私有制社会是一种剥削阶级占统治地位的社会，而剥削又是非道德、非正义的，合乎逻辑的推论必然是私有制社会是一种非道德、非正义的社会，这样的历史观是难避历史虚无主义的嫌疑的。如果认定对私有制社会中存在的一切处于被剥削、被统治的弱势地位的人群与阶级，以及他们的反剥削与反压迫的行为都应诉诸道德与正义的肯定与辩护，那无异于意味着承认，在私有制社会中，人们对道德与正义的追求是没有意义的，因为，不仅只要私有制存在，剥削就必然存在，而且只要是在私有制社会中，占统治地位的必然是剥削阶级，人们对正义的追求是毫无实现与获胜希望的。

二

不可否认，马克思主义创始人在自己的著作中曾留下过不少对私有制的批评与批判，对剥削阶级与统治阶级的剥削与统治的实质和残暴性给予过深刻的揭露与抨击，尤其是对资本主义私有制与资产阶级的剥削方式的揭露与批判，在《资本论》及资本论草稿中表现得既深刻且充分。《资本论》既是对资产阶级经济学的批判，更是对资本主义生产关系和资本主义剥削的批判。在《资本论》中，马克思对资本本质的分析入木三分，对资本家利润的来源与资本家财富不断增值的内在机制；资本家剥削工人的全部秘密，雇佣工人遭受剥削与贫困、异化劳动的压迫的惨状；资本主义生产方式与资本主义生产关系的本质、内在矛盾以及资本主义的最后的必然归宿，阐释得清清楚楚，揭露得淋漓尽致，批判得不容辩解。尽管如此，我们并不能由此得出马克思的历史观对私有制以及私有制必然导致的普遍剥削现象是持绝对否定与批判的立场与态度的。这不仅是因为，在马克思主义经典作家的著作中，对私有制社会的各种私有制形式以及它必然产生的剥削现象的批判并不是构成马克思历史观理论的全部，而只是这个理论的一部分或一个方面，一个同样不可否认的客观事实是，在马克思主义创始人的经典著作中也曾为我们留下过不少对私有制以及阶级剥削给予历史性肯定与辩证分析的深刻论述与见解。更为重要的是，马克思的历史观作为一种产生于对社会历史及其发展科学把握又用于指导社会历史研究与分析的科学理论，它是一种科学性的理论，而不是一种仅仅具有道德特性的理论，它对社会历史事物与现象的分析贯彻的是唯物的、历史性的原则，始终反对做抽象的分析与审视，它对社会历史事物与现象的评价通常是既唯物、又辩证的，从不诉诸绝对主义片面性的绝对肯定与片面性的绝对否定。

从历史上看，私有制与剥削可视作是一对孪生兄弟，二者之间存在着内在的必然联系与关系，这不仅表现在私有制的产生不可避免地会导致阶级剥削与阶级的统治与压迫，而且还表现在，剥削是私有制必然的伴随或伴生现象，只要私有制或私有财产存在，剥削现象就不可能消除与消失。在私有制社会历史发展的过程中，存在的只是剥削形式与剥削程度的差别，但不存在剥削性质与剥削有无的差别。正因为如此，在理论分析的逻辑上，马克思的历史观如何看待与评价私有制的历史作用，也就内在地决定着它如何看待与评价剥削的历史作用。要弄清与阐释马克思的历史观对待剥削的态度与评价，无疑首先要弄清与阐释马克思的历史观对待私有制的态度与评价。谈到马克思的历史观有关私有制的基本认知，第一个需要确认的基本观点应该是，在马克思历史观的视野里，私有制的产生与存在在人类社会历史发展的一定阶段上是一种必然性的社会历史现象。私有制不是从来就有的，它是社会生产力发展到一定阶段的必然产物，具体地说是社会生产力水平发展到人们自己生产的物质生活资料，除了满足自身与自身所属共同体的基本需要外，还有一定的剩余时才必然产生的。私有制的存在也不是像某些资产阶级古典经济学家们所说的那样，具有永恒的自然性质，私有制的存在与它的产生一样都是历史性的，只有在社会生产力有了一定的发展，但又发展得不够的条件下它才存在。一旦社会生产力的发展到导致社会物质财富的充分涌流的阶段时，私有制也必然会因其存在条件的丧失而归于消失。然而，私有制以及与私有制相伴的剥削现象的必然消灭，同私有制与剥削现象的必然存在一样，都取决于一定的客观历史条件，而不取决于人们的主观愿望与服从人们的主观意志，既不取决于个人的愿望与意志，也不取决于某些阶级的愿望与意志。在马克思历史观的理论逻辑中，私有制的产生、存在、消灭是一个自然历史过程，它有自己的生成与运行规律，决不是像空想社会主义思想家傅立叶所认为的那样，人类早在古希腊的梭伦时代就可消灭私有制。私有制的产生与私有制形式的历史更替对人类社会历史的进步与文明的发展起过非常革命性的作用。如前所述，私有制的产生与发展确实为人类社会历史的发展带来许多负效应，在一定的意义上甚至是灾难，使人类付出了极为沉重的历史代价。私有制的出现打破了原始共产主义社会中存在的人们相互合作、彼此平等的和谐状态，导致了社会的分化和不平等的产生，社会矛盾的加深与扩大，并使某些个人，甚至是某些阶级的利益受损与牺牲。正如恩格斯所说的，在以私有制为基础的文明时代中，"生产的每一进步，同时也就是被压迫阶级即大多数人的生活状况的一个退步。对一些人是好事，对另一些人必然是坏事，一个阶级的任何新的解放，必然是对另一个阶级的新的压迫"①。但在马克思历史观的视野里，私有制的产生不仅具有历史的必然性，同时也具有历史的合理性与进步性。马克思在批评平均主义的共产主义时曾经指出，平均主义的共产主义是一种粗陋的共产主义，平均主义的共产主义之所以具有粗陋的性质，因为它试图将社会的财富以一种极端的方式重新平均化，因而平均共产主义的实质是"对整个文化和文明的世界的抽象否定，向贫穷的、需求不高的人——他不仅没有超越私有财产的水平，甚至从来没有达到私有财产的水平——的

---

① 《马克思恩格斯文集》第 4 卷，人民出版社 2009 年版，第 197 页。

非自然的简单状态的倒退"①。在马克思上述对平均共产主义的批判中，极其明显地表达出如下的一个重要思想，超出原始共产主义的公有制，"达到私有财产的水平"是人类历史的一个进步，而不是一种退步，相反以平均主义的方式对私有财产的否定"实质上是对整个文化与文明世界的抽象否定"，是一种"非自然的单纯倒退"。深刻的原因在于，在原始共产主义社会中，生产力是落后的，人们是贫穷的，也是没有需求的。私有财产出现的意义在于，它促进了社会生产力的提高，社会财富的增加与人们的贫困状况的改善，人们需求的释放，以及人类"整体的文化与文明"进步与发展。在马克思历史观的视野里，不仅私有制社会取代原始共产主义社会使人类社会的历史告别了蒙昧与野蛮的史前时代，进入到文化与文明的时代是一个巨大的历史进步，同时还认为私有制的存在也不是一成不变的，私有制的表现形式也是历史性地不断改变与更替着，并在总趋势上表现为从低级到高级拾级而升的状态。而私有制表现形式的每一次改变与更替，通常表现为社会受到一次革命性的改造，历史朝着进步的方向迈进一步。在马克思的历史观对人类社会历史的认知与评价中，不仅奴隶制取代原始公有制是一个巨大的历史进步，而且也赋予封建所有制取代奴隶制、资本主义私有制取代封建私有制以历史进步性的肯定评价。生产关系的核心构成部分是所有制关系，一定的生产关系在本质上是人类在一定历史阶段上的自主活动条件，在私有制社会中，不同的私有制表现形式在本质上也是人的自主活动所要求的表现形式，因此，私有制表现形式的每一次改变与更替之所以蕴含有社会历史进步的意义，根本性的原因在于，它意味着人类的自主活动方式的改变与改善。人的自主活动方式实际上也就是社会生产力的存在与发展的方式，因为在马克思的历史观中，生产力不是别的什么东西，生产力即是人的本质力量的对象化或外化，"生产力的历史""也是个人本身

---

① 《马克思恩格斯文集》第4卷，人民出版社2009年版，第184页。

力量发展的历史"。① 在马克思历史观的理论逻辑中，私有制表现形式的每一次改变与更替，即是人的自主活动方式的改变与改善，也即是社会生产力的存在与发展方式的改变与改善，而生产力的存在与发展方式的改变与改善也使生产力获得进一步发展的空间与达到一个新的历史高度，这是一个无缝连接的理论逻辑链条。总之，在马克思历史观中，对私有制以及由私有制必然导致的剥削现象诉诸的并不全是批判与否定性的评价。我们不妨以马克思的资本主义观为例，马克思主义创始人对资本主义生产方式的内在矛盾与资本主义剥削给予过深刻的揭露与严厉的批判是不争的，但马克思主义的资本主义观并不是像许多人所认知和阐释的那样，可以简单地归结为对资本主义的批判，或者说可以简单地在马克思主义的资本主义观与对资本主义的批判之间画上等号。一个不争的事实是，马克思主义创始人在为我们留下过大量批判性评价的同时，也为我们写下过"资产阶级在历史上曾经起过非常革命的作用"②，以及对于从封建所有制向资本主义私有制转变中的民族来说"不仅苦于资本主义生产的发展，而且苦于资本主义生产的不发展"③ 这样一些对资产阶级与资产阶级生产方式予以正面肯定性的经典性论断。

在理论的思考逻辑上，肯定了私有制在人类社会历史发展一定阶段上的必然性与合理性，也就蕴含着对剥削现象存在的必然性与合理性的肯定。但私有制在发展的过程中其表现形式是会发生转换与更替的，私有制形式的转换与更替实质上也就意味着私有制下的剥削方式的转换与更替。私有制的表现形式与剥削方式存在着转换与更替的现象表明，并不是所有的私有制表现形式与剥削方式在任何情况下都具有无条件的合理性，私有制的具体表现形式与剥削的具体方式也存在着一个是否合理的问题。人们应用什么样的尺度与坐标去衡量与判别一种具体的私有制的表现形式与具体的剥削方式的合理性呢？能否用一种符合道德要求的

---

① 《马克思恩格斯文集》第 1 卷，人民出版社 2009 年版，第 576 页。
② 《马克思恩格斯文集》第 2 卷，人民出版社 2009 年版，第 33 页。
③ 《马克思恩格斯文集》第 4 卷，人民出版社 2009 年版，第 468 页。

尺度与符合正义原则的坐标去加以衡量与判别呢？显然不能。不能的原因不仅在于，道德要求也好，正义的原则也好，它们本身都具有历史的性质，社会历史中并不存在着一种适合任何时代、一切情况的具有普适性的道德原则与正义原则；而且还在于，社会中通行的道德原则与正义原则本身也有一个是否合理的问题，相对于私有制的具体表现形式与剥削的具体方式的合理性而言，社会中通行的道德原则与正义原则不仅不能作为其衡量尺度与判别坐标，反而应随前者的变化而进行改变。是一定的私有制的表现形式与剥削方式要求一定的道德原则与正义原则与之相适应，而不是相反的情况。在马克思历史观的理论逻辑中，现存的事物与现象并不等于是现实的与合理的，衡量与判别现实性与合理性的尺度与坐标是是否符合历史的必然性。即是说，一种具体的私有制表现形式与具体剥削方式是否具有合理性、正当性，其衡量的尺度与判别坐标应该看它是否具有存在的必然性。一种私有制表现形式与剥削方式相对于它的产生条件与存在的条件来说是必然的，也即意味着它的产生与存在是具有合理性与正当性的，反之，当它的存在条件改变了，必然性丧失了，它也就会由合理的变成不合理的、正当的变成非正当的了。当一种私有制的表现形式与剥削方式丧失了自己的必然性与合理性时，就会被新的私有制形式与剥削方式所代替，这是私有制社会的发展规律。由此可见，人们不能从私有制在社会历史发展的一定阶段上的必然性与合理性中抽象地推论出一切私有制的具体表现形式与剥削方式的必然性与合理性，既不能对一种私有制的具体表现形式与剥削方式诉诸必然性与合理性的抽象肯定，也不能诉诸必然性与合理性的抽象否定，而应结合具体的历史条件具体情况具体分析。同样，对于被剥削阶级的被剥削与对剥削的反抗的评价也不应是抽象的，也应遵循具体情况具体分析的方法与原则。对于历史上的被剥削与被压迫阶级来说，他们对那些在历史上已丧失了历史必然性与合理性的阶级的剥削与压迫的反抗是具有合理性与正当性的，并且有无可争辩的历史进步意义的。但也并不能对被剥削、被压迫阶级的一切反抗行为诉诸无条件的肯定，给予合理性与正当性的评价，被剥削与被压迫阶级的反抗行为是否具有合理性与正当性取决于它所指向的对象是否具有存在的必然性与合理性，以及他们的反抗行为本身是否具有历史进步性。例如，资本主义社会中的封建残余势力、小资产阶级、农民阶级对资本主义私有制与资本主义剥削方式的批判与反抗就是非合理与非正当的，马克思主义经典作家对这些阶级的反抗行为不仅没有给予正面的肯定，反而赋予开历史倒车，具有反动性质的否定性评价。在《共产党宣言》中马克思、恩格斯对各种形式的封建社会主义的批判、对"真正的社会主义"的批判，恩格斯对卡尔·海因岑的批判中无疑都是表达这种否定性评价的确切例证。

对马克思历史观的上述阐释表明，在马克思历史观的理论逻辑中，历史的合理性与必然性是辩证统一的，合理性的存在基础是合必然性，衡量与判别一种私有制的表现形式与剥削方式的根本性的尺度与坐标是要看它是否合乎历史的必然性。然而，历史的必然性又应如何进行把握与判别呢？历史必然性问题是否也是一个你说是它就是、你说非它就非的问题？当然也不是。如同马克思的历史观为人们把握与判别历史的合理性确立了一个客观性的尺度与坐标一样，它也为人们把握与判别历史的必然性确定了一个客观性的标准，这个客观标准即是"无论哪一个社会形态，在它所能容纳的全部生产力发挥出来以前，是决不会灭亡的；而新的更高的生产关系，在它的物质存在条件在旧社会的胎胞里成熟以前，是决不会出现的"①。虽然，马克思说的这两个"决不会"在直接性上针对的是社会形态的合理性与必然性的把握与判别问题，但它无疑也适用于私有制表现形式与剥削形式是否具有必然性的把握与判别。一个无需详述的理由是，私有制的表现形式与剥削方式在本质上是一种生产关系。一种生产关系的合理与否不应依赖于人们的主观判别与裁定，而应依据它所能容纳的生产力潜力是否充分发挥出来。具体地说，当一种私有制的表现形式与剥削方式还没有穷尽生产力的发展潜力时，就仍然

① 《马克思恩格斯文集》第 2 卷，人民出版社 2009 年版，第 595 页。

具有存在的必然性与合理性，否则即丧失了存在的必然性与合理性。同样，一种新的、更高的生产关系能否产生，也取决于它是否具有必然性，即是否具备客观的物质条件，而不取决于人们的主观意愿如何。

三

对私有制和私有制的表现形式与剥削方式的是否合理，对私有制社会的被剥削、被压迫阶级反抗剥削与压迫的行为是否合理的上述马克思历史观的解读与阐释，也许不仅会引起一些自信为马克思主义者的人们的不解与困惑，而且也可能会引起一些马克思主义的反对者和批评者的不解与困惑。无论是对于那些自信为马克思主义者的人们来说，还是对于那些马克思主义的反对者与批评者来说，马克思主义创始人既是私有制、阶级剥削与阶级压迫的反对者与批评者，也是被剥削、被压迫阶级的辩护者与代言人，在这一点的认知上，人们是不存有疑问与争议的。面对本文前面有关马克思历史观中的剥削问题的解读与阐释，也许有人难免要问，如果私有制与剥削现象的存在在人类社会的发展过程中是存在着历史必然性与合理性的，并在历史上起过革命，甚至是"非常革命"的作用，那么，马克思主义创始人在《共产党宣言》中为何宣称"共产党人可以把自己的理论概括为一句话：消灭私有制"[1]，并明确与概括地将共产主义革命的根本任务或使命规定为"同传统的所有制关系实行最彻底的决裂"，"同传统的观念实行最彻底的决裂"？[2] 如果马克思主义的思想与理论不是为私有制社会中被剥削、被压迫阶级辩护与代言的，马克思主义创始人为何要将自己的全部理论视作是"使现代无产阶级意识到自身的地位和需要，意识到自身解放的条件"[3] 的理论，并旗帜鲜

---

[1]　《马克思恩格斯文集》第 2 卷，人民出版社 2009 年版，第 45 页。
[2]　《马克思恩格斯文集》第 2 卷，人民出版社 2009 年版，第 52 页。
[3]　《马克思恩格斯文集》第 3 卷，人民出版社 2009 年版，第 602 页。

明地宣称自己所创立的哲学新世界观是无产阶级的精神武器，其立场是为无产阶级服务的？然而，如果我们对马克思主义理论的理解是全面的，而非片面的；是准确科学的，而非曲解与误读的，深入到马克思历史观的逻辑内核，遵循马克思历史观的内在逻辑去把握与评价私有制下的剥削与反剥削现象时，人们的种种不解与困惑是不难澄清与消解的。

"消灭私有制"既是马克思科学社会主义学说的核心与全部精神实质的集中概括，也是作为革命家的马克思主义创始人的"毕生的真正使命"。虽然《共产党宣言》所要求消灭的私有制指向的是资产阶级的私有制，而不是别的意义的私有制，但由于资产阶级私有制以前的各种私有制的历史形式已被私有制自身发展的规律所否定与消灭了，资产阶级私有制既是私有制历史发展的最高形式，也是私有制历史发展的最后形式，正是在这个意义上，资产阶级私有制的消灭也即意味全部私有制历史的全部或最后的终结。然而，按照马克思历史观的理论逻辑，对私有制历史作用的肯定与历史合理性的肯定同消灭私有制的要求之间并不存在什么矛盾，二者在理论的逻辑上是高度圆融与一致的。在马克思历史观的理论逻辑中，私有制的产生及其私有制表现形式的历史更替是一种历史必然性要求，私有制的扬弃与消灭也是一种必然性要求，私有制的产生与存在、扬弃与消灭遵循的是相同的逻辑和规律。私有制与私有制的表现形式相对于它的存在条件来说，其存在是具有合理性与正当性的，一旦私有制存在的条件丧失了，私有制存在的合理性与正当性也就随之丧失了，扬弃与消灭私有制就成为合理与正当的了。对私有制的肯定与否定性评价也贯彻着相同的原则与尺度。具体与明确地说，无论是私有制存在的必然性与合理性的产生，还是丧失，都要服从于生产力发展的必然性与合理性的要求，或者说要服从人的本质力量发展的必然性与合理性的客观性要求。因此，我们从马克思、恩格斯的《共产党宣言》的"消灭私有制"的命题中，既不能得出应否定一切私有制的必然性与合理性的结论，也不能得出应否定资产阶级私有制的必然性与合理性的结论。一切私有制的表现形式，包括资产阶级私有制形式，只要它所能容纳的生产力发展空间还没充分利用完之前，或者说只要它还能作为生产力的发展形式与人的自主活动形式存在时，其存在就是必然与合理的。资产阶级私有制之所以最终必须要消灭，并且必然要消灭，根本性的原因在于："资产阶级的生产关系和交换关系，资产阶级的所有制关系，这个曾经仿佛用法术创造了如此庞大的生产资料和交换手段的现代资产阶级社会，现在像一个魔法师一样不能再支配自己用法术呼唤出来的魔鬼了。"[①]"社会所拥有的生产力已经不能再促进资产阶级文明和资产阶级所有制关系的发展；相反，生产力已经强大到这种关系所不能适应的地步，它已经受到这种关系的阻碍……资产阶级的关系已经太狭窄了，再容纳不了它本身所造成的财富了。"[②]

随着私有制的扬弃与消灭，阶级剥削与阶级压迫也必然趋于消失。在马克思历史观与科学社会主义理论的逻辑中，消灭资产阶级私有制与消灭资产阶级剥削具有相同的诉求，也遵循着相同的认知逻辑。根据与理由并不令人费解，私有制是生成剥削的原因与基础，剥削表现为私有制的必然产物与结果，只要有私有制存在，就必然地伴随着剥削现象的存在，私有制表现形式的更替也必然导致剥削方式的相应转换，当私有制不再可能存在时，剥削现象同样也不可能存在。正如从消灭资产阶级私有制的命题中不能得出否定私有制产生与存在的必然性与合理性一样，从消灭资产阶级剥削的命题中同样不能得出否定剥削与资产阶级剥削的必然性与合理性的结论。因为，当资本主义私有制还没有失去历史必然性时，资产阶级的剥削方式仍然是社会生产力发展的必要形式，因而也仍然有其存在的根据与理由。对马克思主义经典作家有关资本主义剥削的评价，应赋予有历史感的解读与辩证性的阐释，马克思的历史观是一种科学的理论，而不是一种纯粹的基于抽象道德与抽象正义要求的义愤。不能将马克思的历史观对资本主义剥削现象及其负面作用的指认

---

① 《马克思恩格斯文集》第 2 卷，人民出版社 2009 年版，第 37 页。
② 《马克思恩格斯文集》第 2 卷，人民出版社 2009 年版，第 37 页。

与描述，片面性地视作是对资本主义剥削的控诉与批判。

马克思的历史观与科学社会主义学说作为一种无产阶级解放条件的理论，无疑具有为无产阶级的反抗资产阶级剥削与压迫的解放事业进行辩护与代言的性质。但需要申述与强调的是，首先，马克思学说的辩护和代言，并不意味着是为历史上的一切被剥削、被压迫阶级的利益与事业进行辩护与代言的，也不意味着是为资产阶级社会中无产阶级之外的其他被剥削、被压迫阶级的利益与事业辩护与代言的。从为被剥削、被压迫的现代无产阶级的利益与事业的辩护与代言的认知中，推论出也为一切被剥削、被压迫阶级的利益与事业进行辩护与代言的结论，是有悖于马克思的历史观与科学社会主义学说的理论逻辑的，是对马克思主义科学理论立场的严重误读与误释。诚然，当我们说马克思主义作为一种无产阶级革命与无产阶级解放条件的理论，反映与表达的主要是无产阶级利益，但这并不意味马克思主义的历史观与科学社会主义学说完全不关注资本主义社会中除无产阶级之外的其他一切被压迫、被剥削阶级的命运与利益，更不是完全否定资本主义社会中那些处于资产阶级与无产阶级之间的中间阶级的革命的可能性与作用。而是一方面清醒地认识到，资本主义社会的"中间等级，即小工业家、小商人、手工业者、农民，他们同资产阶级作斗争，都是为了维护他们这种中间等级的生存，以免于灭亡。所以，他们不是革命的，而是保守的。不仅如此，他们甚至是反动的，因为他们力图使历史的车轮倒转"①。另一方面，又对资本主义社会中的所有中间阶级，尤其是农民阶级寄予革命的殷切希望，并对他们的革命作用给予过正面的肯定。但需指出的是，马克思主义经典作家对资本主义社会其他受压迫、受剥削阶级历史作用与革命性的肯定不是站在这些阶级本身的固有利益与立场上，而是"鉴于他们行将转入无产阶级的队伍，这样，他们就不是维护他们目前的利益，而是维护他们将来的利益，他们就离开自己原来的立场，而站到无产阶级的立场上

①《马克思恩格斯文集》第 2 卷，人民出版社 2009 年版，第 42 页。

来"①。因此，只能从发展的维度上说，或者说从资本主义社会的其他一切中间阶级最终都将转入无产阶级队伍与无产阶级立场（少数人除外）的视野上看，马克思主义是为资本主义社会被剥削与被压迫阶级的利益辩护与代言的。这也就是恩格斯将马克思主义说成是无产阶级革命与解放条件的理论的理由或缘故。其次，马克思的历史观与科学社会主义学说之所以旗帜鲜明地为被剥削、被压迫的无产阶级的利益与事业辩护与代言，其原因并不仅仅因为无产阶级是资本主义社会中，乃至全部私有制社会中受压迫最深、受剥削最重的阶级，至少不是根本性的原因。真正根本性的原因在于，无产阶级既是大工业的产物，也是先进大工业生产力的代表，他们一无所有，消灭资产阶级私有制符合他们的利益，他们要求消灭资产阶级私有制，符合生产力发展的历史必然性的要求，正因为无产阶级利益的要求与历史发展必然性要求之间的历史契合，使无产阶级不仅代表着生产力发展的未来方向，也代表着人类社会未来发展的整体利益。具体地说，马克思主义为无产阶级的利益与事业辩护与代言的原因，不是因为无产阶级是一个受苦受难的阶级，而是因为它是一个革命的，代表着社会历史未来发展方向，能够肩负起人类解放使命，并且有广阔与光明前景的阶级。如果将马克思学说的辩护和代言解释成是对无产阶级所受剥削与压迫的不幸遭遇的同情，全部马克思主义理论就不是科学的，充其量只具有道德的价值，倘若如此，马克思主义不仅会失去它的科学光芒，而且会丧失它对社会历史的解释力。

四

将私有制社会的剥削现象放在人类社会历史发展的整体维度上加以审视，遵循马克思历史观的理论逻辑对马克思主义有关剥削的理论做科

---

① 《马克思恩格斯文集》第 2 卷，人民出版社 2009 年版，第 42 页。

学、完整的把握，进行符合马克思历史观精神的解读与阐释，不仅对于人们历史地与辩证地看待剥削问题具有重要的理论价值，而且对我们科学地分析与评价社会主义市场经济条件下存在的剥削现象也具有不可忽视的指导性与启发性意义。

20世纪90年代初，中国社会开始了从原来的计划经济向社会主义市场经济的转型，经过二十余年的发展，社会主义市场经济体制已初步形成。社会主义市场经济的发展，带给中国的是巨大而深刻的变化，社会生产力的迅速发展，社会物质财富的迅速增加，全体社会成员生活水平的普遍性的改善与提高，表现为广获认同的经验性事实。然而，伴随着市场经济的发展，不同人群之间的收入差距也逐渐拉大，社会分化也越显突出。那么，在社会成员之间收入差距拉大，社会分化加剧的背后，有没有剥削因素的影响与作用？对于许多人来说，在社会主义市场经济中，是否存在剥削现象，是一个相当敏感的问题，也是一个令人困惑的问题。很少有人敢于承认剥削现象在社会主义市场经济中的存在，但也很少有人愿意否认剥削现象在社会主义市场经济中的存在，大多数人惯常的态度与做法是，要么对剥削现象的存在避而不谈，要么即使涉及也尽量淡化。人们为何不敢触碰社会主义市场经济中是否存在剥削的问题？其原因可能是复杂的，但其中一个不容忽视的重要原因是与人们对剥削的认知和评价密切相关的。在不少人的思想深处，对剥削的认知与评价通常是负面和否定性的，剥削既是不合理与非正义的，也是不道德的。因此，一些人不愿意，甚至害怕别人将剥削的帽子戴在自己头上，也有一些人担心谈论剥削现象与剥削问题会影响社会的和谐与动摇人们对社会主义市场经济的信心。然而，如果社会主义市场经济中存在着剥削的事实，就不应刻意地避谈与淡化，刻意地避谈与淡化反而会使人们对我们的社会主义市场经济理论产生信任危机，从而不利于社会主义市场经济的健康发展。如果我们以马克思的历史观作指导，对社会主义市场经济中的剥削现象产生的原因及其作用进行符合马克思主义历史观理论逻辑的科学阐释与评价，不仅不会导致人们产生对社会主义市场经济合理性的怀疑，反而会更坚定人们对社会主义市场经济发展的信心。

对于时下的中国来说，在要不要搞社会主义市场经济的问题上，已经获得了基本性的解决，这一问题既为我们的社会主义初级阶段理论所解决，也为二十多年的社会主义市场经济实践取得的巨大成就所解决，应该说，在这一问题上，人们是不存争议与怀疑的。社会主义与市场经济的结合，既是中国做出的正确选择，也是历史发展的必然。新中国成立到 20 世纪 80 年代的历史充分证明，建立在不发达的生产力与经济基础上的社会主义只能是社会主义的初级阶段，而初级阶段的社会主义不可能超越市场经济发展阶段。市场经济是以竞争为基础的，竞争是市场经济呈现出来的必然特性，资本主义市场经济也好，社会主义市场经济也好，只要社会经济的发展纳入市场经济的运行轨道，必然遵循相同的基本规律并呈现出相似的基本特征。竞争既为社会经济的发展注入活力，也为社会分化提供动因，这是相辅相成、互为因果的两个方面。只要是社会经济的运行与发展纳入到市场经济的运行轨道，人们之间收入差距的拉大与社会分化的加剧同样是不可避免的，这不仅仅是一种逻辑上的推论，更是各种不同类型的市场经济发展重复性地表现出来的经验事实。在市场经济条件下，导致社会财富分配与分布的非均衡状态的原因是多方面的，有价值规律作用方面的原因，具有不同素质与能力的人，面对以等量劳动与等量交换的规则，分化就是不可避免的；有市场与非市场因素作用的原因，市场并不总是有效的，也有失灵的时候，市场规则并不总是合理的，即使是成熟的市场，规则的合理性也是相对的，况且市场的运行还要受到受利益制约的不合理政策的干扰，这些情况也会对社会的财富分配发生影响；也有剥削的作用与影响，剥削也是导致社会分化的一个不可否认与忽视的重要方面。所有的市场经济都不可避免地存在着剥削现象，社会主义市场经济也不例外，资本主义市场经济与社会主义市场经济之间，存在的只是剥削程度的差异，而不存在剥削有无的差异，因为在社会主义初级阶段中，虽然是公有制经济占主体地位，但允许各种不同所有制的互补与共存。虽然，在社会主义市场经济中，社会财富的分配仍需坚持与贯彻按劳分配的原则，这一原则与市场经济所要求的价值规律之间存在着内在的契合关系，但在社会主义市场经济中，按劳分配原则并不是社会财富分配的唯一原则，它还需贯彻按生产要素进行分配的原则。承认了各种生产要素参与社会财富的合法性权利，也即意味着承认了资本参与社会财富分配的合法性权利。因为，即使是在社会主义市场经济中，资本也是各种生产要素中的一种，甚至是最重要的一种要素。承认资本参与社会财富分配权利的合法性，也即意味着对剥削现象的存在与剥削现象合法性的承认与肯定。一切资本的存在，都是一种以逐利为目的的存在，追求平均化，甚至是超额利润，实现资本的增殖是一切资本存在与运动的出发点与最终目的。谁拥有了资本，谁就拥有了一种使自己的财富不断实现增值的权利。那么，资本所获得的平均利润与超额利润是从哪里来的？资本是不会实现自行增值的，对于熟悉马克思主义政治经济学的人们来说，这近乎于一种常识，无需更多的申说。资本所获得的利润与增值部分无非是对他人的劳动所实现价值的占有，这种占有在资本的所有者看来是他的资本被使用所获得的一种报酬，但在本质上是对劳动者的一种剥削。资本的所有者是不会让他人与社会无偿使用自己的资本的，外资进入中国，也决不是出于人道与慈善目的，它的唯一目的是赚钱，在不能赚钱的情况下是不会来的，即使来了，最终还是会走的。我们不能将社会主义市场经济中的人们收入差距的扩大与社会的贫富分化的加剧都归因于资本的剥削，分化的原因是多方面的，资本的剥削的存在只是多种原因中的一种，而不是全部。但另一方面，我们也不能否认资本的剥削的存在，面对剥削现象的存在与剥削问题采取回避或绕着走的态度。在社会主义市场经济中，剥削现象如果是一种客观的存在，就应该予以勇敢的承认与面对，这才是马克思主义者应有的实事求是的态度。当然，对待社会主义市场经济中的剥削现象与剥削问题，重要的不仅在于要敢于承认与面对它，而且在于应科学地看待与评价它。如果我们克服与纠正了人们对剥削现象的错误的传统认知与纯粹否定性评价，遵循马克思历史观的理论逻辑，对社会主义市场经济中存在的剥削现象进行科学的而不是错误的、辩证的而非片面的把握与评价，我们就没有必要为承认与谈论剥削现象和剥削问题而害怕和担心。剥削在社会主义市场经济中的存在是一种具有必然性的存在，社会主义市场经济剥削必然性存在的根据蕴含在社会主义市场经济的必然性之中，只要市场经济在社会主义的初级阶段中的存在是必然的，剥削现象的存在也就是必然的，剥削现象不是人们主观任意地强加或塞进社会主义市场经济中去的，因此，它也不能由人们的主观意志而予以取消。剥削现象在社会主义市场经济中的存在既具有历史必然性，也有历史合理性的一面，如同剥削现象在社会主义市场经济中存在的必然性是由社会主义市场经济存在的必然性决定的一样，剥削现象在社会主义市场经济中存在的合理性也是由社会主义市场经济存在的合理性决定的。社会主义市场经济允许与鼓励各种形式的私人资本的存在和进入社会经济领域，积极地吸引国际资本进入中国市场，既不意味着否定资本剥削性的存在，更不意味着愿意承受资本的剥削，而是因为，资本作为社会经济与生产的一个重要要素，对社会生产力的发展，提高劳动人口的就业率，促进社会经济的繁荣，都有不可忽视的积极作用。社会主义市场经济允许资本的存在，就应允许剥削的存在，不能只欢迎资本，而拒绝剥削。当资本与资本的剥削仍然能促进社会生产力的发展时，它就仍然是生产力发展的必然形式与合理形式，人们就不能片面性地加以拒绝与否定，更不能从一种抽象的道德原则与正义的原则出发将其妖魔化。

　　需要指出的是，肯定资本与资本的剥削在社会主义市场经济中存在的必然性与合理性，也不意味着可以对社会主义市场经济中发生的一切剥削现象都诉诸必然性与合理性的评价与辩护。即使在社会主义市场经济中出现的剥削现象也有一个合理与不合理、正当与不正当的问题。对那些违背市场经济的基本规律，不但不能促进生产力的发展，反而会阻碍，甚至是破坏生产力发展的剥削行为是应坚决否定的。对那些不顾法律的限制、利用所掌握的资本的优势地位，采取垄断与操纵市场而进行剥削的行为是应坚决打击的。对那些唯利是图，只顾自己财富的增值，背离双赢原则的过度剥削以及非法使用童工、推行血汗工厂，实行血汗工资制度的剥削也是应打击和限制的。总之，对社会主义市场经济中存在的剥削现象既不能妖魔化，也不能无原则地予以肯定与辩护。对社会主义市场经济中存在的剥削现象进行评价的合理性的参照坐标应是：是否有利于社会主义经济的发展，是否有利于社会生产力的进步，是否有利于全体社会成员的财富与福利的整体性的增加与增进。

当然，肯定资本与资本的剥削在社会主义市场经济阶段中的必然性与合理性，也不等于肯定剥削现象的永恒的必然性与合理性。马克思主义不是自由主义，马克思主义者不应是自由主义者。虽然我们应充分认识到中国还将在较长的时期内处于社会主义的初级阶段，因而社会主义市场经济，以及与社会主义市场经济相伴随的剥削现象也还将在较长时期内存在，并且有较长时期的历史必然性与合理性。但承认较长时期的存在不等于承认永恒性的存在，中国的社会主义不可能永远停留在初级阶段，由初级阶段走向中级阶段与高级阶段同样是一种必然性趋势。因此，在社会主义初级阶段中，大力发展市场经济的目的，不是为延长市场经济的历史寿命，更不是为了使市场经济永恒化，从根本上说是为了最终扬弃与消灭市场经济。在马克思历史观的理论逻辑中，市场经济的产生与存在是一种必然性与合理性的表现，市场经济的最终扬弃与消灭也是一种历史必然性与合理性的表现，是市场经济按照自身发展规律的一种自己否定自己的必然结果。发展市场经济的目的是为了发展社会生产力，而社会生产力的发展客观上更是为市场经济的扬弃与消灭创造和积累着客观物质条件，当市场经济不能再促进生产力发展，或者说当社会生产力的发展不需要再借助市场经济作为自己的发展形势时，市场经济的扬弃与消灭就会成为一种历史的必然了。当市场经济不再存在时，剥削也将归于消灭。

责任编辑：刘松弢

图书在版编目（CIP）数据

林剑文集．唯物主义历史观研究卷／林剑 著．—北京：
　人民出版社，2022.3
ISBN 978－7－01－024429－7

I.①林…　II.①林…　III.①林剑－文集②历史唯物主义－文集
　IV.① C53 ② B03-53

中国版本图书馆 CIP 数据核字（2022）第 013460 号

林剑文集·唯物主义历史观研究卷
LINJIAN WENJI WEIWU ZHUYI LISHI GUAN YANJIU JUAN

林　剑　著

人民出版社 出版发行
（100706　北京市东城区隆福寺街 99 号）

北京汇林印务有限公司印刷　新华书店经销

2022 年 3 月第 1 版　2022 年 3 月北京第 1 次印刷
开本：710 毫米 ×1000 毫米 1/16　印张：29
字数：396 千字

ISBN 978－7－01－024429－7　定价：100.00 元

邮购地址 100706　北京市东城区隆福寺街 99 号
人民东方图书销售中心　电话（010）65250042　65289539